신학적 성령론

황승룡 지음

한국장로교출판사

머 리 말

　현대신학의 조류는 신론중심적 신학에서 그리스도론중심 신학에로 발전되어 왔다. 그러나 앞으로의 신학은 성령론(pneumatology)을 중심으로 하여 발전하리라 본다. 따라서 현대의 중요한 신학적 방향은 성령론에 대한 신학적 정립이다.
　성령론에 대한 신학적 정립을 통하여 신앙의 형태, 내용 등을 새롭게 정립하므로 하나님의 현존인 성령을 구체화해야 할 것이다. 뿐만 아니라 우리는 성령의 영역에 대한 올바른 견해를 가져야 할 것이다. 성령은 개인적인 회개, 신앙, 칭의, 성화를 통하여 개인을 죄에서 해방시키고, 변화시키는 치유의 능력임과 동시에 인류사적, 세계사적 차원에서 이루시는 초월적인 하나님의 힘, 즉 종말에 성취될 약속의 성령으로써 새하늘과 새땅을 이루는 힘이다.
　지금까지 우리는 성령을 너무 개인적 차원으로 제한해 왔다. 이제 우리는 교회, 이웃, 사회, 역사와 세계와의 관계에서 현존하시므로 이 모든 것 속에서 변화시키고 치유하시는 성령을 깨달아야 할 것이다. 필자는 이런 뜻에서 이미 성령론에 관한 세 권의 책〔G. S. Hendry의 기독교신학과 성령(복음문화사), Hendrikus Berkhof의 성령론(성광문화사), 개혁교회와 성령(성광문화사)〕을 출판하였다.

본서는 이미 출판한 책과 함께 이 뜻에 더 충실하고자 출판하게 되었다. 본서는 다음과 같이 세 부분으로 구성되어 있다.

첫 부분은 성령에 대하여 신학적으로 접근한 신학적 성령론,

둘째 부분은 현대신학자들의 성령에 대한 이해를 살펴 본 것으로 20세기 신학에 가장 크게 영향을 끼쳤던 칼 바르트(K. Barth), 폴 틸리히(P. Tillich), 위르겐 몰트만(J. Moltmann)의 견해를 살펴보았고,

세째 부분은 성령의 은사운동에 대한 신학적 규명과 함께 미국장로교회가 성령에 대하여 문답식으로 성경적, 개혁주의적 입장에서 고백한 내용을 고찰했다.

이제 본서가 한국교회의 올바른 성령이해에 바른 길잡이가 되기를 바라면서 본서를 출판해 주신 한국장로교출판사 사장 박노원 목사님과 직원 여러분에게 감사를 드립니다.

1989. 1월에
하나님의 동산 호남신학교에서
황 승 룡

차 례

신학적 성령론

차 례

머리말/3

제 I 편 신학적 성령론 ································ 9

1. 성령의 실존 ································ 11
   1. 성령론의 신학적 위치와 중요성/11
   2. 성령의 어원적 의미/13
   3. 성령의 실존/15

2. 성령과 그리스도 ································ 20

3. 성령과 하나님 ································ 37

4. 성령과 교회 ································ 60
   1. 로마 가톨릭의 견해/62
   2. 프로테스탄트의 견해/69
   3. 열광주의자들의 견해/73

5. 성령과 말씀 ································ 77

6. 성령과 개인 ································ 99
   1. 역사적인 변천/99
   2. 주된 개념―거듭남/101
   3. 방법/106
   4. 거듭남과 체험/113
   5. 거듭남의 세 번째 요소는?/118
   6. 세 번째 은사의 특성/122
   7. 은사의 다양성/124
   8. 교회와 교파 속에서의 진리와 비진리/126

7. 성령과 인간의 영 ································ 128

8. 성령, 세상 그리고 완성 ··· 150
   1. 창조와 보존 속에서의 성령／151
   2. 이스라엘 역사 속에서의 성령／153
   3. 그리스도시대의 성령／155
   4. 성령의 종말론적 의미／158
   5. 그리스도, 성령 그리고 완성／159

제Ⅱ편 현대 신학자의 성령론 ··· 169

1. 바르트의 성령론 ·· 171
   1. 서 론／171
   2. 삼위일체 하나님으로서의 성령／172
   3. 성령의 의미와 역사／185
   4. 니케아－콘스탄티노플의 성령해석／187
   5. 성령과 말씀／191
   6. 성령과 교회／192
   7. 성령과 하나님 자녀의 삶／194
   8. 결 론／196
   ※ 참고문헌／321

2. 틸리히의 성령론 ·· 198
   1. 틸리히의 조직신학과 성령론／198
   2. 생명과 그의 모호성／199
   3. 성령의 현존과 새 존재／209
   4. 그리스도인 예수에 있어서의 성령의 현존 :
      성령 그리스도론／213
   5. 성령공동체 안의 새 존재／217
   6. 틸리히의 성령론에 대한 분석과 평가／221
   ※ 참고문헌／322

3. 몰트만의 성령론 ·· 223
    1. 서 론／223
    2. 삼위일체에 나타난 성령이해／223
    3. 성령과 교회／229
    4. 결 론／237
    ※ 참고문헌／329

제Ⅲ편 성령의 은사에 관한 신학적 고찰 ·············· 239

1. 성령과 교회에 주신 은사 ······································ 241
    1. 들어가는 말／241
    2. 교회에 대한 정의／242
    3. 성령에 대한 교회의 견해／244
    4. 성령과 교회／251
    5. 교회에 나타난 성령의 은사／254
    6. 한국교회 성령운동의 현상과 방향／260
    7. 맺는 말／266
    ※ 참고문헌／330

2. 성령에 관한 성경적, 개혁주의적 견해 ················ 268
    1. 들어가는 말／268
    2. 성령에 관한 성경과 개혁주의적 견해／269
    3. 현대에 있어서의 성령은사운동／276
    4. 교회생활／288

※ 각편에 대한 주／293
※ 참고문헌들／321

제 I 편
신학적 성령론

1
성령의 실존

1. 성령론의 신학적 위치와 중요성

　성령론은 기독교 신학에서 별로 큰 관심의 대상이 되지 못했다.[1] 그러므로 신조나 교리에서는 오랫동안 성령에 관한 완전한 표현을 발견할 수 없었다. 이처럼 기독교 역사에 있어서 성령은 경시되어 왔다.[2] 일반적으로 성령론은 삼위일체의 논의에서 나타난다.[3] 이러한 경향에 대하여 심지어 성령운동주의자들까지도 성령론의 교리를 보다 더 독립적인 학문체계로 발전시키지 못했다.[4] 성령론이 경시된 중요한 이유는 중세에 성령운동을 경시하여 때로는 힘으로, 때로는 탁발수도회(Mendicant order), 특히 프란시스칸 수도회(Franciscan order)를 억제하였기 때문이다.
　중세교회란 의식(cultus), 성직체계(hierarchy), 성례전적 체제(sacramental system)에 의해서 이루어져 있었다. 이처럼 사상의 정적 성격은 교회활동의 정적 성격과 상호 관련되어 있다. 그러나 기독교 신학과 신앙의 중심에는 성령과 깊은 관련이 있다. 그러므로 기독교 신학에서의 성령론의 위치는 절대적이다.

　이는 다음과 같은 이유에서 성령론은 절대적이다.[5]

　1. 하나님의 삼위일체가 성립될 수 없다. 삼위일체가 성립되지 않을 경우, 우리는 하나님의 존재와 활동에 대하여 기독교적으로 말할 수 없을 것이다. 하나님은 과거에 있었던 분으로 인정할 수 있지만 현재적인 분일 수 없을 것이며, 미래에 있을 분으로 인정될 수 있지만 미래로부터 "오는 분"일 수 없을 것이다. 이러한 하나님은 역사적 현실에 대하여 무의미한 분일 것이며, 이러한 하나님을 믿는 신앙은 현실도피적인, 현실의 모든 것을 숙명으로 생각하여 버리는 신앙으로 될 것이다. 그것은 성령 가운데서 다가오는 하나님의 미래에 대한 그의 **종말론적 희망과 기다림**을 갖지 못할 것이며, 이 희망과 기다림으로 말미암은 **창조적 활동성**을 잃어버릴 것이다.

　2. 그리스도의 십자가의 죽음은 한 인간의 죽음이 되거나 아니면 하나님의 죽음이 되어 버릴 것이다. 이리하여 그것은 **구원의 사건**이 될 수 없을 것이다.

　3. 과거에 일어난 그리스도의 구원의 사건은 오늘 우리에 대한 **현재적 사건**이 될 수 없을 것이며, 시간과 공간의 간격을 초월하여 온 세대와 인류에 대한 **보편성**을 가질 수 없을 것이다.

　4. 신앙과 관계된 모든 활동, 예를 들어 부르심, 회개, 칭의, 성화, 파송 등은 성령을 통하여 이루어지는 하나님의 은사가 아니라, 인간이 자기의 능력을 통하여 이룬 자기 업적(Leistung)과 자기 의로 되어 버릴 것이다. 그리스도로 말미암아 그리스도인들을 통하여 이루어지는 하나님의 새로운 창조도 불가능하게 될 것이다.

　5. 교회는 그리스도의 유기체적인 몸이 아니라 내적 일치성을 갖지 않은 사람들의 모임에 불과할 것이며, 교회의 모든 활동은 인간의 활동에 불과할 것이다. 설교와 성례도 그들의 본래적 의미를 잃어버릴 것이다.

　6. 역사의 종말은 우리의 현재와 관계없는 신화적인 미래로 되어 버릴 것이다. 그것은 성령을 통하여 언제나 다시금 옴으로써 역사의 현재를 개방시키고, 인간과 그의 세계를 역사화시키는 그의 창조적이며

변증법적인 성격을 상실할 것이다. 이리하여 기독교의 유토피아적인 힘이 사라질 것이다.

이러한 몇 가지 내용들을 고려할 때 성령론은 기독교 신앙과 신학에 있어서 빠져서는 안 될 구성적 의미를 가지고 있을 뿐만 아니라, 기독교의 신앙과 신학을 참으로 기독교적인 것으로 만드는 요소임도 알 수 있다. 만일 성령의 존재가 누락될 경우, 기독교 신앙이 성립될 수 없으며 기독교 자체가 붕괴되어 버릴 것이다. 하나님은 유일신이 되거나 다신이 될 것이다. 그러므로 오늘의 신학적 토의에 있어서, 특히 종말론적 사고에 있어서 성령론은 중요한 관심의 대상이 되고 있다.

2. 성령의 어원적 의미

한 단어의 진정한 의미를 알기 위해서 그 단어의 어원에 얽매이는 것은 좋지 않다. 원래 의미가 오랜 세월 동안 사용하는 과정에서 그 힘을 잃어버릴 수도 있기 때문이다. "영"(spirit)이라는 낱말의 성경적 어원은 신학적으로 사용하는 데 있어 아직까지는 분명하다. 히브리어 낱말 루아크(ruach)와 희랍어 낱말 프뉴마(pneuma), 둘 다(게다가 라틴어 낱말 animus, anima, spiritus까지) 대기의 운동을 나타낸다. 문맥에 따라서는 그것들이 "바람", "폭풍", "미풍" 등으로 번역되기도 한다. 그러나 그보다 더 자주 "숨"(breach)으로 말미암은 대기운동을 가리키는 "숨"(breath), 더 상징적으로는 "생명의 근원"(principle of life) 혹은 "활력"(vitality)으로 변했다. 이런 설명은 히브리어 단어 루아크(ruach)에 특별히 맞는 이야기인데 이 낱말은 "슬픈 루아크"(ruach), "분노의 루아크"(ruach) 등과 같이 다른 낱말과 덧붙여서 사용된다. 동물도, 사람도 루아크는 가지고 있고 하나님께서도 탁월하게 이 루아크를 지니고 계신다. 그는 살아 계셔서 역사하시는 하나님이시다. 이 하나님께서 그의 루아크를 그의 피조물, 특히 인간에게 주신 점이 창조의 놀라운 기적이다. "하나님이… 생기를 그 코에 불어 넣으시니 사람이 생령이 된지라"(창 2:7). 하나님께서 역사하시는 곳에는 대기가 동(動)하고 루아크도 활동한다. 이 낱말의 원래 의미는 구약성경 어느 곳에서나 분명하지만 창세기 1:2을 "하나님의 신은 수면에 운행하시니라"로 번역할 것이냐 아니면 "무서운 폭풍이 수면 위에 불고 있었다"로 번역할 것이냐는 아직까지도 미결된 상태이다.

  희랍어로 쓰인 신약성경 속에서의 상황도 원칙적으로 같다. 프뉴마(pneuma)는 바람이 불거나 숨쉬는 동작, 특히 인간의 활력의 징표뿐만 아니라 원칙도 된다. 희랍어에는 인간의 영혼에 해당하는 말로 두 가지가 있다. 그 하나는 누스(nous)인데 이는 주로 인간의 이론적인 능력의 하나로 때때로 "지성"(mind)이나 "지력"(intellect)으로 번역될 수 있다. 다른 하나가 바로 프뉴마로 활력과 활동의 중심으로서의 인간, 즉 삶의 역동적 원칙을 나타낸다. 신약성경이 쓰이기 오래 전부터 프뉴마라는 낱말이 희랍어에서 영향받은 비유적이고 철학적인 의미가 있음에도 불구하고, 신약성경 속에서의 용법은 구약성경을 분명한 배경으로 삼고 있다. 요한복음 3:8을 보자. "바람이 임의로 불매(pneuma pnei)… 성령(pnema)으로 난 사람은 다 이러하니라."요한 복음 20:22에서 예수께서 제자를 향하여 숨을 내쉬면서 "성령을 받으라"고 말씀하신 귀절을 보라. 우리는 이 귀절을 대개 "생기를 주는 공기의 흐름을 받아라"고 해석하기 쉽다. 비슷한 예가 오순절 사건에서도 나타나는데 거기서 보면 사도들이 성령충만한 결과 "홀연히 하늘로부터 급하게 강한 바람 같은 소리가" 들려온다(행 2:2-4).

  "성령"이란 하나님이 생명의 하나님으로 피조물에게 그 생명을 허락하신다는 뜻이다. 인간의 루아크 또는 프뉴마는 하나님이 생기를 주시는 은사인데 인간은 전적으로 그것에 의지한다. 그러므로 우선 성령을 다음과 같이 정의하였으면 한다. "성령은 하나님께서 창조와 재창조 중에 생명을 불어 넣어 주시는 하나님의 숨이다." 딜리스톤(F. W. Dillistone)은 "인간 삶 속에서 역사하시는 하나님"[6]이라고 간단히 정의했다. 리차드슨이 더 분명하고 의미있게 정의를 내리고 있는데 "사람의 영혼은 활동 중인 그 사람의 힘(dynamics)이다. 하나님의 영도 마찬가지다. 하나님의 영은 바로 활동하시는 하나님 자체이시다."[7]

  그러므로 성령은 생명의 힘으로서 하나님의 구원의 역사를 언제나 다시 불러일으키며, 하나님의 새로운 세계를 창조하며 하나님의 백성의 삶을 주관하는 하나님의 종말론적이요, 하나님이 그를 통하여 그의 백성들 가운데 거하시는 하나님의 현존인 동시에 자신의 인격적 주체 속에서 언제나 새롭게 활동하는 존재라 할 수 있다.[8]

3. 성령의 실존

1. 성령은 인격이다.

성경은 성령을 한 인격으로 말하고 있다. 그럼에도 불구하고 초대교회에서부터 오늘에 이르기까지 성령의 인격성을 무시한 사람들이 있다. 많은 기독교 신학자와 설교가들 중에서도 성령을 그분(He)이라고 하지 않고, 그것(It)이라고 표현했다. 성령의 인격을 알지 못할 때에 비인격적인 영향력이나 세력으로 생각할 수 밖에 없다. 그러나 이러한 생각들은 비성경적이다. 성령이 인격이 되어야 할 중요한 이유를 다음과 같이 들 수 있다.[9]

첫째, 예배에 있어서 중요하다.

성령은 인격이신데 이것을 모르고 비인격적인 감화력이나, 능력에 지나지 않는다고 생각한다면, 우리가 성령께 드려야 할 예배, 사랑, 믿음, 순종 등을 약탈함과 다름이 없다.

둘째, 성령의 바른 능력을 알기 위해서이다.

만일 성령을 많은 사람들이 생각하듯이 감화력이나 능력이라고 생각한다면, 어떻게 하면 성령을 붙잡아서 이용할 수 있을 것인가 하고 성령을 이용하려는 시몬의 경우처럼 될 수 있다.[10] 반대로 성령을 성경에 나타난 대로 하나님의 영광과 주권을 가진 인격자라고 믿는다면, 어떻게 하면 성령께서 나를 붙잡아 주실 수 있을까라는 입장에 서게 될 것이다. 이렇게 될 때에 자기의 욕망과 자만심에서 벗어날 수 있다.

셋째, 인격자만이 인간의 사정을 알고 도와 줄 수 있다.

그분이 인격을 가지고 계시기 때문에 죄를 깨닫게 하시고, 하나님께 인도하며, 죄를 이길 힘을 주신다. 또한 성경을 영감하시며, 인간의 마음을 비추시고, 인간을 향한 하나님의 뜻이 무엇인지 알게 하신다. 성경에서는 성령의 인격성을 다음 3가지로 나타내고 있다.

① 성령을 인격 대명사로 부르고 있다.

"내가 아버지께로서 너희에게 보낼 보혜사, 곧 아버지께로서 나오시는 진리의 성령이 오실 때에 그가 나를 증거하실 것이요"에서와 같이 성령을 그분(He)이라고 부르고 있다.[1] 이외에도 요한 16:7, 8, 13에서도 찾아 볼 수 있다.

② 성령에 대해서 인격적 존재만이 할 수 있는 활동을 말하고 있다.

· 성령께서 말씀하신다(계 2:7).
· 성령께서 인간의 연약함을 도우신다(롬 8:26).
· 우리를 위하여 기도하신다(롬 8:26).
· 우리를 가르치신다(요 14:26).
· 주님에 관하여 증거하신다(요 15:36).
· 성도를 인도하신다(요 16:13, 행 9:31).
· 주님의 사업을 도우신다(행 16:6-7).
· 성령께서는 근심하신다(엡 4:30).
· 소멸하시기도 한다(살전 5:19).

위에서 살펴 본 대로 인격적 존재만이 할 수 있는 활동을 하고 계심을 알 수 있다.

③ 인격적 속성인 지, 정, 의를 가지고 계신다.

· 지적인 것 : 성령은 지적 작용을 하고 있음을 말해 주고 있다. 성령은 우리의 마음을 비추는 한 빛으로 하나님의 진리를 나타내고 있다(고전 2:10).

· 의지적인 것 : 사람이 성령을 사로잡은 것이 아니라, 성령이 사람을 사로잡아서 성령의 뜻대로 하는 것을 말한다. 이것에 관하여 고린도 전서 12:11에서는 다음과 같이 말하고 있다. "이 모든 일은 같은 한 성령이 행하사 그 뜻대로 각 사람에게 나누어 주시느니라." 또 사도행전 15:6~8에서도 같은 뜻을 말하고 있다.

· 감정적인 것 : 하나님의 성령을 근심하게 하지 말라(엡 4:30). 또 로마서 5:5, 8:16 등에서도 성령의 감정적인 뜻을 말하고 있다. 이

제 위의 인격적 속성들에 대한 전반적인 표현의 말씀인 로마서 8:27을 보면, "마음을 감찰하시는 이가 성령의 생각을 아시나니 이는 성령이 하나님의 뜻대로 성도를 위하여 간구하심이라." 여기의 성령의 생각이라는 단어 프로네마인(pronemain)은 포괄적인 낱말로서 지적, 의지적, 정적의 3가지 뜻을 가진 단어이다.

2. 성령은 하나님이시다.

성령의 신성은 처음부터 기독교 신앙의 중요한 교리였다. 주후 4세기 아리우스(Arius) 논쟁은 성령의 인격성과 신성에 대한 영원한 정통적 교리를 확정했다. 아리우스는 성령은 피조된 것이라 했다. 사실 그는 처음에는 성령의 인격성을 주장했지만 나중에는 성령의 인격성 및 신성을 부정했다. 아리우스의 견해는 인정받지 못했으며 이단자로 낙인찍혔다. 지금까지 모든 정통적인 교회는 성령의 신성과 인격성을 주장하고 있다. 그럼에도 불구하고 성령을 한 인격으로 믿되 피조된 인격으로 생각하는 경우가 많다. 즉 하나님 자신이라고 생각하지 않는다. 또한 비인격적인 "그것"이 아니라는 것을 알면서도, 성부보다 낮은 것으로 생각한다. 그러나 성경은 성령께서 인격적 특성뿐만 아니라 신성도 겸비하셨음을 말한다. 곧 성령이 하나님이시라는 것이다. 그러기에 성령은 하나님으로서 창조와[12] 섭리,[13] 예수님의 초자연적 잉태,[14] 부활과 각 그리스도인에게 영적 선물을 베푸신다. 또 하나님이 가지시는 모든 속성들을 가지고 계신다.

① 전지하신다.
"성령은 모든 것 곧 하나님의 깊은 것이라도 통달하시느니라"(고전 2:10-11). "누가 여호와의 신을 지도하였으며 그의 모사가 되어 가르쳤으랴"(사 40:13).

② 편재하신다.
"주의 신을 떠나 어디로 가며…"(시 139:7). 성령은 동시에 모든 믿는 자들의 마음 속에 거하신다(요 14:17).

③ 전능하시다.

"힘으로 되지 아니하며, 능으로 되지 아니하고 오직 나의 신으로 되느니라"(슥 4 : 6).

④ 영원한 신성의 소유자이시다.
"하물며 영원하신 성령으로 말미암아 흠없는 자기를 하나님께 드린 그리스도의 피가…(히 9 : 14).

⑤ 하나님과 동등됨이다.
"너희는 가서 모든 족속으로 제자를 삼아 아버지와 아들과 성령의 이름으로 세례를 주고"(마 28 : 19).

이처럼 성령을 성부와 성자와 동등한 분으로 표현하면서도 동시에 그분들과 구별되는 존재로 표현한다.[15] 좀더 구체적으로 표현하면 제3 위(the third person)로 계시면서, 그의 독특한 방식으로 표현되는 것이다. 그러면서도 성령은 성부와 성자로부터 나온다(proceeds). 이것은 라틴 교회의 전통인데 성경적 뒷받침을 받고 있다.[16] 성경에 보면 성령이 성자에 의하여 보냄을 받았으며[17] 성자의 영으로 불리어지고 있다.[18] 그러므로 성령은 성부, 성자와 구별되는 한 위로서 삼위일체의 하나님이시다.

아타나시우스(Athanacius)의 신조에 의하면 만들어지지도, 창조되지도 않고, 누가 그를 낳으신 것도 아니고, 다만 나오신다. 여기에 나오신다는 말은 예수께서 요한 15 : 26에서 사용하셨다. 여기에 나오신다는 것은 어떤 열등을 표시한 것이 아니라 다만 관계만을 의미한다. 성령이 인격이시고 하나님이 되심을 기뻐해야 한다. 만일 그가 하나님이 아니시라면, 창조의 아름다운 역사와 영감의 권위, 각 사람의 타락을 극복한 중생, 또 우리 안에 계셔서 성화시키는 일은 하지 못하였을 것이다. 성령이 유한자가 아니시며, 하나님의 한 위가 되심을 모든 신자는 마땅히 감사하게 받아들여야 한다.

이처럼 성령은 삼위일체 하나님의 한 위격이다. 그는 성부 하나님 그리고 성자 하나님과 구분되는 동시에 그들과 한 몸을 이루고 있다. 그러므로 성령이 있는 곳에는 성부와 성자가 그 안에 함께 있다. 그는 먼저 성부 하나님의 현존(現存)이다. 성부 하나님은 하늘과 역사적 예수 안에만 계시지 않고 성령을 통하여 우리 안에 계신다. 그러므로 성령은 성부 하나님과 동일하시다.[19] 이와 동시에 그는 성자 하나님의 현존(現存)이다. 성자 하나님은 성령을 통하여 우리 안에 계신다.[20] 그러므로 그리스도의 영(롬 8:9), 하나님 아들의 영(갈 4:6), 예수 그리스도의 영(빌 1:19)이라 한다. 그러므로 성령은 하나님과 그리스도의 현존이다. 즉 우리에게 오시는 삼위일체 하나님의 현존이시다. 성령이 계신 곳에는 삼위일체 하나님이 계신다. 구체적으로 말하면 성령의 활동은 성부와 성자의 활동이다. 이같은 성령은 파악할 수 없이 현실적인 방법으로 피조물에게 현존하며 그의 이 현존의 힘으로 그 자신에 대한 피조물의 관계를 실현하며 그 자신에 대한 이 관계를 통하여 피조물에게 삶을 부여한다는 점에서도 하나님 자신이다.

그러므로 성령은 단순한 능력이나 힘, 영향력이 아니라 자신의 의지와 자유를 가진 인격적 주체로서 피조물에게 생명을 주시고 만나시는 인격적 존재일 뿐만 아니라 하나님 자신으로서도 우리에게 임한다. 위의 성령의 실존을 구체화시켜 신학적으로 검토하면 다음과 같이 고찰할 수 있다.[21]

첫째, 절대성, 완전성, 영원성을 가진 비(非)피조자로서의 성령

둘째, 다른 모든 영이 추종할 수 없는 거룩한 영으로서 어떤 생물이나 물체의 모양으로 표현해서는 안 되고 순수한 영으로서의 성령

셋째, 시간을 초월한 비시간적, 초시간적 존재로서의 성령

넷째, 언제 어디서나 누구에게든지 동시에 나타날 수 있는 편재한 초공간적 존재로서의 성령

다섯째, 스스로 자족한 상태에 계신 존재가 아니라 사람의 체험적 대상으로서의 성령

여섯째, 정적인 존재가 아니라 동적 존재로서 자연, 역사, 인간 속에서 변화를 가져다 주시는 역동적 존재이시다.

2
성령과 그리스도

　성령에 관하여 글을 쓰고자 하는 사람이라면 오늘날 교회의 사상 및 생활에 있어서 이 교리가 경시되는 데 대하여 개탄하는 것에서부터 시작하는 것이 거의 관례로 되어 있다. 이렇게 경시되는 것은(그것이 사실이라면) 고의적인 무관심 때문은 아닐 것이다. 왜냐하면 신약성경이 성령의 임재와 능력에 대하여 증거하는 것을 읽을 때마다, 누구든지 그것이 우리 시대의 교회의 경험 속에서 충분히 인식된다면 하고 바라기 때문이다. 또한 그것은 신학자들의 편에서 성령에 관한 교리에 부주의하였다는 데에 기인하지도 않는다. 왜냐하면 신학서적들을 쌓아둔 우리의 서가들이 증거하듯이, 역사적인 그리고 교리적인 수많은 연구들이 이 주제에 관한 것들이었기 때문이다. 진정한 이유는 성령에 관한 교리가 난제들 투성이며 모호한 점들로 가득 차 있어서 마음을 혼란케 하므로 이것들을 어느 책도 이제껏 제거하지 못했었다는 사실이다. 우리 중에 알려진 것보다도 더 충만한 성령체험을 가지고서 어느 날 누군가가 성령에 관한 위대한 책, 즉 "공감을 불러일으키는"[1] 책을 쓸 것이라고 바래 왔었다. 이것이 한낱 헛된 바램이라고 필자로서는 선뜻 이야기할 수는 없으나, 만일 그러한 책이 혹시라도 쓰여진다해도, 그것이 그 모든 질문들과 문제점들에 대해 대답해 주는 것은 아닐 것이다. 신학에서의 다른 주제들과는 달리, 우리가 어떤 유리를 통해 어둠침침하게 바라보고 있다고 하는 것이 여기서는 옳다. 항상 성령에 관한 진정한 교리는 이 주제의 내면적인 미묘함과 복잡성을 감지하게 되며, 그 교리가 더듬으면서 추구하는 신비를 그것이 포착하기엔 부적당한 것을 깨닫는 교리일 것이다.

너무 낙관적인 기대를 할 수 없는 세 가지 특별한 이유가 있다.

1. "영"이라고 우리가 말할 때는 다른 어떤 의미보다도 우리는 생기(life)라는 의미로 사용한다. 활기(vitality)란 영의 정수이다. 생명이란 궁극적인 신비이며 어떠한 공식으로도 바꾸어지는 것을 거부한다. 우리가 그것을 지적하고 그것을 묘사할지라도 결국 생명은 스스로 이야기해야 한다. 우리의 언어가 멈추어 서는 그 지점 너머에서 생명은 시작된다. 성령이란 세상 속에서의 하나님의 생생한 활동을 의미한다고 한다면(또 이것을 잠정적인 정의로서 우리가 받아들일 수 있다면) 우리가 만든 공식을 가지고 실제를 파악하겠다는 바램은 있을 수 없다.

스트라우스(David Friedrich Strauss)는 성령론을(한 가지 특수한 측면에서) 개신교에 있어서 아킬레스의 뒤꿈치라고 묘사했다. 어떤 의미로는 이 묘사가 맞다. 참으로 이것은 취약점이며, 조직이라는 우리의 갑주에 생긴 틈인데, 제1차적인 원리들로부터 끌어낸 그 어떤 논점도 이것을 포괄적으로 감싸지 못한다. 그런데 약간 멋은 덜 있을지라도 그것을 산소관, 즉 우리들이 구축한 바 체계(조직)라는 껍질들 속에서 질식되지 않게 생기를 주는 하나님의 숨결에 닿도록 우리가 뻗치는 호흡용 관이라고 묘사하여도 마찬가지일 것이다.

2. 우리가 주로 의존하는 바 성경의 증거는 일관적이고 동질적인 유형을 이루고 있지 않다는 것을 우리는 알아야 한다. 성경을 대단히 존중하는 이들에게 흔히 생기는 편견으로부터, 즉 어느 한 주제라도 그것에 관한 성경의 모든 이야기가 서로 일관성이 있음에 틀림없다는 편견, 그리고 실제 드러난 어떤 불일치든지 성경의 신성한 권위에는 어울리지 않는다는 편견으로부터 우리 마음이 깨어나도록 해야 하다. 그

러한 견해는 그것이 성경 그 자체 속에 아무런 확증도 갖고 있지 않기 때문에 편견에 불과하다. 그런데 성경은 산 체험의 기록으로서 풍부한 다양성에 관한 참된 보증을 나타내고 있다.

더구나 성경 자체가 성령체험의 필요성보다는 분별을 길러야 할 필요성이 더 있다는 부분은 아무 데도 없다는 것을 입증하고 있다. 바울에 따르면, 성경의 은사 중의 하나로, 역설적이지만, "영을 분별하는 능력"(고전 12:10, RSV)이 존재한다. 온갖 자료를 형식적 체계라는 프로쿠르스테스(Procrustes)의 침대에 무분별하게 억지로 짜 맞추어서 성령론의 틀을 짜려는 것은 불가능하다. 우리는 무엇이 옳고 그른가, 무엇이 일차적이고 무엇이 이차적인가, 무엇이 중심적이고 무엇이 주변적인가를 분별해야 한다. 또 우리는 각기 다른 이해 수준을 반영하는 성령에 관한 증언들과, 신의 경륜에 있어서 상이한 단계들에 속하는 증언들과, 영에 관한 변증에 있어서 각기 다른 요소들에게 관련된 증인들을 분별해 내야 한다. 잠시 후 나는 다시 이 문제에 되돌아가겠는데, 그때 나는 방법에 관해 질문을 제기할 것이다. 우선 우리는 현재의 곤란한 문제의 세 번째 근원을 언급해야겠다.

3. (우리가 인정하든, 안 하든 우리가 지금 의존하고 있는 바) 교회의 교리적인 전통은 이런 문제에 관해서 명료한 해답을 거의 주지 못한다. 그리스도의 인격에 관한 교리를 정의하는 데에 적용되었던 세심한 조심성이나 정확성과는 대조적으로, 성령에 관한 교리의 정의는 381년 콘스탄티노플 공의회에서 제정된 이후 줄곧 개선되지 못한 채 기이할 정도로 빈약하면서, 아마 큰 관심없이 만들어 졌을 것이라고까지 말할 수 있을 것이다.

이 점에 대해서는 다음 기회에 더 이야기하겠지만, 여기에서는 교회의 신앙이 성령에 관하여 내린 정의, 즉 성령과 성육하신 그리스도 사이의 관계나, 성령과 교회의 관계에 대한 명확한 언급이 없는 그 정의는 신약성경의 표준에 의거하여 볼 때 심각한 결점을 지녔다고 할 수밖에 없다. 기독교권 내의 두 가지 커다란 분열, 즉 동·서교회의 분열이나 로마천주교와 개신교의 분열이 그와 같은 두 가지 질문에 관련된 뿌리 깊은 차이점들에 그 원인이 있을 수 있다고 한다면, 궁극적인 책임은 그처럼 모호하게, 그리고 주저하는듯이 표현하였던 4세기 교회에게 돌아간다. 어쨌든 불행한 결과는, 그러한 질문들에 관하여 보다 더 정확한 어떤 시도를 한다 해도 우리는 우리가 나뉘어져 나온 상대 편 사람들과의 논란을 피할 수 없다는 점이다.

이런 어려운 점들을 볼 때, 이 책에서 성령론을 철저하게 취급하려고 생각하지 않는다고 하는 것을 새삼스럽게 덧붙일 필요가 없다. 필자가 의도하는 바는 보다 온건하고 전초적인 성격을 띤 것으로서, 기독교의 성령론의 기초적인 유형이 어떤 것이어야 하는지를 규정해 보고자 하는 것이다. 그래서 필자는 성령론의 테두리 안에서 필히 고려되어야 할 특수한 문제들 중 몇 가지에 집중함으로써 이 연구를 개진해 나가려 한다.

특별히 주의를 요하는 다섯 가지 문제는 이렇다. (1) 신약성경이 성령에 대하여 증거하는 데서 직접 생기는 문제—즉 성령과 그리스도와의 관계에 대한 문제가 있다. (2) 기독론에 관한 결정이 있은 후 4세기 교회에 나타난 문제—즉 성령과 하나님과의 관계 혹은 삼위일체에 관한 문제가 있다. (3) 서방 기독교권의 대분열의 근원이 됨으로써 서방 교회에서 신학을 더욱 특별하게 다지게 되었던 문제—즉 성령과 교회의 관계에 대한 문제가 있다. (4) (3)에 대한 프로테스탄트적인 대답으로부터 비롯되어서 우리의 개혁교회 전통 속에 현저하게 두각을 드러내 온 문제—즉 성령과 말씀과의 관계에 대한 문제가 있다. (5) 마지막으로, 구약성경이 성령에 대하여 증거함에 있어서의 어떤 경향들이 시사해 주는 것으로—비록 다른 시기에도 교회의 정신 속에 출현했지만 현대에 특별히 관심을 끌게 된 문제—즉 성령과 인간의 영과의 관계에 대한 문제이다.

말할 필요도 없이, 이 문제들은 별개의 문제들로 각기 차단되거나 또는 서로 고립된 채 생각될 수 없다. 한 문제는 다른 것에 연관된다는 것, 그래서 최종적인 분석에선 그것들이 하나의 동일한 문제의 각기 다른 측면들이 된다는 것이 틀림없다. 어쩔 수 없이 그것들을 구별해야 할 때는 그들 각각을 차례차례 고려하는 관점에서 중심되는 문제를 규명하려고 할 것이다.

그러나 바로 처음부터 우리는 분별의 문제에 부딪친다 : 이 문제들을 도대체 어떤 순서로 제기해야 할까? 이 점은 방법에 대한 단순한 학술적 질문 이상의 것이다. 왜냐하면 우리가 내릴 대답은 서서히 부각되는 최종적인 틀을 결정하기까지 멀리 나아갈 것이기 때문이다. 선택은 정경 순서(the canonical order), 그리고 연대기적 순서(the chronological order)라고 할 수 있는 두 가지 순서 사이에 존재한다. 필자가 정경 순서라 함은 정경인 성경의 순서를 따르는 것을 의미하는데 그렇게 되면 구약성경에 나타난 성경의 성격과 활동의 국면들을 먼저 고려하게 되고, 그것들을 기초 혹은 뼈대라고 생각하여 그 뼈대 안에서 신약성경의 제시하는 바 자료들을 이해하게 된다. 이 순서를 지지해 주는 강력한 논증들이 있을 수 있다. 성경이라는 기독교의 정경 속에서 구약을 신약보다 앞에 두면서 교회는 넌지시 암시하기를, 신앙에 관하여 연구할 때는 우리가 창세기에서부터 시작하여 계시록까지 해나가야 된다고 했던 것 같다. 게다가 만일 성령에 관한 인간들의 이해가 점진적인 발전을 해왔다면, 그것을 밝혀 주는 데에 이러한 방법이 과학적인 방법인 듯싶을 것이다. 이것은 성령에 관한 최근의 많은 저술들이 따르고 있는 방법인데, 인간의 창조와 삶에 있어서의 성령의 보편적 임재와 역사를 보여 주는, 구약 속의 어떤 노래들에게서 주로 도움을 받아서 성령의 본성과 활동에 관한 일반 개념에 도달하려고 함으로써 그 저자들은 자신들의 과업에 접근했다. 그리고 나서 그들은 이 틀 안에서 성령은사에 관한 신약 중의 특별한 강조에 상응하는 부분을 발견해 내고자 하였다. 나로서는 이 방법이 만족스러운 것이라고 믿지 않는다. 거의 확실한 사실은 성령은사에 대한 신약의 증거는 성질상 구원론적이고 종말론적이어서, 그것을 성질상 우주론적이고 인류학적인 개념의 틀에 맞추려고 할 때 그것은 독특한 어떤 면을 상실하게 된다는 것이다.[2]

다른 순서로는 연대기적 순서가 있는데, 필자에게 있어서 이것은 위의 문제들이 교회의 관심을 끌었던 순서를 의미한다. 교회는 성령의 일반적인 개념으로부터, 즉 하나님과 세상과의 혹은 하나님과 인간과의 관계라는 맥락 속에서 시작되지는 않았다. 반면에 교회는 독특하게 기독교적인 성령체험을 그리스도의 임무와 사역이라는 맥락 속에서의 은사로서 이해하려는 노력에서부터 시작되었는데, 성령론이 쌓아올려진 것은 바로 이러한 기초로부터였다. 하지만 만일 이러한 기초를 우리가 받아들인다면, 구약이 증거하고 있는 바 성령의 활동에 관한 보다 보편적인 측면들이 차지할 자리를 이런 기초에서 어떻게 찾을 수 있겠는가? 우리는 진퇴양난인 것 같다.

그렇지만 이런 곤란이 해결 불가능이라고는 믿지 않는다. 만약 우리가 이 문제들을(필자가 그것들을 열거한 순서이기도 한) 연대기적 순서로 접근한다면, 기독교적 성령론의 구조를 이해하는 데에 도움이 될 뿐만 아니라, 문제의 더욱 폭넓은 면들에 관해서도 조명을 얻게 될 것이다.

성령에 관한 신약의 증거들은 대략 두 갈래로 나뉘는데 (1) 성령의 사역에 주로 관련된 것들인 공관복음과 사도행전의 증거들과 (2) 성령의 기능과 본성에 보다 더 관련된 것들인 서신들 속의 증거들과 제 4 복음서 중의 증거들로 나눌 수 있을 것이다. 물론 두 갈래로 뚜렷이 구분되는 것은 아니지만, 우리가 성령의 역사에 관하여 가장 온전하게 베풀어진 가르침을 얻게 되며 구속의 경륜에 있어서의 성령의 위치에 관하여 가장 명확한 역설(力說)을 만나게 되는 제 4 복음서에서는 이 두 갈래의 관심들이 괄목할 만하게 수렴되고 있다.

성령의 역사하심은 신약에서는 구약의 예언의 성취로 해석되었는데, 그 예언은 이스라엘의 종말론적 소망에 있어서 중추적인 주요한 위치에 성령을 두었던 것이다 이스라엘 역사의 보다 나중 시기에 그러니까 성령이 오심이 그 민족의 삶 속에 현존하는 실재로서 이해되어지기를 그치고 미래적 소망의 대상으로 되어 버렸을 때에, 이러한 소망은 영구적이고 보편적이게 될 성령의 출현에 대한 예언 속에서 그 뚜렷한 모습을 드러내게 되었다. 단지 가끔씩, 그리고 잠시만 성령이 머물렀던 과거의 영웅들, 왕들 그리고 선지자들과는 대조적으로 이새의 줄기에 약속된 가지 위에서 주의 성령이 줄곧 머무를 것이다(사 11:2). 또 성령을 영구히 부어 주리라고 하는 것은 이사야서 제 2 권의 주의 종(the servant of the Lord)을 묘사할 때에 두드러지게 나타나는 특색이다.

"내가 붙드는 나의 종, 내 마음에 기뻐하는 나의 택한 사람을 보라. 내가 나의 신을 그에게 주었은즉 그가 이방에 공의를 베풀리라. …그는 쇠하지 아니하며 낙담하지 아니하고 세상에 공의를 세우기에 이르리니 섬들이 이 교훈을 앙망하리라"(사 42:1-14)

영감을 받은 메시야적 임금 혹은 주의 종에 대한 기대는 하나님의 온 백성과 궁극에는 모든 육체에게 성령을 부어 줄 것이라는 비전을 갖게 하였다. 하나님께서 자기의 영을 모든 주의 백성 위에 두실 것이라고(민 11:29) 모세를 통하여 표현된 바램은 예언적 종말론에 반복적으로 나타나는 특징이 되었다. 에스겔(36:26-28)과 마른 뼈의 골짜기에 관한 그의 극적인 환상에 따른다면, 성령에 대한 소망은 이스라엘을 갱신시켜 주는 필수불가결한 바탕이다. 그리고 그것이 절정에 이르는 것은 요엘의 예언에서이다.

"그 후에 내가 내 신을 만민에게 부어 주리니 너희 자녀들이 장래 일을 말할 것이며, 너희 늙은이는 꿈을 꾸며 너희 젊은이는 이상을 볼 것이며 그때에 내가 또 내 신으로 남종과 여종에게 부어 줄 것이며"(욜 2:28-29).

신약성경에 의하면, 예언자적 소망의 이 두 가지 측면이 다 성취되는 것은 예수와 그의 교회에서였다.
1. 예언자적 소망의 이중적 성격은 얼마 간의 복잡성을 야기시키는 신약의 한 가지 특징을 설명하는 데에 도움을 준다. 그 특징이란 초대교회의 생활과 사상 속에는 성령이 현저하게 두각을 드러내는 반면에, 공관복음에 기록된 예수의 가르침 속에는 하나의 주제로서는 거의 나타나지 않는다는 점이다. 예수로부터 기인하는 명쾌하고 광범위한 제4복음서 속의 성령에 관한 가르침이 조금이라도 역사적인 근거를 가지고 있다면, 왜 그 흔적이 공관복음에는 나타나지 않을까라는 문제를 이해하는 것은 정녕 어렵다 그렇지만 공관복음들을 그것들만 독립적으로 자세히 살펴 보면, 성령에 관해서 가르치시는 분으로서 뿐만 아니라 성령의 유일무이한 전달자로서, 즉 성령의 영구적인 임재에 관한

예언자적 소망이 그 안에서 성취되는 분으로서 예수를 보여 주려는 데에 공관복음들의 일차적인 관심이 있다는 것이 분명히 나타난다. 비록 공관복음 속의 예수의 가르침에는 실질적으로 나타나 있지 않을지라도 그의 잉태, 세례, 그의 시험받음과 최초의 설교, 그가 귀신을 몰아내는 것, 그리고 아마 십자가상의 그의 죽음에서, 즉 예수의 생애와 사역에 있어서의 여러 결정적인 시점에서 성령은 언급되고 있다. 종합하자면, 공관복음들이 의도하는 바는 이러한 언급들을 통하여, 예수의 생애가 전적으로 성령에 붙잡혀서 성령의 인도를 받은 것임을 보여 주고자 한 것이다. 필자로서는 이러한 언급들을 샅샅이 살펴 본다는 것이 불가능하다. 하지만 예수가 세례받을 때 성령이 가시적으로 강림하는 것에 대한 언급에만 필자의 관심을 한정시킨다고 하여도 그것으로 족할 것이다. 그런데 이 언급은 세 공관복음서 모두가 비슷한 말로 보고하고 있으며, 본질적으로 중대한 사건으로서 생각되도록 하려는 의도가 분명히 담겨져 있다. 그 세 가지 서술을 주의깊게 읽어 보면, 그 강조점은 성령의 강림에 있다고 하기보다는 오히려 성령의 가시적 계시에 있다는 것이 분명해질 것이다. 즉 성령이 비둘기같이 그의 위로 강림하는 것이 보여진다("형체로" 눅 3:22). 달리 말하자면, 성령이 바로 그 정확한 순간에(전에는 그에게 없었다가) 예수에게 강림했다는 것이 아니라, 예수는 성령을 영속적으로 지닌 분이라는 것이 그 시점에서 계시되었다는 데에 핵심이 있다(누구에게 그 계시가 베풀어졌느냐 하는 질문은 우선적으로 중요한 것이 아니다). 그 귀절에는 양자론적 기독론(adoptionist christology)을 뒷받침하는 것이라고는 없으며, 양자론적 기독론은 핵심주제를 오인하고 있다. "너는 내…아들이라"고 하는 귀절이 양자론의 공적 표현으로 사용되었다고 해도, 그것을 이사야 42:1의 선택된 종에 대한 언급이 있는 귀절과 융합시켜 보면 여기서 우리는 그 귀절의 출처가 시편 제2편에 있다는 것을 알게 되며, 하늘에서 들린 그 음성이 의도한 바는 예수가 그 순간에 메시야적 직책에 선택되고 있다는 것을 암시한 것이 아니라, 예수가 성경 속의 이러한 증거들이 언급하고 있는 존재와 동일함을 확인하여 주는 것이라는 것을 알게 된다. 더 나아가서 성령의 강림과 예수의 세례와의 결합에는 양자론적 의미보다는 차라리 계시적 의미를 가지고 있다. 즉 그의 세례식에서, 그에게 성령이 가시적으로 강림한 것에서 예수는 성령을 나누어 주며, 독특하게 기독교적인 세례식을 창시하게 될 분으로 확인된다. 물론 이 것은(거기에 예수의 세례식이 명료하게 기록되어 있는 것은 아니지만) 제 4 복음서 안에 실린 삽화(挿話)를 전체적으로 해석한 것이다. 즉 성령이 가시적으로 강림한 것은 예수가 성령을 영속적으로 지닌 분이며 나누어 주는 분이라는 증거로서 신에 의해 요한에게 계시되었다 :

"요한이 또 증거하여 가로되 내가 보매 성령이 비둘기같이 하늘로서 내려와서 그의 위에 머물렀더라. 나도 그를 알지 못하였으나 나를 보내어 물로 세례를 주라 하신 그이가 나에게 말씀하시되 '성령이 내려서 누구 위에든지 머무는 것을 보거든 그가 곧 성령으로 세례를 주는 이인 줄 알라' 하셨기에 내가 보고 그가 하나님의 아들이심을 증거하였노라 하니라"(요 1 : 32-34).

2. 예언자적 소망의 두 번째 요소는 그 성취가 신약에서 선포되는데, "만민에게" 성령을 보편적으로 부어 준다는 것이다. 오순절에 베드로가 행한 설교(행 2 : 16 이하의 귀절들)의 내용은 바로 요엘의 예언이다.

잘 알려져 있는 한 가지 난제가 여기에 있다. 그것은 제 4 복음서는 성령을 부어 주신다는 것에 관하여 오순절 설교가 하는 설명과는 상충되게 설명하고 있다는 것이다. 사도 요한의 설명에 따르면(요 20 : 22), 부활절 저녁에(도마는 자리에 없었음) 부활하신 주님의 입으로부터 모여 있는 제자들에게 성령의 선물이 직접 전달되었다. 말하자면 부활절과 오순절은 충돌하면서 포개어졌다. 반면에 누가는 설명하기를, 그것들이 분명한 시간적 간격에 의하여 떨어져 있다고 하였다. 이런 불일치로 생기는 역사적인 문제나, 위의 두 가지 설명을 조화시켜 보려고 행해졌던 시도들에 관하여 관심을 기울일 필요는 없다. 그 설명들이 둘 다 일치하는 하나의 점—즉 성령의 선물은 예수의 세상에서의 사역이 끝날 때 혹은 끝난 후 도착했다는 것—은 반드시 언급되어져야 할 것이다. 이 점은 주의 승천(눅 24:51, 행 1:9)과 주께서 그 제자들에게 기다리라고 하신 명령(눅 24:49, 행 1:4)을 누가가 두 번 기록함으로써 누가복음에 강조되어 있다. 성령을 입김으로 불어 넣어 주신 것을 사도 요한이 기록한 것 속에는 기다림의 시간이라고는 없다. 그러나 성령이 오시는 것은 그리스도가 떠나가는 데서 오는 필연적인 결과라고 하는 요한복음서의 가르침은 훨씬 더 강조적이다. 이 점은 초막절에 행해진 예수의 약간 비밀스러운 말씀에 관한 그 복음서 저자가 언급한 내용에서 단호하게 이야기된다 :

"이는 그를 믿는 자의 받을 성령을 가리켜 말씀하신 것이라. (예수께서 아직 영광을 받지 못하신 고로 성령이 아직 저희에게 계시지 아니하시더라)(요 7:39).

이것이 보혜사에 관한 언급에서 대단히 강력하게 반복되는데, 성령이 오셔서 영원히 머무르록 하기 위해서는 잠시 동안일 뿐인 예수의 임재는 철수되지 않으면 안 된다는 것이다. 이러한 교체는 다섯 가지 언급들 속에 모두 표현되어 있거나 함축되어 있으며, 예수가 그 제자들에게 자신의 계속적인 임재와 보혜사의 오심 사이에서 선택하게 하는 듯한 말씀인 요한복음 16:7에서 가장 명료하게 표현되어 있다.

"그러하나 내가 너희에게 실상을 말하노니 내가 떠나가는 것이 너희에게 유익이라. 내가 떠나가지 아니하면 보혜사가 너희에게로 오시지 아니할 것이요, 가면 내가 그를 너희에게로 보내리니"(요 16:7).

그렇다면 성령과 그리스도와의 관계는 무엇인가라는 질문에의 대답으로 간주되어야 함에 틀림없는 첫 번째 것이 여기에 있다. 성령은 신의 경륜 속에서 그리스도의 뒤에 위치하여 있고, 세상에서의 그리스도의 사역은 성령이 오시기 전에 완료되지 않으면 안된다는 것이다.

신약이 신의 경륜상의 순서 혹은 전후 관련을 강조한 점은 하나님, 그리스도, 그리고 성령 사이에 관계들을 규정하는 문제가 발생했을 때에 초대교회의 몇몇 사람들에게 호의적으로 받아들여졌고 견해를 지지해 주는 것처럼 보인다. 각각의 경우에 우리가 관계하는 것은 동일한 인격적 실체라는 것이 양태론자(modalist)들의 견해였다. 차이점이라고 한다면 그분이 처음엔 아버지로서, 두 번째로는 아들로서, 세 번째로는 성령으로서 세상 속에 임재하고 활동하여 온 그 양태들에 있어서만 다르다고 하는 것이다. 그것은 특별히 그리스도와 성령에 관해서는 바람직한 견해이며, 사실 성령의 임재란 또 하나의 다른 양태로 계속 그리스도가 임재한다는 것이기 때문에 일리가 있는 견해이다. "볼지어다. 내가 세상 끝날까지 너희와 항상 함께 있으리라"하고 그리스도께서 약속하신 것은 그가 성령이라는 양태로 임재하리라는 것을 제외하고 딴 것을 의미할 수는 없으며 초대교회가 일찌기 다른 식으로 생각하였던 증거도 전혀 없다. 바울이 그리스도인의 입장을 "그리스도 안에" 그리고 "성령 안에"라고 구별없이 언급하고 있는 태도는 그가 성령의 임재와 그리스도의 임재와의 사이에 아무런 구별도 두지 않고 있다는 것을 보여 준다. 사도 요한이 가르치고 있는 바로는, 그리스도가 임재하여 제자들과 함께 지내는 동안에 그리스도 자신과 제자들 사이에 있었던 관계처럼 "또 다른 보혜사"로서의 성령의 임재는 그리스도 그분 자신의 임재와 동일한 것이라는 것이다. 요한복음 14 : 18에 관한 널리 인정된 견해와 이 귀절과 그 앞에 나오는 귀절들과의 관계에 따르면, 성령의 오심은 그리스도의 오심이 되어야 할 것이다.

그렇지만 이것은 성령의 임재 혹은 성령 안에 그리스도의 임재가 성육하신 그리스도의 지상적인 사역으로 하여금 더이상의 중요성을 띠지 않게 해버린다는 것, 즉 그리스도의 역사적 임재를 대체해서 그것을 쓸모없이 만들어 버린다는 것을 의미하지는 않는다. 성령을 나눠 주는 것으로써 그리스도 안에 하나님이 역사적으로 나타나신 것이 대체(代替)되어 버린다고 주장하거나 그렇게 함축하고 있는 한, 양태론은 기독교 신앙의 기초를 위태롭게 한다. 기독교 신앙의 기초는 성육신 사건의 결정적인 점과 최종성에 있다. 육신을 입은 그리스도의 생애 속에서 그가 성취하신 일은 여전히 가장 중요한 것으로 남아 있으며, 또 그것은 대체되어질 수가 없다. 그리하여 성령의 임재가 그리스도의 임재와 동등하다고 하더라도 그들 사이의 구분을 아는 것이 필요하다. 성령의 임재는 성육하신 그리스도의 임재에 대하여 늘 부수적이며 그 결과로서 따라오는 것이다. 인간들의 구원을 위해 육신을 입고 하나님의 사업을 역사 속에서 행하신 이는 그리스도이지 성령은 아니다. 본질적으로 역사 속에서 행하신 이는 그리스도이지 성령은 아니다. 본질적으로 성령의 역할은 성육하신 그리스도의 사업에 추종적인 것이며 수단이 되는 것이다.

이러한 구분은 제4복음서의 가르침 속에, 특히 보혜사에 관한 말씀에서 두드러지게 나타나는 한 가지 특색이다. 그리스도가 영광을 받을 때까지, 즉 그분이 자신의 맡은 바 사업을 완료하고 성부께서 되돌아갈 때에야 비로소 성령은 활동을 시작한다. 이것은 성령의 하시는 일이 본질적으로 재생산적인 특성을 지녔으며, 또 그것은 성육하신 그리스도의 하신 일과 늘 관계가 있기 때문이다. 보혜사에 관한 말씀은 성령이 하시는 일의 비독창적인 점을 명백하게 강조한다. 즉, 우리가 그것을 이렇게 표현해도 좋다면 성령의 하시는 일이란 단지 그리스도에게 조명을 비추어 드리는 것이며, 그리스도가 가진 것을 가져다가 제자들에게 보여 줌으로써 그리스도를 영화롭게 해드리는 것이다(요 16:14). 성령은 생각나게 하시는 분(요 14:26)이지, 혁신하시는 분(innovator)이 아니다. 이것은 보혜사 성령에 관한 다섯 번째 말씀에서, 성령께서 모든 진리(all the truth) 가운데로 인도하시리라(정관사 'the'가 무시되어서는 안 된다)고 약속하고 있는 귀절과 모순되지 않는다. 왜냐하면 제4복음서의 관용적인 표현을 빌리면, 진리란 예수 그리스도에 의해 도래(到來)한 진리(요 1:17)이기 때문이요, 성부에 의해 그리스도에게 풍성하게 주어진 그 진리(요 16:15)이기 때문이며, 그리스도가 이에 관하여 "내가…진리요…"(요 14:6)라고 말씀했기 때문이다. 성령이 이 진리를 창출해 내기 때문이 아니라, 그것을 성령 자신이 듣고 있기 때문에 이 진리를 선포하는 것이 성령의 임무이며, 진리의 영 그분은 오로지 그러할 뿐이다(요 16:13). 한마디로 말해서 요한복음의 그 가르침에 따른다면, 그리스도 안에 있는 진리를 재현하는 것이 성령의 역할이다.

바울의 글에서도 성령과 그리스도와의 관계를 동질성과 구별이라는 변증법적 유형으로 여전히 나타내고 있다. 그리스도와 성령은 그리스도인의 삶 속에서 대단히 밀접하게 관련되어 있어서 그들의 호칭은 서로 바꾸어 쓰일 수 있다. 이미 언급했던 대로, 그리스도인의 입장은 "그리스도 안에"(롬 8 : 1)와 "성령 안에"(빌 2 : 1)라고 똑같이 잘 기술될 수 있다. 갈라디아서 3 : 1~2에서 바울은 성령을 받아들이는 것을 그리스도인의 삶을 시작하게 하는 예수 그리스도와의 결정적인 만남과 동등하게 보고 있으며, 로마서 8 : 9에서는 성령을 소유하는 것은 그리스도인됨의 필수조건(conditio sine qua non)이라고 하였다. 그리스도인의 경험의 입장에서 본다면, 그리스도인의 임재와 성령의 임재 사이에는 분명히 아무 구별도 없었다. 그러나 "주는 영이시니"(Now the Lord is the Spirit)라고 고린도 후서 3 : 17에서 그 동일성을 단언하고 있는 듯하지만, 바울이 성령을 승귀하신 그리스도와 동일시했다고 결론짓는 것은 실수일 것이다. 왜냐하면 여기서 "주"(the Lord)는 출애굽기 34 : 34의 반향임이 분명한 바로 앞 문장의 "주"(the Lord)를 가리키며, "이시니"(is)라고 하는 것은 해석적(est=significat, 엡 4 : 9에서처럼)이기 때문이다.[3] 그 의미는 주님께로 돌아가는 것이 모세의 얼굴에서 구건을 벗기는 조건이 되었다고 성경이 보여 주듯이, 오늘날 "모세"를 읽는 사람들에게도 그럴 것이라는 것이다. 그리고 오로지 그들이 정녕 돌아가야 할 주님의 시내산에서 찾아진다기 보다는 성령 안에 있는 그분의 임재 속에서 찾아져야 할 것이다. 이 사상은 "역동적 동일성"에 관한 것으로,[4] 인간들 가운데 계시는 성령 안에 그분이 임재하여 활동한다는 의미에서 주님은 성령 "이시다"(is). 같은 문장의 그 다음 하반절에서 바울은 "주의 영"이라고 언급하고 있는데, 이것은 그가 그리스도와 관련지어서 성령을 지칭할 때, 예를 들면 그리스도의 영(롬 8 : 9; 갈 4 : 6; 빌 1 : 19), 그[하나님의] 아들의 영(갈 4 : 6)이라고 한 것처럼, 빈번히 사용하는 어법이라는 점을 유의해야 한다. 토씨 "의"(of)를 사용하여 성령과 그리스도 사이의 밀접한 관계를 명확하게 가리키고 있으며, 그들 사이의 구별도 명확하게 가리키고 있다. 이러한 구별의 본질은 무엇인가? 이미 언급한 대로, 제 4 복음서에서의 주요한 역점은 시간적인 전후관계, 즉 성령은 그리스도 뒤에 잇달아 오신다는 것에 있다. 바울은 어느 곳에서도 이 점을 강조하지 않는다. 아마도 이것은 다소나마 그가 각기 객관적인 영역, 그리고 주관적인 영역이라고 할 수 있는 그리스도와 성령 각각의 활동 영역 사이의 구별을 생각하고 있었기 때문일 것이다. 다시 말해서 성령은 그리스도에 관한 객관적 사실(事實)의 주관적 보완자이며 동반자 짝(subjective complement or counterpart)이며, 성령의 역할은 인간들의 가슴 속에 이 외적 사실의 내적 체험을 야기시키는 것이라고 생각했기 때문일 것이다.

이것은 그 객관적 사실이 주관적 체험 속에서 용해된다는 것을 의미하지는 않는다. 그것들 사이에는 양극성(polarity)이 남아 있는 것이다(이것의 중요성은 다른 문맥에서 살펴질 것이다). 그리스도에 관한 사실(事實)은 일차적으로 역사 속의 사실이며, 그 자체로서 그것은 전해지고(갈 3:1) 사도의 설교 속에서 증거되어진다(고전 1:1-2). 이렇게 전하는 것을 듣는 것은 믿음에 없어서는 안 될 조건이다(롬 10:17). 그런데 믿음이란 그 외적인 사실이 인간의 내면 속으로 꿰뚫고 들어가 거기서 그를 사로잡아 버릴 때에만 생기는데 이것이 성령의 하시는 일이다. "…성령으로 아니하고는 누구든지 '예수를 주(主)시라' 할 수 없느니라"(고전 12:3). 이것은 그리스도를 전하는 것이 인간적인 유창한 말투나 지혜에 달려 있지 않고 오히려 "성령의 나타남과 능력"(고전 2:1-4)에 달려 있다고 한 바울의 주장에 대한 이유가 있다. 기껏해야 그 인간적인 수단들은 역사적인 인물로서의 그리스도에 관한 지식을 얻게 해줄 뿐이다(아마 이 점은 바울이 "육체대로" 혹은 "하나의 인간적인 관점에서" 그리스도를 아는 것에 관하여 언급할 때 그가 의미한 것일 것이다. 고전 5:16). 오직 성령만이 그리스도의 주님 되심에 관한 진정한 내적 이해로 들어가는 문을 열 수 있다.

요한과 바울의 생각이 다른 것은 관점의 차이 때문이라고 할 수 있을 것이다. 성육신 사건과는 동시대 사람의 입장을 취하는 제4복음서의 저자가 주로 연속(continuation)이라는 입장에서 그리스도에 대한 성령의 관계를 제시하는 반면, 바울은 보다 뒷시대적인 입장에서 자신과 자신의 동시대 사람들에게 알려진 성령체험을 그리스도에 관한 사실들에 대한 보충으로서 제시하고 있다. 이러한 두 가지 주장은 그것들 자체가 상호 보완적임이 분명하다. 다시 말하자면 성령은 그리스도가 역사 속에 나타나신 짤막한 기간을 넘어서 그리스도의 임재를 연속시켜 주고, 인간들의 내면에 그리스도의 역사적 현현에 관한 내적 이해를 형성해 줌으로써 그것을 온전하게 해준다. 그러나 이 두 주장은 성령을 순전히 그리스도 중심적인 맥락 가운데서 소개하고 있다. 성령이 그리스도와 분리되어서 하는 일에 관한 언급은 신약성경의 어느 곳에도 없다. 성령은 전적으로 그리스도의 영이다.

이것은 성령에 대한 신약성경상의 증거의 중심적인 특징이다. 신약의 증거는 본질적으로 완벽하게 확실하며 이해가능하지만, 우리가 그것에 관하여 생각하기 시작하면 그것은 몇 가지 어려운 점들을 드러낸다 그 첫 번째는 이렇다. 전적으로 성령이 그리스도의 영이라고 한다면, 이것은 그리스도의 역사적 강림보다 앞선 세대에서 이루어진 성령의 임재나 활동을 신약성경이 알지 못한다는 것을 의미하는가? 이러한 질문은 성령의 새로움에 관한 신약의 주장으로부터 논리적으로 귀결되는 것처럼 보일 것이다. 그러나 분명한 것은 그리스도의 오심과 더불어 대두된 종말론적 시대가 지닌 새로운 특색으로서 성령의 오심은 그저 환영받았지만, 그 새로움이란(만일 그것이 일반적으로 믿었던 것처럼, 성령이 예언자의 계통의 사라짐과 함께 이스라엘에게 작별을 고하였다고 하는 시기 이래로 계속 경과된 기나긴 시간적 간격에 관련된 것이 아니라고만 한다면) 성령 그 자체의 오심에 관한 것이 아니라 오히려 오순절 성경강림의 새로운 특색, 즉 그것의 영속성과 보편성에 관련된 것으로 이해되어져야 한다는 것이다. 정녕 어려운 문제는 아직도 남아 있다. 즉 성령의 역사가 신약 속에 성육하신 그리스도의 역사적 사역에 전적으로 관련되어 있다면, 그리스도의 강림 이전에 있었던 성령의 활동에 관하여 말하는 것이 어떻게 가능할 수 있겠는가? 확실한 것은 그러한 활동이 그리스도의 강림에 예언적 혹은 예시적(豫示的)으로 관련된다고 하면 가능하다는 것이다. 그리고 이것이 정작 유리한 주장이라는 것을 우리는 알고 있다. 성육화 이전에 있었던 성령활동에 관한 신약의 모든 언급들은 역사적 강림에 관한 예언이라고 해석되는 구약성경의 말씀들과 관계된다.

나는 단순하게 "구약"이라고 하지 않고 "구약성경의 말씀들"이라고 하였다. 왜냐하면 신약의 저자들이 구약을 실제로 이용한 것을 주목해 볼 때에, 이러한 표현양식이 보다 더 정확한 것 같기 때문이다. 신약의 저자들이 구약의 "영감"을 전적으로 받아들이고 있다고 종종 이야기되는데,[5] 이런 경향을 띤 문장이나 귀절들이 몇개 있다는 것은 사실이지만 이러한 견해가 모든 경우에 해당된다고 하는 것은 근거가 없다. 사람들은 영감보다도 선입견을 더 중요시 여기는 경향이 있다. 그러므로 가장 중요한 점은 신약의 가르침을 주의깊게 그리고 편견없이 바라보아야 한다는 것이다.

신약의 저자들이 구약의 영감을 전폭적으로 받아들이고 있다는 널리 퍼진 견해에 대한 강력한 논증이 있다. 이것은 당시 유대인들 사이에 용인된 신앙이었는데, 신약의 저자들 자신이 유대인들이었기에 추측컨대, 아마 그들이 그런 신앙을 공유했을 것이다. 그러나 이런 논증을 제기하는 사람들은 다음 사실을 간과하고 있다. 즉, 신약의 저자들은 바로 특별히 꼭 이 점을 믿던 유대교 신앙에 대하여 비판적이어야만 했던 강한 이유를 가지고 있었다는 사실이다. 다시 말하여, 그 이유란 정통 유대인들이 하나님의 영감이 담긴 말씀으로서의 구약에 관한 자신들의 입장에도 불구하고 그리스도를 거절했다고 하는 것이다. 불신의 유대교와 맞선, 최초의 그리스도인 세대에게 부딪쳐 온 난제 중의 난제는 구약의 해석 문제였다. 달리 말해서 그들은 구약이 어떻게 쓰여졌는가에 관심을 기울였는데 특별히 그들이 성령의 역사를 발견하게 된 것은 그들이 그리스도에 대한 증거를 찾으면서 구약을 읽었을 때였다. 이점은 고린도 후서 3장에서 대단히 명백히 나타나는데, 거기서 바울은 그 문제를 공식적으로 다루는 데에 최대한으로 접근하고 있다. 즉 회당에서 구약을 읽는 사람들에게 구약은 정죄와 죽음을 나누어 주는데, 그것은 구약에 광채가 없어서가 아니라 그 사람들의 마음에 씌워진 수건에 의해 그 광채가 감춰었기 때문이다. 광채를 드러내는 이는 바로 성령이다.

신약의 저자들은 그들이 구약을 실제로 이용할 때 매우 선택적이었다는 것을 주목하는 것 또한 중요하다. 그리고 이 앞의 두 단락에서 구약의 영감을 포괄적으로 긍정하는 듯한 것을 접했겠지만, 대부분의 신약기자들은 그리스도에 관한 예언적 증언을 하는 구약 중의 어떤 노래들이나 귀절들에서만 영감이 기인하는 것으로 보고 있다.[6] 제 4 복음서에 따르면, 그리스도에 관하여 증거하는 것은 바로 상고(詳考)되어지는 성경이며(요 5 : 39), 엠마오로 가는 길에 대한 누가복음의 기록에 의하면, 부활하신 그리스도가 자기의 두 제자들에게 설명해 주신 것은 바로 자신이 관련된 모든 성경들 속에 있는 것들이었다(눅 24 : 25). 이런 귀절들이 주는 영감은 그것들이 가지는 증인으로서의 중요성으로부터 분리된 별개의 것이 아니라, 실상은 그것과 부합된다. 예언의 영은 그리스도의 영과 동일시되며, 베드로 전서 1 : 10~12에 나오는 사도적(使徒的) 케리그마(kerygma)의 영과 상호 관련되어 있다. 그래서 성령의 활동은 항상 그리스도에게 그 중심을 두고 있기 때문에, 그것이 성육신 사건 이전에 유래했든지 이후에 유래했든지 간에 문자 그대로 그리스도 중심적이다. 배역과 정도의 차이는 있어도, 초점에는 결코 차이가 없다. 신약에는 그리스도의 역사적 현현(顯現)에 관련된 것을 제외하면 성령의 역사는 전혀 없다.

이제 이러한 배타적인 점의 다른 한 측면을 언급하는 것만이 남았다. 즉 신약에는 하나님의 피조물인 인간의 생명에게 활기를 불어 넣어 주는 근본 원리로서의 성령의 개념에 관한 흔적이라곤 없다. 바울은 진정 인간의 영을 알고 있었으나, 그는 그것과 하나님의 영 사이의 그 어떤 존재론적 관계도 제기하지 않았다. 그러니까 하나님의 영은 언제나 하나님으로부터 오는 선물이며, 그리스도 안에서 하나님이 이루시는 구원에 관하여 인간의 영에게 증거하고 계신다.

3
성령과 하나님

 신약에서 성령은 명백하게 그리스도의 영이며, 성령의 파송은 성육신 사건에 잇달은 결과이고, 성령의 모든 역할은 그리스도의 역사적 사역을 돕는 것이다. 그러나 그리스도가 역사 속에서 이루어진 하나님의 계시이듯, 성령도 하나님과의 어떤 관계 속에 있음에 틀림없다. 바울이 영(the Spirit)을 그리스도의 영(the Spirit of Christ)이라고 부르는 것보다 훨씬 더 빈번히 하나님의 영(the Spirit of God) 그리고 성령(the Holy Spirit)이라고 부르고 있는 것은 의미심장하다. 그렇다면 이제 이런 질문이 틀림없이 제기될 것이다. 성령, 그리스도, 그리고 하나님 사이의 상호관계는 무엇인가?
 삼위일체의 교리가 신약 속에서 발견되지 않는다는 것은 이제 일반적으로 인정되고 있다. 이와 동시에, 이제껏 이따금씩 인정받은 것보다 지금에 와서 더 한층 일반적으로 인정받고 있는 것은, 신약이 삼위일체 교리의 형성에 필요한 요소들을 담고 있다는 점이다. 그런데 이 요소들은 세 "위"(位)들의 호칭들(비록 이것들의 수가 무의미한 것은 아니지만)이 함께 나오는 성경귀절들 속에서라기보다는, 오히려 인지(認知)

가 가능한 하나의 삼위일체 패턴에 관한 개요들 속에서, 특별히 바울이나 제 4 복음서 저자의 생각 속에서 발견될 수 있다.

1

제 4 복음서에서 "또 다른 보혜사"(요 14 : 16)라고 성령을 소개한 것은 성령과 아들 사이의 대응관계를 시사해 주는 것으로, 그들 각각의 파송(mission)에 관련하여 점점 나타나게 된 말이다. 즉 아들은 아버지께서 보내고(24절에 그리고 그 밖에도 빈번히), 아버지로부터 나오듯이(요 16 : 28), 성령도 아버지에 의하여 주어지고(요 14 : 16), 아버지에 의해 보냄 받으며(26절), 아버지로부터 나온다(요 15 : 26). 그러나 어떤 면에서는 성령의 파송은 언제나 아들을 통해서 생각되어진다. 즉, 아버지께서 아들의 기도에 대한 응답으로(14 : 16), 그리고 또 그 아들의 이름으로(26) 성령을 보내시사 아들이 아버지로부터 성령을 보내신다(요 15 : 26, 16 : 7). 성령은 아들의 소임(所任, mission)을 계속 수행하면서 확장시키며(요 14 : 26, 15 : 26, 16 : 13 이하) 이렇게 하신 것으로써 아버지와 아들에게 공통되는 영역에서 일하신다(요 16 : 15). 그래서 성령과 아들, 그리고 궁극적으로는 아버지와의 사이에 기능적인 혹은 역동적인 동일성이 존재한다. 그러니까 아버지는 아들 안에 현존하시며 활동하시고, 바꾸어서 아들은 성령 안에 지속적으로 현존하며 활동하신다.

예수께서 사마리아 여인에게 "하나님은 영이시니"(요 4 : 24)라고 하신 말씀을 바로 위와 같은 의미로 우리는 이해해야 한다. 이 말씀이 예배드릴 적합한 장소에 관한 그 여인의 질문에 대한 대답으로 말씀되었기 때문에, 하나님은 영이시므로 모든 곳에 계시고 어느 곳에서나 예배드려질 수 있다는 것을 그것이 의미한다고 보통 생각되었다. 그러나 중요한 것은 사람들이 어디서 예배드리느냐가 아니라, 이들이 어떻게 예배드릴 것인가이다. 이렇게 해석하는 것은 다음과 같은 전제(前題)를 포함하고 있다. 영에 대하여 함축적으로 대립되는 것은 물질, 혹은 국부적으로 나뉘어지는 몸(body)이라는 것이다. 그러나 바울과 마찬가지로 요한의 경우에 영이 대립되는 것은 육(flesh)이며(요 3 : 6과 비교), 육이란 인간적인 영역에 속한 모든 것, 즉 인간에게 가능하며 인간이 접근할 수 있는 모든 것이라는 의미를 내포한다. 그리하여 "하나님은 영이시니"라는 말씀은 하나님이 어디에나 계셔서 어디서나 접근할 수 있다고 하는 의미가 결코 아니며, 그 정반대를 의미하고 있다. 그것은 하나님은 인간이 인간 자체만으로서는 도저히 접근할 수 없는 하나님 자신만의 영역에 계신다는 것을 의미한다. 하나님께 영(spirit)으로 예배드리도록 어디서나 늘 인간에게 열려져 있는 가능성은 존재하지 않는다. 그것은 지역성(地域性)을 초월하는 인간과 하나님 사이의 영(spirit)적 유대관계가 사실은 짐짓 존재하는 것처럼 상상된 것이었을 뿐이기 때문이다. 이 점에 대하여 정확히 말한다면 그런 것은 존재하지 않는다―인간은 육이며 하나님은 영(Spirit)이시기 때문이다. 그러나 그리스도의 복음은 바로 이렇다. 즉, 사람들에게 그러한 가능성이 열렸다는 것, 하나님은 자신에게 사람들이 접근할 수 있게 하셨다는 것, 말씀이 육신(flesh)이 되었다는 것, "아버지께 참으로 예배하는 자들은 신령(spirit)과 진정(truth)으로 예배할 때가 오나니 곧 이때라. 아버지께서는 이렇게 자기에게 예배하는 자들을 찾으시느니라"(요 4:23)고 하는 그 진리가 예수 그리스도에 의하여 도래했다는 것이다. 그런데 요점은 장소가 예배에 아무 관련도 없게 되었다는 것이 아니며, 더우기 장소가 예배에 관련된 적이 전혀 없었다는 것을 함의(含意)한 것도 아니다. 왜냐하면 "구원이 유대인에게서 남이니라"(22절)고 예수께서 단호하게 선언하셨기 때문이다. 그 의미는 장소가 다시 정의되었다는 것과, 하나님은 이제 자신이 계신 곳으로, 즉 성육하신 진리이시며 극적으로 그 여인에게 "네게 말하는 내가 그로라"(26절)고 알려주시는 그분 안에서 예배를 받으신다는 것이다. 성육하신 진리이신 자기 아들 안에서 사람들이 하나님께 다가올 수 있게 함으로써, 또 진리의 영이신 성령을 보냄으로써 하나님은 자기에게 신령과 진정으로(in spirit and truth) 사람들이 예배드리도록 찾으신다. 그러므로 신령과 진정으로 하나님께 예배드리는 것은 삼위일체에 관련된 예배이며, 이것은 성령 안에서 예수 그리스도를 통하여 하나님께 예배드리는 것이다.[1]

이와 동일한 삼위일체 패턴이 조금 더 뚜렷하게 바울의 생각 속에 나타난다. "하나님이 그 아들의 영을 우리 마음 가운데 보내사"(갈 4:6)라는 귀절에서처럼, 하나님은 성령과 매우 밀접하게 관련되어 있는 아들을 보낸 분이시므로 하나님이 성령의 궁극적 근원이시다. 그런데 바울의 계시신학의 맥락 속에서 성령의 본질과 역할에 관한 보다 확실한 개념이 나타난다. 바울은 인간의 영에서부터 유추해 나가서 하나님의 영이란 하나님 스스로에 관한 하나님의 지식이라고 해석한다. 즉,

"성령은 모든 것, 곧 하나님의 깊은 것이라도 통달하시느니라. 사람의 사정을 사람의 속에 있는 영 외에는 누가 알리요, 이와 같이 하나님의 사정도 하나님의 영 외에는 아무도 알지 못하느니라"(고전 2:10-11).

바울은 이 개념을 더이상 전개시키지 않았는데, 그 까닭은 바울의 관심이 하나님이 자신을 아신다는 사실에 있지 않고, 하나님이 자기의 영을 다른 존재들에게 주심으로써 하나님을 아는 그 지식을 그들과 더불어 함께 나누신다는 사실에 있었기 때문이다. 바울의 가장 주된 생각은 "우리가 세상의 영을 받지 아니하고 오직 하나님께로 온 영을 받았으니 이는 우리로 하여금… 알게 하려 하심이라"(고전 2:12)고 하는 바로 이 귀절에서처럼, 언제나 성령은 하나님께로부터 나와서 다른 존재들에게로 간다는 것이다.

하나님께로부터 온 또는 하나님께로부터 "나온"(proceeds) 그 영이 우리에게 하나님을 알려 주신다. 그 까닭은 그 영(spirit)이 하나님의 하나님 스스로에 관한 지식이기 때문이며, 우리는 하나님이 자신의 자기 지식을 우리와 함께 나누어 주심에 따라서만이 하나님을 알 수 있기 때문이다. 그러나 하나님은 그 영(spirit)을 직접 나누어 주심으로써 우리로 하여금 하나님을 알게 하지는 않으셨다. 즉 성령의 선물은 그리스도의 중보와 불가분의 관계가 있다. 바울신학에서 삼위일체론의 구조가 가장 뚜렷이 나타나는 것은 바로 그리스도와 성령의 각각의 역할을 하나님의 자기 계시(self-revelation) 속에서 생각해 볼 때이다. 바울

이 단언하고 있듯이 복음은 그리스도 안에 그 중심이 있으며, 바울의 주제(主題)는 십자가에 달리신 그리스도이다(고전 1-2장). 십자가에 달리신 그리스도에 관한 소식이 복음이다. 왜냐하면 이것은 하나님이 그 속에서 역사하셨던 대사건, 즉 "하나님께서 그리스도 안에 계시사 세상을 자기와 화목하게 하셨던"(고후 5:19) 대사건이기 때문이다. 그리스도는 하나님의 인격적 계시이다. 왜냐하면 하나님의 사랑이 인격적으로 그리스도 안에 표현되어 있고(롬 5:8, 8:39), 그리스도의 얼굴에는 하나님의 영광이 있기(고후 4:6) 때문이다. 바울은 부단히 하나님과 그리스도를 구별하고 있으며, 그는 그리스도께서 주체(主體)이셨던 역사적 행위들과 체험들을 결코 하나님께 귀속시키지 않는다. 하지만 그런 행위들이나 체험들은 궁극적으로 하나님이 그것들을 지으셨다는 사실에서부터 그것들의 복음적 의의가 유래하기 때문에, 그리스도는 역사 속에서 하나님이 자신을 표출하심 또는 객관화하심이라고 이야기될 수 있을 것이다.

그런데 하나님의 구원의 목적이 인간들에게 실현되려면 인간들이 그리스도 안에 하나님이 하나님 자신을 나타내심을 깨닫고 거기에 응답해야 될텐데, 바울이 본 그대로 그렇게 하는 것은 인간적으로는 불가능하다. 왜냐하면 성육하실 때 그리스도는 하나님의 형체를 포기하시고 사람의 모양으로 나타나셨기 때문이다(빌 2:5-8).

성육하심은 키에르케고르(Kierkegaard)의 표현대로, 신분을 변장하신 것(the assumption of incognito)을 의미했으며, 그리스도가 사람들 속의 한 사람으로, 역사 속의 한 인물로 나타나신 것이다. 물론 그래서 인격적인 접촉에 의해서든 또는 전해 주는 바에 의해서든, 그분은 당연히 그렇게 알려질 수도 있을 것이다. 그러나 그렇게 해서 그분을 안다는 것은 "육체에 따라" 그분을 아는 것이며, "이 세대의 관원들"(the princes of this world)이 그분을 알았던 대로만 그분을 아는 것인데, 그들이 진정 그분을 알았더라면 "[그들은] 영광의 주를 십자가에 못박지 아니하였으리라"(고전 2:8). 진정으로 그리스도를 알기 위해서는, 즉 그리스도 안에 계신 하나님을 알기 위해서는 그분을 하나님의 관점에서 보는 것이 필요한데 바울이 이해했던 대로, 엄밀히 말해서 이것은 성령이 하시는 일이다. 성령은 하나님이 그리스도 안에 자기를 객관적으로 나타내신 사실을 납득하고 깨닫는 데 필요한 주관적인 조건을 형성시켜 주신다. 왜냐하면 성령은 하나님 자신을 아시는 하나님이시며, 성령을 받는다는 것은 그러한 지식에 참여하는 것이기 때문이다.

바울이 보기엔 복음 속에 나타난 하나님의 역사(役事)는 이중적인 면을 지녔다. 그리스도라는(객관적인) 사실이 있어서 그분 속에서 하나님은 사람들을 대면하시며, 성령이라는(주관적인) 은사가 있어서 이것에 의하여 사람들은 그리스도 안에 계신 하나님의 은사를 깨닫고 거기에 응답하게 된다. 이 두 가지 면이 다 없어서는 안 될 것들이다. "그리스도의 얼굴에" 빛나는 "하나님의 영광을 아는 지식"(the knowledge of the glory of God)은 하나님이 우리의 마음 속에다 이에 상응하는 빛을 점화시키실 때만이 우리에게로 빛을 비추게 된다(고후 4:6). 하나님의 사랑은 그리스도 안에서 객관적으로 드러나며 우리에게까지 베풀어진다 : "우리가 아직 죄인되었을 때에 그리스도께서 우리를 위하여 죽으심으로 하나님께서 우리에게 대한 자기의 사랑을 확증하셨느니라"(롬 5:8). 그런데 이렇게 주어지는 사랑에 대한 주관적인 체험—혹은 응답—은 성령이 하시는 일이다 : "우리에게 주신 성령으로 말미암아 하나님의 사랑이 우리 마음에 부은 바 된 것이다"(롬 5:5). 우리를 하나님의 자녀로 삼으심은 그리스도를 보내심과 그분의 사역에서 객관적으로 성취되었고, 하나님이 "그 아들의 영을 우리 마음 가운데 보내사 아바 아버지라 부르게"(갈 4:4-6) 하셨을 때 그 절정에 도달했다.

사도들의 축도에서 문귀들의 순서가 상당히 논란되어지는데 그것은 이러한 점에 비추어 볼 때 이해가능하다. 복음의 으뜸가는 요소는 그리스도의 객관적인 사역과 그가 우리를 위하여 자신을 내어 주신 것, 즉 "주 예수 그리스도의 은혜"이다. 그런데 이 사실은 초월적인 내용과 의의를 지니고 있는데, 그 까닭은 하나님이 그리스도 안에 계셨기 때문에, 즉 "하나님의 사랑"을 담고 있기 때문이다. 그리고 주 예수 그리스도의 은혜 가운데에 나타나는 하나님의 사랑의 은사는 성령의 은사에 동참함으로써 받게 되며 깨닫게 된다. 즉 "성령의 교통하심"이다. 동일한 어순이 다른 귀절 속에 나타난다 :

"주의 사랑하시는 형제들아, 우리가 항상 너희를 위하여 마땅히 하나님께 감사할 것은 하나님이 처음부터 너희를 택하사 성령의 거룩하게 하심과 진리를 믿음으로 구원을 얻게 하심이니"(살후 2:13).

주(예수 그리스도)의 사랑은 우리가 대면하는 객관적인 현실이다. 그리고 그것은 하나님의 선택하심에 속하는 초월적인 부분을 가지며, 또 그것은 우리의 내면의 깨달음과 응답을 성령으로 말미암아 이끌어낸다.

바울의 신학에서는 하나님, 그리스도 그리고 성령이 단일성과 다양성의 역설적인 결합상태로 나타나는데, 이러한 결합은 그 신학의 삼위일체론의 성격을 나타내 주고 있음이 분명하다. 그 단일성이란 일차적으로는 기능상의 본질에 관한 것이다. 즉 "성령의 실체(實體)와 그가 주시는 것은 그리스도의 실체와 그리스도가 주시는 것, 그리고 하나님의 실체와 하나님이 주시는 것과 바로 동일한 것이다."[2] 이분들 사이의 구분은 이분들 각각의 활동영역에 관계되어 있다. 하나님은 궁극적 근원이시며 전체적인 활동을 지으신 조물주이시다. 즉 "모든 것이 하나님께로 났다"(고후 5:18). 하나님의 사랑과 구원하심은 세상에서는 예수 그리스도 안에 객관적으로 표현되며 예수 그리스도는 "하나님이 … 세우셨으니… 자기의 의로우심을 나타내려 하심이다"(롬 3:25).

하나님을 주관적으로 깨닫고 받아들이고 그분께 응답하는 것은 우리 마음 속에서 성령이 하시는 일이다. 그러나 전체적인 활동의 본질적인 단일성이란 그 세 "위"(位)들의 호칭들이 서로 번갈아 쓰일 수 있다는 그것이다. 그 까닭은 하나님이 그리스도 안에 계셨으므로 그리스도에 대한 모든 관계는 동시에 하나님에 대한 관계이기 때문이며, 성령은 하나님의 영이시요 그리스도의 영이시므로 성령이 우리 안에 거하심은 하나님이 거하심(엡 2:21), 그리고 그리스도의 거하심(롬 8:9 이하)과 동일한 것이기 때문이다. 그러므로 성령의 은사들은 동시에 그리스도의 직임(職任)들이자 하나님의 역사(役事;the ministrations of Christ and the operations of God)들이다:

44 Ⅰ. 신학적 성령론

"은사(恩師)는 여러 가지나 성령은 같고, 직임(職任)은 여러 가지나 주(主)는 같으며, 또 역사(役事)는 여러 가지나 모든 것을 모든 사람 가운데서 역사하시는 하나님은 같으니라"(고전 12 : 4—6).

2

흔히 비난받는 점의 한 가지는 기독교의 교회가 대공의회들이 열리던 시기에 자기의 신앙을 공식적으로 표현하게 되었을 때, 신약에 나타나는 어떤 것보다도 더 미묘하고 복잡한 것들을 교회가 도입하게 되었다는 점이다. 물론 이러한 비난의 주요한 경우는 그리스도의 위격에 관한 칼케돈의 정의이다. 이러한 문제에 있어서 교회는 이단자들의 왜곡에 대항하여 신약 신앙의 본질적인 요소들을 지키는 것은 오로지 바로 이렇게 세심하고 정교한 작업들에 의해서만 가능하다고 언제나 변명해 왔다. 만일 그것이 비난이라면, 분명히 이러한 비난은 성령에 관하여 교회가 이야기해야 했던 것에 대해서는 겨누어질 수 없다. 오히려 그 역(逆)이다. 교회가 그리스도의 위격에 관한 교리를 규정하면서 신약의 범위를 적지 않게 벗어났다고 한다면, 교회가 성령론을 규정하면서 신약의 범위에 미치지 못했다. 이러한 것은 특별한 주의를 요하는데, 왜냐하면 그것이 치명적인 결과를 가져올 것이었기 때문이다.

성령에 관한 교회의 신조는 381년 콘스탄티노플에서 열린 제 2 차 총회에서 규정되었다.[3] 325년 제 1 차 총회가 열렸던 니케아에서 제정된 니케아신조는 성령에 관하여 겨우 한 차례 언급하는 것으로 만족해 버렸다. 그런데 아버지와 아들의 동질성에 관한 니케아회의의 결정으로 잠시 퇴각하였던 아리우스파 동조자들이 성령 쪽으로 그 공격을 옮겼을 때, 교회는 이 문제에 관하여 그 입장을 좀더 명료하게 확정해야만 되었다. 이제 니케아에서 공표되었던 단조로운 진술로 된 교회의 신앙고백은

"그리고 아버지께로부터 나오시고, 아버지와 아들과 더불어 함께 예배를 받으시고 함께 영광을 받으시며, 선지자들을 통하여 말씀하셨던 주님이시요 생명주시는 분이신 성령을 우리가 믿사옵고"[4]

라고 하는 데까지 확장되었다.

　성령에 관계된 기독교 신앙의 공적인 표현으로서의 이런 진술은 신약을 기준해서 보나, 이러한 진술이 포함되어 있는 그 신조(the creed)의 제 2 조와 비교해 보나 결함이 있다는 것이 분명하다. 아리우스파와 성령에 관해서는 아리우스파라고 일컬어졌던 프뉴마토마키안(Pneumatomachian)들 사이의 밀접한 유대에 비추어 볼 때, 후자에 대하여 겨누어졌던 그 신조의 조항은 전자에 대하여 겨누어졌던 것의 양식을 세심하게 따랐을 것이라고 생각되어 왔을지도 모른다. 그러나 제 2 조와 제 3 조 사이에 나타나는 문체와 어조상의 심원한 차이점은 니케아—콘스탄티노플신조의 특징 중 가장 두드러진 것이다. 제 3 조에 관해서는 세 가지 것들이 주목할 만한—그리고 어려운—것들이다.

　1) 성령의 신성(神性)은 강력하게—그러나 단지 간접적으로만—시사되었지만 명확하게 단언되어지지는 않았다. 이에 대하여 여러 가지 설명이 제시되었다. 니케아에서 쓰여졌던 동질론(homoousios)이라는 용어에 대하여 나타났던 혐오감, 그 공의회를 소집할 무렵 황제의 타협적인 의도, 그리고 아마 몇몇 정통 교부들이 가진 그 문제에 관한 약간의 애매한 태도까지도 거론되었다.[5] 그런데 여전히, 그 신조에 나타난 과묵성(寡默性)은 제 2 조의 담대하고 무게있는 선언("참 하나님께로부터 나오신 참 하나님…")과 비교해 볼 때 곤란한 문제로 남는다.

　2) 그 신조가 가진 가장 현저한—그리고 치명적인—결함은 성령의 그리스도에 대한 관계에 대하여 아무런 언급도 없다는 것이다. 그런데 이 점은 다음의 세 번째 것에 의하여 분명해진다.

　3) 성령의 역사(役事)에 관한 유일한 언급은 구약의 선지자들의 영감에 관한 것이다. 이것은 이전에도 성령이 존재하셨다는 것을 간접적으로 긍정하는 것으로 생각되었음에 틀림없다. 그렇지만 자칫하면 그것은 성령이 그와는 달리 신약에서도 역사하신 것에 대한 아무런 언급도 없다는 것을 부각시키기 쉽다.

　이런 이유들 때문에 콘스탄티노플 신조는 비록 "그 때문에 그것이 초교파성 또는 보편적 승인을 그럴듯하게 주장할 수 있는 유일한 것이요 … 기독교권의 나누인 겉옷의 갈갈이 찢긴 조각들을 꿰매어 결합시키는 몇 가닥 실 가운데 하나"이지만,[6] 성령에 관한 교회의 신앙에 관해서 교회의 기대를 충분히 만족시킬 것이라고는 거의 생각되지 않았다. 그 신조의 결함들은 불만의 씨앗들이 되었으며, 이것들은 비극적인 논쟁에서 자라나고 무르익었다.

이미 언급되었던 대로, 가장 심각한 결함은 그리스도에 대한 성령의 관계에 관한 것이다. 그분들이 똑같은 아버지께로부터 나오신다는 것과 아버지와 더불어서 기독교적 예배와 헌신의 대상이 되신다는 점에서 볼 때 그리스도와 성령 사이에는 진정 어떤 대응관계가 존재한다. 그런데 신약에서 그렇게도 강력히 강조되었음에도 불구하고, 성령의 파송과 역사에 있어서의 그리스도 중심적인 성격에 관해서는 시사하는 바가 전혀 없었다. 성령의 근본적인 관계는 "아버지께로서 나오심"이라고 정의되어진다. 물론 이것은 확고한 성경적 근거가 있다. 그것은 요한복음 15 : 26으로부터 글자 그대로(다만 전치사의 변화만을 가진 것이다.) 따온 것이다. 그렇지만 왜 하필 이 점을 가려내서 언급해야 하는가? 성령의 은사에 있어서 그리스도에 의하여 수행되는 역할에 관해서는 왜 아무런 언급도 없는가? 그 역할은 보혜사에 관한 말씀들 속에서 빈번히 언급되어지며, 아버지께로부터 나오심에 관하여 이야기하고 있는 바로 그 귀절에서 참으로 언급되고 있다 :

"내가 아버지께로서 너희에게 보낼 보혜사, 곧 아버지께로서 나오시는 진리의 성령이 오실 때에 그가 나를 증거하실 것이요"(요 15 : 26).

그리스도인의 신조에서 그런 것을 빼어 버렸다는 것은 이상하다. 더욱 더 이상한 것은 그리스도의 관여하심을 배제하려는 고의성에 대한 증거라고는 없다는 것이다. 반면에, 콘스탄티노플회의를 전후로 해서 교부들이 쓴 글들 속에는 성령의 발현(procession)에 관련하여 아버지와 아들 두 분에 대해 언급하는 귀절들이 많이 있다. 가끔 그런 귀절은 "아버지와 아들로부터", 때로는 "아들을 통하여 아버지께로부터"라고 되어 있는데, 후자는 다마스커스의 요한에 의해 채택되어서 동방 교회의 표준양식이 되었다. 그런데 서방 교회는 성령의 은사에 있어서 아들이 참여하시는 것에 관하여 묵인하는 것을 원하지 않는다. 그리하여 서방 교회는 "아버지께로서 나오시는"이라는 말에다 "그리고 아들로부터"(filioque)라는 귀절을 삽입함으로써 그 신조를 개조하는 데에 과감한 보조를 취하였다.[7]

서방 교회의 이러한 귀절의 삽입은 1054년에 발생한 최종적인 분열을 가속화하여서 오늘날까지도 치유되지 않은 채 남아 있게 한 요인들 가운데 하나였다. 그것은 그 분열의 이전과 이후에 걸쳐서 여러 세기 동안 줄곧 이어지면서도 끝내 일치점에 도달하지 못한, 지지부진하고도 신랄한 논쟁들의 주제가 되었다.[8]

"이중발현"(double procession)의 교리처럼 삼위일체 신학 중 그토록 정교한 부분이 어떻게 해서 교회분립의 시기에 그랬던 것 같이 그렇게 감정을 건드려야만 되었는지 이해하기 어렵다. 그러나 필리오케(filioque)의 표면적인 의미는 그리스도인의 신앙과 체험의 현실에다가 그것을 밀접하게 관련시켜 주는 다른 의미를 정녕 담고 있었을 것이다. 의미심장한 것은 이러한 귀절의 삽입이 (거의 확실하게) 그 신조를 예배에 사용하면서 최초로 이루어졌다고 하는 것이다. 그것은 깊은 신학적 사색의 산물은 아니었다. 교회에 속한 책임있는 신학적 기구는 수세기 동안 참으로 그러한 삽입을 반대했었기 때문이다. 여기서 법을 말하는 자(lex orandi)는 법을 지키는 자(lex credendi)이었다. 필리오케는 기독교적 예배(devotion)의 산물이었다. 이와 같은 주장은 교리에 대한 집념이나 신학적인 심오한 지식에 근거한 것이 아니었다. 보다 더 그럴듯한 견해는 다음과 같다. 성령을 그리스도의 영으로 표현하는 독특한 기독교적인 이해는 그 신조의 불충분성을 나타내고 있었다는 것이다.

교회의 체험 속에서 성령의 임재는 살아 계신 그리스도의 현존에 대한 대안(代案)으로서가 아니라, 그분의 현존의 유일한 방편으로서 이해되었다. 살아 계신 그리스도의 현존은 기독교 신앙의 본질적인 사실—"예수 그리스도는 주님이시다"라는 그리스도인의 원초적인 고백 속에 감추어져 있는 한 가지 사실—을 형성하게 된다. 성령의 임재가 그리스도의 현존을 폐지시키고 그걸 대신하는 것은 아니다. 그렇게 하는 것은 몬타누스 이래로 거듭해서 교회를 오염시킨 이단, 즉 영(spirit)만을 강조하는 이단이다. 기독교 교회의 신앙은 그 중심이 늘 그리스도 안에 있으며, 그리스도 안에서 하나님은 세상을 자기와 화목케 하셨다. 그리고 기독교 교회가 지닌 복음적인 확신은 그리스도의 사역의 최종성, 즉 역사 가운데서 단 한번만에(once for all) 완성되어진, 그리고 성령을 통하여 여전히 유효하게 재연(再演)되어지고 있는 그분의 사역의 궁극적인 면에 바탕을 두고 있다. 달리 말해서, 그리스도인의 성령체험은 그리스도의 완료된 위업(偉業)의 능력 안에서 살아 계신 그리스도와 만나는 것이 그 특유한 내용이다. 기독교 교회는 분명치 않은, 규정에 없는, 결국 비복음적인 영성(靈性)이 주는 위험에 처음부터 계속 노출되어 왔다. 그러한 영성에 대한 경고가 신약에 있다. 그것은 진정한 그리스도인의 영성에 대한 시험(test)의 기준을 규정하기를, 성육하시고 부활하신 그리스도를 고백하는 것이라고 하였다(요일 4:1-3, 고전 12:3).

성령과 그리스도의 결합은 기독교 신앙이 진부한 종교적 광신으로 변모하여 소멸되는 것을 막아 줌과 동시에, 또한 기독교 신앙이 본질적으로 지니고 있는 인격적인 특성을 보존시켜 준다. 기독교 신앙의 영적 특성에도 불구하고, 거기에는 신비주의가—줄잡아 말해서 고전적 형태의 신비주의라 해도—차지할 곳은 없다. 그 신비주의 안에서는 인격적 구별의 경계들이 흐려진다. 그리스도인의 체험은 인격적인 주님과의 만남(encounter) 속에 존재하며, 또 그것은 바로 그와 같이 해서 지워지지 않는 인격적 특성을 지니게 된다(그것은 인격적 책임을 포함하고 있으며 하나의 원리를 담고 있다. 신비주의에는 윤리라고는 없으며 오로지 신비적 체험을 얻는 데에 필요한 술수〈technique〉만이 존재한다). 그것이 바로 왜 신앙에는 성령의 인격성이 중요한가에 대한 이유이다. 덧붙이자면, 캘러(Kähler)가 지적했듯이,[9] 이것은 성령이 하나님과의 관계에서 하나의 인격이시라는 점을 긍정하는 데에 신앙이 관련되었기 때문이 아니라, 우리들과의 관계에서 성령이 한 인격이라는 점을 긍정하는 데에 신앙이 관련되어 있기 때문이다. 즉 성령은 신의 권세이며 능력일 뿐만 아니라, 성령 안에서 하나님이 우리를 만나시며 우리를 인격적으로 대신한다는 점을 수긍하는 데에 신앙이 관련되어 있기 때문이다. 성령의 인격적인 활동이 없다면 우리는 그리스도를 비인격적인 한 가지 기억으로만 소유하게 될 것이다. 우리를 그리스도와 연합시켜 주시며 그분을 통해 우리와 인격적으로 교제하시는 분은 하나님의 영 안에 현존하신, 살아 계신 인격의 하나님이시다.

3

만일 이러한 것이 필리오케(filioque)의 진정한 의미라면, 그것은 어떻게 그것의 표면적 의미에 관계되는가? 성령을 그리스도의 영이라고 독특하게 기독교적으로 이해하는 데에는 반드시 이중발현의 교리가 포함되어야 하는가? 필리오케(filioque)를 옹호하려는 주장이 현대신학에서는 바르트(Karl Barth)에 의하여 강력하게 내세워졌는데, 그의 주요한 주장들을 살펴 본다면 관련된 난제(難題)들 중 몇 가지를 설명하는 데에 도움이 될 것이다.[10]

바르트는 다음의 주장들을 가지고서 필리오케를 옹호하고 있다.

1) 그는 다음을 삼위일체 신학의 근본 법칙으로 내세우는데, 그 까닭은 그에게는 그것이 계시의 근거이기 때문이다. 즉, "'선행적(先行的)으로는 신의 존재양태들 자체 안에서의' 신의 존재양태들의 실체는 계시 속의 신의 존재양태들의 실체(reality)와 내용상 다를 수가 없다"[11] 고 하는 것이다. 그러한 점은 벨흐(Welch)에 의하여 보다 요약적으로 표현되었는데, "우리는 내재(內在)하시는 삼위일체에 관한 교리가 경륜적 삼위일체에 대하여 내용상으로 정확히 일치되도록 해야 한다."[12] 그리하여 만일 외적으로 우리에게 역사하시는 그 영이 아버지와 아들의 영이라면, 그분은 내재하시는 삼위일체의 내적인 관계들 속에 존재하는 아버지와 아들의 영 이외의 다른 것일 수 없다. 만일 성령의 나오심(포티우스(Photius)가 주장하기를 그 신조가 그렇게 해석되어져야 한다고 했듯이—소위 "성부 단일주의자"의 입장처럼)이 오직 아버지께로서만 말미암는다고 하면, 계시의 섭리 내에서의 아들에 대한 성령의 관계와 삼위일체의 내적인 생명 안에 존속하는 바 성령의 아들에 대한 관계 사

이에 불일치가 생기게 되며, 하나님 자신 안에 존재하시는 하나님과 우리들에게 계시되는 하나님 사이에 불일치가 생기게 된다.

2) 바르트는 어거스틴의 방식에 따라 성령을 사랑이라고 해석하고 있다. 그 사랑은 아버지와 아들간의 영적 교통(communion)의 정수(精髓)를 이루고 있는 사랑이다. 그러면서 그는 주장하기를 삼위일체의 내적인 신성한 생명 안에 있는 이러한 영적 교제는 하나님과 인간 사이의 영적 교제의 바탕을 형성하며, 그러한 것은 성령을 통한 계시 속에 확립되어 있다고 하였다. 만일 삼위일체의 내적인 생명 안에 있는 이러한 영적 교제가 선행적으로(antecedently) 존재하지 않는다면—그런데 만약 성령이 아버지께로서만 나오신다고 하면 그러한 존재의 여지는 사라질 것이다—하나님과 인간 사이의 성령의 교통하심은 객관적인 내용과 바탕을 잃게 될 것이다.

3) 위와는 반대로, 내재적 삼위일체의 관점에서 필리오케를 부인하게 되면 그에 대응하는 계시에 관한 해석도 혹시 생기지나 않을까 하고 바르트는 염려한다. 그 해석에 따른다면, 성령은 일방적인 방식으로 아버지의 영이라고 이해될 것이며, 세상에서는 아들의 사역과는 별도로 그 사역을 수행하는 것으로 될 것이다. 바르트는 강조하기를, 성령을 통하여 허락하신 하나님과의 사귐에서의 바로 그 하나님은 우리 주 예수 그리스도의 하나님, 그리고 그의 아버지 외의 다른 분이 아니며, 자신을 자기의 구속사역 속에서 계시하시는 그 하나님이시라고 한다. 달리 말하자면, 우리가 하나님께 나아가는 유일한 접근은 그리스도 안에서 이루어진 화해에 근거를 두고 있다. 필리오케를 부인한 결과에 대하여 바르트는 염려하기를, 그 결과로 그리스도는 간과되며 하나님과 인간의 관계는 첫째로, 창조자—피조물이라는 측면에서 생각되게 되고, 또 자연주의적이고 비윤리적인 성격을 지니게 될 것이라고 하였다. 벨흐는 그것을 이렇게 설명한다 :

"우리가 분명하게 이야기해 두어야 할 것은 하나님의 성령되심은 그분이 아버지이심과 동시에 아들도 되신다는 것에 의존한다는 것이다. 왜냐하면 그리스도인의 성령체험은 지금에는 비록 그리스도의 육신적인 임재와는 무관하지만 그분이 육신을 입고 살았었다는 사실과는 무관하지 않기 때문이다. 그리고 다른 영들로부터 구별되는 성령의 임재를 검증하는 기준은 이 영이 그리스도의 영이시며, 그리스도의 마음을 주시며 사랑으로써 역사하시는 그리스도에 대하여 증거하신다는 사실이다. 그렇지 않다고 하면, 성령의 개념은 일개 모호한 개념일 따름인 신성 내재론(神性 內在論, divine immanentism)이나 영성주의(靈性主義, spiritism)로 퇴락하고 만다."[13]

이러한 주장들을 보다 세밀하게 살펴 보자. 첫째 것은 그 설득력을 위해서, 삼위일체 교리가 계시의 사실에 근거를 두고 있다고 하는 바르트의 주장에 의존하고 있다. 필자는 이것을 여기서 다룰 수 없다.[14] 그러나 그것이 참이라고 한다면, 바르트가 그것으로부터 도출해 내는 법칙, 즉 삼위일체의 위격들의 내적인 관계들과 그들의 외적인 활동에서 드러나는 관계들 사이에는 일치가 이루어져야 한다라는 규칙의 타당성이 있다고 한다면, 이러한 일치는 모든 사소한 점에 이르기까지 정확하게 이루어져야 하는가? 바르트의 주장은 성령의 이중발현의 옹호자들이라면 논리의 일관성이 있도록 아들이 이중으로 나오신다는 것 (double generation)도 옹호해야 할 것이라고 논쟁을 펴는 이들에게 강력한 무기를 건네 준 셈이 되었다. 그 까닭은 그 신조가 아들의 외적인 파송에 관련해서 성령의 소임을 언급하고 있기에("성령으로 성육(成肉)하시고"), 그분의 영원한 출생에 관하여 이야기하고 있는 귀절("만세 전에 아버지에게서 나신")에다 스피리투케(spirituque)라는 말을 삽입해 넣는 데 더욱 강력한 근거가 있는 듯할 것이기 때문이다. 그렇지만 이러한 추론을 열심히 저항하고 있다는 점에서 바르트는 서방(西方) 신학의 전통을 따르고 있는 것이다.

두 번째 주장은 삼위일체적 근거에 관한 바르트의 개념에 역시 밀접하게 연관되어 있다. 그 주장이란 성령 안에서 아버지와 아들 사이에 교제하심이 성령의 외적인 사역에 의하여 확립된 하나님과 인간 사이의 교제에 관한 내적인 삼위일체적 근거를 형성한다는 것이다. 그러나 그것은 보다 특별한 방식으로, 성령이란 무엇인가라는 질문과 함께 우리에게 부딪쳐온다. 성령이란 삼위일체의 통일성 속에서 아버지와 아들을 통일시키는 사랑이라고 보는(vinculum caritatis) 어거스틴의 견해를 바르트는 따르고 있다. 하지만 이런 관점에는 두 가지 난점이 있다. (1) 신성 속에 있는 두 가지 본질을 연합시키는 결합체 자체가 어떻게 이 둘처럼 하나의 뚜렷한 본질(hypostasis)을 이룰 수 있는가 하는 것은 언제나 어려운 문제이다. 어거스틴의 논점들은 "사랑"이라는 말을 문법적으로 보아서 그것이 동사도 명사도 될 수 있다는 사실보다도 더 강력한 다른 근거를 가지고 있을까? (2) 비록 본질적으로 받아들여지기는 어려우나, 삼위일체(trinity)나 삼자(三者)됨(threeness)을 하나님되심의 가장 내면적 본질에 이르기까지 유도해 가겠다고 하는, 그러면서도 동방의 신학이 그랬듯이 하나의 궁극적인 단일성으로부터 삼위일체나 삼자됨을 유도해 내지는 않겠다는 자신의 결심에 의하여, 어거스틴은 성령에 관한 그러한 관점에 도달하게 되었다. 그런데 삼위일체됨이 하나님께 있는 단일성 만큼 궁극적이라면, 또 이 점이 성령에 의해 알려진다면, 성령을 그 세 가지 본질 중의 하나로 보기보다는 하나님의 실체 혹은 본질(ousia)과 동일하게 보는 것이 보다 자연스러운듯 싶을 것이다. 어거스틴 자신이 다음과 같은 말에서 이 점을 실제로 인정한다.

    "그 위격들이 삼위일체는 아니나, 세 분이 모두 하나님이시며 영이시며 거룩하시므로 삼위일체는 성령이라고도 일컬어질 수 있다."[15]

물론 그는 하나님은 영이시라는(요 4:24) 성경적 주장을 염두에 두었으며, 이 귀절을 해석하려 했던 허다한 사람들처럼 이것이 하나님에 관한 분명한 정의라고 생각했다. 그렇게 이해된다고 할 때 그 정의는 삼위일체 신학에 큰 혼란을 끼친다. 그 까닭은 만일 성령이 영이시라는 것과 동일한 의미로 하나님이 영이시라고 하면, 그 세 본질들의 상호 동등성을 주장하기가 어려워지며, 영(Spirit)은 본체(hypostasis) 이상의 것이면서 본질(ousia)이기도 하므로 아버지와 아들보다 위에 있는 존재론적 상위(上位), 즉 아버지와 아들이 상대적으로 "종속되는 관계"를 내포하는 듯한 지위를 차지하는 듯하게 보이게 될 것이다.

    그것은 바르트의 세 번째 논점에 의해 제기된 것과 동일한 존재론적인 난제의 신적 경륜에 관련된 이면(裏面)이다. 그런데 바르트의 그 논점이란 마치 아들을 보내심과 성령을 보내심이 하나님께로부터 인간에게로 나오는 별개의 두 가지 활동인 것 같이 필리오케(filioque)의 부인(否認)은 그리스도와는 관계없이 하나님과 인간의 관계로 나아가게 된다는 것이다. 이상과 같은 점에 관하여 벨흐는 이렇게 표현한다 :

"그리스도인이 성령에 관하여 이야기할 때는 그저 아무 영이나 영성(靈性)을 의미하지 않으며, 누구나 인간의 영을 의미하는 것은 아니라는 것이 분명하며, 또 단지 하나님의 보편적 내재하심만을 가리키지도 않는다. 오히려 예수 그리스도, 곧 아들 안에서의 객관적 계시 및 화해라고 하는 대사건에 뒤따라오는(consequent) 거룩한 영을 가리킨다."[16]

이것은 우리가 살펴 본 대로 성령의 파송을 그리스도의 역사적 계시와 사역에만 전적으로 관련시키고 있는 신약의 가르침과 온전히 일치한다. 그러나 만약 우리가 성령의 그리스도 중심적 의미를 주장한다면 창조에 있어서, 또 인간의 삶에 있어서의 성령의 활동에 관해 언급하는 구약 속의 귀절들을 우리는 어떻게 다루어야 되는가? 성령이라는 선물에 대한 신기함과 성령의 역사(役事)가 지닌 구원론적-종말론적 특징에 관하여 신약은 최대한으로 강조하고 있다. 그런데 이 점이 어떻게 우주론적-인류학적 관점에서의 성령의 보편적 임재라는 개념과 결부될 수 있는지 살펴 보는 것은 어려운 일이다. 이러한 난점은 삼위일체 신학의 중대한 난점이다.

이 문제와 맞서 보려는 시도가 여러 가지 각도에서 이루어졌다.[17] 그 한 가지는 그러한 두 분야[신·구약]에서 우리는 비록 둘 다 하나님으로부터 나오긴 했으나 서로 구별되는 두 영과 상관하고 있다는 생각에 의거한 것이다. 하나님의 영과 성령을 구분하는 페레(Nels Ferré)의 견해가 그렇다.

"하나님의 영은 아가페적 수준보다 하위 수준에서 역사하신다.… 즉 하나님의 영은 에로스적 충동들을 통해 인격적 본질을 강화시키는 방향으로 역사하신다.…성령 혹은 아가페이신 영은 하나님의 영에 대립하는 것을 초월하여, 특히 그보다 우위에서 또 우선적으로, 하나님의 사랑 안에 직접 근원을 둔 일종의 불안정한 공동체를 이해하고 받아들이는 범위에서 역사하신다."[18]

페레 박사는—이전(以前)의 자기 저서에서 구분한 두 영 사이의 지나치게 과민한 구별을 수정할 작정으로—"이러한 구별은 기능면으로 볼 때는 필요하나, 성령 그 자체를 형이상학적으로 재구분하는 것은 아니다"라고 조심스럽게 덧붙인다. 그러나 성령의 형이상학적 단일성을 주장할 수 있을지도 모를 하나의 근거, 즉 기독론적 근거를 황급히 그가 제외시켜 버렸기 때문에, 무슨 근거로 그가 성령의 형이상학적 단일성을 주장하는지 이해하기가 쉽지 않다. 그리스도의 위격에 관하여 페레 박사는 "그분의 두 가지 본성이란 하나님의 영의 감독(supervision) 하에 있는 본성과 성령의 인도 하에 있는 본성이었다"[19]라고 쓰고 있다. 만일에 그리스도의 두 가지 본성의 지속적인 구별성에 관한 교리를 페레 박사가 고집한다면, 그 결론은 하나님의 영과 성령이 구별된 채로 남아 있어야 한다는 것일 것이다.

이와 비슷한 구분을 틸리히(Tillich)도 했던 것 같은데, 이는 그의 조직신학의 제1권에 있는 삼위일체에 관한 언급들로부터 유추될 수 있다. 삼위일체론은 제2권에서 다루어졌는데, 그 까닭은 삼위일체론은 "기독론이 정교하게 확립된 후에라야만 논의될 수 있다"고 그가 주장하기 때문이다. 그러나 틸리히는("기독론적 교리의 확증"인) 삼위일체 속의 기독론과 그가 "삼위일체적 원리들"이라고 부르는 것을 구분하고 있다. 그런데 이 원리들은 기독론의 전제들이며 "살아 계신 하나님에 관하여 의미깊게 이야기하고자 할 때에는 언제나 나타나는" 것들이라고 그는 말하고 있다 :

"삼위일체적 원리들은 신적 생명의 과정 속에 내재하는 요소들이다.…그 첫 번째 원리는 하나님을 하나님되게 하는 신성(神性, Godhead)의 근거, 즉 심연자(深淵者 ; the abyss)이다."

두 번째 원리는 로고스(the Logos), 즉 의미의 원리이다. 이들 두 원리가 모두 세 번째 원리인 성령 안에서 실현된다. 그는 덧붙이기를,

"세 번째 원리는 어떤 면으로는 전체이며(하나님은 영이시다), 어떤 면으로는 하나의 특수한 원리이다(하나님은 로고스〈logos〉를 가지신 것처럼 영을 가지셨다). 하나님이 자기 자신으로부터 나오심은 바로 그 영 안에서이며, 그 영은 신적(神的)인 근거로부터 나온다"

라고 하였다. 따라서 우리가 삼위일체적 원리들을 다룰 때에는, "로고스보다는 영(the Spirit)에서부터 반드시 시작해야 된다. 하나님은 영이시다. 그래서 삼위일체에 관한 어떠한 진술도 반드시 이러한 기본적인 단정(斷定)으로부터 도출되어야 한다."[20]

이러한 해석들은 명백히 필리오케(filioque)와 양립될 수 없는, 영(the Spirit)의 개념상의 어떤 이중성을 포함하고 있다. 참으로 그것들을 정통 삼위일체론과 절충시킨다는 것은 결코 쉽지 않을 것이다. 왜냐하면 그것들은 하나님 안의 사위일체(四位一體)를 지향하고 있기 때문이다. 이것을 모면할 길이 있을까? 삼위일체의 외적인 활동들은 나누어지지 않는다(opera trinitatis ad extra indivisa sunt)고 주장하고 있는 정통적인 삼위일체 교리를 엄격하게 추종함으로써 바르트는 그것을 피해 보려고 시도하고 있다. 거기에 따라서 그는 창조의 역사(役事)를 성부 하나님만의 역사가 아니라 성자와 성령과 함께 하신 성부 하나님의 역사, 즉 삼위일체 전체적인 역사라고 해석한다.

물론 창조에 있어서 성자와 성부를 연관짓는 데에는 성경적인 확고한 증거가 있다. 말하자면 신약 속의 여러 귀절들이 이 역사(役事)에 있어서 중추적인 역할을 그분께 부여하고 있다(예를 들면, 요 1:3 이하, 히 1:2 이하, 골 1:15 이하). 그리스도의 역사적 계시와 사역이 창조에 있어서 하나님의 온전한 목적 실현에 유효했었다고 하는 것은 신약의 신앙에 극히 중요한 요소였다. 그래서 위의 성경 저자들은 구원의 중보 또는 창조의 중보였다고, 즉 그분 안에, 그분을 통해서 하나님은 세상을 창조하셨다고 선언함으로써 이런 사실을 분명히 하였다. 그러

나 여기에는 어려운 문제가 하나 있다 : 아들에게 창조의 중보라는 역할을 부여함에 있어서 신약의 저자들은 정확하게 누구를 마음에 두고 있었을까? 영존하시는 아들, 성육되지 않은 말씀(logos asarkos), 즉 있는 그대로의 삼위일체의 제2위(位)였을까? 아니면 하나님의 계획 속에서 성육하신 말씀이 되도록 정해졌던, 그래서 우리의 인간성으로 옷입고 우리의 죄를 짊어진 예수 그리스도로서 하나님의 영존하신 눈 앞에 서셨던 아들이었을까? 달리 말한다면, 아들은 창조의 중보와 구원의 중보로서 두 가지 구별된, 또 무관한 역할을 성취하시는가? 아니면 이미 그는 모든 영원성으로부터 떠나 구원의 중보 그리고 창조의 중보의 역할에로 격하되셨는가? 바르트는 후자의 입장을 취한다. 그러면서 그는 성육되지 않은 말씀 혹은 "삼위일체의 제2위"(位)의 온전한 개념을 추상(抽象)이라고 규정하였다. 그런데 이러한 것은 삼위일체 신학에 필요불가결한 반면에, 신약에는 거의 나타나지 않고 있다. 신약은 그리스도의 중보적인 사역의 구체적인 내용으로부터 초연한 채 선재(先在)하시는 그리스도에 관하여 전혀 고려하지 않았다고 바르트는 말한다.[21] 그리하여 그는 하나님이 아들을 통하여 세상을 창조하셨는데 그 아들이 바로 구세주라는 것과, "창조의 목적과 의미는 인간에 대한 하나님의 언약의 역사를 구현하는 것인데, 그것은 예수 그리스도 안에 그 시작과 중간과 끝이 존재한다"는 것을 결론으로 삼고 있다.[22]

창조에 관한 삼위일체의 역사(役事) 속에서 성령의 역할을 규정하는 대목에 이르면 우리는 더욱더 곤란한 입장에 서게 된다. 신약은 그것에 대하여 직접적인 언급을 전혀 포함하고 있지 않다. 신약 속에서 그것에 대한 해석적인 토대로서 유일한 것은 성령을 생명의 창시자 혹은 근원으로 규정하고 있듯이, 이 모든 귀절들의 일차적인 의미는 죄 속에 죽어 있던 인간들에게 그리스도의 공로를 통하여 또 그분을 믿는 믿음을 통하여 도래한 새로운 생명에 관련된 것이다. 그러나 바르트는 그 귀절들 속에서, 하나님의 영이 인간 존재의 그리고 참으로 모든 생명있는 피조물들의 존재의 근원으로 나타나 있는 구약의 귀절들(특히 창 2 : 7)의 반향(echo)을 탐지해 낸다. 그래서 더 나아가 그는 주장하기를, 신약의 저자들이 생명을 주시는 성령의 활동을 구원론적-종말론적인 의미로 해석할 때 그것이 구약 속에서 지니는 우주론적 혹은 생물학적인 의미를 넘어서서 바라봄과 동시에, 그들은 후자를 전자 아래에 포함시키고 있다고 하였다. 즉 그들은 하나님이 자기 피조물들에 대해 가지신 목적이 성령을 통해 실현되는데, 그 성령은 그것들의 피조물적인 존재의 필수조건이라고 생각하고 있다는 것이다. 달리 말하여, 그들은 부활의 복음에 의해 조명되어진 것과 별도로 떨어진 피조물 속에서는 생명을 전혀 인지하지 못하고 있다는 것이다.[20]

이렇게 해서 바르트는 필리오케의 원리를 옹호하고자 하나, 이러한 해석은 심각한 난제들을 제기하고 있다. 가장 뚜렷한 것은 이것이다. 만일 하나님의 영이 인간의 피조물적 존재에게 생기를 준다면 생존하고 있는 모든 인간은 그 영(the Spirit)을 소유하고 있다고 하는 의미가 존재해야 된다. 그러나 신약은 그 영이 성육하신 그리스도의 공로의 결과로 또 그에 대한 보충으로서 교회에게 주어진 진기한 선물이라는 점을 강조하고 있는 것이다. 신약의 증거의 이러한 특성은 만일 생명을 주는 그 영이 아버지와 아들의 영과 동일시된다면, 필연적으로 사라질 것이다.

바르트는 인간이 영(spirit)을 가지고 있다는 말의 의미를 더욱 정밀하게 정의함으로써, 그의 인간론에서 이러한 곤란한 문제를 해결하고자 하였다. 바르트에 따르면, 하나님의 피조물인 인간은 자기의 생존이 하나님께로부터 기인하여 하나님과의 사귐을 가져야만 하는 존재이기에 하나님없이는 존재하지 않는다. 하나님에 대한 인간 자신의 태도가 무엇이든지 간에, 비록 그가 무신론자라 할지라도, 그는 하나님없이는 존재하지 않는다라는 말은 참된 것으로 남는다. 그러나 하나님께 대한 인간의 이런 관계는 인간의 성품 속에 내재하는 것이 아니며, 그것은 인간에 대한 하나님의 자유로운 활동에 존재한다. 인간은 하나님이 그를 위해 존재하신다는 사실 덕분에 존재한다. 이런 활동, 즉 인간에 대한 하나님의 이러한 활동은 영이 의미하는 바이며, 그래서 인간이 존재한다는 사실은 다음의 형태로 표현될 수도 있다. 즉, 인간은 영을 가지고 있다. 영이란 결코 인간 자신의 소유가 아니며 오히려 하나의 선물로서 늘 그에게 오는 것이므로, 인간은 영이다라고 말해서는 안 된다. 하나님이 자기의 영을 인간에게 주시므로 인간은 존재한다. 하나님께 대한 인간의 관계에 관한 원리로서의 영은 그가 인간으로 존재하는 근거이다. 그러나 바르트는 말하기를, 그 영의 이러한 기능은 인간으로 하여금 하나님과의 약속있는 사귐에로 나아가게 만드는 요소 또는 요인으로서의 그 영의 기본적인 의미 속에 근거를 두고 있다고 하였다. 그리하여 그런 약속 안의 새 사람이 하나님이 그에게 자기 영을 주신다는 사실에 의해 살아가듯이, 자연인도 그러하다. 즉 "전자에게는 새롭게 함의 원리가 되고 후자에게는 그 피조물적인 현실의 원리가 되는 것은 바로 동일한 그 영(the Spirit)이다."[24]

이런 해석에서는 바르트로서는 영의 개념에서 신약 속에 있는 그것의 중요한 요소들 중 하나를, 즉 주관화라는 요소를 빼버리지 않으면 안 되었던 것 같다. 바르트 자신이 보다 초기의 자기 저술 속에서 강조하기를 그 영은 계시의 사건 속에 주관적 요인을 구성하고 있다고 했다. 다시 말해서 인간들이 하나님의 계시에 대하여 이해하고 받아들이고 응답하게 되는 것은 바로 그 영에 의한 것이며, 계시의 객관적 사건이 주관적인 것이 되는 것도 바로 그 영에 의한 것이다.[25] 하지만 "인간의 피조물적 현실의 원리"로서의 그 영의 활동 속에 존재하는 주관적인 요소에 관해서는 아무런 문제도 없다. 그럼에도 불구하고 바르트는 그것을 명백히 제거해 버리고 있다. 여기서 영이란 엄격히 또 전적으로 말해서 하나님께로서 인간에게로 나오는 어떤 활동을 의미하며, 그것은 도대체 인간의 주관성과는 전혀 관계가 없다.[26] 이렇게 모호한 영과 우리가 "아바! 아버지!"라고 부를 수 있게 하는 신약 속의 영(the Spirit)과의 동일성을 바르트가 어떻게 주장할 수가 있을까 하고 이해가 잘 되지 않는다.

필자로서는 바르트가 인간의 피조물적 존재의 원리로서 그 영을 묘사할 때 그가 신약이나 전통적인 삼위일체 신학에서는 아들이나 말씀에게 속하는 역할을 그 영에게 부여해 버렸다고 새삼스럽게 덧붙일 필요가 없을 것이다. 하나님께로서 나오는 활동을 나타내며, 인간의 피조물적 실존이 근거를 두는 것은 바로 "삼위일체 중의 제2위"(位)이신 그분이다. 한편으로 영(the spirit)은 하나님을 향한 움직임을 나타낸다. 바르트의 인간학에서는 아들의 역할을 그 영이 되풀이하고 있으며, 그가 필리오케를 방어하는 데에 내재하고 있는 그들 사이의 구별은 사라져 버린다. 삼위일체의 외적인 활동은 분리되지 않을 뿐만 아니라 그것들은 구별할 수 없게 되었다.

  필리오케를 받아들이든 받아들이지 않든 간에 생기게 되는 어려움들은, 어디선가 내가 암시했던 것처럼[27] 그것이 진정한 문제를 해결하는 데에는 올바른 것이 아님을 가리키는 듯하다. 그것은 구원의 체험 속에서 그리스도의 영이라고 구별되어지는 그 영을 확인하고자 하는 그리스도인의 마음 속에 직접적인 관심을 충족시켰다. 그렇지만 그것이 창조에 있어서의 삼위일체의 활동까지 확장될 때 그것은 중대한 어려움들을 야기시킨다. 그 문제는 이 책의 마지막 장에서 또 다른 형태로 다시 다루어질 것이다.

4
성령과 교회

세 가지를 인용하는 데서부터 시작하겠다.
"교회에 관한 다른 신앙들은 성령에 관한 다른 신앙들 혹은 불신앙에 그 뿌리를 두고 있다."[1]
"교회의 본질에 관한 우리들이 가진 많은 불일치들은 성령과 그리스도, 성령과 말씀, 또한 성령과 교회간의 신약적인 관계를 새롭게 탐구함으로써 보다 더 분명해질 것이다."[2]
"우리의 작업에서 우리는 교회론이 그리스도론(the doctrine of Christ)과 성령론에 긴밀히 연관되어서 다루어지는 것이 에큐메니칼(ecumenical) 작업의 진전을 위하여 결정적으로 중요하다고 하는 결론에 이르렀다."[3]

우리가 성령과 교회 사이의 관계에 관한 질문을 제기할 때, 우리는 전 기독교에 걸쳐서 지금 진행되는 신학논쟁의 가장 말썽많은 분야들 속으로 접어들고 있다는 것이 분명하다. 그리고 그 문제들의 거대함과 복잡성을 생각해 볼 때, 하나의 짤막한 장(章)에서 그것들을 분명히 해야 한다는 점에서, 많은 것을 성취하리라고 기대할 수 없다는 것 또한 확실하다. 그렇지만 우리가 그 문제를 개괄해 보고, 취해야 될 여러 가지 입장들을 어림잡아 볼 수 있는 하나의 기본적인 요점을 확립하는 것은 가능하리라고 필자는 본다. 「신앙과 직제」(Faith and Order)의 보고들로부터 인용한 두 가지에는, 성령과 교회의 문제는 그리스도론에 관련지어서 생각되어야 한다는 것이 암시되어 있다. 이것은 반박의 여지없이 옳다. 그러나 만일 우리가 올바른 초점에서 그것을 포착하려면 그것은 보다 정밀한 방식으로 체계화되어야 할 필요가 있다고 생각한다. 그리스도론이란 무엇을 의미하는가? 일차적으로 신약에 나타난 의미로서 그리스도론이란 복음을, 즉 세상의 구원을 위하여 하나님이 그리스도 안에서 이루신 일련의 사건들을 의미한다. 최근에 새로운 이해가 대두되었다. 나는 주로 신약연구자들의 노고를 통해 이루어진, "복음"의 개념의 의미를 재발견한 것이라고 말하고 있다. 사도들의 선포의 주제는 일련의 생각들도 아니며 이상적인 형태의 그림도 아니라고 우리는 배웠다. 그것은 인간들에 대한 하나님의 영원하신 목적이 역사 속에서 확연하게 성취되어지는 일련의 행위들이었다. 이것이 교회연구의 시발점이어야 한다고 최초로 지적했던 사람은 지금의 뒤르함(Durham) 감독이었다고 생각한다.[4] 람세이(A. M. Ramsey) 박사는 교회가 복음으로부터 발생하였다는 것과 그것의 본질과 구조는 십자가에 죽으시고 부활하신 그리스도에 관한 복음의 빛에 의해서만 이해될 수 있다는 것을 보여 주려고 노력하였다. "가톨릭"교회의 직제(order)와 특히 감독제도가 복음의 본질적인 요소들을 소중히 간직해 주고 또 표현한다고 하는 그의 주장은 지지할 수 없다고 나는 믿는다. 그러나 나는 그가 교회에 관한 전반적인 질문은 복음의 조명을 받으면서 연구되어야 한다고 주장한 점에서는 옳다고 확신한다.

우리가 관련하고 있는 성령과 교회 사이의 관계라는 이 특수한 질문을 대할 때면, 우리는 이 점을 마음에 새겨 두어야 한다. 넓은 의미로 말해서, 우리는 (매우 유사한 영국 가톨릭〈the Anglo Catholic〉의 입장과 관련시켜서 생각해 볼 수 있는) 로마 가톨릭 입장, 프로테스탄트 종교개혁의 입장, 그리고 영숭배론자(spiritualist) 혹은 광신자적 입장이라는 이 세 가지 입장을 위의 관계에 대하여 생각해 볼 수 있다.

1. 로마 가톨릭의 견해

로마 가톨릭의 입장은 공적 규정(official formula) 속에 명료하게 표현되어 있다. 성령은 교회의 영(soul)이다. 이것은 레오(Leo) 13세에 의해 선포되었고,[5] 최근에 피우스(Pius) 12세에 의하여 배서(背書)되었다.[6] 어떤 신학자들은 여기서 "영"(soul)이라는 말이 유추적으로 사용되었다는 것을 조심스럽게 설명한다. 그것은 우리의 영혼이 우리 몸의 영혼인 것과 같은 의미로 성령이 교회의 영이라는 것을 의미하지 않는다는 것이다. 그분은 실제로 "교회 안에 존재하는 단일성의 내적 형태"가 아니다. 교회의 내재적인 원리는 성령의 은사들, 특히 믿음과 긍휼 안에서 발견된다고들 한다. 그러나 이러한 은사들을 부여하며 그것들이 교회 안에서 활동하게 하는 이는 바로 성령이시므로, 그분은 아마 교회를 생명력있게 하고 하나되게 하는 원리라고 적절히 묘사될 수 있을 것이다.[7]

이런 개념은 로마 가톨릭 사상에서 주장되는 그리스도에 대한 교회의 관계에 관한 기본적인 입장에 잘 들어맞는다. 로마 교회의 입장에서는 교회가 일차적으로 그리스도의 계승자이며, 성령의 임재와 능력은 교회가 그 초자연적 역할을 수행할 수 있도록 힘을 주기 위해 그리스도께서 교회에게 유산으로 주시는 증여물로 생각되어진다. 이러한 로마 교회의 개념은 레오 13세가 성직자에게 보내는 회칙(回勅)인 사티스 코그니툼(Satis Cognitum)에 있는 다음 귀절에 잘 나타난다.

"하나님의 아들은 인간의 성품을 입으시고 … 세상에서 살면서 사람들과 친하게 사귀시며 자기의 교리를 가르치셨고 자기의 율례들을 주셨다.

그런데 그분의 거룩한 사명(divine mission)이 마지막 때까지 지속되어야만 했으므로, 그분은 그분의 제자들을 택하셨고, 홀로 훈련시키셨으며, 그들로 하여금 그분 자신의 권세에 동참하게 하셨다. 그리고 그분이 하늘로부터 진리의 영을 불러와서 그들에게 임하게 하셨을 때, 그분은 그들에게 온 세상을 다니면서 자기가 가르쳤던 것과 명하였던 것을 열방들에게 충실히 전하라고 하셨다. 그러므로 그분의 교리를 고백하고 그분의 율례들을 지킴으로써 지상에서 인간은 거룩함에 도달할 수 있으며 하늘에서의 불멸의 행복을 얻을 수 있을 것이다."[8]

1. 이러한 개념에 관하여 두 가지가 언급될 만하다. 제자들은 전적으로 그리스도의 계승자들로 생각되어진다. 그분이 떠날 즈음에 그분에 의해 미결상태로 남겨진 그분의 소임은 그들에게 위임된다.[9] 지금 교황의 말을 빌린다면, "선생, 왕 그리고 제사장으로서의 그리스도의 교황직 지위가 지속되어지는 것은, 신성한 구세주 그분 자신의 위탁에 의하여 바로 그들을 통하여 이루어진다."[10] 또 이런 목적을 위해 그들은 그분의 권세를 부여받았다. 로마 교회론의 주요한 역점은 항상 권세(authority)에 머물러 있는데, 그것은 사도들이 그리스도로부터 받아 가지고 로마 교회의 성직자들에게 전해 준 것이다. 가르치고(munus doctrinale) 다스리고(munus regale) 희생하는(munus sacerdotale) 이러한 권세는 "전 교회의 근본법"이라고 현 교황은 말하고 있다.[11]

의심할 여지없이 로마 가톨릭의 입장에도 일리는 있다. 로마 가톨릭 신학자들은 그것을 지지하기 위해 신약으로부터 자신있게 본문들을 취하여 늘어놓을 수 있다. 그리스도의 소임이 사도들의 소임 속에서 계속 이어지고 있다는 것은 다음의 의미에서 그렇다. "아버지께서 나를 보내신 것 같이 나도 너희를 보내노라"(요 20 : 21). 성령은 교회의 사도적 소임이 의존하고 있는 능력과 권세의 신적 원리라고 이야기될 수 있다는 것에도 일리는 있다. 그런데 로마 교회에서는 이러한 의존관계가 소유로 이해되고 있다. 즉 성령으로부터 파생되는 능력과 권세는 교회 자체가 행사하도록 주어졌다고 주장되는 것이다. 성령이 교회의 힘의 근원 또는 원리라고 여겨지고 있다. 이것이 신약 속의 교회에서 나타난 것과는 너무나 동떨어져 있다는 것이 분명하다. 신약에서는 성령의 권세란 교회가 거기에 종속적으로 존재하는 권세이다. 그것은 교회의 순종의 원리이다. 콘스탄티노플공의회는 성령의 속성들 가운데 첫 번째 것을 "주 되심"이라고 정의했을 때 가장 본질적인 것에 대한 진정한 감각을 나타내 보였다. 왜냐하면 신약의 교회가 체험하였던 성령은 그것이 자기 주님의 권세를 상속하게 해주는 내재적인 원리로서가 아니라, 살아 계신 주님이 계속 자신의 권세를 행사하시게 되는 하나의 임재 형태로서였다. 성령의 임재는 예수를 주로 고백하는 것에 의하여 인침을 받는 것이지(고전 12:3) 교회의 지배 아래 있는 것이 아니다.

2. 로마 가톨릭이 내세우는 이론의 또 다른 특징으로서 주목해야 할 것은 다음과 같다. 그리스도의 소임(所任)이 그분의 제자들에게 위임될 수 있다는 가정 속에서는 그리스도의 사역의 완결성과 궁극성에 대한 잠재적인 부정이 존재하며, 그럼으로써 그리스도의 사역은 복음적 성격을 상실하게 된다. 그 까닭은 복음으로 하여금 진실로 복음되게 하는 것은 "그것이 완료되었다"는 사실이기 때문이다. 세상의 구원을 위한 하나님의 결정적인 활동은 단번에 모두 이루어졌으며 거기엔 아무 것도 덧붙여질 필요가 없다. 로마 교회의 이론에서는 복음적인 측면이 부득불 상실되어 버리어 그리스도의 사역은 율법적 성격을 띠게 된다. 의미심장한 것은 로마 교회의 신학자들이 그리스도에 의한 교회의 기초를 증명하려고 애쓸 때면 언제나 그분의 가르침과 그분의 "율례"를 언급한다는 것이다. 그래서 예를 들면, 교황 레오 13세는 성육신(成肉身)을 하나님이 인간을 대하시는 최상의 사건이라고 말하면서 그는 성육신의 내용을 다음과 같은 말로 묘사하였다.

"하나님의 아들은 인간의 성품을 입으시고… 세상에서 살면서 자기의 교리를 가르치셨고 자기의 율례들을 주셨다." 그리고 교회를 세우심에 있어서 그리스도의 목적은 무엇인가라는 질문에 대하여 그는 뚜렷하게 대답하기를, "그분이 아버지께로부터 받으신 것과 동일한 사명과 임무를 그것에게 위임하는 것, 즉 그것들이 영속되어지도록 하는 것 바로 그것이다"라고 하였다.[12] 교회의 진정한 바탕은 그리스도의 가르침과 다스림이라는 직책을 지속시켜야 한다는 필요성이다. 그러한 교회는 본질적으로 복음과는 무관하다. 로마 교회에는 복음이 없기 때문이다. 교회의 기본적인 구성요소는 가르치는 권세와 다스리는 권세이다. 그러니까 교회는 이러한 권세들을 행사하면서 교회는 "그분이 아버지로부터 받으셨던 것과 동일한 사명의 임무"를 수행한다. 이런 사명을 완수하도록 그것이 받는 권세는 성령으로부터 비롯하고, 성령은 교조주의적이고 권위주의적인 그리스도로부터 나오며, 그리하여 성령은 하나의 권세의 영이다.

그래서 로마 가톨릭 입장에서는 성령은 그리스도와 교회 사이의 직접적인 연속성을 확립시켜 주는 데에 있어서의 일종의 순전히 도구적인 역할을 수행한다. 교회가 성령을 주님으로서, 즉 교회에게 그리스도의 주되심에 대하여 증거하시는 분으로서 대면할 수 있는 여지가 로마 가톨릭 체제 안에는 전혀 없다. 오히려 교회의 영으로서의 성령은 교회가 자신의 권위주의적인 주장으로 팽배하게 된 근원이다. 때문에 성령의 "인격성"에 대한 의식이 상실되었다. 그런데 그런 의식은 주님 되시는 분과의 대면에서 오는 체험에 뿌리를 두고 있다. 로마 가톨릭 신학에서 가장 관심을 두는 것은 언제나 성령의 효력들, 즉 그분의 내주하심으로부터 오는 은사들과 은총들이다. 그래서 성령은 주님이나 한 위격(person)으로서 여겨지기보다는 하나의 비인격적인 원리, 즉 초자연적인 공급의 근원이나 통로로 여겨졌다. "그리스도의 영의 이러한 교통하심은 하나의 통로이다. 근원으로서 머리되시는 분 안에서 극히 풍성하게 발견되는 모든 은사들, 능력들, 그리고 놀라운 은총들이 교회의 모든 지체들에게 흘러들어오며, 그리스도의 신비로운 몸 가운데서 그들이 차지하고 있는 위치에 따라서 그들 속에서 매일매일 완성되는 통로이다."[13]

교회와 성령의 관계에 대한 로마 가톨릭적 입장의 또 다른 결과는 교회 안에서 권세를 행사하는 사람들과 권세의 행사에 복종하는 자들 사이에 철저한 구별이 생기게 되었다는 것이다. "교회는 하나의 계층적 사회이어야 한다. 즉 사도들과 그들의 계승자들은 우두머리들이자 다스리는 자들이어야 한다"라고 로마 가톨릭 신학을 강조하고 있다.[14] "이 몸 안에서 권력을 행사하는 사람들은 그것의 으뜸가는 주요한 구성원들이라는 말은 타협없이 주장되어야 한다. 신성한 구세주 자신의 위임에 의하여 바로 그들을 통하여 선생으로서, 왕으로서, 그리고 제사장으로서의 그리스도의 사도적 지위는 지속되는 것이다."[15] 사도적 지위를 계승하는 이들이 성령을 독점하고 있다는 추론에 저항하는 데에 교황은 많은 애를 쓰고 있다. 성령은 "모든 교인들 속에 인격적으로 내주하시며 신으로서 활동하신다"라고 그는 강조하면서도 "보다 열등한 교인들의 경우 그분은 보다 월등한 이들의 목회를 통해 활동하시기도 한다"라는 조건을 덧붙인다.[16)]

교회에 대한 성령의 선물이 교회의 몇몇 "월등한 이들"의 "통로를 거친다"라는 생각은 영국 가톨릭 사상에서도 현저히 나타나는데, 그 집단의 몇 사람이 제시한 틀 속에서 그것을 살펴 보는 것이 우리에게 유익할 것이다. 가장 흥미있는 것으로는 이미 언급한 뒤르함 감독의 글인데, 그 속에서 그는 복음 자체의 본질 속에서 교회의 감독체제에 대한 근거를 찾으려고 노력하고 있다. 그 감독은 자기 동료 중 몇몇이 의존하고자 하는 역사적인 논점들이 사실은 무력한 것이라는 것을 깨달은 듯하다. 그는 일차적으로 교리적 바탕에 의존하는 입장을 단지 이차적으로만 지지하라고 그들에게 요청하고 있다. "목회의 형태들을 찾기 위해 그리고 그것들을 모방하기 위해 신약을 파고드는 것은 고고학적 종교이다. 그런데 신약 전체가 만들어내는 목회형태를 찾는 것은 보다 복음적인 방법이다. 목회에 관한 우리들의 관점은 고고학적이라기보다도 복음적이어야 하겠다."[17)]

이 관점에 따르면, 교회의 의미와 구조는 십자가에 죽으시고 부활하신 그리스도에 관한 복음에 의하여 결정된다. 교회란 그리스도의 죽으심과 다시 사심으로써 이루어진 그리스도의 몸이며, 그 속에서 그분의 죽으심과 부활은 지속적인 표현을 발견한다. 그러기 위하여 그 몸의 구조 안에는 교회에 대한 그리스도의 복음을 대표하는 특별한 기능을 가질 기관들이 존재해야 된다고 주장된다. 원래 사도들에게 속해 있던 이 직무가 감독에 의하여 수행되며 그들은 "직무에 있어서 사도들을 계승한 자들이라고, 또 교회의 단일성에 관계되는 기관들이라고 생각되어지고 있다."[18)]

영국 가톨릭 학자들의 한 모임이 그 주제에 관하여 쓴 커다란 논문집으로서 1946년에 발간된 「사도직」(*The Apostolic Ministry*) 속에서는 사도적 지위가 "본질적인 성직"을 나타내며 이러한 본질적인 성직은 감

4. 성령과 교회 67

독의 형태로 계속 이어진다고 설명되어 있다. 그래서 감독직은 "그리스도께서 자기 사도들에게 부탁하신 위임을 보존하고 있는 자리"이다.[19] 더욱 강조되고 있는 것은 교회의 존속을 보증해주는 본질적인 성직이 교회의 전체적인 연속성과는 동떨어진 감독직의 계승에 의하여 유지된다는 점이다.

이러한 견해는 성령이 교회에게 주어지지 않고 교회의 측면으로 빠져 나가 버린다는 것을 함축하고 있음이 분명하다. 영국 가톨릭 측은 이것을 부인하지 않을 수 없다. 즉 람세이 감독은 다음과 같이 쓰고 있다. "알다시피 처음부터 그리스도는 자기 몸에 관련된 모든 성례를 통하여 은총을 내려 주시므로, 감독들의 계승은 동떨어진 은총의 통로가 아니다. 그러나 이러한 은총의 작용에 있어서 어떤 활동들은 감독들에게만 국한되어 있다."[20]

그러나 람세이 감독도 그러는 것처럼 그들이 감독직은 교회의 존재의 본질(esse)에 관계된다고 주장한다면, 성령을 선물하는 것으로는 교회를 성립시키지 못한다고 하는 추론을 반박할 수 없다.[21]

신약에서는 교회의 모든 지체들이 함께 성령에 참여한다는 점에 주된 강조를 두고 있다. 그들이 한 몸 되도록 세례받는 것은 바로 이렇게 성령에 공동으로 참여하는 것에 의해서이다. 그러나 이러한 일치성 속에는, 또 그것을 기초로 하여 작용상의 상당한 다양성이 있을 수 있다. 몸의 연합 속에서 각 개인에게 나타나는 성령의 발현은 은사들의 폭 넓은 다양성 가운데 나타나기 때문이다(고전 12:4 이하). 교회의 존재의 본질(esse)을 형성하는 것은 바로 성령의 통일성이다. 은사의 다양성은 그것의 장점(bene esse)이다. 그러나 영국 가톨릭 사상은 이 순서를 뒤집어 놓고 있다. 그것은 은사의 다양성에 속하는 한 직책을 택하여 그것을 교회의 존재의 본질(esse)로 삼고 있다. 그래서 그것은 성직자와 평신도 사이에 근본적인 틈을 만들므로써 교회의 일치성을 파괴하고 있다.

이러한 입장으로부터는 두 가지 질문이 생긴다. (교황을 포함하든 포함하지 않든) 감독직이 그렇게 교회에 대조적으로 그 상위에 그리스도와 나란히 놓여지며, 교회에게 복음을 재현해 주는 기능을 전적으로 부여받았다고 한다면, 감독에게는 누가 복음을 재현해 주는가? 교황이 세상에 대하여 그리스도의 대리자라면, 교황에게는 누가 그리스도를 재현해 주는가? 로마 가톨릭 사상과 영국 가톨릭 사상 모두가 이러한 필요들에 대한 대응책을 유별나게도 결여하고 있다는 점은 매우 중대하게 고려되어야 한다. 감독(혹은 교황)을 복음의 진리를 관리하는 사람이라고 강조하게 될 때, 비슷한 문제가 또 생긴다. 관리임무에 대하여 다음과 같이 주장할 때 제기되는 바로 그 질문이다. Quis custodiet custodes? (그 관리자들은 누가 돌볼 것인가?) 그 주장은 그것을 공언하는 이들의 말 외에는 그 궁극적인 기초가 있을 수 없다—교황무오설이라는 로마식 독단이 그 논리적 결론이다. 왜냐하면 만일 그것이 어떤 객관적인 기준에 근거하여 검증된다면, 그 주장은 무의미하게 되어 버리기 때문이다. 이 점은 가톨릭 성분의 기준으로서 quod ubique, quod semper, quod ab omnibus creditum est("언제 어디서나 모든 사람에 의하여 믿어지는 것")이라는 빈센트 교회법을 이용하는 것에 관한 콩가르(Congar)의 논평에서 순진하리만큼 솔직하게 인정되고 있다 : "만일 이러한 '교회법'이 참으로 가톨릭 사상의 기준이라면, 최고의 지도권은 역사가들에게 있을 것이다. 왜냐하면 본문들의 연구를 통하여 언제 어디서나 모든 이에 의하여 믿어져 온 것을 이야기하는 것이 그들의 일이기 때문이다. 사도직의 계승과 성령의 지지라는 이중의 원칙에 의해 교회 안에 항상 존속하고 있는 그 지도권의 보편적인 교회의 신앙이란 현재 무엇이다라고 선언할 뿐이다. 과거는 현재의 사실에 의해 알려질 수 있을지 모르나 현재는 과거를 참조하는 것으로써 결정되지 않는다. 여기서 우리는 프로테스탄트 종교개혁과 교회 사이의 결정적인 논점을 접한다. 왜냐하면 개혁이라는 바로 그 개념이 포함되었기 때문이다. 비록 근본적으로 오류를 범하고 있지만, 사도적 교회는 비판적인 연구라는 이름으로 교수들에 의하여 진실을 회복하고 개혁될 수 있을 만한 성질을 지니고 있는가? 프로테스탄트 사상은 이 질문에 대한 긍정적인 대답에 의해 존재할 뿐이며, 빈센트 "교회법"에 의해 정당화된다."[22] 더 나아가 콩가르는 사도직(magisterium)이 얼른 볼 때 그것을 지닌 무오자(無誤者)에게 역사를 다시 쓸 수 있는 자격증을 수여하는 반면, "교수들"에 의한 역사적 기록들의 비판적 연구에 상당히 의존하는 프로테스탄트의 태도는 사적(私的)인 판단 원칙에 근거하고 있다고 하는 기막힌 결론에 도달한다.

2. 프로테스탄트의 견해

이제 우리가 다룰 성령과 교회 사이의 관계를 복음적, 프로테스탄트적으로 이해하는 것은 복음의 본모습에 대한 그 관심에 의해 일차적으로 결정된다. 이 문제에 있어서 "로마 가톨릭적" 입장에 대한 비판적인 태도 저변에 깔린 것은 바로 이러한 관심이다. 로마 가톨릭적 입장에 대한 근본적인 반대 견해는 그것이 복음과 교회의 가르침 사이의 구별을 소멸시킴으로써 복음을 파괴하고 있다는 것이다. 우리가 보아 온 대로, 로마 가톨릭 사상에서는 어느 모로 보나 교회는 그리스도의 계승자이다. 즉 그것은 그분으로부터 사도들을 통하여 "그분이 아버지로부터 받은 것과 동일한 사명과 동일한 위임명령"을 상속받았으며, 그것은 그것을 성취할 수 있게 해주는 성령의 능력을 부여받았다. 그 결과 교회에 의하여 선포된 것과 전적으로 동일시되며, 복음이 교회에게 선포되어질 수 있는 여지라곤 존재하지 않는다. 뉴비긴(Newbigin) 감독이 말하듯이, "'말씀'이라고 하는 개념은 사실상 사라진다. 교회가 믿고 행하는 것에 대한 가르침(didache)은 여전히 존재한다. 그러나 교회가 처음부터 뿐만 아니라 항상 의존하며 살아가는 그 말씀은 선포(kerygma)라고는 없다."[23]

프로테스탄트적 입장의 핵심은 그리스도와 교회 사이의 영속적인 구별이라고 말해질 수 있는 것에 관한 개념 속에서 발견된다. 로마 가톨릭의 입장에서는 이 구별은 오로지 그리스도와 열두 제자 사이의 원초적 관계에만 해당되며, 그분이 떠나자 그것은 즉시 연속의 관계로 변환되었다. 달리 말해서 그 열둘은 그때에 자신들의 스승에 대한 제자들의 관계 속에서 그리스도 앞에 서기를 그쳤으며, 그들 자신이 그분의 스승직을 계승하고 그들이 그것을 행사할 수 있도록 그들은 기적적이고 내재적인 증여라고 생각되는 성령의 선물을 받았다. 지금 의심의 여지없이, 제자들의 지위에서 사도의 지위로의 전이가 그 열둘에게는 결정적인 전환의 체험이었다. 그러나 그것이, 그들은 그분의 사명을 떠맡았다고 하는 로마 가톨릭 이론의 규정과 마찬가지로, 그리스도에 대한 그들의 관계에 있어서의 90도 전환을 의미한다고 하는 것은 신약의 증거에 의하여 지지받지 못한다. 신약에 따르면, 그리스도의 사명은 위임되어질 필요가 없다. 왜냐하면 그것은 완전하기 때문이다. 그분이 성취한 것은 단번으로 충분하다. 그것은 단지 사람들에게 전달되어지기만 하면 된다. 이것은 사도들에게 부과된 일차적인 책임이다. 그들은 그리스도의 계승자들로서가 아니라 그분에 대한 증인들로서 사실들을 되새기고(anamnesis, 고전 11 : 24), 분명히 선포하고(kerygma, 고전 2 : 4), 전달하고(paradosis, 고전 15 : 3), 증거하는(martyrion, 고전 1 : 6) 것에 의하여 그리스도를 향하게 하는 것이었다. 그러므로 사도들의 임무가 마치 그들이 동등한 위치에 있는 것처럼, 그리스도의 임무의 연속이라고 말하는 것은 잘못된 것이다. 사도들의 임무는 그리스도의 임무에 대하여 종속적이며, 도구적인 것으로 존재한다(이러한 관계에서는 그것은 위임〈commission〉이라고 보다 정확히 말해질 수 있을지 모르겠다). 다시 말해서, 그 열둘의 사도적 기능은 일종의 직임(ministerium)으로 남으며, 지배(magisterium)로 되지 않는다 : "우리가 우리를 전파하는 것이 아니라 오직 그리스도 예수의 주되신 것과 또 예수를 위하여 우리가 너희의 종된 것을 전파함이라"(고후 4 : 5).[24]

사도직이 그리스도의 임무를 떠맡는다고 하는 로마 가톨릭의 이론은 그분의 육신적인 현존이 사라졌으므로(교회를 대표하면서) 사도들은 이제 그분의 대리자로서 활동하는 몸을 형성한다는 것에 토대를 두고 있다. 그러나 로마 가톨릭측의 해석은 그 몸과 그것을 통하여 활동하시는 그분 사이의 진정한 구분을 없애버리고 있다. 그래서 그리스도와 그 열둘 사이에 존재하던 구별은 사실 하나의 동일성으로 변한다. 이것은 성령의 오심에 관한 요한복음 속의 그리스도의 가르침이 분명히 배제해 버리고자 했던 개념이다. Satis Cognitum[25]이라는 회칙(回勅)에서 레오 13세가 말한 것과 같은 로마식 이론 가운데 어떤 권위있는 진술이든 취해서, 그것이 지닌 교황다운 과장을 신약의 단순한 문체로까지 축소시켜 보라. 그것은 그리스도가 자기 제자들에게 "내가 떠나갈 때 너희는 내 자리를 취할 것이다"라고 말씀했던 것처럼 보이게 만든다. 물론 이것은 그분이 참으로 말씀했던 것과는 매우 다르다. 그분은 자신의 자리가 성령(allos parakletos)에 의해 취해질 것이라고 약속했는데, 성령에 대해서도 그 열둘은 그리스도가 그들과 더불어 육신으로 임재해 있을 동안에 그들이 그분에 대하여 유지했던 구별의 관계와 동일한 관계를 유지하도록 되어 있었다. 성령은 그리스도의 진정한 대리자이며, 그리스도의 또 다른 자아(alter ego)이며, 그리스도 그분 자신이 그랬었던 것처럼 동일하게 주님(kyrios)이라는 역할 속에서 만나진다는 사실로 말미암아 교회 안에서 그렇게 알려졌다. 로마 가톨릭의 견해로는 그리스도의 주님되심은 사도들에게 양도되어지며, 성령은 그들이 주님다운 역할을 완수하도록 조력하는 것으로 약속되어진다. 그러나 신약에 따르면 성령은 본질적으로 주님이시다. 왜냐하면 그분은 죄와 사망에 대한 승리에 의하여 주님이라고 높임을 받게 된 그분으로부터만 나오기 때문이다(행 2:33). 사도들의 역할은 성령의 역사와 상관되어 있다. 그리스도의 주님되심에 대하여 증거하는 것이 그들의 위임받은 임무이다. 그러나 그것을 인간들 사이에서 확립하는 것은 그들의 권한 안에 있지 않다. 그 까닭은 그것이 가르치고 계명들을 주는 권위뿐만 아니라, 그분이 자신을 높이심으로써 완성한 구속의 작업 속에서도 존재하기 때문이다. 그들은 그것을 고백할 수 있으며 그것을 증거할 수 있지만, 높아지신(exalted) 주님으로부터 오시는 성령의 증거가 없다면 그것은 인간들 가운데서 확립되어질 수 없다.

프로테스탄트 교리를 구별지어 주는 것은 성령과 교회 사이의 관계 속에 존재하는 영속적 구별과 성령의 주님되심을 인식하는 것이다. 로마 가톨릭측으로부터 프로테스탄트 교리에 대항하여 가끔 제기되는 반박은, 그것이 성육신을 "인간의 성품에게 주는 신성한 생명의 적나라하고 현실적인 선물"이라고 인식하지 못하는 것처럼 신약의 주된 특징인 성령의 내재 혹은 내주(indwelling)를 그것이 인식하지 못한다는 것이다. 콩가르는 이렇게 쓰고 있다. "종교의 한 형태, 그리스도에 대한 관계의 한 형태, 그리고 송축받으실 삼위일체에 대한 그분 안에서의 관계의 한 형태로서 프로테스탄티즘은 세례 요한에게서 잠시 머물렀다가, 물과 성령의 세례가 성취되는 것과 우리의 상속의 첫 열매들인 성령의 은사들을 대망하고 있다. 그것은 세례 요한 이후로 계속 하나님께서 성육화하여 계신다는 것을 잊고 있다."[26] 이에 대하여 프로테스탄트가 다시 대답한다면 그것은 가톨릭 사상이 주(kyrios)이신 성령으로서, 또 그리스도를 증거하는 것이 그 사명으로서 내주하시는 성령을 인식하지 못하고 있다고 할 것임에 틀림없다. 로마 가톨릭교회에 내주하시는 성령은 교회를 증거한다. 그것은 Kyrios Jesus("예수는 주님이시다," 고전 12 : 3)가 아니라 Tues Petrus(너는 베드로이다)라고 말하는 영이다. 프로테스탄트적인 이해로는 성령은 교회에 참으로 내주하시지만, 교회가 지닌 특권과 힘을 교회로 하여금 느끼도록 하게 함으로써가 아니라, 교회로 하여금 자기의 살아 계시고 높임받으신 주님에게 주목하도록 함으로써, 그리고 교회를 그분의 은혜에 내어 놓음으로써 성령은 자기의 내주하시는 임재를 알려 주실 뿐이다. 이것은 교회 안에서의 성령의 위치가 보다 특별하게 "은혜의 수단들"(말씀, 성례전, 그리고 기도)―즉 정확히 말해서 교회가 자기 자신을 떠나 그리스도를 주목하는 그러한 기능들이라고 규정되어지는 것에 대한 이유이다.[27] 그것은 프로테스탄트 사상이 내주하시는 영에 의하여 그리스도가 자기 교회와 지속적으로 함께 있겠다고 한 약속을 진지하게 받아들이고 있다는 것이다. 다만 그것은 그리스도의 임재를 〔성령과 구별없는〕 동일한 것의 혼합으로가 아니라 진정한 임재로 이해하고 있을 뿐이다. 가톨릭 사상에서 흔히 그러는 것처럼, 그리스도의 몸에 관한 사도 바울의 표현에서 "말하자면 교회는 또 하나의 그리스도이다"[28]라는 결론을 강제로 끌어낼 때면, 그러한 사상은 그 사도를 경악케 하였을 것이라고 단언할 수 있을 것이다. 왜냐하면 그 사도에게 있어서 복음의 효력이란 그리스도의 절대적인 탁월하심(롬 1 : 4, 골 1 : 18, 2 : 10)에 의존하고 있기 때문이다. 우리가 성령의 코이노니아에 의해 가지게 되는 것은 주 예수 그리스도의 은혜, 즉 복음적이며 구속하는 임재로서의 그분의 현존인데, 만일 그리스도와 교회 사이에 혼합이나 동일성에 관한 혼동이 존재한다면 그것이 그러한 것일 수 없다. 역으로 말해서, 만일 그리스도와 교회 사이의 연합이 하나의 유기체적인 성질의 것이라면 성령의 파송은 잉여적인 것이 된다. 성령의 임무는 진정 그리스도와 교회 사이의 연합에 영향을 미친다. 그러나 동시에 그들 사이의 지울 수 없는 구별을 입증해 준다. 즉 그것은 성령 안에서 교회에게 자기를 나타내시는 그리스도는 죽었다가 다시 살아나신 그리스도-즉 칼빈이 표현한 대로 "자기 복음으로 옷입으신 그리스도"[29]라는 사실을 강조한다. 은혜의 방법에 관한 프로테스탄트의 교리 속에 표현된 것은 회상되어지는 그리스도(remembered Christ)와, 성령 안에 임재하시는 그리스도 사이의 이런 동일성 바로 그것이다. 그래서 로마 가톨릭 사상은 성령을 교회의 영이라고 해석하여서 그리스도와 교회 사이의 구별을 흐리게 하고 있는 반면, 프로테스탄트 사상은 성령을 그리스도의 영으로 -즉 그 안에서 그리스도가 자신과 동일하게 남아 계시면서 구속주와 주님으로서 자기 교회에 임재하시는 성령으로 인식하고 있다.

3. 열광주의자들의 견해

기독교계에 현존해 온 성령과 교회 사이의 관계에 관한 주요한 세 번째 견해를 우리가 생각해 본다면, 프로테스탄트 교리를 명백히 하는 데에 더욱 도움이 될 것이다. 이런 견해는 영숭배론(spiritualism), 열광주의, 광신주의(schwärmerei) 등의 여러 이름으로 알려져 있다. 그것은 종교개혁기의 재세례주의자들에 의해 가장 극단적으로 표현되었으며, 재세례주의자들에게 그 기원을 둔 교회들에 의하여 수정된 모습으로 주장되고 있다(비록 그 기원은 보다 더 오래될지 모르나). 재세례주의운동은 종교개혁이라는 토양에서 발생하였으므로 그 열광은 때때로 프로테스탄트 사상의 한 흔적으로 간주되고 있다. 그러나 재세례주의나 프로테스탄트 사상이 모두 로마에 똑같이 반대하였지만 성령에 관한 그들의 이해에 있어서는 커다란 차이가 있었다. 그리고 재세례주의자들에 대한 루터의 반대는 로마에 대한 그의 반대에 못지않게 신랄했다.

열광주의는 성령을 교회 안으로 통하게 하고 교회적이 되게 하기 위하여, 로마 가톨릭의 추세에 반대하며 그보다도 더 월등하게 성령의 주권적 자유를 높였다. 그러나 그것은 성령의 임무와 역사적인 그리스도의 임무 사이의 관계를 사실상 단절시킨 셈이 되었다. 성육하신 그리스도의 생애 속의 활동에서 "그리스도에 의해 지불된 구속"(救贖)을 개인이 자기 것으로 만드는 점을 강조하기보다는, 개인에게 있어서 직접적이며 주관적인 성령체험을 더 강조한다. 열광주의의 참 모습은 (이것은 몬타니즘〈Montanism〉이나 요아키미즘〈Joachimism〉과 같은 식의 터무니없는 형태를 띠고 공공연하게 선언되었다.) 성령을 나눠 주심에 의해 그리스도의 역사적 계시는 폐기되었다고 하는 것이다. 이러한 것은 신약 속의 그리스도에게의 전적인 숭배를 가장하고 나타나는 근대적인 형태의 열광주의들 속에도 감추어져 있으며, 그것은 변화되지 않았다. 왜냐하면 그리스도의 역사적인 계시는 개인에게 있어서의 주관적인 영적 체험에 대한 자극으로 취급되지 그 자체, 즉 그러한 체험의 내용으로서 취급되지는 않는다. 영숭배론자(spiritualist)는 예수 그리스도나 십자가에 돌아가신 그분을 체험하기보다는 자기 자신의 회심과 그에 따른 영적 뜨거움을 체험한다. 그래서 그가 자신의 간증을 할 때는 예수 그리스도는 주님이시라고 고백하는 것보다는 자신이 새로이 발견한 평안과 행복을 이야기한다.

필리오케(filioque)라는 귀절의 목적 가운데 하나는 성령의 파송과 성육하신 그리스도의 활동 사이의 지워질 수 없는 관계를 확립시키자는 것이며, 그래서 그리스도인의 영성의 독특한 성격을 규정하려는 것이다. 이러한 관계를 끊어 버림으로써 열광주의는 "영들을 시험"해 볼 수 있는 객관적 기준을 상실해 버리며, 스스로를 통제되지 않는 영성의 위험들에게 노출시킨다. 그것은 그리스도 안에 있는 하나님의 구속하시는 지식보다는 "다양한 종교적 체험"으로 귀결되는 경향이 있다.

로마 가톨릭 사상은 늘 열광주의의 가장 용서못할 적이 되어 있다. 왜냐하면 그것은 마침 옳게도 그 열광주의 속에서, 그리스도인의 진정한 성령체험에 필수불가결한 성육신 사건과의 역사적 연결이 해이해지는 것을 보게 되기 때문이다. 가톨릭 사상 그 자체에 있어서 이러한 연결은 제도적인 연속성에 의해 일차적으로 유지되어지며, 원칙적으로는 이것에 대한 반대는 있을 수 없다. 만일 성육신 사건이 일반적인 원리의 예시로만 그치지 않고 진정 세상의 구원에 대한 하나님의 결정적인 행위라고 한다면, 만일 어떤 면에서 그 사건이 그것과 직접적으로 동시대에 살지 못했던 사람들에게 혜택을 주어야 할 것이라면 "확장"되어야 한다. 그리고 더 나아가 만일 성육신 사건이 하나님께서 인간성 속으로 들어오신 것으로, 또 그분이 인간 존재의 조건들에게 복종하신 것으로 진지하게 고려된다면, 그 "확장"이 전승과 전달이라는 일반적인 역사적 요인들과 제도라는 것까지 포함해야 될 것이라는 것은 전적으로 일리가 있을 것이다. 로마 가톨릭의 견해로는 교회라는 제도가 "성육신 사건의 확장"이다.[30] 성육신 사건의 혜택들이 사람들에게 확장되고 전달되는 것은 바로 연속적인 제도를 통해서이다(물론 그 연속성은 "사도적인 계승"에 존재한다). 이 주장은 성육신 사건의 원리 혹은 "성육신 사건에 관한 법칙"(law of incarnation)에 의하여 정당화된다.[31] 제도적인 연속성 하나만으로는 충분하다고 주장되지 못한다. 성령의 도우심이 또한 필수불가결하다. 그런데 교회의 영이라고 이해되어지는 성령이 역사적인 제도 안에 갇혀 버림으로 제도적인 연속성이 지고의 존재로 남게 된다. 그러므로 로마 가톨릭의 견해로는 성령은 역사적 연속성이라는 길을 통해서, 말하자면 수평적으로 우리에게 오신다.

이것이 바로 열광주의가 거부하는 것이다. 열광주의의 견해로는 성령은 수직적으로 오시며,[32] 역사라는 수평적 차원 속의 매개체를 통해 건네지진 않는다. 참으로 어떤 종류의 매개도 존재하지 않는다. 그래서 만인이 직접 성령에 접근할 수 있으며 교황, 교회, 성경, 혹은 성례전이라는 매개에 의존하지 않는다.

진정한 프로테스탄트의 입장은 참과 오류가 섞여 있는 가톨릭 사상과 열광주의의 입장과 다르다. 역사적으로 연속적인 제도 안에서 성령의 흐름이 흘러가게 하고자 하는 가톨릭측의 노력을 반대한다는 점에서 그것은 열광주의와 견해가 같지만, 모든 역사적인 매개를 부인하는 열광주의를 비난한다는 점에서는 로마 가톨릭 사상과 부합된다. 즉 프로테스탄트 사상은 "성육신 사건의 법칙"과 함께 역사적 연속성에 관한 로마 가톨릭측의 주장에서 한 가닥의 진리를 인정하고, 또 그것은 성령의 주권적 독립성에 관한 열광주의의 주장에서도 한 가닥의 진리를 인정한다. 그러나 그것은 이러한 진리들이 서로 고립된 채 서로 대립할 때 오류가 생기는 것을 본다. 종교개혁자들의 생각에 따르면, 로마 가톨릭이 주장하는 것처럼 성육신 사건에 연속적인 그 역사적인 몸 속을 통해서 성령의 선물이 흘러오는 것이 아니며(육신을 입지 않았으므로 성령은 "성육신 사건의 법칙"에 구애받지 않는다.), 열광주의자들이 가르치듯이 그것이 전적으로 그 몸과 무관한 것도 아니다(왜냐하면 성령은 육신을 입으신 그분의 영, 아버지와 아들로부터 나오시는 영, 즉 〈filioque〉이시다).

열광주의는 프로테스탄트 사상에 대해 어떤 심각한 도전도 제기하지 않는다. 왜냐하면 그것이 역사적 전통과 무관하게 그리스도인의 성령 체험을 자처할 때 그것은 명백히 자기 기만에 희생되는 것이기 때문이다. 진정한 논점은 프로테스탄트 사상과 로마 가톨릭 사상 사이에 존재하며, 역사적 연속성이 있는 매체를 통하여 정확하게 무엇이 전달되고 있는가라는 질문에 달려 있다. 로마 가톨릭의 견해로는 교회는 그 자체가 "성육신 사건의 확장"이다. 그러나 이런 주장을 내세우면서 교회는 성령의 주님되심을 스스로 가로채기 쉽고, 성육신 사건은 그 중심성과 궁극성을 빼앗기기 쉽다. 올바른 대답은 교회 안에서 확장되어지는 것이란 성육신 사건에 관한 사도적인 전달(paradosis)이라는 것임에 틀림없다. 그러나 성육신 사건 그 자체는 성육하신 그분 자신이 사도적인 증거로부터 생긴 믿음에서 나오는 기도에 대한 응답으로 그분 자신을 재현해 주심에 따라서만이 확장되어질 수 있다. 사도적인 증거는 성령이 사람들에게 그리스도를 재현해 주기 위해 사용하시는 성례전의 요소를 제공한다. 그러나 전통 속에서 회상되어지는 그리스도가 살아 계신 주님과 구속주로서 그분 자신을 재현해 주시는 것은, 사도들이나 그들의 계승자들에게 내재하는 그 어떤 능력에 의해서가 아니라 주님되시는 성령에 의해서이다. 그래서 (신앙과 기도에 의해) 성령을 말씀과 상관짓는 데에 있어서 프로테스탄트교회는 성육신 사건의 중심성과 성령의 주권적 주님되심 두 가지 모두를 주장한다.

5
성령과 말씀

 개혁교회들에게 있어서 성령은 은혜의 수단과 뚜렷하게 관련되어 있는데 그것의 첫 번째 그리고 최우선적인 것은 말씀이다. 이러한 관련은 "성령의 내적 증거"(testimonium spiritus sancti internum)라는 가르침 속에서 구체화된다. 그리고 이것은 개혁교회 신학의 전통에 있어서 가장 잘 알려진 요소들 중 하나이며, 또한 그것이 정확한 의미를 규정하는 문제에 부딪칠 때는 가장 어려운 것들 가운데 하나이다. 금세기 동안에 성령의 영감을 둘러싸고 번진, 그리고 아직도 풀리지 않은 논쟁은 그 끈덕진 곤란성을 반영해 준다. 따라서 성령과 말씀에 관한 개혁교회 교리의 의미를 명료하게 드러내려는 참신한 시도는 역사적인 관심은 물론 시대적인 타당성도 지니고 있을 것이다.

1

 성령의 내적 증거에 관한 교리의 고전적인 체계화는 칼빈에게서 기인하지만, 그가 그것의 창시자는 아니다. 그래서 루터와 루터의 종교개혁에 존재하는 그것의 선행적인 사례들로 되돌아가 보는 것은 바람직하며 참으로 필요한 것이다. 일찍이 그 교리는 상호 고백에 관한 논쟁의 압력을 받아서 경직된 모습을 띠기 시작했으며, 이러한 경직성의 어떤 면은 이미 칼빈의 사상 속에 나타난다(후기의 루터의 사상 속에 나타난 것과 같이). 그 교리의 진정한 의미와 의도를 파악하기 위해서는 경직화 과정이 시작되기 전에 존재했던 그것의 상태를 주목할 필요가 있다.

우리가 먼저 주의할 것은 성령의 증거에 관한 그 교리가 원래 생기게 된 배경은(공적인 의미로서) 권위적인 배경이라기보다는(우리가 그렇게 부르듯이) 능력의 배경이라는 점이다. 적어도 처음에는 성경의 권위가 루터와 로마교 사이에 쟁점의 대상은 아니었다. 그 당시의 교회에 대한 그의 기본적인 불평은 그것이 오직 그리스도와의 역사적인 관계를 수립하는 수단으로서만 성경을 취급했다는 것이었다. 로마체제에서 성경은 예수 그리스도에 관한 사건들의 기록으로서 초자연적으로 인정받은 것이었고(지금도 그렇다), 과거의 그런 기록을 현재의 우리에게 이어 주는 유일한 연결은 교회의 연속적인 존재에 의해 공급된다. 그리스도의 재현(re-presentation)은 전적으로 교회에 속해 있으며, 그 역사적 기록(그리고 글로 표현되지 않은 전승)에 기초하여 교회는 미사의 성찬에서 그리스도의 몸과 피를 하나님께 재현할 수 있는 능력을 당연한 것으로서 요구한다. 루터가 발견한 것은 그 나름대로 충분히 바람직한 이 이론이 복음에 관해서는 파괴적이라고 하는 것이다. 왜냐하면 복음은 그것이 교회에게 주어지는 구원이라는 하나님의 은혜로운 선물로써 자유로이 다가오도록 되어 있다면 그것이 복음적인 성격을 유지할 수 있지만, 만일 그것이 교회의 힘에 종속되어지고 교회의 작용에 의존한다면 그것은 복음일 수 없다. 그러나 교회의 기구가 복음에 대한 그의 주장에 있어서 그에게 좌절을 안겨 주었을 때, 여러 세기에 걸친 큰 간격을 뛰어넘어서 말씀이 직접 신자의 가슴에다 말씀할 수 있는 능력이 말씀 안에 존재한다는 것을 그는 발견하였다. 살아 있고, 구원을 가져오며, 복음적인 신앙은 말씀으로 하여금 살아 있는 말씀이 되게 하는 이 능력을 만날 때만이, 즉 말씀 그 자체가 살아 계신 그리스도가 타고 계신 수레, "그리스도가 누워 계신 요람"이라고 밝혀지는 곳에서만이 생겨날 수 있다. 이 능력은 교회의 능력일 수가 없으며—기껏해야 교회는 그 기록의 진실됨(fides historica)에 대한 사람들의 믿음을 만들어 낼 수 있을 뿐이다—그것은 하나님 그분 자신의 능력이다.

성령의 증거에 관한 루터의 교리의 실용적인 특색은 그것이 성경의 문자보다는 설교 속의 살아 있는 말과 우선적으로 관계된다는 사실에 의하여 더욱 밑받침된다. 아우구스부르크 신앙고백이 성경에 관하여 아무런 조항도 갖고 있지 않고 다만 성직에 관한 것만 담고 있다는 것은 의미심장하다 :

"[우리가 의롭다 여기심을 받는] 이 신앙을 우리가 얻도록 하기 위하여 복음을 전파하고 성례전을 베푸는 성직이 제도화되어 있다. 왜냐하면 하나님께서 선하다고 여기시는 때와 장소에서 복음을 듣는 이들 속에 믿음을 일으켜 주는 것은 성령이 주어지는 방법으로서의 말씀과 성례전을 통해서이기 때문이다."[1]

성령의 증거하심이 믿음의 확신을 만들어 내도록 작용하게 되는 것은 바로 선포되는 복음 속에서이다(viva vox evangelii).

선포되는 말씀을 성령의 도구라고 강조하는 것은 개혁교회 신앙에 관한 몇 가지 고전적인 문서들 속에서도 발견된다. 1542년에 나온 제네바 교리문답에서 칼빈은 어떻게 성경을 우리에게 유익하도록 사용할 것인가를 논의하면서, 성경을 집에서 읽는 것만으로는 충분치 않으니, 모두가 다함께 교회에서 목사들에 의하여 행하여지는 가르침을 경청해야 된다고 주장하였는데, 그것은 그들의 입으로부터 우리가 구세주 그분 자신의 가르침을 받게 되기 때문이라고 하였다.[2] 이와 유사한 제2 헬베틱스 신앙고백은 정경으로 인정된 성경들이 하나님의 참된 말씀이라고 언급한 후, "그 말씀이 때마침 부름받은 설교자들에 의하여 오늘날 교회에서 우리에게 선포될 때, 우리는 하나님의 말씀 그 자체가 선포되어지고 있는 것으로 믿는다"는 것을 단언하고 있다.[3] 그리고 두 문서가 다 성령의 증거하심이라는 귀절을 도입하고 있는 것은 선포되어지는 말씀과 관련해서이다. 똑같은 강조가 웨스트민스터 소요리문답의 친숙한 말들 속에 뚜렷이 표현되어 있다 :

"하나님의 영이 죄인들에게 확신을 주고 회심시키며 믿음을 통하여 구원에 이르기까지 거룩함과 위로 가운데서 그들을 세워 주는 효과적인 방법인 말씀을 읽게 하시며, 특히 그 말씀을 전파하게 하신다."[4]

이런 귀절에서 볼 때, 성령의 증거하심은 사용되는 말씀의 영향 혹은 효력과 관련되어 있다. 그것은 사용하기 이전의 말씀의 특성과는 관계가 없다. 즉 그것은 성경의 정경으로서의 권위나 영감에 관하여서는 전혀 의미하는 바가 없다. 잘 알려진 바와 같이, 루터는 성경 속에서 그리스도에 대한 믿음을 만들어 내는 데에 효력이 있는 글들과 그렇지 않은 글들을 구분하는 것에는 구애받지 않았다. 이러한 구분에는 충분한 근거가 있는지, 그리고 논리적인 결론을 그가 내리지 않은 까닭은 무엇인지 하는 질문들은 여기서 관계할 것이 못된다. 단지 언급하고자 한 요점은 루터에게 있어서 성령의 증거는 성경 그 자체에 관한 것이 아니고, 그리스도인에 대한 증거라는 사실을 강조하려는 것이다. 그런데 성경은 그리스도에 대하여 도구적인(instrumental) 관계에 있다.

그 교리에 대한 칼빈의 관심과 강조는 근본적으로 루터와 같다. 성령의 증거는 일차적으로 말씀의 효력, 사람들의 가슴에 믿음을 창조해 주는 그 능력과 관계된다. "말씀은 주님께서 믿는 자들에게 성령의 조명을 베풀어 주시는 도구이다."[5] 그러나 칼빈은 의미심장하게 덧붙이고 있다. 말씀은 성령의 증거의 도구일 뿐만 아니라 그 대상이기도 하다. 왜냐하면 말씀의 효력은 그것의 신성한 기원(起源)을 인정하느냐에 달려 있으며, 우선 성령의 증거에 의해 증명되는 것은 성경의 신적 기원이기 때문이다 :

"하나님 홀로 그분 자신의 말씀 속에서 하나님 자신에 대해서 충분히 증거하시듯이, 말씀도 그것이 성령의 내적 증거에 의하여 확증되기까지는 인간들의 가슴 속에서 결코 신앙을 얻지 못할 것이다.…왜 냐하면 그것이 그것의 내적 권위에 의하여 우리의 존경을 받게 될지라도, 그것이 성령에 의하여 우리 가슴 속에서 확증되기 전에는 결코 우리에게 심각한 영향을 주지 않기 때문이다. 그래서 우리 자신이나 남들의 판단력에 의존하지 않고 우리는 성경이 하나님께로부터 온 것이라는 점을 성령의 능력에 의한 조명을 받아서 믿게 된다(마치 우리가 하나님 그분 자신의 임재를 그 속에서 실제로 보는 것처럼). 성경이 바로 하나님의 그 입으로부터 나와 인간들의 교역(敎役)을 통해서 우리에게까지 왔다고 하는 인간적인 판단보다도 월등한 확실성으로 우리는 그것을 입증한다.[6]

성령의 증거는 성경의 저자가 하나님이시다라는 보증이나 다름 없으며, 이것이 주어질 때 성경은 "신자들에게서 완전한 권위를 얻게 되며," 그때에 신자들은 마치 하나님 자신의 생생한 말씀이 그 속에서 들리는 것처럼 그것이 하늘로부터 왔다는 것을 납득하게 된다.[7] 그것은 인간들이 성령의 증거에 의하여 자신들의 가슴 속에서 확증을 얻은 성경의 메시지를 발견함으로써 그것의 신성한 기원과 권위에 관한 확신에 도달하게 된다는 것이 아니라, 먼저 그들이 성경의 권위에 관하여 성령에 의해 보증을 받고서 그 메시지의 능력을 체험한다는 것이다.

칼빈의 사상은 웨스트민스터 신앙고백 중 성경의 권위에 관한 유명한 귀절 속에 충실하게 재현되어 있다. 교회의 증거라고 하는 부차적인 역할을 인정하면서 "그것이 그 자체가 하나님의 말씀이라고 진정 풍성하게 증거"해 주는 성경 속의 수많은 경이적인 내용들을 열거한 후에 그 신앙고백을 계속 이야기하기를, "그러나 그럼에도 불구하고 오류없는 진리와 그에 따른 신성한 권위에 관한 우리의 충분한 납득과 확신은 우리 가슴 속에서 말씀 곁에 그리고 말씀과 함께 증거하시는 성령의 내적인 역사로부터 비롯된다"라고 했다.[8] 여기서 성령의 증거란 성경의 권위에 관한 엄격한 신학적 판단을 제공하며, 그래서 실은 정경의 확립을 둘러싼 어려운 문제들에 대하여 미리 만들어진 해답을 제공하는 것으로 이해되었음에 틀림없다.

종교개혁자들이 보기에 이런 문제들 가운데 가장 어려운 것은 역사상 정경은 교회에 의해 규정되었으며, 그 때문에 성경의 권위는 어떤 의미로는 교회의 권위로부터 파생되었다고 주장될 만하다는 사실에서 생겨났다. 그들을 특히 곤경에 빠뜨리는 것은 자기 편이라고 그들이 열렬히 주장했던 어거스틴이 이 문제에 있어서 적수들과 아주 일맥상통한 것처럼 보이는 견해를 표현했었다는 것이었다. 즉, "나는 교회의 권위에 의한 감화를 받지 않고는 복음을 믿지 않을 것이다."[9] 칼빈은 어거스틴의 말에서 "가톨릭적인 것을 제거"하려고 하면서 주장하기를 "교회의 권위는 우리가 복음을 믿도록 소개하는 작용을 하는 것이다"라는 의미로만 그가 이야기했다고 하였다.[10] 그러니까 그것은 자기 증거의 (인간적인) 권위로써 우리로 하여금 성경의 보다 고차적이고 신적인 권위를 지향하게 해주는 것은 바로 교회이다라는 의미이지, 성경의 권위가 본질적으로 교회의 권위에 종속된 것이라는 의미가 아니라는 것이다.[11] 그렇다면 성경의 권위는 어떻게 성립되어지는가? 성령의 증거라는 교리를 가지고서 칼빈은 "가톨릭적인" 입장을 반박하였지만, 부지중에 그는 후자의 입장에서 전자를 해석하려는 논증적인 관심에 이끌렸다. 즉 교회가 성경에게 형식상의 권위를 부여할 수 있다고 하는 것을 그가 부정했던 반면에, 그는 이런 형식상의 역할이 성령에게서 기인하는 것으로 보고 성령의 증거를 성경의 신적 기원과 권위에 관한 교회 공의회의 형식적인 결정과 동일시하였다. 그래서 칼빈은 말씀에 대하여 성령의 이중적인 작용을 생각하게 된다. 그런데 우리는 (비록 그가 이런 용어들을 사용하고 있지 않지만) 이 두 작용을 형식상의 것과 실질적인 것으로 이해해 볼 수 있을 것이다. 즉 성령은 정경으로서의 성경 전체적인 권위를 형식상으로 증거하며, 그리고 나서 그것의 특수한 내용을 실질적으로 증거한다.

말씀에 대한 성령 증거의 형식상의 측면은 성경이 하나님께로부터 왔다는, 즉 "우리는 사람들의 교역(敎役)에 의해 하나님 자신의 입으로부터 그것을 받았다"는 확신("아무런 추리도 필요하지 않고…다만 하늘로부터의 계시에 의해서만 생길 수 있는" 확신)을 준다.[12] 성경 권위의 근거를 칼빈은(물론 사람들의 중간적인 저자구실을 배제하지 않는) 성경의 신적 기원에 두고 있다. 하나님의 말씀이 선지자들과 사도들에게 어떻게 전해졌으며, 그들을 통해 우리에게는 어떻게 전해졌는가를 설명하기 위하여 그는 영감설을 전개시키지는 않았다. 그래서 영감이 정상적인 능력들을 정지시키는 것에 관계되어 있다는 견해에 관하여 그는 미심쩍게 바라보았던 것 같다.[13] 그는 기꺼이 말하기를 하나님의 성령이 선지자들의 입을 통해 말씀하셨다고 했고, 우리 가슴 속에 있는 동일한 성령의 증거에 의하여 이러한 확신을 주장한다.

그러나 칼빈이 제시했듯이 성경의 권위에 관한 그러한 형식상의 증거를 성령은 우리에게 주시는가? 이러한 질문은 그 교리의 본질적인 취약점, 즉 스트라우스가 "아킬레스의 뒤꿈치"라고 불렀던 그것을 지적해 내고 있다는 사실이 칼빈의 사후 바로 그 다음 세기에 일어난 발전에 의하여 분명히 드러났다. 로마와의 논쟁에서 격앙되는 어조는 성령의 내적 증거가 너무나 모호하고, 파악하기 어려우며, "주관적"이어서 성경의 권위가 의거할 만한 토대가 될 수 없다는 점과, 역사적으로 토대를 굳힌 로마의 입장에 대항할 만한 "객관적"인 보다 파악하기 쉬운 것을 찾아내야 한다는 점을 곧 분명히 해주었다. 그러므로 칼빈의 계승자들은 영감에 관한 사실을(그것이 속해 있는) 성령의 영역 속에 남겨 두는 것으로 만족해왔던 칼빈을 능가하게 되었다. 그들은 말씀이 선지자들과 사도들에게 영감적으로 전달되는 방식에 관하여 합리적으로 혹은 합리적이라 할 만한 설명을 정교하게 전개하였으며, 객관적인 증명을 할 수 있는 이론 속으로 영감을 변형시켜 넣었다.

개혁교회에서 구체화되고 정통적인 견해의 지위를 확보한 그 이론은 잘 알려져 있는 바이다. 이 이론에 관하여 제기되어야 할 진정한 질문은 그것이 원래 바람직한 것인가라는 것도, 그리고 그것이 객관적인 증명을 받을 수 있는가라는 것도 아니며, 단지 그것이 성령의 특성과 역사하심에 관한 기독교적인 이해와 양립할 수 있는가라는 것이다. 이 문제를 위해서는 그 역사적인 선례(先例)들을 검토해 보는 것이 필요하다.

2

　17세기 신학자들에 의하여 전개된 영감설들에는 참신한 어떤 요소들이 있기는 했지만, 그것들의 대부분은 처음 몇 세기 동안 교회 안에서 통용되었던 사상들, 그리고 후기 유대교 사상과 헬레니즘이라는 종교적 세계로부터 나온 개념들의 혼합을 보여 준 사상들의 재현이었다.

　고대 희랍의 통속적인 종교들에 있어서 영감이란 종교귀의자들에게 그들의 정상적인 능력들을 정지시키고 그것들을 대체해 버리는 무서운 힘으로, 그들이 통제할 수 없는 언어적 표현이나 신체적 움직임에까지 그들을 끌고 가는 일종의 신성한 열광 혹은 황홀이라는 "기계적인"(mechanical) 의미로 믿어졌다. 이 이론은 델피와 또 다른 곳에서 행해진 신탁들을 설명하는 데에 사용되었으며, 그것은 때때로 반(半)물질주의적인 형태를 받아들였다―영감의 근원은 땅에서 내뿜어지는 증기라고 생각되었으며, 여사제가 예언적인 발언을 발하게 되는 것은 바로 그 여사제가 땅의 갈라진 틈 위에 놓인 세 발 솥 위에 앉아서 이 증기를 자기 몸 속으로 받아들일 때였다. 이러한 설은 플루타아크에 의해 이렇게 이야기된다. "게다가 땅은 사람들에게 다른 많은 능력들을 지닌 물줄기들을 내보내는데, 그것들 중 몇 가지는 정신착란, 질병, 혹은 죽음을 가져오지만 다른 것들은 그것들 위에 가 있어 본 이들이 분명히 체험하듯이 도움과 혜택을 주며 유익하다. 그러나 예언적인 흐름과 생기(breath)는 그것이 그것만 공기 중으로 나오든지 또는 흐르는 물에 섞여서 오든지 간에 가장 신성하고 거룩하다. 왜냐하면 그것이 몸 속으로 스며들었을 때 그것은 정확히 묘사되기 어려운, 그러나 유추를 해서 비교해 볼 수는 있는 이상한 상태, 즉 익숙치 않고 일상적이 아닌 체온을 그 사람들 속에다 만들어 내기 때문이다. 마치 술기운이 머리 정수리까지 올라갔을 때 일상적이 아닌 여러 가지 동작들과 파묻혀 있어서 감지되지 못했던 말들이 튀어나오듯이, 정녕 그것은 온기와 정신의 혼미로 말미암아 미래에 관한 인상들이 실린 말들이 튀어나오도록 하는 것 같다."[14] 이러한 신성한 "미친 상태"를 예언의 근원으로 보았던 플라톤은[15] 그것을 좀더 넓혀서 시의 근원으로도 보았으며, 예언과 마찬가지로 시 역시 신의 말씀이라고 주장하였다. "훌륭한 모든 서사시인들은 훌륭한 서정시인들처럼, 솜씨로써가 아니라 영감에 사로잡혀서 그 모든 좋은 시들을 토해 낸다. 마치 코리반트 제전의 예배자들이 자신들의 맨정신으로는 춤추지 않듯이, 서정시인도 제정신으로는 그 좋은 노래들을 짓지 못한다. 그러나 그들이 가락과 리듬을 지어내기 시작할 때면 그들은 열광하기 시작한다. 그래서 시인들의 영혼이 그와 같은 일을 하는 것은―마치 바커스의 예찬자들이 벌꿀과 우유를 강에서 빼어낼 때 그들이 홀린 상태로 제정신이 아니듯이―그 시인들의 기록을 보더라도 홀린 상태에서 이루어진 것이라고 하겠다.····이렇게 해서 신은 이 사람들의 마음을 빼어 버리고는, 마치 예언자들이나 경건한 선견자들의 말을 우리가 들을 때에 그처럼 고귀한 말들을 발하는 이는 제정신을 잃고 있는 그들이 아니라 바로 그들을 통해 우리에게 이야기하는 신 자신이라는 것을 우리가 알 수 있도록 신이 예언자들과 선견자들을 쓰는 것처럼 그 사람들을 사용한다"[16]라고 플라톤은 이야기한다.

이런 개념들은 필로(Philo)에게 친숙한 것들이었는데, 그는 그것들을 자신이 구약을 해석할 때 도입하였다. 그는 예언적인 영감을 특별한 통찰에 관련시킨 것이 아니라, 한 사람의 사유능력이 정지될 때 오는 황홀상태에서 그 사람에 의해 무심결에 발화되는 말들에다 연관시켰다. "선지자는 자신의 말을 하는 것이 아니다. 그의 모든 말들은 다른 데서 온 것이며 남의 목소리의 메아리이다.····그는 하나님의 보이지 않는 손에 사로잡혀 조종받는 하나님의 음성(音聲)기구이다."[17]

비록 팔레스타인의 유대교나 동방에서의 영감에 관하여 그러한 이론들이 거의 발견되지 않지만, 거기서도 일어난 여러 진전들에 의해, 특히 구어로부터 문어로의 관심의 전이와 그 결과로 생긴 선지자로부터 서기관으로의 관심의 변천에 의해서 그러한 이론들을 수용할 수 있는 길이 준비되었다. 예언의 생생한 말씀이 그쳤다고 하는 것은 마카비조(朝)의 시기에 이르기까지 공리처럼 되어 있었다(마카비 상 9:27, cf 시 74:9). 그러나 문자화된 말씀을 가지고 있다는 데서 보충은 되었다. 변화는 대략 서기관 에스라가 "모세의 율법책"을 "모든 백성이 일

제히 수문 앞 광장에 모여" 있을 때에 읽어 준 시기로부터, 그리고 제3세기에 이루어진 예언서 결집으로부터 연유했을 것이다. 선지자의 생생한 목소리(viva vox)는 예언(그리고 예언적 영감을 넓은 의미로 생각해 볼 때 역시 성령의 역사라고 할 만한 율법과 "문학서들")의 기록에 의해 대치되었으며, 그 거룩한 책은 성령의 변치 않는 목소리가 되었다.[18]

영감의 일차적인 단계(선지자에 의한 말씀전달)로부터 이차적인 단계(서기관에 의한 말씀의 문자적 보관과 해석)로 이렇게 관심이 옮겨감에 따라 필로의 사상 속에 일어났었던 영감에 관한 유대적 개념과 헬레니즘적 개념의 융합을 향하여 하나의 결정적인 움직임이 생기게 되었다. 가장 뚜렷한 예는 70인역 성경(the septuagint)의 기원에 관한 필로의 유명한 설명 속에 있는데, 거기서 그는 말하기를 비록 그 번역자들이 종종 원본의 히브리어들에 대해 희랍어 동의어들 가운데서 하나를 선택하기도 했지만, "그들은 한 사람은 이렇게, 다른 사람은 저렇게 하는 것이 아니라, 마치 한 분의 보이지 않는 선생이 그들 각각에게 구술하는 것처럼 동일한 명칭들과 말들을 무아의 경지에서처럼 예언하였다"고 한다.[19] 여기서 영감은 축자영감(verbal inspiration)이 되었다는 것이 뚜렷해진다. 즉 말이 말하는 이들에게와 더욱 특별한 경우로서 기록자들에게 그들의 의지에 상관없이 공급되었다는 점이다.

이러한 개념은 2세기의 몇몇 변증론자들에 의하여 최초로 기독교 사상 속에 도입되었는데, 그들은 그것을 구약의 선지자들에게 적용하였다. 즉 저스틴 마르튀르(Justin Martyr)와 아테나고라스(Athenagoras)는 선지자들을 신성한 연주자의 수중에 들린 악기들에 비유했다. 그 이론은 교리적인 인정을 받지 못하였으며, 영감의 문제에 관한 관심은 교회의 권위에 의해 성경의 권위가 빛을 잃게 되면서부터 점점 사라지는 경향을 보였다. 그러나 그것은 종교개혁이 성경의 권위만을(sola scriptura) 주장하면서 이를 교회의 권위와 대립시켰을 때에 불가피하게 되살아났다. 종교개혁자들의 입장에서 본다면, 만일 성경의 권위가 교회의 존재가 유래한 곳과 동일한 근원에서 비롯되었다고만 한다면 성경은 교회 안에서의, 그리고 교회를 능가하는 권위를 가질 수 있다고 그들은 알고 있었다. 이것은 각기 나름대로 그들이 표현해 보고자 했던 것인데, 루터의 경우에는 성경은 마치 요람처럼 그리스도를 담고 있다고 말하였고, 칼빈은 훨씬 더 강력하게 자신의 교리를 이야기하기를, 오직 그리스도의 영만의 성경의 메시지를 드러내며 전달해 주실 수 있다고 하였다. 성경의 권위를 지지해 주는 합리적인 이론을 만들어 보려는 생각은 그들에게 없었다. 오히려 그들이 의미한 바는 성경의 권위의 바탕은 그것의 내용 분야에 속해 있으며, 오로지 믿음과 기도의 행위 안에서만 발견되어질 수 있다는 것이었다. 이미 언급된 바와 마찬가지로, 종교개혁자들의 후계자들이 성령의 증거에 관한 교리에다 보다 구체적이고 합리적인 형태의 영감설을 부여하게 된 것은 바로 로마와의 줄기찬 논쟁에서 오는 압박 때문이었다. 로마측 입장의 커다란 힘은 직접적인 신성한 제도와 오류에 대해 신의 보증이 서 있다는 면제에 대해 역사적으로 입증될 수 있다고 그들 나름대로 주장하는 권리 주장 속에 존재한다. 바로 이 두 가지 것에 대한 보다 우월한 권리를 성경에 부여하는 것처럼 보였기 때문에 영감에 관한 고대의 이론이 다시 등장하였다. 즉 사람들인 기록자들을 성령의 수중에 있는 수동적인 도구들이라고 생각하는 것은 신의 자필기록이라는 실질적인 지위를 성경에게 부여하였으며, 성경의 자자구구마다 신의 제가(sanction)를 찍어 둔 셈이었다(영감의 행위를 정교하고 학문적으로 분석하는 것과는 별도로). 종교개혁 후대의 신학자들에게 이루어진 유일하고도 참된 변혁은 축자영감(verbal inspiredness)을 축자무오성(verbal inerrancy)과 같은 것으로 생각했다는 것이다. 이런 개념은 영감의 본질이라고 생각되곤 하였으며, 그 자체로서 그것은 현대의 논란 가운데에 그 모습을 뚜렷하게 드러낸다. 그러나 실은 그것은 17세기의 산물—하나의 특징적인 산물—이며, 한 편으로는 법을 존중하던 그 시대의 기질로부터, 그리고 한 편으로는 교회에 대한 로마측의 주장을 능가하고자 하는 바램으로부터 파생되었다. 비록 이런 주장들이 만만치 않은 것이었지만 그것들은 교회의 과오에 관한 역사적인 풍부한 자료들에 의하여 크게 약화되었으며, 그 기원에 관한 사실 덕분에 그 세미한 부분 속에까지 신의 법이라는 권위를 지녔던 한 문서 속의 기록들과는 겨루어 볼 수가 없었다.

3

영감에 관한 "정통적인" 이론의 붕괴는 문학적이며 역사적인 비평의 도래와, 성경 기록자들의 오류에 대한 사실적인 증명을 통하여 일차적으로 이루어졌지만, 그 이론에 맞서는 진정한 논증은(argument) 그 이론이 내포하고 있는 바, 성령의 본질과 역사(work)에 관한 왜곡된 개념 속에서 발견되어질 수 있다. 만일 내가 이런 방향으로 그 오류의 근원을 추적하려 한다면, 그것은 말씀 속에 있는 성령의 의미를 보다 참되게 이해하는 길을 보여 주는 데 도움이 될 것이다. 세 가지 비판적인 관찰을 해보겠다 :

1. 로마 교회의 교리에 반대하여 교회를 능가하는 성경의 권위를 주장하고자 하였을 때, 종교개혁 후대의 신학자들은(부지불식간에) 성경과 교회 사이에다 잘못된 반명제(antithesis)를 설정하게 되었다. (전통과 마찬가지로) 성경을 권위있는 교회의 수중에 있는 신성한 도구로 보는 로마측의 교리는 존재상으로 볼 때 교회가 성경보다 먼저(적어도 신약보다는) 존재했다는 역사적 사실과 신약의 기록들을 모아서 그것들을 정경으로 만든 것은 바로 교회였다는 역사적 사실로부터 어느 정도 그럴듯한 것을 끌어낸다. 성경의 권위가 교회의 권위에 종속된다고 하는 로마측의 몇몇 논쟁자들에 의해 이루어진 추론은 종교개혁자들에게는 전혀 난제가 되지 못했다. 왜냐하면 정경작업에 있어서 교회는 권위를 성경에게 부여하는 체하기보다도, 반대로 교회를 능가하는 성경의 권위를 인정했었다는 사실을 입증하는 것은 아무 일도 아니었기 때문이었다.[20] 만일 로마측에서 주장하는 그 권위를 가지고 있다고 교회가 스스로 느꼈다고 하면, 왜 성경이라는 정경을 만들어야 할 필요를 느꼈을까 하는 것을 알아 보기란 곤란하다.[21] 그럼에도 불구하고 이 문제에 있어서 교회가 종속적인 역할을 해야 한다는 것은 종교개혁자들에게 명백히 곤란한 문제였다. 그래서 그들은 교회와는 아무런 상관이 없는 토대 위에다 성경의 권위를 확립시킴으로써 그런 어려움을 완전히 제거하고자 노력했다. 알다시피, 칼빈이 그 첫 걸음을 내딛었다. 그가 가르치려는 진정한 의미는 라 로쉘(La Rochelle) 신앙고백 속에

잘 나타나 있는데, 거기에는 정경으로 여겨지는 책들의 정경성은 교회의 역사적인 판정에 의존하지 않고, 성령의 직접적인 판정에 달려 있다고 뚜렷이 이야기되고 있다.[22]

정경이냐 외경이냐와 같은 엄격한 구분은 교회의 결정이나 그 결정에 도달하기 위해 고려하게 되는 기준들과 같은 외적인 자료에 무관하게 "성령의 내적 증거와 설득"으로부터 도출될 수 있다고 하는 생각은 이제 선의의 착각으로서 배격되어야 한다. 예를 들면 "신의 영감으로부터 나오지 않았기 때문에" 솔로몬의 지혜라는 책은 "인간이 쓴 딴 책들과 조금도 다를 바 없이 하나님의 교회 안에서 아무런 권위도 없으며 승인받을 수도 없고 사용될 수도 없는" 반면에, 잠언서는 신적 기원을 가졌기 때문에 권위있는 것으로 받아들여져야 한다라고 성령의 내적인 증거가 우리에게 충분히 알려 줄 수 있다고 주장할 수 있겠는가?[23] 더구나 성령의 증거가 정경에 관한 교회적인 규정과 일치하며 그것을 불필요한 것이 되게 만들 것이라는 기본적인 가정은 경험상으로 볼 때에 지지받을 수 없다. 잘 알려진 것처럼, 성령의 내적 증거에 전적으로 의존하는 이들은 흔히 자신들이 교회적인 규정과 상충되는 것을 발견한다는 것은 옳은 이야기이다. 루터가 정경으로 인정된 신약에 대하여 분별력있는 태도를 취한 것은 잘 알려진 바이다. 이에 덧붙여 번연(Bunyan)의 경우도 언급될 만하다. "옛 사람들을 주목하고 바라보라. 주님을 의지하는 이로서 곤경에 빠진 이가 도대체 있었는가?"라는 말에서 크나큰 위안을 받고서, 그는 이 귀절을 정경으로 인정된 성경 안에서 찾으려고 애썼으나 허사였다. 후에 그는 쓰기를 "외경들을 보고 있다가 나는 그 귀절을 집회서(Ecclesiasticus) 2:10에서 찾아냈다. 그 귀절이 우리가 거룩하다고 또 정경이라고 일컫는 책들 속에서 발견된 것이 아니어서 처음에 나는 약간 의아해 했었다. 그러나 이 문장이 많은 약속들의 요약이자 알맹이였기 때문에 그것에서 내가 위안을 얻은 것은 마땅했다. 그래서 나는 그 귀절로 인하여 하나님께 감사드렸는데 그것은 그 귀절이 내게는 좋았었기 때문이다. 그 말은 종종 내 면전에서 여전히 찬란하게 빛난다"라고 하였다.[24]

정경으로 인정받는 성경의 권위가 교회에 의해 부여되는 것은 아니지만, 그것이 교회의 증거와 불가분 얽혀졌다는 것을 깨닫지 못했었다는 것이 여기서 명백해진다. 정경을 규정하는 것은 최종적으로 볼 때 교회 입장에서 이루어지는 신앙행위였으며, 정경으로서의 권위는 오직 교회의 신앙과의 관계 속에서만 의미를 지닌다. 달리 말해서, 성경이란 본질적으로 교회 안에 존재하는 것이다. 이 점은 성경을 교회 아래에 두는 로마 가톨릭측의 입장에 반대하여 성경의 권위를 교회 위에 두어야 한다고 종교개혁자들이 주장할 때 그들이 곧잘 망각하는 진리이다. 다른 측면에서 접근했을 때 그들은 진정 그것을 알게 되었다—그들은 교회를 정의하기를 성경이 작용하는 영역이라고 하였다. 즉 교회가 교회되게 하는 것은 바로 성경이다. 그들은 성경이 성경되게 하는 것은 바로 교회 안에서라고 하는 상호 보완적인 진리에 관해서는 충분한 고려를 하지 않았다. 성경의 권위를 교회의 신앙 속에 있는 그것의 자연스러운 맥락으로부터 부자연스럽게 분리시킴으로써, 그리고 그것을 전적으로 성령의 내적 증거에만 의존하는 것으로 만들려고 함으로써, 그들은 성령의 활동에 관한 왜곡된 생각 및 결과적으로는 성격의 본질과 범위에 관한 왜곡된 생각이 잇달아 생겨날 수 있는 소지를 만들어 준 셈이 되었다.

2. 교회의 신앙이라는 역사적인 증거를 성령의 내적 증거에 대한 외적인 상관물(correlate)이나 대용물로써 받아들이기를 거절했기 때문에, 성령의 내적 증거라는 것은 주관주의라는 비난을 받을 가능성이 있다. 이러한 비난을 모면하는 길은 성경 그 자체의 내용적인 면에 호소하는 것이었는데, 그것은 성경이 신으로부터 영감을 받았다는 것에 대한 객관적인 증거를 제공해 주는 것으로 생각되었다. 그러나 영감을 무오성(inerrancy)과 동일하게 등치시키는 것은 신약적인 신앙에 속한 영의 개념이 아니라 고대 희랍의 점술적인(magic) 제사의식에 속한 영의 개념을 반영하고 있다.[25] 성경의 기록자들 속에서 영적 작용이 이루어진다고 할 때 그 영적 작용이 쓰려고 하는 충동은 사물에 대한 암시 그리고 단어에 대한 암시(impulsus adscribendum, suggestio rerum, suggestio verborum) 등으로 분석되어지는 그 영은 그리스도의 영이 아니라 델피 신탁의 영이다.

신약이 강조하고 있고(고전 12:10), 또 그 시험(test)들을 몇 가지 제외하고 있는(요 15:26, 고전 12:3, 요일 4:1 이하) "영들을 분별함"을 여기서는 실행치 못하고 있었음이 분명하다. 그 시험들 가운데 두 가지는 적용해 볼 수 있겠다. (1) 만약에 성령이 그리스도를 증거하며 또 그분에 의해 도래한 진리에 대하여 증거하는 영이시라는 것을 첫째 시험으로 삼고 보면, 영감에 관한 정통적인 교리는 훨씬 광범위한 활동 영역을 지닌 영을 제시하고 있다. 성경의 모든 개개의 내용이 설령 기록자의 자연적인 지식 안에 속한 것이라고 해도, "성령의 특별한 계시, 영감, 그리고 구술(dictation)로" 쓰여졌다고 그 이론이 규정하는 것처럼 가르쳐질 때(quenstedt), (고전적인 예를 들자면) 바울이 디모데에게 자기가 드로아에 두고 온 겉옷에 대하여 써보냈는데(딤후 4:13), 그것은 그가 그것을 기억해 냈기 때문이 아니라 그가 그렇게 하도록 신으로부터 영감을 받았기 때문이라고 가르쳐질 때, 그런 이론을 가장 완고하게 옹호하는 이들이라 할지라도 그러한 내용들이 동일한 서신 속에 나오는 성경에 대해 배려된 논점, 즉 "그리스도 예수 안에 있는 믿음으로 말미암아 구원에 이르는 지혜가 있게 한다는"(딤후 3:15) 논점의 범위 안에 포함된다고는 주장할 수 없을 것이다. 그 이론은 영감으로 하여금 계시보다도 훨씬 더 폭넓은 것이 되게 하는데, 이 점은 그 이론에 대한 몇몇 대표적인 인물들이 주저함 없이 인정하였던 것과 같다. 그러나 그들은 그렇게 함으로써 자신들이 임의로가 아니고는 아버지와 아들의 영과 동일시될 수 없는, 영의 개념을 불러들였다고 자백하는 것과 실은 다름없다는 것을 깨닫지 못한다. (2) 그 이론에서 주장하는 성령의 활동양식은 그 영과 그리스도의 영과의 동일성에 관하여 의혹을 불러일으키는지 물어 보는 것이 타당하다. "영감을 받은" 기록자들의 체험은 악한 영들에게 사로잡힌다는 것과 가까운 유사성을 드러내고 있지 않은가? 초대교회 안에 있던 자신들의 선구자들처럼 영감에 관한 정통적 이론의 고안자들은 선한 영들에게 사로잡히는 것이나 악한 영들에게 사로잡히는 것이나 동일한 유형을 띠게 된다고 하는 가정에 입각하여 나아갔던 것으로 보인다. 그러나 바울이 고린도전서에서 "영적인 것들"에 관하여 장황하게 논의하면서 주로 관심을 두고 논박하는 것은 바로 그러한 가정이다. 그런 영성에 관한 이교도적 개념과 기독교적 개념 사이의 대조점을 지적하면서 그 주제를 끌어들이고 있다. 즉 이교도들로서 그들이 무심결의 유혹이나 맹목적인 광신의 희생자들이었음을 그는 상기시키고 있다. 이제 그들은 그리스도의 영의 임재(presence)는 그분에 대한 신앙을 또렷하게 고백하는 것에 의하여 확인되어진다는 것을 배워야만 했다(고전 12:1-3). 영성에 관한 이교도적 개념들을 기독교 교회 안에 끌어들이는 것에서 바울이 분명히 보았던 신앙의 순수성에 대한 중대한 위협은 한 번 뿐만이 아니라 역사 속에서 반복적으로 나타난 바이다. 그 정통적인 이론이 주장하는 바 성경기록자들에게 부여되는 영감이란 기독교적 경험형태에 속한다기보다는 이교도적인 것에 속한다는 점은 알려지지 않는다.

3. 영감설에 함축되어 있는 영과 영적 작용에 대한 개념은 성령의 인격성과 조화되기 어렵다. 성령의 인격성은 삼위일체론의 본질적인 요소이다. 그러나 (생각했던 대로) 성경기록자들의 내면에서 이루어지는 성령의 활동에 있어서나, 또 폭넓은 종류의 명제들을 받아들이는 것이 포함된, 그리고 성령의 활동과도 관계되어 있는 신앙에 있어서도 대단히 인격적이라고 할 만한 것은 없다-사실 성령의 그러한 활동은 대개 기계적인 것으로 특징지워지게 된다. 성령의 인격성에 관한 교리의 진정한 바탕은 그리스도에 대한 성령의 관계이다. 성령은 그리스도와 다르다(allos). 그렇지만 성령의(parakletos로서) 임재는 그리스도의 임재와 다를 바가 없다(요 14:16). 왜냐하면 그리스도를 다시 나타내는 것은 바로 성령의 역할이며(요 16:14), 성령 안에 계시는 분은 바로 살아 계시는 그리스도 그분 자신이시기 때문이다(요 14:18). 그리스도의 임재와는 구별되는 성령의 현존에 대한 체험 같은 것은 존재하지 않는다.[26] 그리스도인의 체험은 성령 안에서 이루어지는 그리스도의 임재에 대한 체험이다. 그것은 하나의 인격적인 체험, 즉 주님(Kyrios)이신 그분(One)과의 만남(encounter)이다. 성령의 증거에 관한 종교개혁자들의 교리의 본래 의도는 기독교 신앙이란 바로 살아 계신 그리스도를 인격적으로 체험하는 것을 의미한다는 점과, 그러한 목적에 대한 수단의 역할을 하는 것이 곧 성경의 구실이라는 점을 확언해 두려는

것이었다. 달리 말해서 자신들이 발견했던 대로, 그들은 그리스도에 대하여 문자로 기록되어 있는 선지자들과 사도들의 증거가 문자를 통한 증거라는 점을 넘어서 참으로 인간들을 그리스도 그분 자신과 만나도록 이끌어갈 수 있다고 가르쳤다. 그리고 그들은 인간들의 가슴에 말씀의 증거를 확증해 주는 것은 살아 계신 그리스도의 영으로부터 기인한다고 하는 것만으로도 이러한 능력을 설명할 수 있었다. 그러나 칼빈이 그리스도에 대하여 성령이 말씀 안에서 증거하심은 말씀에 대한, 즉 그것의 신성한 저작권에 대한 성령의 증거에 달려 있다고 하였을 때에 그는 본질적으로 인격적인 신앙의 특성을 모호하게 만들었으며, 온통 모호한 것 투성이인 영감설이 잇달아 전개될 수 있는 소지를 남겨 두었다. 종교개혁의 주안점은 신앙이란 그리스도 안에서 성령을 통하여 하나님과 맺어지는 인격적인 관계이며 이런 목적에 대한 수단으로 작용하는 것이 바로 교회, 성경, 성례전 등등이라는 것이었다. 이러한 매개체들 중 어떤 것이든지 그 섬기는 목적을 모호하게 만드는 위치까지 높여지게 되면 언제나, 또 그것이 신앙과 그 참된 목표 사이에 개입하여 간여하게 되면 언제나 신앙은 비인격화되며 바로 저항이 필요해지는 때이다. 종교개혁자들은 말씀으로 로마 가톨릭의 방어선을 돌파할 수 있었으며, 그들은 모든 그릇된 절대적 존재에 대한 가장 능력있는 무기는 말씀임을 알았다. 잇달아서 영감설(theory of inspiration)이 발달하게 되었다는 것은 종교개혁이 바로 그 결정적인 돌파지점에서 그 본래 의도를 저버렸다는 점과, 근본적으로 그것이 저항했던 비인격적인 권위들의 개입이라는 데에 다시 빠지고 말았다는 것을 의미한다.

4

그렇다면 이러한 비판적 관찰들에 비추어서 우리는 성령론이 말씀상으로 차지하는 긍정적인 의의를 무엇이라고 말해야 될까? 이 교리를 바르게 이해하려면 두 가지를 필히 유의해야 한다고 말하면 족하다고 믿는다. 그런데 그 두 가지를 나는 요약적으로 내용과 상황(context)이라고 묘사하고 싶다.

이미 살펴 본 대로, 종교개혁자들에게 있어서 성령의 증거란 일차적으로 말씀의 효력, 즉 청자와 독자에게 생생한 실재(reality)로서 전달되어질 수 있는 그 내용상의 능력에 관계되어 있었다. 그들은 이러한 내용이 성경 속에서 발견될 수 있는 형식에 대해서는 관심이 없었다. 그 까닭은 내용이 스스로를 전달할 수 있는 능력에 의해서 내용은 본질적으로 어떠한 형식과도 동일기준에 의해 비교될 수 없다고 증명되었기 때문이다. 예를 들자면, 루터의 체험으로는 로마서 1 : 17에 있는 믿음에 의한 칭의에 관한 말씀이 생생하게 살아나서, 마치 야곱이 얍복강에서 신령한 씨름선수(wrestler)에게 사로잡혔던 것처럼 그를 사로잡았다. 그런데 그때 그에게 효과적으로 그리스도의 복음이 전달되어진 것은 그 본문의 언어적인 무오나 그 기록자의 영감, 더 나아가 그가 생각했던 바 그 본문의 신적 기원 때문이 아니며, 그 말씀을 통해 작용하는 성령의 능력 때문이다. 성령의 증거가 관계되는 것은 성경 기록자들의 체험보다는 그 독자들의 체험이었다.

그러나 성령의 임재를 표시해 주는 것은 그런 체험의 강렬함이나 생생함이 아니었다. 이 점은 영감에 관한 기계적인 이론들에게 반대하면서 이따금 빠져들곤 했던 낭만적인 오해이다. 그 가장 유명한 표현은 코울리지(Coleridge)의 다음 말이다 : "내게 찾아오는 어떤 것이든지(Whatever finds me), 그것만으로도 그것이 성령으로부터 나왔다는 증거가 된다."[27] 또한 그것은 성경의 영감에 대한 근거를 "가슴과 양심에 그것이 주는 호소력"에다 두고자 하는 보다 최근의 몇몇 신학자들의 사상 속에도 나타난다.[28] 물론 이런 입장에도 일리는 있다. 그렇게 가슴이 뜨거워지는 것이 없다면 성령의 증거는 깨달아질 수 없을 듯하다. 그러나 그런 경험의 속성에 의존해서 볼 때, 예를 들면 "성경은 그것이 영감을 주고 있으므로 영감된 것이다"(the bible is inspired because it is inspiring)라고 말할 때,[29] 우리는 주관주의라는 위험을 만난다. 왜냐하면 성경을 읽으면서 생기는 체험은 다른 영감적인 체험들과 달리 왜 성령에게 귀속되어야만 하는가에 대한 이유를 우리가 모르기 때문이다. 성경의 호소력은 그것이 불러일으키는 체험의 정서적인 속

성과 혼동되어서는 안 된다. 결정적인 요인은 그것의 특수한 내용이다.[30]

정확히 말해서 성경의 호소력이란 무엇이냐라고 질문해 본다면, 틀림없이 신약은 그 대답을 제공해 준다. 성경의 호소력이란 그것이 그리스도에 대한, 또 성육하신 그분의 생애 속에 완결된 사업인 하나님의 복음에 대한 증거가 지닌 호소력이다. 제4복음의 저자는 자기 자신의 저술에 관하여 말하면서 성경의 모든 기록자들을 대신해서 이야기하고 있다 : "오직 이것을 기록함은 너희로 예수께서 하나님의 아들 그리스도이심을 믿게 하려 함이요 또 너희로 믿고 그 이름을 힘입어 생명을 얻게 하려 함이니라"(요 20 : 31). 달리 말해서 성경들은 그것들 자체에 관심을 끌기 위해 쓰여진 것도 아니며, 그것들의 호소력이 그것들 속에 있는 어떤 속성으로부터도 생겨나지 않는다. 그것들의 호소력은 바울이 사도들의 선포에 관하여 "우리가 그리스도를 대신하여 사신이 되어 하나님이 우리로 너희를 권면하시는 것 같이(…God making his appeal through us)…"(고후 5 : 20)라고 한 것처럼, 그것들이 증거하는 그분으로부터 나오며 그것들은 증거의 매개체 또는 전달수단일 뿐이다.

역설적으로 말해서, 성경의 내용은 성경 안에 "담겨" 있지 않다(그리고 "담겨" 있을 수 없다). 성경은 증거가 증거 자체를 초월하는 실재(a reality)와 맺고 있는 그러한 관계를 성경의 "내용"과 맺고 있다. 성경의 다른 측면들이 그것들 나름대로의 진정한 조명을 얻을 수 있으려면 이런 점에 유의해야 한다. 성경은 사실들의 기록이라는 것이다. 성경의 증거는 사실들의 기록을 통하여 전달되어지기 때문에 그 증거에 대한 올바른 반응은 그런 기록을 받아들이는 데에 따라 달라진다고 쉽게 생각할 수 있다. 그 기록의 진실성이 믿어질 수 없다면 성경을 통하여 어떤 것이 어떻게 우리에게—혹은 실속없는 공상들을 제외한 어떤 것이든—전달될 수 있겠는가? 이 질문에는 명백히 날카로운 점이 있다. 만일 그 기록의 진실성이 심각하게 공격받을 가능성이 혹시라도 있다면—진부한 예로서, 만일 예수님이 생존하셨던 적이 없고 그분의 생애에 관한 복음적 기록들도 전적으로 허구였다는 것이 증명되어질 수 있다고 하면 그것은 만사 끝이다. 그러나 반대로, 만일 그 기록의 진실성이 그 기록의 증거하는 바인 그 실제의 타당성(validity of the reality)에 대한 하나의 조건(또는 결과)으로서 교수된다면, 이것은 이러한 실재(this reality)는 상상가능한 기록 중 가장 완벽한 것과 동일기준으로 비교될 수 없다는 것을 잊어버리는 것이다. 제 4 복음서의 저자가 다음과 같이 기록하면서 표현하고 있는 것은 바로 동일기준으로 비교될 수 없다는 바로 그것이다 : "예수의 행하신 일이 이외에도 많으니, 만일 낱낱이 기록된다면 이 세상이라도 이 기록된 책을 두기에 부족할 줄 아노라"(요 21 : 25). 키에르케고르가 만일 그 기록이 최소한의 분량으로 줄여졌다고 할지라도 진리는 성립해 있을 것이라고 넌지시 이야기하면서 생각하고 있었던 것은 바로 위의 말씀의 역(converse)이었다 : "만일 지금의 세대가 '우리는 어떤 해에 하나님이 초라한 종의 형체로 우리 가운데 나타나셨다는 것과, 우리 지역사회에서 그분이 사셨고 가르치셨고 끝내 죽으셨다는 것을 믿고 있다'라는 말에 있어서만 그들에게 뒤떨어져 있다고 한다면, 그것은 충분하고도 남음이 있을 것이다."[31] 물론 이것은 극단적인 이야기이다. 그러나 그것은 성경이 증거하는 복음은 그 증거가 제시된 그 기록의 성질이나 규모에 의하여 인증되는 것이 아니라고 하는 진리에 관한 극단적인 이야기이다. "사람은 다 거짓되되 오직 하나님은 참되시다 할지어다"(롬 3 : 4).

이런 문제에서 느껴지는 곤란 중 대부분은 성경을 그 상황 속에서 생각하지 못한 데서 생긴다. 영감의 문제는 마치 성경이 복음전달의 유일한 수단인 것처럼 그리고 마치 그것이 진공 속에 존재하는 것처럼 종종 논의되어져 왔다. 만일 이런 가정을 우리가 한다면, 기록의 진실성은 증거의 타당성(validity)에 대한 필요조건이라는 논증이 상당한 세력을 얻게 된다. 그러나 그 가정은 거짓이다. 왜냐하면 성경은 홀로서 있지 못하기 때문이다. 루터의 sola scriptura 나 성경의 충분성에 관한 정통 교리(이들 두 가지 다 각각의 타당한 의미를 지니고 있었다.)에도 불구하고, scriptura 는 결코 sola인 적이 없었으며, 또한 그것은 일찌기 충분하다고 취급받은 적도 없었다. 웨스트민스터 신앙표준(Westminster Standards)이 증언하듯이 은혜의 방편은 말씀, 성례전, 그리고 기도이다. 만약 이 말이 말씀이나 나머지 둘 중 어느 하나라도 그것 하나만으로는 복음의 충만한 것을 전달하는 데에 충분치 못하다는 것을 의미하지 않는다면, 나는 그것이 무엇을 의미할 수 있는지 모르겠다. 그러나 우리의 관심을 성경에만 국한시킨다고 할지라도, 성경은 늘 교회 안에 존재했고(What it is in the Church) 교회의 증거에 의해서 수반되어져 왔다는 점을 기억해야 한다. 그것들 사이의 관계는 이중적이다. 즉 교회의 증거는 그것보다 더 선행하는 성경의 증거에 대한 반응이며, 교회의 증거 속에서 성경의 증거가 들려오고(is heard) 반복되어진다. 그런데 성경의 증거가 나타나게 되는 것도 역시 교회의 증거를 통해서이다. 그것이 성경 속에서 증언되는 그 실재와 생생하고 인격적인 관계를 갖게 될 수 있다는 생각은 교회의 신앙의 증거를 떠나서는 (대개) 그 독자에게 나타나지 않을 것이다. 이 말은 말씀을 효력 있게 해주는 것이 교회라는 말이 아니다. 말씀은 성령의 증거하심에 의하여 효력을 지니게 된다—그러나 그러한 효력이 알려지는 것은 오직 교회의 신앙이라는 상황 속에서 뿐이다.

종교개혁 당시에 로마 가톨릭측이 교회 안에 존재하는 성령에 관한 교리에 반대하여 말씀 안에 존재하시는 성령에 관한 교리를 주장한 것은 당연한 일이었으나, 이것들을 생각해 보면 역설적이게도 그것들 사이에는 아무런 진정한 대립도 있을 수 없다. 왜냐하면 성경은 교회가 말씀의 교회일 때만이 그 교회 안에 계시며, 또 성령은 말씀이 교회 안에 있는 말씀일 때만이(the Word in the Church) 그 말씀 안에 계시기 때문이다. 이것이 성령의 교제(communion)라고 정의된 교회이다. 종교개혁자들은 추호도 이것을 부인하고 싶지 않았었다. 그들의 의도는 교회가 말씀의 증거를 통해서 주님에 대한 신앙과 순종에 있어서 하나될 때 진정으로 교회는 성령에 참예하는 것이라는 점을 강조하려는 것 뿐이었다. 말씀은 그 속에 그리스도가 누워 계시는 요람이라고 루터는 말했다. 교회는 그 요람이 놓여 있는 유아실이라고 말해도 좋을 것이다. 말씀 안에 계시는 성령에 관한 교리를 교회의 신앙 속에 있는 바 말씀의 상황으로부터 고립시키는 것은 **하나님이 결합해 두신 것을 따로따로 갈라놓은 것이다.**

요약하여 말해서, 말씀 안에 계시는 성령의 증거는 성경기록이 지닌 어떤 속성으로도 표시되지 않으며, 교회가 말씀의 증거를 받아서 그것을 교회 자체의 신앙의 증거 안에서 되풀이하는 데에 표시되어진다(registered). 말하자면 그것은 성경의 증거와 교회의 증거가 수렴되는 원점에서 일어난다. 그러나 이것은 그것들 자체보다 밖에 또 위에 있는 지점, 즉 그것들이 지나칠 정도로 내뻗어야만이 닿을 수 있는 지점이다. 이 지점은 주님의 완결된 사업의 능력 안에 계시는 살아 계신 주님의 임재이다. 성경의 증거와 교회의 증거는 그것에 대하여 방편이 된다. 그러나 그것들은 그것에게 영향을 줄 수 없다—그것들 중 어느 한 쪽에 대해 치켜세우는 주장을 전개한다고 해서 그렇게 되는 것은 결코 아니다. 성령의 증거에 관한 교리는 그러한 모든 주장들을 쓸모 없는 것으로 만들어 버린다. 왜냐하면 그것은 교회의 취약성과 오류가능성에도 불구하고, 또 성경의 오류가능성(errancy)에도 불구하고 살아 계신 주님께서는 그것들의 증거를 통하여 우리에게 자기 자신을 알려 주신다는 것을 의미하기 때문이다. 그것들은 은혜의 방편들(means)이다. 그런데 그 은혜는 주님 예수의 은혜로서 하나님의 사랑에서 나와서 성령의 교제 안에서 우리에게 베풀어진다.

6
성령과 개인

교회를 만들어 성장시키는 것이야말로 성령이 역사하시는 본질이다. 그러나 하나님의 역사 가운데 공동체를 강조하는 것이 공동체주의(collectivism)가 되는 것은 결코 아니다. 이렇게 강조한다고 해도 성령과 개인과의 관계에 해를 끼치지 않을 뿐만 아니라, 성령이 공동적으로 역사하는 것이 개인의 마음과 생활 속에서 그분이 역사한다는 것이 개인의 마음과 생활 속에서 그분이 역사한다는 가정(supposition)이 되기도 한다. 예수 그리스도는 몸의 머리이시지만 동시에 그 이유 때문에 연민에 사로잡혀 아흔 아홉을 남겨두고 잃어버린 하나를 찾아나서시는 분이시다. 왜냐하면 개개인이 목표에 도달할 때에야 비로소 공동체의 목표가 달성되며, 각 개인도 역시 공동체 속에서 각기 목표에 도달하기 때문이다. 극단적인 공동체주의나 개인주의 모두가 성령의 역사 가운데서 바람직한 것은 아니다.

1. 역사적인 변천

그렇다고 해서 역사를 통해 교회가 뚜렷한 공동체주의와 개인주의시대를 겪어 왔다는 사실을 부인할 수는 없다. 중세시대에 첫 번째 형태는 압도적이었고 19세기의 두 번째 형태가 등장했다. 로마 천주교는 첫 번째 경향을 따르지만 프로테스탄트는 두 번째 경향을 따른다. 가끔 오해를 불러일으키듯 이 개혁주의가 교회의 권위에 반대하는 개인의 혁명은 결코 아니며, 기독교 신앙을 깊이 인격화하는 것, 즉 전에는 결코 일어난 적도 없고 그럴 수도 없었던 하나님의 말씀과 개인을 함께 모으는 일이다. 16세기 중기부터 18세기 중기까지 성령과 개인과의 관계는 프로테스탄트 사상에 무척 가까왔다. 이 시대에는 이전이나 이후와도 비교될 수 없을 정도로 이 주제에 관한 많은 신학적 문헌이 생겨나게 되었고 신조도 하나 만들어졌다. 소위 도르트 신조(Canons of Dort; 1619)를 생각해 보면 그 속에서 다른 몇 군데의 개혁주의 교회 대표자들의 도움을 받아 네덜란드 개혁주의 교회가 예정설에 대한 알미니안주의자들의 주장을 반대하기로 결정했을 뿐만 아니라 타락과 회심에 관한 유명한 3, 4장에서 인간 마음 속에서 역사하시는 성령에 관해 서술했는데 이로 말미암아 매우 오랫동안 개혁주의 전통에 영향을 미쳤다. 거듭나게 하는 은총에 관한 이 진술은 오늘날에도 여러 면에서 여전히 호소력을 지니고 있다. 그러나 이 고백은 또한 개인주의를 향하여 잘못 발전하는 징후를 보인다. 개인이 그것에 따라 역할을 수행해야 하는 규범 속에서 성경귀절은 부차적인 역할을 하기 때문이다. 언약에 따른 이스라엘의 선택과 세우심을 받은 자로서의 그리스도, 눈에 보이는 교회, 신실한 자를 세상에서 증인이 되고 섬기게 하기 위해 부르심, 그리고 종말적 세계 등 성령과 개인간에 부딪치는 보다 폭넓은 시각들이 거의 무시되고 있는데 이는 성령의 역사가 내향적이고 감정적이며 개인적인 방법으로 이해되기 때문이다. 이런 경향은 17세기 후반기에 스코틀랜드와 네덜란드에 있었던 "극단적 개혁주의"와 18세기의 감리교와 경건주의로 발전되면서 주관주의(subjectivism)가 지배적이 되는데, 그것에 따라 각 개인이 삶으로 인해 삼위일체 하나님의 객관적인 역사와는 거의 동떨어지게 되고 19세기에 들어서면서 개인과 종교적인 감정이 자동적인 주제가 된다.

20세기, 특히 제 2 차 세계대전 후에 유럽의 교회생활과 신학에서 이에 대한 반발이 생기는데 그리스도 중심이면서 종말론적인 새로운 접근방법 때문에 개인의 필요와 구원은 거의 무시당하게 된다. 주관주의의 가장자리에서 이제 객관주의로 옮겨지는데 이 또한 적절한 주장은 아니다. 하나님의 역사를 최종적으로 받고 또 그 목표가 되는 개인적인 사람이 없이 "능력있는 행동", "교회의 특성과 사명", "증거와 봉사" 그리고 "종말적 전망"과 같은 현대적 표현은 의미가 없다. 여러 가지 이유로 후기 개혁주의에서 이에 관한 태도가 받아들여질 수 없지만 그렇다고 이를 무시할 수도 없다. 하나님의 계시라는 점에서 이것들로 말미암아 잘 이해될 수 있는 한, 신학으로 인한 넓은 맥락과 현대 심리학적인 통찰력이라는 점에서 우리가 진정으로 필요한 것은 개인에 관한 주제를 재검토해 보는 것이다.

2. 주된 개념—거듭남 (regeneration)

개인의 삶 속에서 존귀한 그리스도께서 역사하신다는 사실을 묘사하기 위해서 신약성경 속에 있는 다양한 표현과 국민에 따라 각기 다른 말들이 필요하다. "선택", "부르심", "거듭나게 하심", "깨끗케 하심", "조명", "회개", "의롭다 칭함", "성화"와 같은 단어들을 생각해 보라. 이 단어들을 잘 관련지어 보면 성령의 역사가 얼마나 다양한지 알 수 있다. 이에 필요한 조직신학은 이렇게 다양한 것을 두 세계의 범주로 제한해야 한다. 일반적으로 성령의 역사는 의롭다 칭함과 성화라는 두 가지의 개념으로 요약될 수 있는데 다양한 것을 요약함으로 생기는 위험은 이 역사들이 한 성령의 모든 역사이며 기본적으로는 한 역사로 귀착된다는 사실이 모호해진다는 점이다. 글의 문맥상으로는 한 가지의 작품들처럼 이 역사들이 통일을 이룬다는 사실을 강조할 것을 요구한다. 그러므로 다양함 속에서 통일을 이루면서도 분명해질 수 있는 단어 하나를 찾아야 한다. 여러 번에 걸쳐 각기 다른 중요 단어들이 각자의 역할을 수행하면서 때때로 전체적인 전통과 전체적인 기간을 특징지어 왔다. 교부시대에 "조명"과 "지식"이라는 단어와 "신성화"와 "불멸" 같은 단어가 중심적인 의미를 가졌고, 루터에게 있어서 "의롭다 칭함"이라는 단어는 오늘날과 마찬가지로 중요한 낱말이었으며 개혁주의 전통에서 "거듭남"이라는 단어는 중요 단어 역할을 했고, 감리교 교리와 경건파에게 있어 "회심과 성화" 같은 단어도 같은 기능을 갖는다. 슐라이에르마허와 카이퍼는 개혁주의자들이 좋아했던 "거듭남"이라는 단어를 계속 사용했으며 바르트는 "부르심"이라는 낱말을 주요 개념으로 사용하는 것 같으며, 복음주의와 오순절주의 집단은 "성화"와 "성령충만" 같은 말을 자주 사용한다.

그 단어들이 매우 한정된 중요성을 지닌다는 사실을 안다 하더라도 그 중심단어가 무슨 뜻이냐 하는 것은 매우 중요하다. 왜냐하면 그것들이 개인 속에 역사하는 성령을 전반적으로 묘사하는데 중요 역할을 하기 때문이다. 그러므로 우리가 부주의하게 단어들을 선택할 수는 없다. 내 개인적인 생각으로는 성령의 역사를 통일적이고 전체적으로 가장 잘 묘사한 말이 "거듭남"이라는 낱말이다. 이 말을 선택하게 된 것은 성령의 특성에 관해 1장에서 이야기했기 때문이다. 성령은 생명을 주는 분으로 인간에게 생기를 불어 넣는 하나님이시다. 그것은 구속과 창조 속에서 나타난 성령의 본질인데 성령의 역사로서 구속은 "거듭남"을 의미한다. 굳은 마음을 제하고 부드러운 마음을 대신하며(겔 36:26) 생기가 메마른 뼈 속에 들어가며(겔 37:10) 또한 사람의 뜻으로가 아니라 하나님 뜻으로 된다(요 1:13). 왜냐하면 "사람이 거듭나지 아니하면 하나님 나라를 볼 수 없기"(요 3:3) 때문이다. "그런즉 누구든지 그리스도 안에 있으면 새로운 피조물"(고후 5:17)인데 이는 첫 창조와 비슷하다. "어두운 데서 빛이 비취리라 하시던 그 하나님께서 예수 그리스도의 얼굴에 있는 하나님의 영광을 아는 빛을 우리 마음에 비취셨고"(고후 4:6) 이 빛은 생명인데 생명을 성령이 주셨기 때문이다(고후 3:6). 우리가 죽었을 때 그는 우리를 살리시며(엡 2:1) 하나님은 우리로 자기의 뜻을 좇아 진리의 말씀으로 우리를 낳게 하셨고(약 1:18), 하나님은 부활하심으로 우리를 거듭나게 하사 산 소망이 있게 하신다(벧전 1:3).

이런 성경귀절은 수없이 더 열거될 수 있는데, 생기를 피조물들에게 주시기 위해 활동하시는 살아 계신 하나님으로서 성령이 원시적이고 본질적인 의미를 지니면서 굳게 약속하고 있기 때문이다.

　문맥 속에서 거듭남이라는 말을 중심단어로 사용함으로써 우리 삶 속에서 역사하시는 성령의 특질이 무엇인가를 분명히 해줄 뿐만 아니라 그 기원과 목적에 관한 것도 암시해 준다. 먼저 그 목적에 관해 이야기해 본다면 거듭남이라는 말은 성령의 목적대로 그리스도께 순종함을 이른 말인데 그리스도 자신은 우리의 생명이시기 때문이다. 우리는 죄에서 죽어 있지만 죽은 자로부터 처음 태어난 자이신 그의 생명 속으로 우리를 이식시키신다. 우리의 삶의 목적은 우리가 그와 함께 영광을 받기 위함이요(롬 8:17), 주의 영으로 말미암아 저와 같은 형상으로 화하여 영광으로 영광에 이르도록 하는 것이다(고후 3:18).

　거듭남이라는 낱말은 성령역사의 기원에 관해 분명한 답을 함축하고 있는데 그리스도와 함께 살므로써 죽음에서 영생으로 전환되게 되는 것은 전적으로 성령의 역사임을 말하고 있다. "우리는 그의 만드신 바라. 그리스도 예수 안에서 선한 일을 위하여 지으심을 받은 자니 이 일은 하나님이 전에 예비하사…"(엡 2:10; 성령역사의 기원, 특성 및 목적을 알려면 엡 2:1-10을 보라). 개혁주의 신앙고백 속에서는 거듭남을 중심낱말로 삼고 있고, 다른 신앙고백에서도 가끔 이 낱말을 서둘러 강조하는 주된 이유가 바로 여기에 있다. 만일 사람이 다시 태어나야 한다면 그는 다만 수동적이기 때문에 적어도 거듭남에 자신은 아무런 도움이 될 수 없고 처음부터 그 기적을 다만 기다릴 뿐이다. "그런즉 원하는 자로 말미암음도 아니요 달음박질하는 자로 말미암음도 아니요 오직 긍휼히 여기시는 하나님으로 말미암음이니라"(롬 9:16).

　이런 주장에 맞서는 여러 주장들이 있는데 이는 인간 편에서 어떤 활동과 책임을 배제하는 것으로 보일 뿐 아니라 다만 수동적이기만 바라는 것처럼 보이기 때문이다. 개혁주의 교회에서 전적으로 성령에 의지함으로써 때때로 이같은 태도에 귀착되어야 한다는 사실을 부정할 수는 없지만 이 경우에 반작용이 일기 마련이다. 어거스틴시대 이래로 새롭게 하시는 은총을 강조한 나머지, 그 반작용으로 자유의지(liberum arbitrium)을 강조하게 되거나 혹은 그 역현상이 있기도 했다. 특히 종교개혁시대를 통해 성령의 역사와 인간의 노력과의 관계에 대한 심각한 논쟁이 생겼는데 개혁자들의 입장은 분명하고 납득이 갔지만 그렇다고 해서 그 반대자들의 입장이 전혀 설득력이 없었던 것도 아니었다. 의롭다 칭함에 관한 네 번째 트리덴틴 신조(the fourth tridentine canon)를 예로 들어 보자. "인간의 자유의지가 하나님의 감동을 받아 그 하나님의 요구에 따라 협력하여 스스로 의롭다 칭함받은 은총을 받을 수 없다고 이야기하거나 자유의지가 원하지 않아도 순종할 수 밖에 없다고 이야기하는 사람이 있다면 그는 파문받아 마땅하다"라고 언급하고 있다. 그런데 항의자들(remonstrants)이 다섯 항목에서 우리 인간은 (트리덴틴공회에서 선포된 대로) 전적으로 거듭나게 하시는 은총에 의존해야 한다고 강조하고 있지만(네 번째 항목에서) 다음과 같이 덧붙이고 있다. "그러나 이 은총이 역사하는 방식에 관한 한 말할 나위가 없는데 이유는 사도행전 7 : 51을 비롯하여 많은 귀절에서 성령을 거스리는 일이 있기 때문이다."

한 쪽은 성령이 불가항력일 수 밖에 없다고 주장하지만 다른 쪽은 인간의 책임도 있다고 변호하고 있다. 두 가지 다 하나님의 말씀을 알리기 위한 관심에서 나온 것이지만 어느 쪽이 옳고 어느 쪽이 잘못된 것인가?

심리학적 관점에서 보면 인간의 자유의지와 책임을 강조하는 사람들이 옳다. 왜냐하면 자기들이 곧 거부하는 철학적 결정론을 유일한 선택기회로 보기 때문이다.

종교개혁자들은 심리학적인 면보다 개인적인 고백의 관점에서 이야기한다. 그들에게 있어 자유의지에 대한 철학적 개념은 자명하긴 하지만 그것을 부차적인 것으로 여길 뿐이다. 인간이 하나님을 만나 자신의 자유의지를 고백하지 않는 것은 완전한 남용에 지나지 않는다. 칼빈은 그같은 생각을 다음과 같이 칼빈답게 분명히 밝히고 있다. "인간은 선이나 악을 마음대로 선택할 수 있다고 말하는데 그것은 강제적으로가 아니라 인간의 의지로 행동하기 때문이다. 그렇다면 그같은 사소한 일에 굉장한 이름을 붙이려는 의도는 무엇인가?"[1] 이렇게 이야기하는 것의 반대 입장은 인간의 사악한 자유의지로부터 자유의지를 구해 주시는 하나님을 찬양한다. 그러므로 "여호와를 찬양, 찬양하게 해야 한다."

　반대 입장에 있는 사람들은 이런 입장을 이해하지 못하여서 매우 염세적이고 불공평한 것으로 여길 뿐 죄와 은혜를 고백하는 것으로 여기려 하지 않는다. 애석하게도 잘못이 그들에게만 있는 것이 아니고 종교개혁자들에게도 있다. 전자가 심리학적인 면에서 이야기한 것처럼 후자는 오해를 불러일으킬 만한 점들을 충분히 이해시키지 못하고 있는데, 결정론을 따르는 자와 같은 표현들을 사용한다 할지라도 반대자들의 입장에 서서 염세적이면서 불공평하다는 의심을 일소하지 못하므로, 인간은 하나님의 피동적인 대상이 아니라 자유롭고 책임있게 행동한다는 반대자들의 주장을 은연중에 인정하는 듯이 보인다.

　자유의지를 반대하는 것이 심리학적인 관점이 아니라 개인적인 고백(personal confession)이라는 사실을 알게 되면 칼빈이 이해했던 대로 이 중요한 진리가 인간의 자유의지와 책임을 완전히 부정하는 것이 아니라 제 2차적인 진리로 포용하고 있음을 알게 된다. 자유의지(liberum arbitrium)에서 출발하면 거듭나게 하시는 은혜를 고백하는 데 해로울 뿐이지만 절대적인 은총(sovereign grace)에서 이 은총이 인간의 자유를 전혀 배제하는 것이 아니라 인정하고 정당화한다는 사실을 알게 된다. 인간은 하나님과 동등하게 협력할 수 없지만 그분을 통해 활동할 수 있기 때문에 하나님은 인간이 자유스럽게 활동하는 데 방해대상이 결코 아니다. 그는 절대적인 분이라는 사실에서 그는 창조주이시며 구속자이심을 알게 된다. 도르트 신조에서 다음과 같이 밝히고 있다. "좋은 나무가 좋은 열매를 맺듯 하나님은 의지를 강화시키는데 이제 그렇게 새롭게 된 의지는 하나님을 통해 이루어질 뿐 아니라 스스로 이루어지기도 한다. 인간이 받은 은총을 통해 믿고 회심하게 된다고 말하는 이유가 여기에 있다."[2]

　금세기에 이르러서야 이 진리가 보다 폭넓게 이해되고 있는데 관심의 초점이 인간의 자유의지와 책임에서 하나님의 거듭나게 하시는 절대권을 인정하게 된 때는 개혁주의 신앙고백에 이르러서이다. 이 점을 완전히 이해하게 되면 무익하고 케케묵은 토론은 끝나게 되리라 믿는다.

3. 방법

1) 의롭다 칭함(칭의)과 성화

이제 우리가 연구하고자 하는 면을 "거듭남의 내용"이라고 묘사할 수 있지만 "방법"이라는 말을 택하겠다. "내용"은 너무 정적인 말인데 거듭남의 정적인 개념은 피하고 싶기 때문이다. 거듭남이란 한순간의 완전한 것이다. 그것은 스스로 완전한 것도 아니면서 삶의 시작인 첫번째 태어남에서와 마찬가지로 하나님이 함께 해주신다는 뜻이다.

이렇게 하나님이 함께 해주시는 방법은 의롭다 칭함과 성화라는 두 낱말로 나타낼 수 있는데, 이 두 낱말이 충분한지 후에 알아 보기로 하고 당분간 원래 뜻에 충실하기로 하자. 이 두 낱말이 필요한 것만은 분명하지만 동시에 "거듭남"이라는 낱말에서 나타난 일관성있는 성령의 역사를 이 용어가 애매하게 할지도 모른다. 성령의 역사는 하나로서 나누어질 수가 없다. 교리 중 이 일관성은 때때로 무시되거나 의롭다 칭함과 성화라는 각기 다른 낱말로 대체되는데 이 두 낱말은 가끔 각기 다른 표어에 지나지 않게 보일 때도 있다. "두 가지 면이면서 하나인 두 가지 면의 은총"(duplex gratia)이라는 칼빈의 적절한 말을 회상하면서 두 낱말을 사용하는 것을 피하기로 하자. 어떤 이가 나뉘지 않는 실체 하나를 두 낱말로 표현하는 이유를 물을 수 있고 왜 예정론과 책임이 있으며, 하나님이면서 사람이며, 제사장이면서 예언자이고 왕이신 그리스도, 제도와 공동체로서의 교회 등등, 조직신학에서 두고 두고 이 문제를 다루어도 좋다. 이 다양한 낱말이 하나님 역사의 일관성을 부정하는 것이 아니라 반대로 그것을 반영하고 있다. 하나님의 역사가 일관성이 있다는 사실은 낱말을 하나로 표현하는 것보다 더 중요하기 때문에 너무 불합리한 방법으로 표현하지 않기 위해 몇 개의 낱말이 필요하다. 그러나 가능한 한 가장 가까운 낱말을 잘 택해야 한다. 우리의 임무가 두 가지 낱말(의롭다 칭함과 성화)을 다루는 것이 아니고 거듭남의 역사 중 일관성을 다루는 곳이 바로 여기이기 때문에 더욱 그렇다.

성령의 목표는 믿는 이들로 하여금 하나님께 순종하게 하는 것인데,

이 목표를 달성하기 위해 우리는 하나님께 접붙여진 후 그 안에서 우리의 옛 모습은 죽고 새 모습으로 태어나야 한다. 사람속에서의 결정은 우리의 의지없이도 우리를 위해 이루어지는데 이 결정으로 인해 우리는 생생한 관계를 갖고 새로운 삶을 영위할 수 있게 된다. 신약성경에 의하면 이 모든 것은 세례와 믿음을 통해 이루어지는데, 세례와 믿음을 통해 우리는 그리스도의 역사와 "동시에 존재"하게 된다. 우리가 그리스도와 함께 십자가에 못박혔고 죽었다가 다시 살아나 하늘나라에서 그리스도와 함께 있다고 말할 수 있는 것은 믿음 때문인데 이 말은[3] 신비스런 경험을 단순히 계속적인 과정으로 묘사한 것이 아니고 법률상의 결정, 판결, 양도, 약속을 더 적절한 말로 표현한 것에 불과하다. 신학적인 용어로 "전가"(imputation)라고 표현하는데 그리스도께서 스스로 떠맡으셨던 것처럼 이 죄의 전가를 통해 죄많은 인간의 죄의 전가를 역행시킨다. 믿음을 통해 하나님은 그리스도의 형제, 자녀라 칭하시고 한점 흠없이 의로운 하늘나라의 상속자로 삼으셨다. 바울시대 이래로 이 기적을 "의롭다 칭함"을 얻었다고 표현한다. 의롭다 칭함을 얻는 것은 우리 자신의 선행이나 신비적 체험에 있는 것이 아니고 인간 밖으로부터 오는 하나님의 은총에 있는데 이 은총은 하나님과 인간 사이에 단절된 관계를 회복시킴으로 화해의 역할을 한다.

  인간의 거듭남을 이렇게 표현하는 것은 기본적일 뿐 완전한 것은 아니다. 선포나 약속 등이 단순한 낱말의 열거로 끝나지 않고 관계를 변화시키며 따라서 이 관계에 관련된 인간들을 또한 변화시킨다. 하나님의 경우 결과로서 일어나는 사실은 없다. 예수님의 형상에 따라 인간이 변화받아야 하는 것이 그의 목적이기 때문이다. 인간은 성장하기 위해 접목되어야 하며 새로운 소망을 따르기 위해 새로운 명을 받아야 하고 자녀로 행동하기 위해 아들로 인침을 받아야 한다. 우리를 위한 역사는 우리 안에 있는 역사 속에서 받아들여지기를 원한다. 그러나 이런 방법으로 의롭다 칭함과 성화를 함께 표현하는 것은 위험스럽다. 이때 대강 두 가지 연속된 행위를 암시하지만 실제로는 한 가지이며 같은 행위를 다루기 때문이다. 하나님의 말씀은 항상 창조하는 행위이다. 우리를 자녀로 부르실 때 우리로 하여금 자녀로 활동케 하여 주시고 새로운 관계를 시작할 때에 새로운 피조물로 만드신다. 이런 관계는 양면성을 띠면서도 한 가지 은총이다. 의롭다 칭함과 성화는 결코 두 가지 면이 아니고 뿌리와 열매의 관계와 같은 것이다. 인간이 하나님의 형상에 따라 변화하듯이 그리스도와 접목되는 것이 바로 거듭남이다.

내 생각에는 우리 모두가 의롭다 칭함과 성화가 한 사건임을 인정하는 듯 싶다. 그러나 이 관계를 더 정확히 형식화하려 하면 새로운 차이점이 발견된다. 한 편으로 위대한 개혁주의 설교자 코올부르그(Kohlbrugge : 1803-1875) 같은 사람이 생각나는데 그에게 있어서 죄많은 인간이 의롭다 칭함을 받는 것이 바로 하나님 말씀의 하나이면서 전부였다. 그는 성화에 대한 권고를 싫어했는데 그렇게 함으로써 자기 구원이나 바리새주의로 전락할까 두려워했기 때문이다. 그에게 있어서 중요하게 여겨지는 죄는 인간의 자만심, 즉 스스로 구원을 얻으려는 반동적인 경향이었다. 인간은 의롭다 칭함에 충실하면서 그리스도께서 우리를 위해 어떤 일이라도 하셨고 인간이 할 일이라고는 감사밖에 없다는 사실을 믿는 길 외에는 달리 할 일이 없다. 이런 믿음의 태도가 선한 사업에 가장 비옥한 토양이 된다고 코올부르그는 확신하고 있다.

한편 웨슬레(John Wesley : 1703-1791)를 생각할 수 있는데 그는 믿음을 통한 의롭다 칭함만을 생생한 진리로 여기고, 의롭다 칭함과 성화를 엄격히 구별하면서 모든 기독교인이 가장 심각히 따라야 할 목표는 사랑을 완전한 띠로 삼는 일이라고 여겼다. 그의 설교 중 가장 중심사상은 거룩한 것을 끊임없이 권면하는 일이었는데 이는 "타고난 완전성", 즉 인간이 믿음 안에서 완전해질 수 있다고 믿었기 때문이다.

코올부르그와 웨슬레는 서로의 설교를 싫어했을 것이다. 내가 생각하기로 독단적인 신학은 서로 편을 들어 결정해서는 안 되고 다음 세 가지를 유념해야 한다. 첫째, 죄는 본래 여러 형태로 나타난다. 죄는 자만심, 바리새주의, 자기 구원 등의 모습을 갖고 있으며 또 게으름이나 정숙주의(quietism) 등의 모습을 띠기도 하는데 이런 형태들은 서로를 달리 강조해 주기 바란다. 둘째, 전자를 너무 강조하다 보면 정숙주의와 도덕율 폐지주의가 되기 쉽고, 후자를 강조하다 보면 율법주의와 구원에 이르기 쉽다는 사실을 명심해야 한다. 세째, 양측 모두가 상호 보완적으로 이해되어야 한다는 점이다. 사랑없는 믿음은 죽은 것이며 거짓 믿음인 것처럼 의롭다 칭함을 입고서도 감사하지 않는 성화는 인격수양에 불과하다. "의롭다 칭함"과 "성화"라는 두 단어가 각기 다른 영적 단계나 상황을 나타내지 않고 다함께 두 측면에서 성령이 우리와 함께 하는 단계, 즉 하나님의 형상을 따라 변화받기 위해 우리의 구세주를 향한 단계에 이르고자 하는 노력임을 사람들은 쉽게 잊어버린다. 이런 단계야말로 우리가 거듭나는 단계이다.

2) 그리스도와 함께 죽고 삶

거듭남의 단계를 다른 말로 표현하기 위해 다른 한 쌍의 단어들, 즉 그리스도와 함께 "죽고 삶" 또는 고난(mortificatio)과 생명을 얻음(vivificatio)이 필요한데, 의롭다 칭함과 성화와 일치하지는 않는다. 실제로 이 두 낱말은 조직신학에서 중요한 역할을 하지는 않는다.

종교개혁 당시에 이 두 낱말은 자주 쓰였지만 루터와 그의 추종자들에게는 그리 친근하지 못했고, 루터 자신은 오히려 다른 사람을 위한 일과 자기 자신을 위한 일(opus alienum과 opus proprium) 같은 낱말들을 더 좋아했다. 칼빈과 개혁주의 전통은 반대로 성령론에서 고정된 용어로 "고난"(mortification)이나 "생명을 얻음"(vivification) 같은 낱말을 자주 썼는데 이 점에 대한 루터식과 개혁주의간의 차이는 용어뿐만 아니라 그 내용에서도 찾아 볼 수 있다. 루터주의에서 낱말들은 의롭다 칭함을 입는다는 관점에서 사용되는데 그들에게 있어 우리가 죽은 것은 회개요 참회이며 우리가 다시 사는 것은 의롭다 칭하시는 그리스도를 즐겁게 믿는 믿음이다. 반면 개혁주의 전통에서 그같은 낱말들은 성화의 관점에서 사용되는데 우리가 죽는 것은 끊임없이 자기를 부인하고 죄 많은 자아를 향해 투쟁하는 것이며 다시 사는 것은 새로운 삶 속에서 거닐며 새 사람으로 지음받아 하나님의 형상을 닮아 날마다 재창조되는 것이다.[4] 칼빈은 때때로 죽어서 다시 사는 것을 연속적인 행위로 보는 인상을 주지만 실제로는 동시적이면서도 서로 앞뒤가 바뀔 수도 있다.[5]

하이델베르크 교리문답(Heidelberg Catechism)에서는 이 문제에 대해 문답 88번에서 90번에 걸쳐 루터식과 개혁주의를 결합시키고 있다. "옛 자아가 죽는다는 것은 무슨 의미인가"라는 질문에 "우리가 지은 죄를 심히 슬퍼하고 더 미워하며 이제는 멀리하는 것"이라고 대답하고 있고, "새 사람으로 태어난다는 것은 무슨 의미인가"라는 질문에 "그리스도를 통해 하나님 안에서 기뻐하고 하나님의 뜻에 따라 하나님의 선한 사업을 하면서 사는 것"이라고 대답하고 있는데, 때때로 하이델베르크 교리문답은 문제를 직관적으로 해결시켜 주고 있다. 고난(mortification)과 생명을 얻음(vivification)은 거듭남을 전체적인 방법으로 묘사하는 다른 방법으로 "의롭다 칭함"과 "성화"를 각각 연결시킨다면 더 분명히 이해될 수 있을 것이다.

우리가 의롭다 칭함을 얻는 것은 그리스도와 죽었다가 다시 사는 것을 구체화한 것으로 의롭다 칭함을 얻는 중에 십자가에 그리스도와 함께 못박혀 죽어 묻히게 된다. 사실 믿는 중에 우리는 우리 대신 대속제물이 되신 고통받는 그리스도와 같다는 것을 느끼게 되어 우리의 죄 많은 삶이 그의 죽음으로 대속되었다고 고백하는 것이 중요하다. 그와 동시에 우리 대신 죽은 그리스도가 우리 대신 다시 살아나심으로 버림받았던 인간이 회복되어 새롭게 되므로 그리스도 안에서 새 삶을 영위한다는 사실도 알게 된다. 우리가 벗어야 할 옛 사람과 하나님을 본받아 새로 입어야 하는 새 사람에 관한 바울 이야기는 우리가 회개하고 믿음으로 우리의 대리자이신 그리스도와 동일시된다는 생각으로 그리스도 안에서 옛 사람과 새 사람의 입장 그리고 우리의 입장을 주로 논의한다.[6]

바울은 특별히 로마서 6장과 골로새서 2장에서 회개와 믿음뿐만 아니라 세례에 대해서도 언급하고 있다. 가장 적절한 의식은 세례인데, 바울에 따르면 세례 중에 그리스도와 함께 죽은 후에 다시 살아나지만 이 모든 것이 자동적으로 일어나는 것이 아니다. 골로새서 2:12에서 바울은 "죽은 자들 가운데서 그를 일으키신 하나님의 역사를 믿음으로 말미암아"라는 말을 덧붙이고 있다. 세례는 자동적인 일도 아니고 우리가 흔히 쓰는 말인 "상징적"인 것도 아니다. 세례란 의롭다 칭함을 받는다는 점에서 인침이요 확증이며, 그리스도와 함께 죽었다가 다시 사는 것인데 세례 중에 그가 십자가에 못박혔다가 부활한 것이 우리 삶 속에서 구체화되기 때문이다. 확실히 "우리가 그의 죽으심을 본받아 연합한 자가" 되는 것(롬 6:5)이다. "이와 같이 너희도 너희 자신을 죄에 대하여는 죽은 자요 그리스도 예수 안에서 하나님을 대하여는 산 자로 여길지어다"(롬 6:11). 이 말은 우리의 믿음이 세례 중에 생긴 일들의 기반 위에서 이루어진다는 뜻으로 옛 모습에 대해서는 끊임없이 "아니오"라고 회개하고, 그리스도 안에서의 새 인간이 결정한 것에는 기꺼이 즐겨 "예"라고 대답하는 것이다. 우리의 성화되는 것 또한 그리스도와 함께 죽었다가 다시 사는 것을 의미하는 것인데 성화가 우리의 실제 삶 속에서 (하나님에 의해) 적용되고 (인간들에 의해) 심각히 인정받는 의롭다 칭함을 구체화한 것이기 때문이다. 먼저 성화란 인간의 자기 중심적이고 세속적인 존재방식이 그리스도의 희생으로 헛되게 되었다고 깊이 인정한다는 뜻으로 결과적으로 헛되고 무익한 것을 죽여 없애기 위해 인간은 스스로 노력해야만 한다. 그리스도와 함께 죽음으로 끊임없이 자기를 부인하거나 예수님의 말씀처럼 자기 십자가를 진다는 의미이다. 이 표현은 우리의 뜻과는 반대로 우리에게 다가오는 슬픔과 고통을 기꺼이 감수한다는 뜻이라기보다는 성령의 능력 가운데 우리 자신과 기꺼이 투쟁을 감수한다는 뜻이다. 예수께서 스스로 십자가를 질 것이라고 말씀한 직후 이 말씀을 하셨던 사실(막 8:31-34)은 매우 의미심장하다. 바울은 이야기를 우리 안에 있던 성령과 우리 육체, 즉 자만과 욕망으로 가득한 죄적 본성간의 싸움으로 묘사하고 있다(갈 5:17-26). 이 싸움에서 성령은 최악의 국면에 직면한 것처럼 보이지만 바로 이 싸움을 통해 우리의 삶 가운데 성령이 임재해 계심을 알 수 있다. 만일 우리가 이 싸움을 멈춘다면 이미 우리 안에는 성령이 계시지 않는다. 때때로 우리는 "오호라, 나는 곤고한 사람이로다. 이 사망의 몸에서 누가 나를 건져내랴"(롬 7:24)고 말할 수 밖에 없지만 우리의 승리의 보증이 되시고 다시 살아나신 예수님을 바라보면 "우리 주 예수 그리스도로 말미암아 하나님께 감사하리로다"(롬 7:25)라고 고백하게 된다. 하나님의 능력으로 계속해서(칼빈은 "더욱더"(more and more)라는 말을 쓰고 있다) 행동하고 결정하면서부터 어리석어 보이던 하나님의 방법이야말로 가장 진실된 지혜요 삶이라고 인정하게 되는데 바로 이 순간이 그리스도와 함께 다시 살아나는 순간이다. 바울은 이것을 설명이라기보다는 권고하는 말로 이야기하고 있고 하이델베르크 교리문답에서는 "가장 거룩한 자는 삶 속에 순종함으로써 첫출발을 시작한다"(답 114번)고 서술한다. 그럼에도 불구하고 진짜 첫출발은 "그리스도와 그 부활의 권능을 앎"(빌 3:10)으로써 시작된다.

고난과 생명을 얻는 것은 의롭다 칭함을 얻거나 성화라는 견지에서가 아니라 소명(vocation)의 관점에서 기독교인과 세상을 향한 교회와의 관계를 묘사할 수 있는 세 번째 측면이다. 그리스도와 함께 죽는 것이 우리 자신을 통해 보일 뿐만 아니라 우리를 둘러싼 자만심, 허영, 우상 등 세상을 통해 볼 수도 있게 되어 "세상은 나에게 그리고 나는 세상에 각각 십자가에 못을 박아 왔다"는 뜻이다. 그 결과 우리는 결정적인 순간에 주변의 세상적인 방법에서 벗어나게 된다. 이렇게 세상과 짝하지 않음으로 필연적으로 우리 주변에서 멀어지게 되어 특별한 상황 하에서는 탄압과 순교에까지 이르게 된다. 예수의 제자는 이런 방법으로 그리스도의 십자가를 같이 져야 한다는 사실을 알아야 한다. 고린도 후서에서 바울은 고난에 대해 이야기하면서 특별히 그리스도와 함께 죽고 다시 사는 의미를 보다 심각하고 강한 어조로 다음과 같이 적고 있다. "우리가 사방으로 에워싸임을 당하여도 싸이지 아니하며 답답한 일을 당하여도 낙심하지 아니하며 핍박을 받아도 버린 바 되지 아니하며 거꾸러뜨림을 당하여도 망하지 아니하고 우리가 항상 예수 죽인 것을 몸에 짊어짐은 예수의 생명도 우리 몸에 나타나게 하려 함이라." 또 다른 곳에서도 다음과 같이 언급한다. "죽은 자 같으나 보라, 우리가 살고……근심하는 자 같으나 항상 기뻐하는 자로다."[7] 성령을 통하여 그리스도께서 믿는 자로 하여금 그리스도의 길을 잘 따르게 하는 의미와 본질은 교회의 가르침에서 찾아 보기 힘들고 조직적인 용어로 구체화하기도 힘들지만 이런 면은 신약성경, 특히 바울과 요한에게서 확실히 드러난다. 이런 면을 깊숙히 생각해 보면 각

기독교인들이나 교회가 세상에서 행해야 할 방법이 무엇인가 보다 잘 이해하게 되어 기쁘게 받아들일 수 있을 것이다.

성령은 우리에게 거듭남을 허락하시고 우리 안에서 새 삶을 영위하시는데 그것은 건전한 길로서, 의롭다 칭함에서 성화로, 혹은 고난에서 생기얻음으로 이르는 길이다. 이때 의롭다 칭함과 고난을 무시할 수 없는데 칭함을 얻어서 수없이 새롭게 된 믿음만이 성화의 충분한 힘이 되며, 고행이 항상 생명얻음의 이면이며 외면이기 때문이다. 또한 이러한 삶 속에서 우리는 시작을 우리 뒤에 남겨 두지 않은 반면 항상 끝은 우리 앞에 있게 된다. 이 길의 목표가 이 세상의 삶 속에서 결코 성취되는 것은 아니다. 그러나 이 신비스런 과정에서 "우리가 그리스도를 닮아가게 되는데 이는 성령을 통해 이루어지기 때문이다"라고 믿어도 좋다.

4. 거듭남과 체험

이 앞부분에서 이야기된 내용에 일종의 부록삼아 교회사에서 상당히 중요시되고 개혁주의 신학에서 특별히 관심을 받고 있는 성령론의 한 일면, 즉 성령의 거듭나게 하는 역사 속에서 체험의 위치(독일어 Erfahrung ; 화란어 bevinding)에 대해 언급하고자 한다. 구체적인 질문으로 성령의 역사는 하나님의 약속에 따라 우리가 믿을 수 밖에 없는 진실인가? 우리는 의식적으로 그것을 체험하는가? 만일 그렇다면 어떻게 체험하는가? 이런 체험으로 성령의 임재를 증명할 수 있는가? 등이 있는데 이 모든 신학적인 문제들 "내가 하나님의 자녀인지 어떻게 알 수 있나? 성령이 내 안에 임재하고 있다는 확신을 얻을 만한 증표는 무엇인가?"와 같이 모든 신자들이 자문해 보는 문제들에 공통적인 근거를 두고 있다.

먼저 성령의 임재는 천지창조, 성육(incarnation) 그리고 속죄 등 우리가 기꺼이 믿어야 할 하나님의 말씀 중에 있는 믿음의 대상이다. 믿음이란 보이지 않는 것들을 확신하는 것이다. 그러나 그렇다고 믿음과 체험이 별개의 것은 아니다. 믿음을 통해 우리의 전 삶이 영향을 받으면서 나름대로의 체험이 생기게 된다. 이 점에 대해 이제까지 상당히 의견을 같이 해왔는데 "그러면 그 체험이라는 것이 무엇인가"라는 질문을 할 경우에 문제가 생긴다.

어떤 신학자들과 목사들은 믿음의 "의도적인" 성격이라 불리어도 괜찮다고 강조하는데, 믿음의 본성은 대상에게 전적으로 사로잡히는 것이 되는 것이라는 점이다. 믿음(pistis, fides)은 하나님을 신뢰할 만하다는 사실을 확신하는 행위로 하나님의 약속에 "아멘"(히브리어, amunah)으로 응답하는 것이다. 신실한 사람은 자기 자신, 내향성 그리고 무엇인가 이룩해야 하고 되어야 한다는 압박에서 벗어나 하나님의 은총으로 살아가면서 말 그대로 "자신을 짓밟아 버린다." 루터나 코올부르그, 그리고 바르트가 특히 이 점을 강조하고 있는데 성경과 목회자들이 이 점을 강조하고 있다는 것을 보여 주기 위해 코올부르그의 설교와 다른 글들을 읽어 보라고 권하고 싶다. 그는 언제 어디서 회개했느냐는 질문에 "골고다에서"였다고 답했으며, 그의 책 중에서 선택받은 증거에 대해 이야기하면서 "나는 어떤 사실로부터 인침을 받았다고 확증하는가"라는 질문에 "수세리(publican)가 멀리 떨어져 서 있다는 사실이다"라고 간단히 답하고 있다. 또 "당신이 자신에게서 진실한 은총의 징표를 찾을 수 없다고 느낄 때와 은총과는 멀리 떨어져 있다고 느낄 때 의지될 만한 간단한 문귀로 무엇이 있읍니까"라는 질문에 "'그럼에도 불구하고'(nevertheless)라는 짧은 글귀입니다"라고 간단히 답했다.[8]

자신의 구원에 대해 심히 걱정하고 모래 같은 감정과 내적 경험 위에 확신을 쌓으려는 사람들에게 적용해 볼 때 이런 주장은 건전하다. 이런 걱정을 해보지 않은 사람들에게 이 이야기를 하면 은총의 진리를 다만 외관적이고 객관적이며 때로는 지적으로만 받아들이기 쉬워 반발이 일어날 수도 있다. 왜냐하면 믿음이 한 편으로는 우리 자신의 자연적인 종교체험으로부터 해방시키지만, 다른 한 편으로는 성령의 거듭나게 되는 능력의 열매처럼 새로운 영적 체험을 창출해 내기 때문이다. 내 생각으로는 이 문제의 관점에서 서양교회사를 어느 정도 서술할 수도 있다고 생각된다. 옛 게르만 민족의 믿음은 군사적인 용어를 더 잘 쓰면서 객관적이었고(색슨족의 시, Heliand 참조) 클레르보 버나드와 십자군의 신앙심을 통해서 그리스도와의 관계는 더욱 개인적이고 내심으로 파고들게 되었다. 중세 말기에 이르러서는 루터가 믿음을 통해 의롭다 칭함을 얻는다고 설교해서 진정한 치료를 할 때까지 내향적인 도덕주의와 신비주의로 줄달음질치다가 일 세기도 안 되어 지적인 객관주의와 새로운 스콜라주의로 발전하면서 먼저 스코틀랜드와 네덜란드에서 "극단적 종교개혁" 그리고 후에 독일의 경건주의와 영국의 감리교가 가장 필요한 개선책이 되고 만다. 18, 19세기에는 다른 종교의 경건스럽고 자유로운 주관주의로 바뀌더니 제1차 세계대전 이후 신학은 이 주관주의에 대해 강한 반발을 하게 된다. 이 새 경향이 이끌게 된 객관주의는 지난 십 년 동안 불트만(Bultmann)파와 다른 사람들에 의해 심한 공격을 받아 오고 있다.

성령의 역사 중 체험의 합법적인 내용과 위치를 묘사하려면 개혁주의 신앙고백이 형성되었던 한 세기를 잘 살필 필요가 있다. 이는 신앙고백 속에서 깊숙이 다루어지고 있기 때문이다. 개혁주의가 거듭난 결과로서 생기는 경험에 루터교회보다 훨씬 더 많은 여지를 주는 경향이 있는데 그것은 두 가지 방향에서이다. 그들은 거듭남이 주로 선한 사업, 즉 사랑의 실천이나 개인적이고 내적 경험 속에서 작용한다고 믿고 있는데 전자를 윤리적 체험이라고 부르고 후자를 신비적 체험이라고 부른다. 이 문제에 대해 관심을 갖는 것은 개혁주의 전통에 그 밑바탕을 두고 있다. 16세기 후반 이래로 개혁주의에서 예정설을 강조함으로써 이를 개인적으로 선택을 받았다는 증표로 삼고 있는데 이 증표들은 체험의 영역에서만 기대되었다. 우리의 조상들이 실천적 삼단논법이라는 매우 부적절한 말로 이 문제를 표현했는데 이 말은 우리 실제생활의 체험이나 활동, 즉 실제 위에 기반을 둔 삼단논법이라는 뜻인데 "삼단논법"이라는 이 낱말은 부적절하다. 왜냐하면 우리가 다루고자 하는 것이 논리적인 결론보다는 특별한 행위나 체험 중에 우리가 하나님의 자녀라는 확증을 주는 성령의 역사이기 때문이다.

윤리적 체험의 분야에서 실천적 삼단논법이라는 고전적 표현은 하이델베르크 교리문답 86번에서 찾아 볼 수 있는데 선한 사업을 하는 이유의 하나로서 "우리는 믿음의 열매로 믿음을 확신할 수 있다"라고 언급하고 있다. 이 생각은 믿음만이 믿음으로 말미암은 결과를 구별할 수 있다는 사실을 암시하는 일종의 순환논법이라고 때때로 공격을 받는다. 그러나 문제는 그처럼 단순하지 않다. 요한 1서에서 "우리가 그의 계명을 지키면 이로써 우리가 저를 아는 줄로 알 것이요"(2:3)와 "우리가 형제를 사랑함으로 사망에서 옮겨 생명으로 들어간 줄 알거니와"(3:14, 비교 3:24) 같은 귀절을 생각해 보자. 개혁주의자들은 종종 이와 관련해서 베드로 후서 1:10에 "그러므로 형제들아, 더욱 힘써 너희 부르심과 택하심을 굳게 하라"를 잘 인용한다. 칼빈은 "우리의 수고로 하나님의 자녀됨이 증명될 수 있는가?"라는 질문에 대해 그의 「기독교 강요」(Institutes)에서 매우 조심스럽게 언급하고 있다. 니젤(Niesel)에 의하자면 칼빈은 실천적 삼단논법이라는 말을 거부한 것 같은데 칼빈의 성령론에 관한 책을 쓴 반데르 린데(Vander Linde)와 크루쉐(Krusche)에 의하자면 칼빈은 그 말을 받아들인다고 한다.[9] 나는 후자와 같은 생각인데 이렇게 의심을 하는 이유가 칼빈의 해설이 매우 조심스럽고 잘 균형잡힌 때문이라 생각한다. 그는 우리의 수고로 우리의 구원을 확신할 수 있다는 생각을 강력히 부인하지만 그 수고는 "보완하는 것"이요, "하나님이 우리 안에 거하고 있다는 증거"라고 말하고 있다. 즉 믿음에 대한 후천적인 위안이 되고, 요한1서 4:17에 대한 주석에서 언급한 것처럼 일종의 이차적 도움(secumdarium adminiculum)으로 작용하지만 "그러나 우선은 은혜만으로 이루어진다"고 덧붙이고 있다.

윤리적 삼단논법이 진리를 지적하고 있다는 사실을 인정해야 한다. 거듭나는 능력은 그것이 놀랍게도 우리의 육신적인 특성과 반대로 하나님의 뜻에 따른 일만 말하고 행동하도록 이끈다는 사실에서 알 수 있다. 이런 열매는 자만심을 가질 여유를 주지 않고 오직 겸손한 감사만의 여지를 줄 뿐이며, 하나님의 은총이 우리를 지나쳐 버리지 않으신다는 표시이다. 이 열매는 (기껏해야 애매한 체험인) 윤리적 경험에서가 아니라 하나님의 말씀과 약속에서 우리에게 올 수 있는 지식임을 입증해 준다.[10]

수십년 후에 신학자와 목회자의 관심이 윤리적 삼단논법에서 신비로운 체험(mystical experience)으로 옮겨져야 했는데 이렇게 관심이 바뀐 것은 17세기에 전 유럽의 교회, 특히 가톨릭교회가 앞서서 신비로운 내적 종교심의 물결을 탔기 때문이다. 개혁주의 교회에서 이제 문제는 "구도자가 영원한 신의 작정 안에 거한다고 확신케 할 만한 내적 체험이 있는가?"이다. 신비적 삼단논법의 고전적인 기록이 있는 곳은 도르트 신조이다. 여기에서 "선택을 받은 사람은 그리스도를 진실로 믿고 어린이처럼 하나님을 두려워하며 죄에 대해 슬퍼하고 의에 주리고 목말라하는 등 하나님 말씀 가운데서 이적된 대로 선택받는 사람이 맺는 틀림없는 열매를 맺고 마음으로 기뻐하며 기꺼이 자신 속에 관찰함으로써 이렇게 영원하고도 변함없는 선택을 확신한다"는 귀절을 볼 수 있다(Ⅰ, 12). "신실한 사람은 하나님의 은혜로 구세주를 전적으로 믿고 사랑한다는 것을 알고 느낄 수 있다"는 사실 속에서 스스로 확신할 수 있다는 귀절이 또한 인상적이다(Ⅲ, 13). 첫 번째 문장은 성경의 증거로서 고린도 후서 13:5에, 즉 "너희가 믿음에 있는가 너희 자신을 시험하고 너희 자신을 확증하라"를 삼고 있다. 그러나 이 귀절은 내용과 주해가 우리에게 가르쳐 주듯이 다른 질문에 대한 답이 된다. 다른 예는 아직 언급되지 않았는데 언급하기가 쉽지 않다. 윤리적 삼단논법을 주장한 칼빈은 신비적 삼단논법에 관해서는 언급하지 않고 있다. 그럼에도 불구하고 후자는 전자보다 훨씬 개혁주의 신앙에 큰 영향을 미치고 있다.[11] 이런 사실 속에 참회와 문화적인 이유가 있다는 데 대해 유감으로 생각한다. 도르트 신조에 보면 우리 스스로가 그리스도에 대한 믿음을 지켜야 한다고 하지만 믿음은 지켜질 것이 아니고 이루어져야 할 것이다. 죄에 대해 슬퍼하는 것도 즐겁고 기꺼이 지켜질 것을 요청하는데 우리가 죄로부터 고통받으면서 동시에 그 고통을 기꺼이 받아들일 수 있겠는가? 그런 논리는 정신분열증처럼 보인다. 또 그 신조에는 우리가 믿고 사랑하는 것을 "알고 느낀다"라고 말하고 있지만 우리가 사랑을 느끼려고 한다면 더이상 실제로 사랑할 수 없게 된다. 도르트 신조는 개혁주의 교회의 여러 곳에서 느낄 수 있는 후유증인 무익한 내향성의 긴 시대를 열었다.

　우리가 신비적 삼단논법에 반대하는 데에는 신학적인 이유뿐만 아니라 심리학적인 이유도 있다. 수세기 동안 유럽 기독교국은 희랍·로마 철학에서 전수된 인간의 기본개념을 간직했다. 인간은 자동적이고 자아중심적이며 개인적인 존재로 "지(知)와 의(意)"의 후에는 "지, 정, 의"로 이루어진 내적 생명체이다. 그런데 오랜 세월 후에야 성경에는 이런 생각보다는 인간이 하나님, 이웃 그리고 주변세계와 관련된 존재라는 사실이 더 적합하다는 것을 알게 되었다. 이 견해는 이제 20세기 인류학에서 보편화되어 있고 개인적인 성령론에서 오는 여러 전통적 요소에 종지부를 찍게 되었는데, "주입된 은총"(gratia infusa) 같은 낱말 등 많은 어귀들이 이제 사용되지 않게 되었다. 이제 거듭남은 내적 본질을 새롭게 한다(감정이라는 말은 보류해 두자.)는 개념보다는 하나님과 이웃에 새로운 관계를 갖는다는 개념으로 생각하게 된다. 이렇게 생각하자면 아직도 우리 앞에 있는 신학자와 목회자들의 공통된 임무인 개인주의적인 성령론을 완전히 재고해야 한다.

거듭남과 체험의 관계로 되돌아가 개혁주의자, 코올부르그 그리고 20세기 신학이 내세우는 관계에 관한 범주는 17세기에서 19세기까지의 내향성 및 본질에 관한 범주보다 훨씬 더 호소력이 있다고 해야만 하겠고 동시에 모든 일이 제 기능을 발휘한다는 것을 알게 된다. 그러므로 그리스도와 우리의 관계가 삶 속에서 어떻게 작용하는지를 물었던 조상들의 문제에서 우리는 떠날 수 없다. 그러나 명심해야 할 것은 십자가에 못박혔다 살아나신 예수와의 관계만이 윤리적이고 때때로 신비롭기까지 한 거듭나는 체험을 창출할 수 있다는 것이다. 구속주의 편에 서서 우리의 모든 과거를 잊어버릴 때만 거듭나는 체험을 하게 된다. 우리 자신을 잊고 그리스도를 바라볼수록 우리는 더욱 그의 사랑으로 충만케 되고 새 삶으로 거듭나게 된다.[12]

5. 거듭남의 세 번째 요소는 ?

이미 언급한 대로 교리를 보면 전통적으로 의롭다 칭함과 성화, 이 두 가지 면으로 거듭남을 이야기한다. 그러나 이 양분법은 신앙부흥운동과 오순절운동이 일면서부터 도전을 받아 오고 있는데 이 운동들을 통해 "성령충만" 혹은 "성령세례"라고 널리 알려진 개인마다의 삶 속에서 일어나는 성령의 축복을 경험하고 있다. 이들은 의롭다 칭함, 성화 그리고 성령충만이라는 성령의 세 가지 역사를 믿고 있다.

우리가 아는 것처럼 기성신학은 이제까지 부흥주의자들의 확신에 대해 그다지 관심을 쏟지 않았는데 이들과 신학교 및 대학에서의 신학과의 사이에 크나큰 장벽이 있어 왔다는 것이 놀랄 만한 일은 아니다. 내가 믿기로 이 장벽이 양측 모두에게 해롭기 때문에 나는 이 장벽을 뚫고자 한다. 그러나 내가 미개척 분야를 가야 하고 내가 다루고자 하는 다른 분야보다도 내 생각이 기본적이고 또 필요한 시정책임을 모르는 바는 아니다.

첫 번째 질문은 "성령의 역사 가운데 세 번째 요소를 가정할 만한 이유가 있는가?"이다. 이미 언급한 집단들은 이 질문에 적절한 답이 될 만한 성경귀절을 많이 제시하고 있다. 먼저 그리스도께서 성령과 불로 세례를 주실 것이라는 세례 요한의 약속을 들고 있는데 이 약속은 사도행전이 시작되면서 여러 번 반복되어 있고 저자가 생각하기에는 오순절 사건과 그후 여러 사건을 통해 성취된 것으로 여겨진다. 사도행전은 성령의 역사 중 세째면을 주장할 만한 실로 중요한 근거가 된다. 성령이 임한 제자들은 이 사건 전에도 매우 신실한 신자였고, 의롭다 인침과 성화 같은 제자의 도를 경험했었으나 그들은 더 많은 것이 필요했다. 누가가 말한 것처럼 성령충만이 필요했다.[13] 이와 비슷한 표현들이 누가의 기록에는 자주 나타나고 있는데 사도행전 2장을 제외하고도 그 같은 표현이 있다고 오순절주의자들이 주장하는 귀절은 사도행전 8:14~17, 10:44 그리고 19:6 등이다. 사도행전 8:14~17에서는 하나님의 말씀을 받아들이고서 세례를 받는 사마리아인들을 언급하고 있는데 성령은 "한 사람에게도 내리신 일이 없었다." 이에 베드로와 요한이 와서 저들에게 안수하자 사마리아인들이 "성령을 받았다." 두 번째 귀절은 성령이 고넬료와 다른 회심자들에게 임하시는 장면을 묘사하고 있는데 "이는 방언을 말하며 하나님 높임을 들음이러라"고 표현되고 있다. 세 번째 귀절은 진실로 예수의 제자인 이방인들에 대해 이야기하고 있는데 바울이 "너희가 믿을 때에 성령을 받았느냐?"고 묻자 받지 못했다고 말했다. 그러나 바울로부터 세례와 안수를 받고서 "성령이 그들에게 임하시므로 방언도 하고 예언도 했다." 우리가 본 것처럼 세 귀절 사이에는 차이점들이 있다. 처음 두 번은 회개하고 성령을 받는 것 사이에 간격이 있고 10장에서는 동시에 일어났는데 그 경우에만 세례가 뒤따랐고 다른 경우에는 미리 세례를 받았다. 두 경우에는 안수가 필요한 것으로 언급되고 있지만 다른 한 경우에는 안수가 없었다. 그리고는 중요한 세부사항이 불분명하다. 그럼에도 불구하고 성령의 특별한 역사로 믿는 자들이 방언을 말하고 예언하며 하나님을 찬양, 즉 주변의 모든 이들에게 하나님의 전능하신 역사를 능력있게 표현하도록 능력을 주신다는 사실은 분명하다.

부흥운동자들과 오순절주의 그룹이 주장하는 다른 복음서는 고린도전서인데 거기서 바울은 성령의 은사들(고전 12-14장)인 카리스마타를 다루고 있는데 사도행전의 귀절처럼 성령의 특별 은사로 예언과 방언에 대해 언급한다. 바울에 따르면 신실한 기독교인마다 믿음, 소망 그리고 사랑(혹은 의롭다 칭함과 성화)에 덧붙여 그리스도의 몸을 세우기 위해 성령으로부터 특별한 은사를 부여받는다. 고린도 전서12:8~12 (오순절운동자에게는 가장 기본적인 성귀)에서 열거되는 은사 중에 바울은 지혜의 말씀, 믿음, 병 고치는 은사(특별히 귀신을 쫓아내는), 능력행함, 예언함, 영들 분별함, 각종 방언을 말함 그리고 방언 통역함을 이야기하면서 두 가지 점에 대해 강조하는데, 한 편으로 고린도 교인들에게 성령의 은사를 간절히 갈망하라고 격려하면서 다른 한 편으로는 사랑에 의해 통제받지 않는다면, 즉 그 은사가 적게 은사를 받은 이들에게 겸손히 봉사하는 데 쓰이지 않는다면 무익할 뿐만 아니라 해롭기까지 하다고 말하고 있다. 바울은 누가가 사용하는 용어처럼 많은 나열은 하지 않았지만 같거나 비슷한 의미를 지적하고 있는 것 같다. 그에게 있어 성령의 은사란 의롭다 칭함과 성화로 고갈되는 것이 아니고 더 많은 역사가 약속되므로 따라서 계속 추구되어야 한다. 이 모든 것을 통해 오순절주의자들이 중요한 교파(루터교와 개혁교회 : 역자 주)에서 인정되고 있는 것을 넘어서서 성령의 역사를 이야기할 때는 기본적으로 그들이 옳다고 결론을 내릴 수 있다.

그러나 성경의 자료를 어떤 방법으로 구조화하려 할 때 문제는 복잡해져 간다. 오순절주의자들은 어떤 희생이라도 감수하고서 기본적인 내용을 조화시키려는 근본주의자들이다. 조직신학자는 더욱 심오한 경향과 응집력을 추구해야 하는데 그래야만 차이점을 교묘히 발뺌하는 일 없이 잘 설명할 수 있다. 왜냐하면 사도행전과 바울 서신 사이에는 깊은 차이점이 있고 그것들을 다루는 방법이 전체에 결정적인 역할을 하기 때문이다. 전형적인 누가의 용어를 바울은 사용하지 않는다고 이미 언급했다. 은사를 다루는 바울 서신의 귀절들을 세밀히 분석해 보면 바울에게 있어서 성령의 특별한 역사에는 가르치는 것과 다스리는 것(고전 12 : 28), 섬김, 일, 성실함, 긍휼 그리고 권면(롬 12 : 6-8)이 포함된다. 누가에게 있어 방언은 중요한 은사였으나 반면 바울에게는 중요하지 않는 현상으로 무익하기까지 하는데 그에게 있어서는 예언이 중요한 은사이기 때문이다. 다른 차이점은 바울은 그보다 이 성령의 역사를 부차적인 행동으로서 한참 후에 올 수 있다고 말하지 않은 점인데 그에게 이 세 번째 은사는 다른 것에 속하여 그것들과 조화를 이루기 때문이다.

이런 차이점들이 너무 커서 바울과 누가가 각기 다른 일들을 이야기하지 않나 하고 믿을 만도 하겠지만 이는 놀랄 만하게 조화를 이루고 있다는 사실을 무시한 결과이다. 내가 설명하고자 하는 차이점은 누가는 역사가적인 관점으로 예루살렘과 유대와 사마리아와 땅 끝까지 이르러 복음이 전파되는 과정을 묘사하고 싶었다는 점이다. 이 목적과 결부시켜서 네 번의 다른 시점에서 성령의 성공 장면을 묘사하면서 성령충만하여 방언을 말하고 예언을 하는 장면을 묘사한다. 첫 번째 성공은 예루살렘에서 오순절 사건(2장)이고, 두 번째는 사마리아에서였고(8장), 세 번째는 "하나님을 두려워 하는" 자들인 회심자들에게서이며(10장), 네 번째는 에베소서의 이방인 세계에서였는데(19장) 뒤의 세 사건은 고넬료(10 : 47, 11 : 15)의 경우 베드로가 분명히 밝힌 것처럼 오순절의 반복으로 여겨진다. 희랍식의 역사가와 작가로서의 누가의 능력은 이야기들 속에서 명백하다. 우리는 조직신학에서 그것들을 직접 적용하지 않지만 누가가 비슷한 현상들이 기독교인들의 삶에 속한다는

122   I. 신학적 성령론

사실을 알지 못했다면 이런 식으로 묘사하지는 않았으리라고 가정할 수 있다.
　누가의 선생인 바울은 이와 같은 현상이 고린도 전서 12장과 14장에 있다고 이야기하는데 누가와는 달리 그의 목적은 역사적 사실을 전달하기보다는 목회적 지도를 하기 위함이다. 고린도에서 바울은 누가가 그 기원을 밝힌 전통이 발전하여 타락해 가고 있는 모습을 보았는데, 너무 열중하다 보니 사랑없는 자만심과 혼란을 야기하게 된 것이다. 그런 상황에서 바울은 성령충만의 신학이라고 불리는 것을 발전시킨다. 초창기의 어떤 역사적인 사건도 이미 설립된 교회 속에서의 교회 생활을 위한 정상적인 개념 속에서 그 의의를 찾을 수가 없었다. 물이 힘차게 솟음으로 새 샘은 시작되고 곧 이어서 더 잔잔한 흐름으로 발전한다. 어떤 이들은 새로 솟는 것이 계속되기를 바라지만 어떤 이들은 솟는 것이 중단된다고 해서 샘이 끝장이라고 믿기도 한다. 바울은 세 번째 생각을 갖는다. 조직신학은 그의 생각을 따라야 한다. 한 편으로 기성 교회가 이 생각을 너무 소홀히 다루고 있다는 점과 또 한 편으로는 그 출발점을 바울의 생각이 아닌 누가의 개념으로 삼는 오순절주의 신학을 우리는 거부해야 한다.

6. 세 번째 은사의 특성

　세 번째 은사의 특성을 이해하기 위해 누가와 바울이 공통적으로 강조했던 성령충만, 즉 은사의 결과를 왜 강조했는가를 알아 보자. 누가복음과 사도행전에서 누가가 성령충만을 이야기할 때마다 이 사건으로 인한 내적 감정보다 사람들이 예언하고 찬양하며 그리스도의 증인이 되고, 방언을 말하며 반대자들에게 증거하고, 용감히 하나님의 말씀을 전파하고, 예수를 선포하기 시작하는 것 등 외부로 나타나는 결과를 매우 강조한다. 이 모든 표현들이 성령충만과 연결지어 누가에 의해 사용되는데 예외없이 다른 사람들과 대화를 하기 위해 정해진 능력으로 여겨진다. 바울에게도 마찬가지이다. 은사의 가치를 분별하는 기준은 그가 "교회의 덕성"(edification)이라 부르는 것에 방향이 돌려지는지의 여부에 달려 있다. 고린도 전서 14장에서 주로 이 기준을 발전시키지만 로마서 12:4~9까지의 성귀도 또한 이런 관점에서 분명한 귀절이다. 은사는 개인에게 주는 선물이지만 절대로 사적인 용도를 위한 것은 아니며, 대체적으로 사람들에게 도움이 되고(고전 14:23-25을 덧붙여야 한다.) 이런 방법으로 세상에 증인이 되도록 하기 위함이다. 각 지체가 분량대로 역사할 때만 온 몸이 그 몸을 자라게 하며 사랑 안에서 스스로 세우느니라(엡 4:16). 혹은 고린도 전서 13장에서처럼 사랑이 없으면 모든 성령의 은사는 쓸모가 없게 된다.

성령충만은 세상과 교회에서 성령의 하시고자 하는 일의 도구가 되게 하기 위해 각 개인을 무장시킨다는 뜻이 분명하며, 사랑과 선한 사업 중에 이웃에 그리스도의 증인되게 하는 성화로 표시된 것 이상을 의미한다. 이것은 공통적인 인간 본성과 관련지어 흔히 있을 수 있는 명령으로 사람과 사람 사이의 관계 속에서 이행될 수 있다. 그러므로 믿음, 소망, 사랑 등 성령의 열매에 덧붙여 성령의 은사가 있는데 이것들은 사람마다 다르고, 성령의 역사가 보다 넓은 교회와 세상적 차원 속에 우리가 참여하는 수단이 된다. 성령충만이란 의롭다 칭함받고 성화된 자들이 소위 안에서 밖으로 전환한다는 의미이다. 사도행전에서 그들은 세상에 가장 주된 관심을 돌렸고 바울은 그리스도의 몸 전체에 관심을 두었지만 이것은 단순히 상황과 강조점에서 오는 차이에 불과하다. 누가는 그것을 "충만"이라 불렀지만 에베소서 4장에서 바울은 인간의 성장과 성숙에 관련지어 말하고 있는데, 이는 우리 모두가 알다시피 자연적인 삶 속에서 우리의 경험이 자신의 중요한 내적 요소가 되지 않으면 잘 표현할 수 없기 때문이다. 성령이 우리에게 주시는 것들을 공유하는 능력은 인간을 향한 성령의 역사라는 보다 넓은 관점에서 성령이 성숙했다는 표시이다. 이런 성숙은 신비로운 각 개성과 관련되어 있다. 성령은 의롭다 칭하면서 우리의 중심을 차지하고 성화시키며 또한 인간 본성의 전 범위를 차지하며 충만케 하면서 나 혼자만이 갖는 특성이나 나의 전 생애에 영향을 주면서 특별한 기여가 될 개성을 차지한 후 하나님의 전체 나라를 위해 사용하신다.

이런 방법으로 세 번째 은사를 정의하면서 역사가(歷史家) 누가와 사도 바울의 달리 보이는 몇 가지 문제를 우리는 결정할 수 있다. 사도행전에서 은사(charismata)가 초자연적인 현상으로 보이지만 바울은 특히 로마서 12장에서 하나님을 섬기는 데 쓰이는 자연적인 은사로 여기고 있는 것이 분명하다. 사도행전에서 카리스마타는 황홀하고 인간 능력 밖으로 여겨지지만 바울서신에서는 "예언하는 자들의 영이 예언하는 자들에게 제재를 받나니"(고전 14 : 32)처럼 신실한 사람은 마음대로 할 수 있는 것을 알 수 있다. 사도행전에서는 우리의 영향력과는 상관없이 특별한 은사를 받는 데 반해 바울 서신에서는 "성령의 은사를 간절히 바라"야 하며 바랄 수 있다고 말한다(고전 12 : 31, 14 : 1).

서두에서 기존신학은 성령의 역사 중 이 부분을 소홀히 여기고 있다고 말했는데 한 사람의 예외가 있다. 그는 바르트(Karl Barth)로서 그의 「교의학」의 마지막 권(Ⅳ. 3)에서 그같은 사실을 언급하고 있다. Ⅳ. 1에서 의롭다 칭함을, Ⅳ. 2에서 성화를 다루고서 "부르심"이라는 세 번째 면을 소개했다. 의롭다 칭함을 받고 성화된 기독교인은 그리스도의 역사에 동참, 즉 증인이 되라고 부름을 받는다. 또 다른 점에서 바르트가 개인구원 이상으로 이 부르심을 찬양하는 방법을 다루는데 바르트가 성령론에서 이 세 번째 차원을 알고 있다는 사실을 강조한다. 우리가 여기서 다루고 있고 부흥운동자들과 오순절주의자들이 갖는 관심과 관련된 성경의 기록은 바르트의 발견과 우연히 관련시키지만 나는 그의 생각 속에서 지금 우리를 사로잡는 일들에 대한 넓은 시야를 발견하게 된다.

7. 은사의 다양성

지금 이야기된 것에 따르면 성령의 은사(charismata)가 다양한 것은 사람마다 다양한 것과 같다. 로마서 12 : 6~8, 고린도 전서 12 : 8, 28, 14 : 6, 에베소서 4 : 1 등 다섯 귀절에서 바울은 은사를 열거하고 있는데 서로 중복되지만 결코 같은 것은 아니다. 특별히 놀랄 만한 것은 로마서 12 : 6~8에서의 보통 은사와 고린도 전서 12 : 8~10에서의 특별 은사간의 차이점이다. 바울은 특별 은사의 입장에 서서 매우 일관성을 주는 고린도에서의 경향을 반대하기도 했고, 모든 사도의 권위를 들어 특별하지 않은 은사에 있을 수 있는 다양성을 변호하기도 하는데 변호에서 공격으로 바뀌기도 한다. 바울은 몸을 세우는 데 아무 소용이 없기 때문에 가장 고귀한 은사로 여겼던 방언을 가장 낮은 것으로 여긴다. 소위 방언은 고대 세계에 널리 퍼진 종교현상인데 바울은 "너희가 이방인으로 있을 때에 말 못하는 우상에게로 끄는 그대로 끌려갔느니라"(고전 12 : 2)고 암시하고 있으며, 그런 무아지경에 빠진 사람이 가끔 "예수여, 저주받으라!"고 말할 수 있기 때문에 그런 무아지경이 성령의 징표만은 아니라는 사실을 환기시킨다. 바울 자신이 방언의 은사를 소유하고 있지만(14 : 8) 마음과 정성이 더이상 합하여지지 않는 무아지경의 징표는 회중 앞에서 받아들여지지 않는다(14 : 12). 방언은 통역이 필요하다. 그렇지 않으면 그리스도의 몸을 세우지 못할 뿐 아니라 은사로서 돕는 일, 다스리는 일, 가르치는 일 그리고 섬기는 일보다 훨씬 못하게 된다. 그래서 바울이 말할 수 있는 최선책은 "방언 말하기를 금하지 말라"(14 : 39)이다.

같은 귀절에서 그는 "예언하기를 사모하라"고 했다. 바울은 예언하기를 은사 중 가장 고귀한 것으로 여긴다. 우리는 신약성경에 나타난 예언의 내용과 신학적 관련성을 연구해 볼 필요가 있다. 내가 생각하기에는 이 책에서 예언이 주어진 상황에서 하나님의 뜻이 무엇인가를 이해하고 표현할 수 있는 은사라는 사실 이상은 말할 수 없다.[14] 이 많은 도전과 혼란으로 가득 찬 오늘날 그같은 은사를 바랄 수 있다니 얼마나 다행스러운가! 오늘날 교회에 이 은사가 부족하다고 확신하는가? 아마도 교회생활 중 적든 크든 간에 예언자가 우리 중에는 있지만 그들을 알아 보지 못하고 그들의 통찰력과 경고를 개인의 의사로 여겨 버릴 수도 있다. 초대교회 시절에는 이와는 반대되는 위험에 빠져 있었다. 진실한 예언과 거짓 예언을 충분히 구별하지 못한다는 생각에서 예언을 억제했다. 그러므로 바울은 "영들을 분별하는 능력"(12 : 10)을 은사라고 말한다. 특별히 몬타니스트운동에서 나타나는 것처럼 이것을 남용하므로 이 은사를 시들게 해왔다. 그러나 로마서에서 남용하여 사용한 것은 금한다 : (absus non tollit usum)라고 올바르게 말한다. 초대교회와 현대교회가 공통적으로 갖고 있는 잘못은 모두가 예언을 개인적인 은사로 여기고 있다는 점인데 그러나 대체적으로 교회에 의해 사용되고 확인되어야 한다.

여기에서 바울이 열거한 은사를 모두 다룰 수는 없다. 그 중 어떤 것들의 의미는 매우 모호하고, 또 이 책에서 특별히 다룰 필요가 없는 것도 있는데 그 성격에 의해 각각의 특성, 역사적, 지역적 상황 그리고 그리스도의 몸과 세상의 필요에 따라서 각기 다르기 때문이다.

8. 교회와 교파 속에서의 진리와 비진리

마지막으로 교회와 오순절운동간의 반목으로 인해 생긴 결과에 대해 약간 언급해야겠다. 그 중 우리에게 가장 쉬운 점, 즉 오순절운동이 우리가 신약성경에서 정상적인 노선이라 여기는 것으로부터 어떤 점에서 벗어나고 있는지 지적해 보자. 이미 언급한 대로 오순절주의자들은 누가의 관점에서 바울을 해석하고 있는데 그것은 건전하지 못한 해석 방법이다. 바울에 관해 고린도 전서 12:7~11을 집중적으로 다루지만 은사를 조직적으로 완전하게 설명하지 못하고 있다. 또 바울이 다른 성경귀절에서 언급한 그리 중요하지 않은 은사는 같은 방법으로 무시한다. 그외에도 방언 말하는 것에 가장 큰 관심을 쏟는데 바울이 보기에는 방언 말하는 것이 부차적인 은사에 불과했다. 마지막으로 이렇게 특별히 관심을 쏟는 이유는 이 그룹 내에서 은사를, 은사가 부족한 사람을 섬기기 위한 수단이라기보다는 개인을 향한 하나님의 은혜를 측정하는 징표로 여겼기 때문이다. 이 모든 이유 때문에 교회는 오순절주의자들이 성령의 역사를 설명하는 것을 받아들일 수가 없다. 부차적인 은사를 받는 자들의 원인을 변호하고, 은사를 모두 실천하는 것이 사랑에 의해 통제되고, 그리스도의 몸을 세울 목표이어야 한다고 강조하는 것이 교회의 외침이 되어야 한다.

동시에 "비오순절주의"교회들은 오순절운동을 통해 하나님이 우리에게 성령을 소멸치 말고 성령의 은사를 갈망하라고 권면하는 소리를 들어야 한다. 고린도 전서 12~14장을 어떻게 생각해야 할까? 오순절주의자들과 우리 주변 세상에 우리가 그리스도께 하듯 모인 이들을 섬기라는 진리를 어디에서 보여 줄 것인가? 오순절운동은 수직, 수평운동처럼 내적 성장과 외적 팽창이 결여된 교회에 대한 하나님의 경고이다. 우리는 다양한 성령의 은사들의 의미를 재발견해야 하지만 고린도에 있었던 상황을 재연하지 말고 오순절시대에 내맡긴 채 상관치 말아야 된다. 오늘날의 생활방식과 필요성에 대한 바울의 가르침에 비추어 은사들을 이해해야 하는데 이를 위해 기나긴 세월 동안 같이 생각하고 기도해야 한다. 그러면서 오순절주의에서 배울 수 있는 것을 기꺼이 배워야 한다. 또 교회생활 중 우리는 그리스도를 사랑하는 사람마다 공동생활을 통해 성장하도록 도와야 한다는 강한 신념을 가지고 출발해야 한다. 섬기는 은사는 다스리는 일, 사회생활 그리고 가르치는 은사 만큼 필요하다. 각 구성원마다 공헌해야 할 바가 있다는 것을 알면서 유럽 교회는 북미 교회로부터 많은 것을 배우게 된다. 동시에 매우 무시되고 있는 은사, 특히 예언하는 은사를 재발견해야 한다. 또 우리가 성령의 은사들을 갈망할 때만 하나님은 우리가 지금 고민하고 있는 많은 문제, 예를 들면 평신도의 역할, 사회와 정치 문제에 대한 공동 의견, 교회의 선교역량과 선교구조 그리고 교회의 눈에 보이는 연합 문제 등을 해결해 주실 것이다.

7
성령과 인간의 영

성령과 인간의 영 사이에 있는 관계에 대한 문제는 기독교 신학의 주류에서 이상하게도 무시되어 왔다. 그 역사의 대부분을 통하여 기독교 신학은 성령, 즉 "아버지와 아들께로부터 나오시는" 영에 관한 교리에 대한 관심이며, 이 속에서 그것은 신약이 강조하고 있는 바에 대하여 충실하였다. 그것은 이러한 성령이 본질적으로 그리고 그 역할에 있어서 인간 속에 있는 영과 어떤 관계가 있는가라는 질문에 대해서는 거의 관심이 없었으며, 이 점에 있어서도 그것은 신약의 본을 따라왔다. 그런데 신약은 인간이 영을 부여받은 존재라는 점을 인정하고 있다. 그래서(그것들이 동일한 명칭을 가졌기 때문이라고만 한다면) 어떻게 신의 영이 인간의 영에게 관련되어 있는가라는 질문이 반드시 일어나게 되어 있었다.

1

그런 질문은 기독교 신앙이 유대 사상의 경계를 넘어서 전파되어 희랍문화 세계에 들어갔을 때에 최초로 발생했는데, 거기서 그것은(항상 이런 이름으로 나타나는 것은 아니지만) 인간의 영의 의의와 능력에 관한 고고한 견해와 마주치게 되었다. 희랍 천재들의 가장 특징적인 산물들 가운데 하나라고 이야기될 수 있는 영에 관한 개념은 헤라클리투스(Heraclitus)의 사상 속에서 그 싹을 볼 수 있으며,[1] 플라톤에게서 그것의 고전적인 표현을 띠고 나타난다. 인간의 자기 초월 또는 초월적인 실재의 자각에 관한 원리로서 영은 갈망 또는 열망, 즉 플라톤의 향연 속에 묘사되어 있는 그 에로스, 혹은 완벽하고 신성한 미에 대한 사랑의 형태로 그 자신의 모습을 드러낸다. 이런 부류의 사상의 보급은 상관관계의 신학에 대한 이상적인 기회를 제공하는 듯이 보였다. 그래서 아테네와 예루살렘 사이에는 아무런 통행도 있을 수 없다고 주장하던 터툴리안(Tertullian)과 같은 고립된 인물들에 의한 저항에도 불구하고, 초대교회의 신학자들은 거의 대개가 인간의 영의 에로스를 영의 은사 속에서 실현되는 충만함에 대한 열망이라고 해석함으로써 이교도 철학과 타협하고자 하였다. 고대 교회에서 이루어진 이러한 접근의 대표자는 물론 어거스틴(Augustine)이었다. 그에게 있어서 자신이 존재의 핵심에서 발견한 쉬임없는 추구는 창조주를 향한 피조물의 존재론적 지향의 표시이다 : "당신은 당신을 위하여 우리를 만들어 놓았으며, 우리의 가슴들은 당신 안에서 그 쉼을 찾을 때까지 안정을 얻지 못합니다."[2] 이 말은 자기 초월에 대한 원리나 능력이 인간 속에 있는 초월적인(praecellit) 것을 수단으로 하여 만물을 초월한 것, 즉 참되시고 가장 선하시며 유일하신 하나님께 도달해야만 한다."[3] 이러한 상관관계 신학은 중세 스콜라철학에서 그 전성기를 맞이하는데, 거기서 인간론은 열망(aspiration)이라는 주제에 의하여 지배되었다. 예를 들면, 아퀴나스(Aquinas)에게는 모든 지적인 피조물들의 본질이란 하나님 안에서 그들의 지복(beatitude)과 가장 중요한 목적을 찾으려는 경향이다. 그래서 비록 그는 그렇게 하지 않았을지라도, 무한자에 대한 유한자의 열망이 인간의 영에게서 기인한다고 하는 것이 자연스럽다.[4] 이런 유형의 상관관계 신학이 주는 매력은 명확하며, 로마 가톨릭 사상 및 다른 데에서도 그것이 고수되는 것은 쉽사리 이해될 수 있다.[5] 젊은 시절의 루터에게서도 그것의 반향들을 발견할 수 있다. 「마리아의 찬가해설」 (*Exposition of the Magnificat*, 1521)에서 루터는 영을 묘사하기를 "인간이 이해할 수 없고 볼 수 없고 영원한 것들을 파악할 수 있게 해주는, 인간이 지닌 가장 고고하고 가장 심원하고 가장 고귀한 부분"이라고 하였다.[6]

그러나 그러한 견해는 종교개혁의 주안점과 연관시켜서 주장될 수 없다고 곧 느껴지게 되었다. 은혜만으로도 충분하다는 것은 인간측의 어떤 것과도 상관관계를 가질 필요를 남겨 두지 않았으며, 오히려 인간의 전적 타락(total incapacity)을 의미하였다. 소요리문답 속에 들어 있는 루터의 유명한 말들에 따르면, 성령에 대한 신앙은 다음과 같은 의미를 지니고 있다 : "내 자신의 이성이나 능력으로는 나의 주님 예수 그리스도를 믿을 수도 그분께 나아갈 수도 없지만, 성령께서 복음을 통하여 나를 부르시고, 그분의 은사들을 가지고 나를 교화하시며, 참된 믿음 속에 나를 거룩하게 하시고 보전하셨다는 것을 나는 믿습니다."[7] 여기에는 인간의 영에 관한 아무런 언급도 없으며, 인간의 영의 역할은 있을 수 있다고 할지라도 단지 성령이 오셔서 역사하는 영역 또는 범위를 형성하고 있을 뿐이다. 그것은 「마리아의 찬가해설」에서 인용한 위의 귀절에 잇달아 나오는 귀절에서 루터가 넌지시 이야기한 것과 참으로 흡사하다. 그는 말하기를 영은 이성이라는 빛에 의해 조명받는 영혼과 달리, 그것 자신의 빛을 전혀 갖고 있지 않아서 그것은 "하나님의 빛도 없이 믿음이라는 흑암 속에 거하시는 곳"인 성전의 지성소와도 같은 하나의 캄캄한 방이라고 하였다.[8] 그러나 이러한 것이 어찌하여 영이라고 하는 명칭을 가져야 되는지를 밝히기란 어렵다. 알다시피 그것은 전적으로 수동적이며, 영의 특색이라고 할 수 있는 역동적인 움직임을 결여하고 있기 때문이다. 종교개혁자들은 모두가 인간의 영에 대한 관심을 급속히 상실해 버렸다. 거기에는 한 가지 뚜렷한 이유가 있다 : 복음에 관한 그들의 새로운 이해에서 생긴 총력을 신학적으로 전개해 나갈 때, 그것은 인간의 영을 말살해 버리고 인간을 목석과 같은 생기없는 물체의 수준에까지 강등시켜 버릴 것처럼 보였기 때문이었다.[9] 칼빈은 인간의 영의 의의를 깨닫고는 자신의 사상 안에서 그것에게 한 부분을 부여하고자 하였다. 「기독교강요」(*Institutes*)라는 책의 처음 몇 장에서, 그는 상관관계 신학을 위한 기초를 놓고 있는 것처럼 보인다. 칼빈은 우상숭배의 존재(그리고 그것의 완강한 지속)에서 어떤 의미의 신성이 인간 각자의 가슴에 새겨져 있다는 것에 대한 증거를 찾았다. 인간이 태어나서 사는 목적과 인간의 진정하고도 더없는 행복은 하나님을 아는 것이다. "그래서 영혼의 가장 중요한 활동은 그것을 열망하는 것이다."[10] 그러나 이러한 것은 타락하지 않은 인간에 대해서만 단정될 수 있다는 것이 곧 분명해진다. 타락한 죄많은 인간에게 있어서 이러한 영적 열망은 뒤틀리고 더럽혀져 버렸으며, 인간이 하나님의 말씀과 그분의 영을 통하여 하나님에 대한 참된 지식에 이르게 될 때 인간의 영은 아무런 의미있는 역할도 하지 않는다. 하나님에 대한 지식은 신성한 영의 하달(downreach)에 전적으로 의존되고 있어서, 인간의 영 쪽에서 이루어지는 어떤 상달(upreach)의 움직임은 다만 그것을 빗나가는 시도일 뿐이라고 해석될 수 있다.[11] 그 결과는 인간의 영이 믿음 안에서 하나님의 영과의 긍정적인 관계를 맺게 될 수 없다는 것이었다. 그래서 인간은 아무리 해봐야 "탈영화"(de-spirited)일 뿐이었다. 신학적 인간학에서는 이분법이 결정적으로 우선적이었으므로, 영은 영혼의 한 측면 또는 기능으로 푸대접만 받았다. 그러므로 칼빈은 결코 인간의 영에 관해서 이야기하고 있지 않으며, 대신(고전 2:11과 같이 그가 주석을 달 필요가 있을 때를 제외하고는) 늘 영혼 또는 마음에 관하여 이야기하고 있다. 고린도 전서 2:11에 관하여 그는 "여기서 인간의 영은 이른바 지적인 능력이 거처하는 영혼(soul)이라고 생각된다"라고 주석을 달고 있다. 그러나 이 영은 명목상으로만 영이다. 왜냐하면 그것은 영의 두드러진 활동, 즉 열망(aspiration)을 결여하고 있기 때문이다. "인간은 죄의 종이 되어 있어서 선한 것을 향한 노력 혹은 열망마저도 천성적으로 행할 수 없다"라고 칼빈은 말하고 있다.[12] 따라서 신의 은혜와의 만남에 있어서 인간의 열망은 아무런 역할도 해내지 못하며, 이러한 만남에 있어서 인간의 영의 역할은 완전히 수동적인 것이다. 그 까닭은 인간이 성령에 의하여 활기를 얻고 새롭게 되어지기 전에는 영적으로 죽어 있는 상태이기 때문이다.[13]

종교개혁자들은 복음에 관한 자신들의 이해로 인하여 자신들이 이러한 결론(즉, 자기들이 전혀 깨닫지 못했던 곤란들)에까지 어쩔 수 없이 도달하게 됨을 알고 있었다. 은혜의 주권(sovereignty of grace)과 충분성은 인간적인 노력이나 인간적인 열망에 대한 여지를 조금도 남겨 두지 않았다. 아가페라는 주제가 장면을 너무 완벽하게 지배하고 있어서 에로스는 모두 제거되어 버렸다.

루터교회 및 개혁교회의 신학들의 고전적인 패턴은 그러했다. 그런데 그 신학들의 현대적인 표현들 속에서 그 패턴은 강력하게 주장되어지고 있다. 누군가가 그것을 풍자적인 경구(警句)로 표현했다. "하나님은 모든 것이 되시고, 인간은 아무 것도 아니다"라고. 비록 대부분의 경구들이 그렇듯이 이것도 분명 하나의 풍자이긴 하지만, 아무도 그것이 무엇에 관한 풍자인가라고 물어 볼 필요가 결코 없다. 그러나 그 말에 가만히 웃을지도 모르지만, 우리가 복음의 논리를 따라가다 보면 어떻게 그것을 피할 수 있겠는가? 만일 우리가 하나님의 주도권, 은혜의 충분성, 즉 아가페 사랑의 독점성으로부터 출발해 나간다면, 인간의 역할은 순전히 수동적인 것이라는 결론을 피하기가 어려울 것 같다.

2

교회는 그 역사상 각기 다른 시대에 각기 다른 형태로 이 문제와 씨름해 왔다. 5세기에 있었던 어거스틴과 펠라기우스(Pelagius)간의 논쟁, 17세기 칼빈주의자들과 아르미니우스파(Arminians) 사이의 논란, 자연신학과 하나님의 형상에 관한 질문들에 대한 최근 몇십 년간의 토론들, 이 모두가 동일한 문제를 중심으로 빙빙 돌고 있는 것이다. 즉 그것이 은혜의 주도권과 마찰을 일으키지 않으면서도 인간의 본질적인 인간성을 보전해 줄 수 있도록 하려면, 복음과의 만남에 있어서 인간에게 만일 그 역할이 있다면, 무슨 역할을 부여할 수 있는가라는 문제이다. 우리가 하나님의 영과 인간의 영 사이에 존재하는 관계는 무엇인가라고 물으면서 제기하고 있는 것은 바로 이와 동일한 문제이다.

이런 시각에서 그 문제에 접근함에 있어서 또 그 문제 중 이렇게 다소 간 무시된 측면을 개진해 나감에 있어서 우리는 그 문제가 전통적인 형태로 논의될 때마다 귀결되는 막다른 골목을 피하고 싶다.

이미 언급한 대로, 종교개혁의 신학이 내포하고 있는 것은 인간과 복음과의 만남에 있어 하나의 인자(factor)로서 인간의 영을 실제적으로 제거해 버리는 것이다. 이런 입장이 받게 되는 질문에는 세 가지 근거가 있는 듯하다. 그것들은 철학적인, 주석상의, 그리고 신학적인 것이라고 각각 이야기될 수 있을 것이다.

1. 신학적인 법정에서 철학적인 반론이 무력하다고 주장된다면, 신학과 철학은 인간의 본성에 관하여 관심의 공통점을 갖고 있으며, 이 공통점에서 그것들 사이에 나타나는 극단적인 모순은 그냥 보아 넘길 수 없을 것이라고 대답할 수 있다. 참으로 이것은 거의 일어났던 일이다. 인간은 "모두 수동적"이며,[14] 인간의 영이 하는 역할이라고는 존재하지 않는 상황에 관한 신학적인 개념은, 그것이 철학적으로 또 심리학적으로 검증을 거칠 때 전혀 지지받을 수 없다고 밝혀졌다. 인간은 인간이기를 그치지 않고서는, 활기있는 영이 없이는 존재할 수 없다. 독일에서 비롯되었던 칸트 이후의 관념론에 나타난 영에 관한 철학의 발달은 프로테스탄트 신학에서 영을 은폐한 것에 대한 반발이라고 역사적으로 해석될 수 있을 것이다. 왜냐하면 그것은 그 처음 의도로 볼 때 인간의 영에 대한 하나의 수긍 혹은 재수긍이었기 때문이다. 이 점은 때때로 그 위에 세워지는 형이상학적 구조물들에 의하여 가리워져서 모호해졌었다. 그것에 따르면 인간 속에 있는 영은 피히테(Fichte)가 "자연적으로 그리고 예수의 가르침과 무관하게 인간 속에 현존하는 초감각적인 세계와 유사한 것"이라고 묘사했던 것처럼[15] 성령의 내재(immanence)라고 해석되었거나, 헤겔이 생각했던 것처럼 절대 정신(the absolute spirit)의 자기 실현 도중에 있는 한 순간이라고 해석되었다. 그것은 쉘러(Max Scheler)와 같은 요즘 사상가들에 의한 현상학적 접근 속에서 보다 분명하게 드러난다. 쉘러는 말하기를 영이란 "살아 있는 존재로서 인간을 인간 자신 이상의 경지에로, 그러니까 말하자면 시공

을 초월한 중심(a center)으로부터 고양시켜서 인간 자신을 포함한 모든 것이 그의 지식의 대상이 되도록 만드는"인간이 지닌 특유의 능력의 원천이라고 하였다.[16] 자기 초월에 대한 능력으로서, 즉 보편적인 것과 영원한 것에 도달하려는 충동과 열망으로서 영은 인간의 현저한 특징인 것처럼 보인다. 그것은 다른 모든 피조물로부터 인간을 구분지어 주는 것이다. 모든 지적인 존재들 가운데서 홀로 인간이 분명히 드러내 보여준 것은 바로 그 창조성의 비밀이다.[17]

"…만일 자기 자신 이상으로 인간이 자신을 고양시킬 수가 없다면 인간은 얼마나 초라한 존재냐?"

영에 관한 이런 개념이 인간에 관한 기독교적인 이해에 있어서 차지하는 중요성은 키에르케고르(Kierkegaard)에 의해 최초로 이해되었다. 그리고 그것이 기독교적 인간학에서 지금 채택되어 있다는 것은 의심할 여지없이 그의 영향 때문이라고 할 수 있다. 영의 개념은 니버(Niebuhr)의 사상 속에서 결정적인 역할을 하고 있다. 니버에게 있어서 그것은 인간이 자연의 자녀(a child of nature)인 반면에, 인간은 또한 "자연, 삶, 자기 자신, 자신의 이성, 그리고 세상 밖에 서 있다"는 것을 의미한다.[18] 그렇게 해서 영은 인간의 두드러진 특색이며, 그의 숭고함에 관한 그리고 동시에 그의 비참함에 관한 비밀이다. 또 다른 저자가 말하고 있듯이,[19] 그것은 인간이 자신의 환경에 대하여 영원히 적응하지 못하며 그래서 초월자에게 손을 뻗치도록 강요받고 있다는 사실을 의미한다. "인간의 영혼이 본질적으로 겪고 있는 정처없음은 모든 종교의 바탕이다. 왜냐하면 자기 자신과 세상의 밖에 서 있는 자아(self)는 자기 자신이나 세상 안에서 삶의 의미를 발견할 수 없기 때문이다."[20] 비슷하게, 부룬너(Emil Brunner)는 영과 "기존 영역을 넘어 서 있는 어떤 것"과의 관계, 즉 의미있고 타당하며(valid) 표준적인 것과의 관계 속에서 영의 본질을 발견한다. "단지 기능적이고 심리적인 것과의 대립적인 구별에서, 영이란 본래의 실상인 '자아를 넘어서 존재하는' 것을 열망하면서, 일상적인 것을 '초월해 가는' 어떤 것이라고 이해될 수 밖에 없다."[21] 인간의 영의 진정한 초월은 오직 "위로부터"(from above), 즉 그것과 신성한 영과의 관계로부터라고밖에는 이해될 수 없다고 부룬너는 주장한다. 이 말은 옳다. 그러나 그것은 "아래로부터"(from below)라는 영에 관한 견해를 가지고 보아도 초월의 요소가 밝혀진다는 사실을 수정하지 못한다. 그래서 그것에 관한 하나의 특수한 국면, 즉 초월적인 의미에 대한 영의 관계가 플라톤 이래의 관념론 철학의 전통 속에 현존해 왔다. 이러한 요소에 대하여 토마스(George F. Thomas) 교수는 영에 관한 자신의 현상학적 분석에서 두드러진 위치를 부여하고 있다 :

"한 개인의 영적 활동은 보편적인 진리와 가치를 지향하고 있는 것이다. 한 사람이 영적인 삶에 접어드는 것은 바로 그가 자기 자신과 보편적인 것을 동일시함으로써 말미암는다. 이에 대한 이유는 정신(mind)의 영광인 '자기 초월'(self-transcendence)에 대한 능력 속에 존재한다. 플라톤의 사랑론에서 가장 심오한 것은 그것이 영혼 편에서의 존재의 결함과, 결여된 완벽성을 확보하려고 열망을 동시에 가리키고 있다고 하는 그의 말이다. 비슷하게 스콜라 철학자들은 주장하기를, 비록 인간의 영혼은 유한하지만 그것은 무한자(the infinite)가 아니면 채울 수 없는 하나의 열망을 갖고 있다고 하였다. 영은 개인과 보편적인 것과의 일종의 하나됨(union)을 포함하고 있다."[22]

플라톤 사상과 기독교 사상을 동등시한 것에 관해서 물론 아무런 질문도 없을 수 있다. 토마스가 지적하고 있듯이, "플라톤의 이론에서는 보편적인 것이 비인격적이고 추상적인 반면에, 기독교 사상에서는 그것이 인격적이며 구체적이다"라는 사실에서 결정적인 결론들이 나오게 된다. 그러나 "인생의 영은 위로 올라가고"(전 3 : 21)라는 견해로 보면 두 가지가 다 하나로 집약되는 것처럼 보인다는 것이 사실이다.

2. 만약 현재의 기독교적 인간학이 관념철학에 의해 재발견된 영에 관한 개념에 대하여 친근성을 보여 주고 관대한 태도를 취한다면, 그것은 영에 관한 성경적 개념에 대해서는 정통적인 구원론적 생각보

다는, 이러한 개념이 더 충분히 그 진가를 인정해 준다는 느낌 때문이라는 것이 당연하다. 우리가 살펴 본 대로, 정통적인 설은 인간의 영이란 인간의 복음과 만나는 것과 은혜의 성령의 소생시키는 영향력을 만나기 이전에는 하나의 하찮은 요소라고 생각하는 경향이었으나, 침착한 주석적인 연구를 통해서는 인간이 하나님의 피조물로서 영을 부여받은 존재라는 사실을 성경이 상당히 중시하고 있음이 드러나는 것 같다.

가장 원시적인 수준에서 영은 생명의 숨결(breath)이라고 생각되었으며 영혼과 구분되지 않았다. 이런 구별은 나중에 나타나며, 희랍 사상에서 가장 날카롭게 나타났다. 모든 피조물의 생명과 마찬가지로 인간의 생명은 신으로부터 말미암으며 끊임없이 그분께 의존하고 있기 때문에, 순전히 내재적인 생명 원리로서 영혼과 개념이 차지할 자리라고는 없었기 때문이다. 생명은 언제나 초월적이며 신을 향한 하나의 관계(reference)를 지니고 있다. 영의 개념이 영혼의 개념으로부터 더욱 분명하게 구별되었을 때, 그것은 사실에 대한 인간의 관계보다는 하나님에 대한 관계의 자각을 표현하는 것이었다. "'영혼' 혹은 프시케(psyche) 또는 인간 속에 존재하는 생명 원리와 동일한 의미를 내포하는 네페쉬(nephesh)와 구별되면서, 신과의 관계에 관련된 인간의 기관(organ)을 보다 더 특수하게 명명하는 것"으로 루아크(ruach)가 점차 변화되었다고 말할 때에, 니버는 희랍식으로 나누어진 그 구분을 지나치게 강조하고 있다고 생각된다.[23] 이것은 구약에 의해 지지받지 못한다. 구약의 증거는 오히려 루아크(ruach)의 본질적인 차이(differentia)가 의식(consciousness)이라는 견해를 지지해 주는 것 같다. 아이크로트(Eichrodt)는 루아크를 설명하기를 "인간의 정신적인 삶에 관계된 기관, 즉 생각, 의지, 그리고 무드(mood)의 중추"라고 하였다.[24] 인간 속에 있는 다른 모든 것처럼 그것은 하나님께로부터 말미암았다(욥 32:8). 그렇지만 그것은 본질적으로 또는 전적으로(exclusively) 하나님을 향하여 지향되어 있지는 않다. 바울의 인간학에 있어서 프뉴마(pneuma)의 의미는 불트만(Bultmann)이 분석한 것에서도 동일한 결과를 볼 수 있다(항상 그런 것은 아니지만). 그것이 인간의 특별한 국면을 가리킬 때, 그것은 희랍철학의 누스(nous)에 해당하는 의식적이거나 인지적인 측면을 의미하며, 때로는 자의식(self-consciousness)이라는 근대적인 개념에 접근하고 있다는 점을 그는 발견했다.[25]

그러나 이것은 영을 하나의 순진한 내재적인 개념에까지 강등시키거나 그것으로부터 초월적인 의미를 박탈하지는 않는다. 반대로, 인간의 자기 초월(self-transcendence)에 관한 성경적인 이해에 도달하는 열쇠를 제공하는 것은 바로 영이다. 하나님과 인간 사이의 관계가 본질적으로 자유롭고 인격적이 되도록 유지시켜 주는 것은 바로 영이다. 그 관계에 관한 성경적인 설명에 있어서 명백히 모순되는 두 가지 강조를 고찰해 본다면 이러한 점이 가장 잘 드러날 것이다.

첫째로, 우리가 이미 깨달은 것처럼 인간의 생명(그리고 모든 생명)이 신성한 영에게 의존하고 있다는 것이 강력하게 강조되어 있다. 이것은 하나님의 영이 인간의 생명 원리로서 인간 속에 내재하신다는 것을 암시해 주는 말들로 종종 표현된다. 그리고 그런 말은 몇몇 신학자들로 하여금 인간 특유의 영의 존재를 부인하기에 이르게 했다. 그러나 하나님에 대한 인간의 절대적인 의존을 강조하고 있는 이러한 입장이 하나님과 인간 사이의 단절(discontinuity)에 관하여 강조하고 있는 성경의 다른 부분과 양립되지 않는 경향인지 아닌지는 하나의 문제이다. 창조주의 영에 덧붙여서 피조된 영을 인정한다는 것은 하나님과 인간에게 공통된 요소를 설정하는 것이며, 그 결과 그들 사이의 철저한 구별을 애매하게 만들게 될 것이라고 이분법적 입장을 옹호하는 자들이 주장하고 있는 것은 옳은 것이다. 그러나 위험은 하나님의 영이 인간 속에 내재하신다는 견해로부터 생길 듯싶다. 왜냐하면 그것은 오용되어서 범신론적 혹은 신비주의적인 우주론을 형성하게 될 수도 있기 때문이다. 그러한 우주론 속에서는 피조물들이 신의 영에 참여한다는 것은 창조주와 피조물의 자연적인 단일성을 주장하는 데에 기초를 제공해 주는 셈일 것이다. 아이크로트가 지적하고 있는 바대로, 구약에서는 영(the Spirit)이라는 개념은 창조주에 대한 피조물의 절대적인 의존관계를 강조하려 함은 물론이요, 바로 이러한 위험을 방지하고자 사용되고 있다. 거기서는 창조주가 은혜로운 선물인 자신의 영을 어느 순간에든지 임의로 철회해 버린다. 아이크로트는 창세기 6:1~4을 참조하고 있는데, 거기에는 하나님에 대한 인간의 참된 관계가 반신반인이라는 신화적인 개념과 극적으로 대립되면서 제시되어 있다 : "영웅족들에 관한 그 수많은 전승들에도 불구하고, 이방인들의 사상과는 대조적으로 동일한 소재일지라도 여기서는 영존하시는 하나님으로부터 피조물을 분리시켜 놓는 다리놓을 수 없는 커다란 틈을 오해의 소지라고는 일체 없이 드러내 보이기 위하여 사용되어지고 있다."[26]

성경에 나타나 있는 영의 본질적인 의미에 대한 열쇠를 제공해주며, 결국 인간의 영에 대하여 성경이 인정하고 있는 바를 설명해 주는 것은 바로 이렇게 역설적으로 결합된 강조들이다. 모든 피조물이 자기 존재를 하나님께 의존하고 있다는 것이 주는 강력한 의미는 생명력을 신의 영에의 참여와 같다고 생각하는 언어사용에 이르게 되며, 인간의 영을 위해서는 조금도 여지를 남겨 두지 않았지만, 신의 영에 대한 인간의 관계를 시인하는 인간 특유의 능력에의 영 자체의 매개수단으로 영(spirit)을 만날 수 있는 능력이 내포되어 있다는 것이 알려지게 되었다. 그런데 이것은 인간이 피조된 영을 부여받았다는 견지에서만 이해 가능하다. 피조된 영은 하나님과 인간이 함께 참여하는 어떤 연결된 (continuous) 요소의 한 단편 혹은 하나님의 영의 한 단편이라고 생각되어서는 안 된다. 그보다는 신의 영의 형상(image)이라고 생각되어야 한다. 만일 우리가 창세기에 있는 창조이야기 두 가지를 비교해 본다면, 창세기 2:1(J)에서 신의 숨결 혹은 신의 영을 불어 넣으셨다는 것은 창세기 1:27(P)에서 신의 형상대로 사람을 창조하셨다는 것과 일치하게 될 것이다.[27] 인간이 생명있는 모든 피조물과 공통으로 지니고 있는 바이며, 인간에게는 "영혼이 깃든 몸"(ensouled body)이라고 적용되어지는 하나님께 대한 인간의 실존적 의존(existential dependence)과 영(spirit)의 수준에서만 깨달아질 수 있는 하나님께 대한 인간의 인격적인 관계(relation) 사이에는 구별이 있어야 된다는 것이 그 요점이다. 그 차이는 이렇다. 하나님께 대한 인간의 피조물적인 의존은 인간의 존재구조 속에 선천적으로 주어진 것이며, 영(spirit)의 수준에서 이루어지는 하나님께 대한 인간의 관계는 인간의 자유롭고 의식적인 행위를 포함하고 있다는 것이다. 그러나 동시에 인간에게 있어서 영의 자유라는 것은 영혼(soul)의 구조(structure)로부터 분리되어서는 안 된다. 그 까닭은 우리가 피조물다운 자유, 즉 언제나 틀 속에 제한된 자유의 본성을 이해할 수 있는 것은 오직 관계라는 조명 속에서일 뿐이기 때문이다. 말하자면, 하나님이 자신을 위하여 창조하신 피조물의 영으로서 인간의 영은 하나님 안에 그 열망의 참된 목표를 두고 있다. 그러나 영은 자유롭기 때문에 하나님께 대한 그것의 지향(direction)은 현상학적으로 볼 때에 오직 한 가지 가능성으로만 나타난다. 불트만은 사도 바울의 가르침에 관해 다음과 같이 이야기했다. "그 지향의 목표는 지향되어진다고 하는 존재론적 구조 속에서 결정되지 않는다. 그렇지만(물론 바울로서는 창조주가 주신 생명의 선물이라고 보는) 이 구조는 목표들의 선택, 즉 선악에 대한 결단, 하나님을 따르느냐 대적하느냐에 대한 결단을 할 수 있는 가능성이 생기게 한다."[28] 다시 말해서 하나님의 피조물인 인간 존재의 구조에 일치되는 하나님께 대한 인간의 관계는 인간의 영의 자유로운 행위에 의해서만 실현될 수 있다. 그래서 인간의 영은 단지 인간의 자기 초월에 대한 지표(index), 즉 인간이 자기 자신 이상으로 스스로를 고양시킬 수 있는 능력(이것은 쉘러가 이야기하고 있는 것과 같다.)을 가리켜 주는 것일 뿐이다. 그러나 이것은 저절로 인간을 하나님께 관계맺어 주는 것이 아니다—그렇게 되면 인간은 "허무(nothingness)와의 만남"에 빠지게 될지도 모른다.[29] 그런데도 인간의 영은 하나님의 영과 인간과의 만남을 위한 기관(organ)이다. 이것은 흡사 사도 바울의 가르침과 같다. 그것은 그가 고린도 전서 2장에서 그 주제를 그로서는 가장 폭넓게 다루고 있을 때에 발견된다. 인간의 영이 인간 속에 현존하는 것만으로는 저절로 인간을 하나님의 영에 관계맺지는 못한다. 하나님의 영은 오직 그분의 선물로서만 받게 되어 있기 때문이다. 그런데 신의 영과(자기 깨달음의 형태인) 자기 초월에 대한 능력으로서의 인간의 영을 비교해 보면, 그런 선물(gift)을 받는 것은 이러한 능력을 전제하고 있는 것처럼 보인다. 하나님의 영에 관한 것들을 받을 수도 분간할 수도 없는 사람, 즉 사도 바울이 "육에 속한"(natural) 사람(psychikos)이라고 묘사하고 있는(고전 2:14)

사람은 체질적으로 이러한 능력을 갖고 있지 못하다기보다는, 영의 자유를 자신이 잘못 사용함으로 말미암아 그것을 몰수당하였다고 생각되어야 할 것이다. 왜냐하면 양자택일 중 하나님의 영을 받는 것에 대한 나머지 한 가지 대안(alternative)은 영적으로 텅 비어 있는 상태가 아니라 세상의 영을 받아들이는 것이다. 사도 바울은 하나님의 영이 바로 우리의 영과 함께 진리를 증거한다고 보았다.

3. 이제 남아 있는 것은 신학적인 질문이다. 그것은 철학적인 고찰과 주석적인 고찰 양자가 다 요구하고 있는 것으로서, 이는 그 의미(significance)를 은혜의 주권(sovereignty)이라고 하는 프로테스탄트적이며 복음적인 심오한 원리와의 충돌이 없이 인간의 영에게 부여할 수 있을 것인가라는 질문이다. 그 질문은 바르트(Karl Barth)에 의하여 도전적으로 우리에게 마구 떠맡겨졌다. 그는 종교개혁자들이 강조했던 구별을 다시 선언하였고 타협없는 논리로 결론들을 끌어냈다. 이미 살펴 본 바와 같이 필리오케(filioque)를 바르트는 해석하기를 오직 아버지께로서만 나오시는, 그리고 그리스도와는 상관없이 하나님과 인간 사이의 관계에 대한 기초를 제공해 주시는 영(spirit)이라는 개념뿐만이 아니라, 인간 속에 있는 피조된 영에 관한 개념까지도 이미 배제해 버린 것으로 보았다. 하나님께 대한 인간의 관계는 아버지와 아들께로부터 나오시는 영, 즉 "우리로 하여금 그리스도께서 쟁취하신 구속(redemption)에 동참하는 자들(partakers)이 되게 하시는" 영의 하달(downward reach)에 의해서만 성립되어진다. 하나님과 인간 사이에는 이것말고는 다른 관계가 없다. 그리고 이런 관계에서는 인간의 영이 상달(upward reach)을 추구할 여지라고는 없다. 우리가 물어야 할 질문은 오직 은혜(sola gratia)가 이들 두 가지 부정적인 결론들을 언제나 꼭 수반(entail)하느냐 그렇지 않느냐이다.

그리스도 안에서 인간이 하나님과 인격적으로 만나는 것을 제외하고는, 하나님에 대한 참된 지식이나 하나님과의 사귐이라는 의미에서의 하나님과 인간 사이의 관계가 존재하지 않는다는 것은 기꺼이 인정되어도 좋을 것이다. 하나님께서 성령 안에서 그리스도를 통하여 우리에게 자기 자신을 내어 주셨다는 것을 제외하고는 우리가 하나님을 이해할 수 있는 다른 길이 없다. 그러나 이러한 영적 관계와는 별도로 하나님과 인간은 서로 전혀 아무런 관계도 없다는 결론이 당연히 나오겠는가? 그들 사이의 관계가 혹시라도 존재의 질서 속에 놓이게 된다면, 은혜라는 신의 행위의 주권적인 충분성(sovereign sufficiency)은 배격받게 된다고 바르트는 주장한다. 존재유비(analogia entis)를 반박하는 그의 논증은 거기에서는 "하나님이 인간을 돌아보시는 인격적인 행위가 그들 사이에 언제나 존속하고 있는 관계 속에서 사라져 버린다"라는 비난에 기초를 두고 있다.[30] 은혜의 주권은 이런 식으로 해서 견고하게 단언되어진 것으로 보일지 모르지만 확실히 그것은 지나친 댓가를 지불하고 있다. (1) 만일에 하나님과 인간 사이에 언제나 아무런 관계도 존재하지 않는다면, 창조주에 대한 존재론적 혹은 구조적 관계가 인간의 피조성 속에 전혀 함축되어 있지 않다면, "피조물"이라는 개념은 모든 진정한 의미를 상실해 버리는 것처럼 보이게 될 것이다. (2) 만일에 하나님과 창조 사이에 있어서 늘 존속하는 관계라는 것이 없다면, 그리고 다만 은혜의 행위로 말미암아 이루어진 관계만이 존재한다면, 하나님과 대조되는(over against God) 하나의 실재로서 창조의 존재를 주장하기가 어려워지게 된다. 바르트는 창조론을 다루면서 세상의 존재를 그것의 구원에다 흡수(merging)시킴으로써 세상의 존재에 대한 버클리적인 회의(Berkeleian doubt)를 해결하고 있다 : 곧 존재는 구원이다(esse est salvari).[31] 은혜의 주권은 전체주의가 된 것이다.

인간의 영에 관한 질문에 대하여 바르트는 인간이 영을 가지고 있다는 점을 부인하지는 않지만, 이미 살펴 본 대로 그는 인간의 영을 하나님의 영이 인간을 향하여 나아온다는 사실과 동등시하고 있다. 인간은 본질적으로 영을 받는 자이지, 영의 전달자 또는 소유자가 결코 아니다. 역시 그 동기는 분명하다. 바르트는 종교개혁자들과 마찬가지로, 신의 구원하시는 은혜의 행위에 대하여 인간측에서 어느 정도 기여할 수 있다고 암시를 줄 만한 것은 모조리 제거하는 데에 관심을 쏟고 있다. 그래서 하나님과 인간 사이의 관계에 영향을 주는 영적 움직임은 전적으로 한 가지 방향뿐인 움직임이다. 그것은 하나님의 영의 하달(downward reach) 속에 존재하며, 인간의 영의 상달(upward reach)에 대한 여지는 조금도 없다.³²⁾ 바르트는 계시와 인간의 영의 한 움직임 이라고 여겨지는 종교와의 접근(rapprochement)은 그 어떤 종류도 허용하지 않을 것이다. 그것은 종교가 "하나님께로 내뻗어져서 그분에 의하여 그분의 계시 속에서 채워지게 되는 손"이라고 해석된다고 하여도 마찬가지일 것이다.³³⁾ 그는 "상관관계 신학"(correlation theology)이라고 하면 어떤 형태이든지 받아들이지 않을 것이다.³⁴⁾ 그는 자신의 반대를 "올바른(proper) 인간학"의 허용을 거부하는 데까지 밀고 나아간다.³⁵⁾ 인류학은 기독론 속에 흡수되어 버렸다. 인간은 자신의 구원을 위해서는 물론이요 자신의 존재를 위해서도 신의 은혜에 전적으로 의존하고 있어서 이런 맥락을 벗어나서는 인간에 관한 신학적인 고찰이 전혀 불가능하게 되기 때문이다.³⁶⁾

여기서 즉시 질문이 저절로 나타난다. 그러한 상황에서 인간의 자유는 어떻게 살아 남을 수 있겠는가? 바르트의 주장은 인간의 자유의 실재성과는 절충되기 힘든 일종의 보편주의(universalism)에 귀착된다. 마지막 분석에서 볼 때에 인간의 자유에서 나오는 결정들이 신의 은혜의 주권적인 결정에 의하여 지배되고 있다. 이것은 종교개혁자들이 생각했던 의미대로 오직 은혜(sola gratia)를 선언할 때는 언제나 생기던 어려움이었다. 의지의 무자유에 관한 루터의 교리나 이중예정(double decree)에 관한 칼빈의 교리는 그들이 알고 있었던 대로 은혜의 논리에 의하여 저항할 수 없이 요청된 결론들이었다. 그리고 그들의 전제(premise)들을 받아들이면 그들의 결론들을 받아들이게 된다.

그런데 오직 은혜(sola gratia)는 언제나 꼭 이러한 결론을 수반하는가? 만일 여기에 어떤 오류가 있다고 한다면, 그것은 결론을 전제에 연결시키는 논리 속에서가 아니라(왜냐하면 그것은 논박할 수 없기 때문이다.) 그 논증의 전제를 형성하는 은혜의 개념 속에서 탐색되어야 한다. 종교개혁자들이 은혜에 관한 자신들의 생각을 얻어낸 것은 물론 근본적으로 어거스틴에게서였다. 그것이 중세 가톨릭 사상의 것보다도 의심할 여지없이 우월하였기 때문에 그들은 은혜에 대한 어거스틴적인 개념이 신약 속의 개념과 동일한 것이라고 추정하게 되었다. 신약의 조명을 받아서 은혜에 대한 어거스틴적인 개념을 비판적으로 정밀하게 조사해 보면, 이것이 결코 그렇지 않다는 것이 드러나게 될 것이다.

　은혜란 무엇인가? 신약에서 그것은 그리스도 안에서 이루어지는 하나님의 행위를 종합적으로 지칭하는 것으로 사용되고 있다.[37] 은혜는 "예수 그리스도로 말미암아 온"(요 1:17) 것이다. 복음 안에서 인간들에게 베풀어지는 것은 "우리 주 예수 그리스도의 은혜"(고후 8:9)라고 요약적으로 표현될 수 있다. 한마디로 말해서 은혜란 성육신의 의미이다. 그런데 어거스틴은 이것을 알고 있었다. 그가 은혜에 관하여 쓰고 있을 때 그는 그리스도 안에서 이루어지는 하나님의 행위를 생각하고 있었다. 그러나 어거스틴이 은혜에 대한 자신의 개념 속에 첨가해 넣지 못한 성육신의 본질적인 요소 또는 특징으로 한 가지가 있다. 성육신에는 두 가지 요소가 있다. 그것들은 둘 다 은혜의 적절한 개념 속에서 그 표현을 찾아야 한다.

　그 첫째는 자기를 낮추심(condescension)이라는 요소이다. 어거스틴은 이것을 분명히 알고 있었으며, 그것은 바르트에게서와 마찬가지로 종교개혁자들의 마음 속에서 맨 우위를 차지했다.[38] "높고 거룩한 곳"(사 57:15)에, 즉 아무도 가까이 가지 못할 빛에(딤전 6:16) 거하시므로 본래 아무도 본 적이 없었던(요 1:18) 하나님이 자기를 낮추사 인간에게 내려오셔서 자신과 인간 사이에 하나의 관계를 세워 두셨다고 하는 것이 은혜의 일차적인 의미이다. 은혜의 이러한 측면은 그것이 하나님의 은혜라는 사실을 표현하고 있기 때문에 수직적인 선으로 나타내질 수 있다. 하나님은 자신의 주권적인 의지를 인간에게 성취시키기 위해 내려오셔서 "가파른 하늘의 절벽을 기어올라가" 하나님에게까지 올라가려고 하는 모든 인간적인 노력들을 쓸모없고 불필요한 것이 되게 하셨다. 하나님의 은혜, 즉 자기를 낮추심은 인간에 대한 하나님의 목적을 실현하는 데에 필수불가결하다는 것은 분명하다. 그런데 어거스틴은 필수불가결하다는 것을(indispensable) 저항할 수 없다는 것(irresistible)과 똑같은 것으로 보는 실수를 범했다. 그의 이러한 실수는 성육신의 은혜 속에 현존하는 다른 요소, 즉 적응(accommodation)이라는 요소를 고려하지 못했기 때문이었다. 복음의 핵심은 "하나님과 동일한 본체이신…하나님의 독생자가…우리 인생들을 위해서 또 우리의 구원을 위해서 하늘에서 내려오셨다"고 하는 것 뿐만 아니라 그가 "사람이 되셨다"는 것이다.[39] "그리스도 예수…그는 근본 하나님의 형체시나" "자기를 비워" 버렸음은 물론 "사람의 모양으로" 나타나셨다(빌 2:5-8). 태초에 하나님과 함께 계셨던 영원한 말씀이 세상 속에 들어오셨을 뿐만 아니라 "육신이 되어 우리 가운데 거하셨다"(요 1:1-14). 은혜란 우리 수준에까지 자신을 낮추신 하나님의 은혜라는 것을 어거스틴은 매우 분명하게 알고 있었다. 그런데 그가 깨닫지 못했던 것은 주 예수 그리스도의 은혜이다. 그분 안에서 하나님은 인간으로서 우리와 대면하신다. 하나님은 위로부터 우리에게 내려오실 뿐만 아니라 우리 자신의 수준에서 우리를 만나러 오신다—즉 자기 자신을 우리의 조건에다 순응시킨다.[40] 하나의 수평선으로 표시될 수 있는 은혜의 이러한 측면은 저항할 수 없는 것과는 상반되는 것이다. 그것의 핵심은 무저항(nonresistance)이라고 하는 것이 보다 더 진리에 가까울 것이다. 성육하신 주님의 인자로서 오셨고, 그분이 사람의 손에 넘겨지는 것이 그분의 사명이요 운명이었다. 주 예수 그리스도의 은혜는 인간의 자유를 무시하지 않는다. 오히려 존중하고 충분히 보증(engage)한다. 그것은 그것 앞에서 허리를 굽힌다. 왜냐하면 그것이 바로 참다운 관계, 즉 하나님과 인간 사이의 인격적인 관계가 실현될 수 있는 유일한 길이기 때문이다. 만일 인간의 자유가 보증되지 않는다고 하면, 그들 사이에 이루어질 수 있는 유일한 관계가 나-그것이라는 관계일 것이다. 하나의 저항할 수 없는 세력처럼 하나님이 인간 위에 내려오신다고 하는 은혜에 대한 어거스틴의 개념에 따른다면, 인간은 오로지 하나의 사물의 역할밖에 하지 못할 것이다. 의미심장하게도 그의 개념은 통나무나 돌의 역할과의 비교를 끌어들이고 있다. 그러나 이것은 성육신 사건을 익살스러운 것으로 만들어 버린 것이다. 성육신은 하나님이 인간을 이렇게 비인격적으로 다루시는 것이 아니라, 인간의 형체를 취하사 스스로를 인간에게 순응시켜서 인간이 하나의 자유로운 주체임을 보증하시고 인간을 하나님 자신과의 인격적인 관계 속으로 끌어들이신 것을 의미한다. 왜냐하면 하나의 인격적인 관계는 인간이 "너"(thou)로서, 즉 자유가 존중된 하나의 주체로서 접근되어질 때만이 완성될 수 있기 때문이다. 성육신 사건은 하나님이 인간의 수준까지 자신을 낮추셨다는 것 뿐만 아니라 하나님이 인간의 한계를 받아들이사 자신을 그 아래 복종시키실 정도로 인간을 인간으로서 존중하셨다는 것을 의미한다. 만일 바르트가 의도한 것처럼, 인간학이 기독론 속에 그 기초를 두고 있다면, 성육신에 관한 마지막 귀절("그리고 사람이 되셨다")은 그 뜻이 규정되지 못할 것이다. 그분이 하나님이시라는 것을 알기 때문에 우리가 예상하는 것과는 달리, 하나님이 인간에게 내려오실 때에 인간의 기를 꺾지 않으셨다(not unman)는 점은 은혜의 역설이다. 인간이 되기를 선택하심으로써 그분은 자신의 인간됨을 증언하시며, 기독론을 인간학에게 복종시킨다.

  이제 고대나 근대의 신학에서 인간 속의 피조된 영을 부인하는 것은 은혜에 대한 일방적인 어거스틴적인 개념과 밀접한 관계가 있다는 것이 분명해졌다(옛적에 그랬던 것처럼). 영이 하나님께 참여로 생각되든, 또는 그것이 하나님께 대한 하나의 능력, 하나님과의 어떤 친근성,(로마 가톨릭 신학에서 요즘 해석되고 있는 것처럼) 하나님을 향한 지향(orientation)이라고 생각되든,[41] 혹은(몇몇 프로테스탄트 신학자들의 생각처럼) 그것이 하나님께 대한 하나의 "접촉점"으로만 축소되어 생각되든지 간에, 그러한 사소한 개념조차도 은혜만으로 충분하다고 강조하는 종교개혁자들의 생각과 양립할 수 없는 것처럼 보인다. 복음에 관한 복음주의적인 권위(power)는 바로 이러한 강조에 의존하고 있다. 그러나 우리가 은혜만으로도 충분하다고(sufficiency of the gospel alone) 말할 때에는 그것을 수직선에 의해 표시되는 은혜의 한 측면만의 충분성과 동일시하지 않도록 주의해야 하며, 수평선에 의해 표시되어진 다른 측면을 망각해서는 안 된다. 이것은 복음주의 신학에서 너무나 자주 생겼던 실수이다. 은혜의 충분성에 관한 복음주의적인 확신은 사실상 은혜에 대한 가톨릭적 개념이나 다름없는 것에 세워져 있다. 그것은 은혜의 하강선(descending line)이 인간이 도달할 수 있는 상한선에서 멈춘 것이 아니라 인간이 그 앞에 엎드리는 지점까지 내려온다고 하는 점에서 가톨릭적 개념과 다를 뿐이다. 그러나 인간에 대한 실질적인 억압

(suppression)을 포함하고 있는 은혜에 관한 확신은 진정으로 복음주의 적이지 못하다. 진실로 복음주의적인 확신은 진실로 복음주의적인 은혜의 개념에만 그 기초를 둘 수 있다. 그것은 주 예수 그리스도의 은혜, 즉 성육하신 말씀의 은혜를 의미한다. 그것은 위로부터 수직적으로 인간 위에 내려올 뿐만 아니라(비록 그것이 인간을 무력한 목표물의 상태에로 강등시켜 버리지만), 인간 자신의 수준에서 인간을 만나려고 오며 인간의 자유의 첨단에서 인간의 호의를 끌기도(engage) 하는 은혜를 의미한다.[42] 인간의 자유의 첨단이란 인간의 영이다.

만일 영의 본성과 그 활동이 제대로 이해되어진다면, (하나님의 영이 인간 속에 내재하시는 것과 구별되는 것으로서) 인간 속의 피조된 영의 존재가 은혜의 독점적인 충분성(sufficiency of grace alone)과 상충된다고 생각되어야 할 까닭이 없다. 그러한 상충이 불가피하게 일어나게 되는 것은 영을 인간 속에 내재하시는 하나님께 대한 어떤 관계의 원리라고, 또는 영을 그 자체가 신성하다고 보는 생각 때문이다. 명백히 말해서 이러한 개념은 기독교 사상 속에서 환영받을 수 없다. 죄많은 인간 속에는 하나님께 대한 어떤 관계의 내재적인 원리라고는 전혀 없다. 그러나 죄가 인간을 하나님께로부터 소외시키지만 이것은 인간 속에 영이 전혀 존재하지 않는다는 것을 의미하지는 않는다. 인간은 피조된 영을 부여받은 존재로 남아 있다(왜냐하면 영은 인간의 독특한 표지[mark]이며 그것이 없으면 인간이 아닐 것이기 때문이다). 그러나 죄많은 인간 속의 영은 하나님께 대한 그의 상실된 관계의 원리가 된다. 왜냐하면 하나님께 대한 인간의 관계는 언제나 자유 안에 있는 관계이고, 영은 자유의 원리이기 때문이다.

창조의 질서 속에서 인간은 하나님과 교제(fellowship)를 갖도록 정해진 존재이다. 그리고 이것은 자유 안에서 실현되는 관계이므로 하나님의 피조물로서 인간은 피조된 영이라는 형태로 자유를 부여받았다. 인간 속에 있는 하나님의 형상이라는 말은 그것이 이런 의미로, 즉(인간의 피조물적인 구조 속에 본래부터 존재하는 하나님과의 친근성 같은 것을 가리키는 것이 아니라) 하나님에 의해 자유로이 의도되어지고(willed) 자유 안에서 인간에 의하여 수납되어지는 하나의 관계라고 이해되어질 때에 그 의미가 명료해진다.[43] 이러한 관계가 피조된 영과 피조되지 않는 영(spirit)과의 자유로운 교신(correspondence) 속에서 실현되어진다면, 그들 사이의 친교(communion)는 대단히 이상적인 성질의 것이므로 인간의 영이 신의 영에 대하여 치환되어지지 않으면서도 신의 영에 대하여 매우 개방적이고 감수성이 예민해서 인간의 영은 기꺼이 신의 영에게 자리를 양보하게끔 된다. 신약 속에서 성령의 교제(communion)라고 묘사되어 있는 것에 비추어 볼 때, 인간의 영은 그 독특성을 잃지 않고 있다. "성령이 친히 우리 영으로 더불어 우리가 하나님의 자녀인 것을 증거하시나니"(롬 8 : 16)라고 했기 때문이다. 그런데 그것 자체의 독특성은 인간의 영이 거의 의식하고 있지 않는 그것이다. 그래서 성령과의 교제 안에 있는 사람은 "성령으로 충만하게" 된다고(행 9 : 17, 엡 5 : 18) 묘사되어 있다. 이것으로서 신학이 삼분법보다는 이분법을 더 많이 사용한다는 것에 대한 이유가 약간 드러난다. 하나님과 인간 사이에서 실현되어진 관계는 이분법적인 언어로 보다 더 자연스럽게 표현된다.[44] 그러나 이분법적인 언어는 하나님과의 교제 속에 있지 않는 죄많은 인간의 상태를 묘사하기에는 거의 적당하지 않다. 이레니우스(Irenaeus)는 인간의 영을 인간 속의 하나님 영의 현존과 동일시한 사람이었다. 그는 그것에다 "닮음"(likeness 또는 "유사함")이라는 말을 특별히 결부시켰는데, 그는 그 말을 하나님의 "형상"이라는 말과 구별했다. 그가 보기로는, 인간의 타락(the fall)이 닮음(형상이 아니고)의 상실을 포함하고 있으므로 타락한 인간은 영이라고는 전혀 없는 존재, 즉 동물적인 존재 또는 육체적인 본성의 존재가 되었다.[45] 그 타락은 이분법으로 빠져들어가는 타락으로 생각된다. 그러나 타락된 인간은 참으로 영이 없는 존재인가? 인간의 영이 하나님의 영과 구별되는 독특성으로 저절로 의식을 되찾는 것은 정확히 말해서 타락한 인간, 즉 하나님과의 교제가 파괴된 인간 속에서 일어나는 것이 아닌가? 그 타락을 삼분법으로 빠져들어가는 타락으로 표시하는 것이 더 바람직할 듯 싶다. 그것은 타락 당시에 영혼과 영이 구별되게 된다는 의미에서가 아니라 그것들이 더이상 같은 방향을 지향하지 않는다는 의미에서 그렇다.[46] 인간 존재의 구조, 즉 하나님께 대한 그의 피조물적 존재(그의 영혼)의 의존에는 변함이 없다. 그러나 하나님께 대한 그의 관계는 변화된다. 왜냐하면 그의 피조된 영은 자유 안에서 하나님의 영에게 더 이상 반응하지 않기 때문이다. 그러나 영은 남아 있다. 그리고 영적 활동의 본질적인 속성과 차원은 그 자체들을 죄많은 인간 속에서 계속 나타내고 있다.

자기 초월의 능력으로서, 자기 자신을 연결시키는 자유로서 인간 속에 있는 영의 현존은 그 자체를 현상학적인 고찰에서 드러낸다. 죄많은 인간 속에 있는 영은 그것이 창조시에 부여받은 "하나님께로 향한 지향"(orientation)을 상실해 버리고 "불확실한 자기 초월을 위한 능력"으로 되었기 때문에,[47] 죄인은 하나님의 형상을 상실해 버렸다고 이야기될 수 있을지도 모르겠다. 그러나 영이 계속해서 죄인 속에 현존하며 참으로 그에게서 가장 두드러진 특징을 형성해 주기 때문에, 인간의 존재는 그 본질적인 형상—특성(image-character)을 견지하게 된다. 그리고 자유로운 영의 활동은 보편적인 진리와 가치에 대한 탐색,[48] 즉 의미있고 표준적인 것에 대한 열망이라고 철학적으로 설명될 수 있으며,[49] 신학적으로는 인간이 자신의 죄로 인하여 상실해 버린 그 하나님을 찾는 탐색이라고 해석될 수 있을 것이다. 베르쟈예프(Berdyaev)는 인간의 곤경을 "인간은 그의 형상을 잃어버렸다"(has lost)라는 귀절로 표현하였다. 그러나 인간은 자신의 원형(original)을 잃어버렸고(has lost), 그래서 지금의 그는 그 원형에 대한 형상(image)이라고 말하는 것이 더 적절할 것이다. 왜냐하면 인간 속의 영의 현존은 그의 존재가 본질적으로 지닌 형상—특성을 가리키는 표시이기 때문이다.

이런 식으로 해서 기독교 신학이 회상(anamnesis)에 관한 플라톤의 주장과, 영의 활동을 에로스로 묘사하는 것에서 일말의 진리를 인정할 수 있을 것으로 보인다. 왜냐하면 포로스(poros, 풍부)와 페니아(penia, 빈곤)의 자식으로서 에로스는 상실된 충만에 대한 열망을 표시하고 있기 때문이다. 이러한 의미는 은혜만(sola gratia)이라고 하는 중요한 복음주의적 교리와의 절충에 대한 두려움없이 인간의 영에게 결부되어질 수 있다. 왜냐하면 그것은 죄로 말미암아 손상받지 않은 하나님께로 향한 천부적인 능력을 의미하지 않기 때문이다. 인간이 하나님께 향한

(for God) 자신의 자유를 하나님께로부터(from God)의 자유로 변환시키는 것은 바로 인간의 영의 자유 안에서이다. 그러나 자신의 영의 자유로움 안에서 인간은 이러한 변환을 취소할 수 없다. 그것은 그의 피조된 영의 자유에 대하여 본질적으로 가해진 제한이다. 피조된 영은 창조주를 하나의 가능한 것으로 선택할 수 없다. 하나님께 대한 인간관계의 회복에는 피조된 영이 지닌 모든 가능성들을 버리는 것, 자신의 영적 빈곤을 인정하는 것, 깨어지고 통회하는 영이라는 희생제물 그리고 성령의 선물이 포함된다. 성령은 우리의 영들을 소멸시키시는 것이 아니라 우리의 영들과 더불어 증거하신다. 그리고 성령은 우리들의 영들의 자유를 파괴하지 않으시며,(그것들의 잘못된) 하나님께로부터의 자유를 하나님께로 향한 참된 자유로 변환시킴으로써 그 자유를 회복시켜 주신다. 그리고 이것은 "하나님의 자녀들의 영광스러운 자유"이다.

8
성령, 세상 그리고 완성

이 장에서는 세상의 창조 및 재창조 중에 성령의 역사에 대한 가장 넓은 전망으로 되돌아가 보기로 하자. 이런 면들이 이미 전에 언급된 것의 부록으로 여겨질 수는 없다. 성령은 활동하시는 하나님의 이름이므로 그의 활동영역에 한계가 없으며, 또한 성령은 활동하시는 승귀된 그리스도 바로 그분이신데, 이는 그리스도가 세상의 구세주요 모든 인류의 머리가 되시기 때문이다. 성령의 중요한 역사는 세상을 성령의 활동영역으로 여긴다는 것이다.

교회와 개인에 대해 이야기하면서 첫 번째 결과, 즉 세상에서 성령의 첫 번째 열매에 관해 서술하려고 노력했다. 이제 그리스도의 영이 맺는 보다 넓은 열매는 무엇인지 알아 보고 종말의 결과를 언급하면서 마치려 한다. 먼저 그리스도의 영이 맺는 현재의 열매가 무엇인지 알아 보겠는데 그 이야기는 이 장(章)의 중반에 가서 다루기로 하자. 왜냐하면 만일 그리스도를 다루기도 전에 승귀된 그리스도와는 동떨어진 세상과 이스라엘 역사에서 성령이 활동하는 양식과 결과를 먼저 다루

8. 성령, 세상 그리고 완성   151

지 않는다면 중반에 가서 다룰 수 없기 때문이다. 우리의 전통 신학에서 다소 소홀히 여겼던 이 세 주제는 이 넓은 세목에 함께 속한다.

1. 창조와 보존 속에서의 성령

논리적 순서로 보면 그리스도와 교회 다음으로 창조와 세상을 다루는 것은 현명치 못한 것 같으나 이것은 성경적 사고에서 나온 순서이다. 하나님과 창조와의 관계는 출발점이 아니라 이스라엘 믿음에서 가장 폭넓은 전망이며, 창조하시는 하나님의 역사에 우리가 직접 접근할 수 없다는 것은 성경에서 증거하는 사람들이 확증하는 바이다. 세상은 우리가 아는 것처럼 애매하며 세상은 하나님을 알리는 만큼 가리우기도 한다. 하나님이 역사에 적극 참여하시는 모습, 즉 그의 말씀과 그의 영을 통해 지금 이 자리에서 겪는 체험 속에서 우리가 먼저 그를 발견치 못하면 창조 속에서도 하나님을 발견하지 못한다. 본디 고등비평으로 인해 생긴 중요한 결과 중 하나로 출애굽에서 약속의 땅 가나안을 정복하는 과정에서 해방시키시는 하나님의 역사 속에서 그를 만난 후와, 또 그 이유 때문에 이스라엘 백성은 야웨를 온 땅의 창조주라고 고백하였다는 사실과 이런 고백은 바벨론 포로 때 바벨론 창조신화와 충돌했을 때에도 신명기 및 이사야 등의 저자에 의해 명백히 반복되었다는 사실을 우리는 알고 있다. 우리는 하나님이 역사(歷史) 중 전능하신 활동을 하시는 것을 알기 때문에 창조하고 보존하시는 그의 역사를 그분이 하신 것이라 인정할 수 있다. 또 구원의 역사를 이루시는 성령인 그 하나님이 창조된 전(全) 세계의 비밀이라는 사실도 우리는 이해한다. 구약성경에서는 신약성경보다도 창조에 참여하는 성령의 역사를 더 잘 알고 있다. 창세기 1:2의 "하나님의 신은 수면에 운행하시니라"를 곧장 예로 들지만 너무 의심스러운 여지가 많아 이것으로 우리가 목적한 바를 충분히 설명할 수 없고[1] 욥기와 시편에서 보다 명확한 선언을 볼 수 있다. 이 책에 있는 루아크(ruach)를 "생기"라고 번역하기 쉽다고 해서 1장(chapter Ⅰ)에서 보았던 대로 성령론적 가치가 감소시되지는 않는다. "여호와의 말씀으로 하늘이 지음이 되었으며 그

만상이 그 입 기운으로 이루었도다"(시 33:6)라는 말은 신실한 이스라엘 백성에게는 자명했다. 말씀과 성령은 함께 역사하시는 하나님을 묘사하고 있다. "주의 영을 보내어 저희를 창조하사 지면을 새롭게 하시나이다"[2)]에서는 하나님의 영이 자연의 생명을 창조하고 지속시키시는 사실을 나타내며, "하나님의 신이 나를 지으셨고 전능자의 기운이 나를 살리시느니라"[3)]에서는 사람의 생명에 관해 이야기한다. 이처럼 성령이 사람의 생명에 친밀하기 때문에 우리는 때때로 범신론에 빠지지 않나 느껴질 때도 있다. 욥은 자신의 코에 하나님의 영을 가지고 있다고 말하고 있다.[4)] 그럼에도 불구하고 그의 우주내재론 속에서 이 성령은 엄격히 주권을 쥐고 초월한 채로 있다. 우리는 우리 안에 성령을 마음대로 품을 수는 없다. 하나님은 그의 영을 주시기도 하고 되돌려 받기도 하시는데 그 경우 사람과 자연은 죽게 된다. "그가 만일 자기만 생각하시고 그 신과 기운을 거두실진대 모든 혈기가 있는 자가 일체로 망하고 사람도 진토로 돌아가리라."[5)] 하나님의 영은 또한 인간의 문화에 생기와 영감을 준다. 구약성경에서는 그와 농업, 건축, 재판 및 정치를 관련시키는데 일반적으로 "인간의 모든 지혜는 하나님의 영이 주시는 선물이다."[6)]

성령과 창조간의 이 관계는 기독교인의 사고방식에서 매우 소홀히 여겨지고 있는데, 다만 칼빈과 그의 뒤를 이은 아브라함 카이퍼가 내가 알기로 유일하게 우주론적 관점에서 성령론을 전개했다.[7)] 이렇게 소홀한 것은 두 가지 이유에서 통탄할 일이다. 먼저 신약성경 속에서 성령이 특별히 활동하시는 것은 창조해 놓은 역사를 회복시키고 완성하는 것으로 표현되는데 "생기를 주다"(vivify), "생기", "거듭남", "새로운 창조"와 같은 말로 묘사된다. 성령의 발현은 사건이 아니고 성자와 마찬가지로 성령은 "본향에 돌아온 것이다." 그러므로 우리는 창조된 세계 속 어디에서나 기뻐하고 감사하면서 그의 발자취를 발견하는데 인색치 않아야 한다. 또한 재창조 중이신 하나님의 영을 아는 자만이 창조에서 그의 손길을 구별할 수 있다고까지 말해야 한다.[8)]

이런 견해를 강조하는 두 번째 이유는 "영"(Spirit)이라는 낱말이 별 의미가 없는 사람들에게 성령의 역사를 더욱 관련시키려는 사실 때문이다. 우리 모두는 매순간마다 성령에 의해 지배받고 있다. 그는 우리의 생명, 생기, 활력, 마음, 창조적 은사와 같은 형태로 우리 가까이에 계신다. 중세의 유명한 성가 '창조주 성령이 오신다'는 것은 창조와 구속의 역사에 성령님이 동참하신다는 사실을 잘 표현해 주고 있다.

당신이 만드신 가슴을 가득 채우소서.
그리고 ;
우리의 약한 몸을 당신의 힘으로
영원히 강하게 하옵소서.

Imple superna gratia
Quae tu creasti pectora,
And :
Infirma nostri corporis
Virtute firmans perpeti[9]

2. 이스라엘 역사 속에서의 성령

성령론의 출발점인 예수 그리스도가 성령을 지니신 분이요, 보내신 분이기 때문에 구약시대 이스라엘에서 성령이 역사하시는 데에 별 관심을 두지 않았는데 이 장(章)에서 이 문제를 다루어야겠다. 이스라엘은 하나님의 특별계시의 현장이지만 성령론에 관한 한 피조물과 그리스도 사이의 중간의 위치를 차지한다. 하나님의 이스라엘에 대한 특별한 의미는 이스라엘과의 놀랄 만한 언약 속에서 창조되었다가 타락한 인간에게 성육(incarnation)과 속죄가 꼭 필요하다는 방식으로 드러날지도 모른다는 점이다.

이스라엘과 그리스도와의 관계를 이런 방식으로 생각할 때만 우리는 구약성경이 언약과 관련시켜 성령의 역사에 대하여 이야기 하는 방법을 이해할 수 있다. 이미 이 장에서 욥기와 시편이 창조와 관련시켜 성령에 대해 이야기하고 있다고 언급했었고, 후기 예언자들이 완성과 관련지어 성령을 이야기하고 있다고 1장에서 이미 말해서 알고 있다. 이제 문제는 구약성경이 현재와 관련지어 성령에 대해 이야기하는 방법과 그 여부이다. 이 문제는 긍정적으로 대답되어야 하지만 그 "방법"은 신약성경에서 읽는 것과는 매우 다르다. 성령이 신자들 모두에게 거하는 것이 아니라 택함받은 자, 즉 출애굽과 가나안 입성 때 지도자들, 사사들(Judges), 왕들, 요셉과 다니엘, 또 매우 특별한 방법으로 예언자들 속에 거하신다.[10] 성령이 국가와 각 개인에게 함께 한다는 사실은 다음으로 미루어 두자. 때때로 다윗의 기도문인 시편 51 : 11의 "주의 성신(Holy Spirit)을 내게서 거두지 마소서"를 예외로 생각하지만, 왕으로서 기도하는 그가 하나님의 영으로 기름부음을 받았음에도 불구하고 죄를 지은 사실을 알았기 때문에 그런 기도를 드렸다. 구약시대 이스라엘에서 하나님의 영은 그의 언약과 계시의 기관을 고취시키고 강화시키는 신이었다. 이스라엘 자체가 언약의 상대자로서 하나님의 내재를 같이하지 않았기에 하나님과 그의 상대자 사이에는 서로 어긋나 있게 되었다. 이것이 옛 언약의 본질이다. 여기서 분명히 해야 할 것은 인간은 은혜로 가득한 하나님께 복종하는 상대조차 될 수 없다는 사실과, 인간은 상대의 역할을 성취시키시고 새로운 언약에서 그들 마음 속에 그의 의지를 기록하시는 하나님이 필요하다는 사실도 분명히 해야 한다(렘 31 : 31-34). 이런 이유로 성령은 언약기관 속에서 역사하셨다. 그는 구약시대의 신실한 신자들에게서 위대한 장래를 향한 징표로써 역사하셨지만 구약성경에서 "Spirit"이라는 단어를 쓰지는 않는다. 인간에게서 성령이 전반적으로 역사하시는 것은 메시야시대의 은사요, 그 순간까지는 하나님이 그의 영을 억제하셔서 새롭고 보다 심오한 초월을 분명하게 한다는 것이 여기에서 얻을 수 있는 주된 인상이다. 대체로 구약성경은 "예수께서 아직 영광을 받지 못하신고로 성령이 아직 저희에게 계시지 아니하시더라"(요 7 : 39)는 요한복음의 말씀을 확증시켰다.

3. 그리스도시대의 성령

 이제 예수께서 영광스럽게 되시고 선지자 요엘이 예언한 대로 육신을 입고 태어나셨는데 이 사실은 기독교인들이 믿고 있는 것보다 훨씬 더 명백하다. 성령이 교회와 선교운동 속에서 보다 폭넓게 역사하신다고 긍정하지만 동시에 그 범위를 신실한 교인과 개종자에게 한정하고 있는데, 이와 반대로 내가 믿기로는 세상에서 예수 그리스도의 적극적인 임재로서 성령의 영향은 우리가 알고 있는 것 이상이다.

 신약성경의 특성에 의하자면 세상에 대한 성령의 새로운 관계를 암시하는 곳들이 있는데 이 생각을 분명히 밝히기 위해 성경귀절보다는 역사적인 주장을 제시하려 한다. 예수께서 "모든 족속으로 제자를 삼아… 내가 너희에게 부분한 모든 것을 가르쳐 지키게 하라"(마 28:19-20)고 말씀하셨다. 개종이란 새로운 행동양식을 창조하는 것을 의미하는데 결국 이것은 환경에 영향을 미치고 사회 및 문화적 구조에 변형을 가져온다. 이런 초기현상이 사도시대에 벌써 나타나 에베소서의 세 곳에서 충고적 형태로 반영되는데(엡 5:21-6:9, 골 3:18-4:1, 벧전 2:18-3:7), 거기서 남편과 부인, 부모와 자녀, 주인과 종과의 상호 행동에 관한 이야기를 하고 있다. 이처럼 여호와의 권위와 기독교적 사랑의 견지에서 결혼한 사람, 가족, 사회생활에 깊숙이 영향을 미친다.

 다음 단계는 기독교인이 황제숭배를 거부한 것이며 그것으로 말미암은 오랜 핍박 후에 황제가 아닌 국가가 신성시되어졌다. 인간 사회가 존재하는 한 국가의 권위는 신성하다는 주장에 기초를 두어 온 사회가 이 전통이 버려짐으로 말미암아 국민, 독립된 사법권, 그리고 민주주의에 영향을 미칠 터를 닦아 놓았다. 4세기 로마제국이 명목상으로 기독교화되면서부터 사회도 기독교화되기 시작했다. 이런 경향이 중세까지 완전히 실현된 것은 아니지만 전 기독교 문화의 이상(理想)이 조만간에 실현될 수 있었다. 이런 기독교화에는 일부일처제를 의무화하고, 주일을 성수하며, 교회를 보호하고, 로마 전통과 단절시킨 일로서 압박받는 자, 무력한 자, 박탈당하는 자를 돌보는 일 등이 포함되어 있었다. 이처럼 사회의 관심을 개인, 특히 소외된 자에게 쏟게 하는 것이 예수의 복음이다. 이 복음은 역사의 의미에서 세상이 그리스도를 닮게 하는 데 도움이 된다. 우리가 역사를 지배과정처럼 순환운동이나 같은 사건의 끝없는 반복이라고 생각하는 줄로 전에는 국가가 인식해 왔지만 이제 역사란 하나님의 나라, 즉 종말을 향해 하나님이 통치하신다는 뜻에서 의미있게 이해된다. 기독교 국가는 또한 인류의 일반적인 통일성 개념을 성육의 보편적인 의미에서 생긴 것으로 소개했다.

기독교이든 비기독교인이든 많은 이들이 이렇게 기독교화해가는 과정이 르네상스와 계몽주의시대에 와서 멈추고 세속화라는 기본적인 다른 과정으로 점차 변해 간 것으로 믿는다. 그러나 이것은 잘못된 의견이다. 먼저 세속화란 기독교화의 연장일 뿐 차이라고는 현대에 와서 교회 밖에 있는 사람과 영감의 근원을 알지 못하는 사람에 의해 주로 복음의 결과가 논하여져 왔다는 사실뿐이다. 이 시대는 과학의 발견과 기술발명의 시대라고 불리어진다. 서구와 북미가 이 혼란스러운 진화의 선두 주자라는 사실은 자연에서의 신화추방이 급속도로 일어났다는 사실에 기인한다. 옛 종교는 자연을 신과 귀신이 사는 곳으로 여겼기 때문에 사람은 신의 분노를 감수하지 않고서는 자연현상에 관여할 수 없었다. 반면 이스라엘은 하나님께서 자연에 대항함과 동시에 인간의 편에 서서 자연을 다스리도록 인간에게 요청했다고 믿는다(창 1:26-30, 시 8). 자연에 대한 인간의 개념에 근본적인 변화가 없었다면 과학, 기술, 병퇴치 등은 결코 일어나지 않았을 것이다.

정치 사회적 분야에 있는 세속주의의 결과도 역시 기독교에 그 배경을 두고 있다. 복음이 존재해 있는 사회질서의 다른 이름으로서 하나님을 소개한 것이 아니라 혁명적인 하나님을 소개했는데, 시편 및 예언자들에 따르면 그의 "의로움"(sedek)이란 하나님은 겸손한 자를 높이시고 압제자에게 굴욕을 준다는 뜻이다. 그는 안식년과 희년을 정하고서 가난을 점검하고 모든 자녀에게 공평하게 대해 주시는 하나님이시다. 이런 새로운 인상의 사회기준은 현대 혁명의 주된 요인으로 그 혁명 속에서 압박받는 새로운 집단은 계속해서 그들의 공리를 요구한다. 자유, 평등, 박애의 이상을 주장한 프랑스혁명은 그리스도의 이름으로 반항한 사람들이 아니라 예수 그리스도와 보다 밀접한 관계를 가지고 있다. 프랑스혁명 이후에 노예, 여성, 노동자, 흑인의 해방을 맞게 되었고, 2차 세계대전 이래로 이 혁명운동은 더욱 가속적으로 전 세계를 휩쓸었다. 그리스도 영의 해방시키시고 변화시키시는 능력이 자연, 국가, 피부, 계급, 계층, 성, 가난, 병 그리고 무지의 독재로부터 해방되는 곳이면 어디에서나 역사하고 있다. 토크(Eugen Rosens Tock)는 이런 관점에서 인간 본성 중의 생물학적 변화라고 이야기하지만 나는 성령론적 변화라고 표현하고 싶다. 인간성을 상실하게 하는 삶의 케케묵은 구조는 성령의 변화시키는 능력을 대체시키고, 성령은 복음, 선교회, 교회 내에서 우리 안에 들어와 해방시키는 하나님의 말씀으로 새로운 결과를 낳는다.

심오한 생각을 간단히 밝히다 보면 많은 문제와 반대가 생기기 마련인데 몇 개의 주를 달아 가면서 해결해 보기로 하자.

1. 이 모든 것이 그리스도의 영이 무에서 현대문명을 창출했다는 뜻만은 아니다. 어느 곳이나 마찬가지로 여기에서도 성령의 재창조하는 역사는 창조 중에 그분이 역사했음을 전제로 한다. 특히 희랍철학자들은 자연, 국가 및 인간의 조화 등에 대한 통찰력을 발전시킨 결과 현대의 발견들이 그 혜택을 많이 받았다. 그러나 이 통찰력도 기독교인들에게 간직되어 기독교적 개념에 밀착되지 않았다면 오늘날과 같은 열매를 거둘 수 없었다.

2. 왜 성령의 많은 열매가 이렇게 늦게 맺어졌는가? 그리고 왜 비그리스도인이 적극 장려하고 기독교인이 그것을 저지하였는가? 하는 문제가 생긴다. 인간은 수천년 동안 삶의 자연적인 패턴에 의해 살았기 때문에 그리스도가 지배하여 가장 빠른 결과가 나타나는 데도 수백년이 걸린 것에 그렇게 놀라움을 표시하지 않았다. 교회 자체는 제도로써 이 마지막 결과를 환영하지 않았는데 사람을 해방시키면 일반적으로 권위를 거부하고 그리스도에게서 멀어져 자율과 허무주의로 바뀌지 않을까 하며 두려워했기 때문이다.

3. 해방의 치명적인 역전을 예고한 점에서는 교회가 옳았지만 성령

운동을 중도에서 중지시켰던 점에서는 잘못했다. 성령의 역사는 항상 이중(double) 효과를 나타낸다. 성령은 "많은 사람이 넘어졌다 다시 일어나고", "죽음에서 죽음까지 향기를 내며" 또한 "생명에서 생명까지 향기를 내는 일을 부과받았다." 그것은 개인적인 수준뿐 아니라 문화적 수순까지 해당된다. 성령께서 자유롭게 하시므로 무분별한 자율에 이르기도 했지만 자유롭게 예수 그리스도의 아버지를 주님으로 섬기도록 도와 주었다. 교회는 가능한 한 해방의 과정을 적극적으로 도와 주어야 하는 동시에 혁명운동의 의미와 근원을 가르쳐 알게 해야 한다.

4. 현대 소위 세속화된 세계에서 성령의 역사는 우리에게 승귀한 주님이 교회의 머리가 될 뿐 아니라 세상의 머리도 되신다는 사실을 알게 한다. 성령은 교회에만 계시는 것은 아니다. 우리가 알기로 세상에서 그의 역사가 애매하다면 교회 내에서 그의 역사도 마찬가지이다. 세상 어디에서든 그가 거룩하고 순결하게만 나타나시지는 않는다. 믿는 자에게서 영과 육간에 분쟁을 일으키고 세상에서는 그리스도의 통치와 자율간에 분쟁을 일으키기도 한다.

5. 깊은 어두움에도 불구하고 인간과 사회구조를 교화시키는 성령의 역사는 비유이고 유추이며, 예수 그리스도에서 시작하는 최상의 닮음이다. 또 우주를 찬양하고 인간이 그의 주인되신 분에게 순종하는 데 길잡이가 되기도 하는데 개인의 경우처럼 조그마한 출발에 불과하다. 이런 조그마한 출발은 이것을 즐기는 대부분의 사람이 이 모든 것의 중심과 의미를 알지 못하기 때문에 위협을 받는다. 그들은 뿌리없는 열매 혹은 수직차원이 없는 수평차원을 갖는다. 교회는 설교의 결과를 이해하기 위해 세계사 속에서 성령의 가르침이 필요하고 또 세상은 인간의 해방이 무료하고 무익하게 끝나지 않게 하기 위해 교회로 하여금 그 의미를 부여하도록 할 필요가 있다.[11]

4. 성령의 종말론적 의미

성령의 미래에 대한 관계가 이 책의 거의 끝부분에서 나온다고 해서 오해해서는 안 된다. 제목의 순서는 상하의 우위성에서 나온 순서가 아니기 때문이다. 똑같은 이유로 "먼저 생각하고 마지막에 실천하라"는 논리법칙 때문에 맨 마지막에 있는 부분이 가장 중요하다고 주장할 수도 있다. 보스(Geerhardus Vos)가 그의 훌륭하고 지금까지 유효적절한 연구인 '바울의 성령론의 종말론적 관점'에서 다음과 같이 서술한다. "성령의 적절한 영역은 다가오는 세계이다. 거기에서 그는 자신을 현재 속에 투사해서 종말의 역사 중에 예언을 한다." 리차드슨(Alan Richardson)은 "성령론"에서 "성령의 종말론적 성격"이라는 글로 시작하고 있고, 해밀톤(Neill Q. Hamilton)은 바울의 성령론을 쓰면서 "성령이 먼저 미래에 관련된다는 사실을 보여 주기 위한 시도가 있을 것이다"[12]라고 말한다.

위와 같은 사실은 이미 언급된 두 가지 사실과 일치한다. 먼저 성령은 "마지막 날"을 위한 은사로 여겨지기에 이 마지막 날은 그리스도께서 부활하시고 성령을 보내심으로 시작되었다. 둘째로 성령은 마지막 목표가 성취되고 전체가 새롭게 될 때까지 상속자 주변에 보다 넓은 원을 그리면서 완성까지 이르는 승귀된 그리스도이다. 이 이유들 때문에 그리스도와 함께 성령은 첫 열매이고 동시에 준비해서 지금 시작되고 미래의 완성까지 이른다고 말할 수 있다. 이제 이것이 무슨 뜻인지 알아 보자.

5. 그리스도, 성령 그리고 완성

1. 그리스도, 성령 그리고 완성은 모두 함께 속한다.

전에 지적한 대로 그리스도는 전체(totum)를 향한 부분(pars)이고, 성령은 부분(pars)에서 전체(totum)로 이끄는 분이다. 성령은 그리스도로부터 완성까지 또 첫 열매로부터 완전한 추수에 이르게 하는 활동이다. 이것은 고린도 후서 3:18 후반절의 "우리가 … 같은 형상으로 화하여 영광으로 영광에 이르니 곧 주의 영으로 말미암음이니라"에서 잘 표현되고 있다. 이 뜻은 다음과 같다. 우리가 그리스도의 형상으로 화하는데 이는 성령이신 주님으로부터 오고, 영광에서 영광으로, 즉 새 사람으로 완전한 피조물을 닮은(summorphia) 그 나라에서 그리스도의 영광을 완전히 드러낼 정도까지 이르게 된다.

　더우기 만일 그리스도가 종말론적 실체 중 첫 열매라면 그의 나타나심, 역사, 부활로 인한 모든 것도 마찬가지이다. 이 모든 역사는 "다가올 시대의 능력"이며, 모든 것들이 성령의 역사로 요약된다.

2. 성령의 역사 속에서 완성은 시작된다.

　이 말은 무엇보다도 의롭다 칭한다는 입장에서 사실이다. 믿음과 세례 중에 성령은 우리가 그리스도와 함께 죽고 사는 것, 하늘나라에서 그와 함께 앉아 선택받고 자녀가 되는 것 등 그리스도의 구원하시는 역사가 우리에게서 구체화된다. 의롭다 칭함 이상으로 신약성경 속의 성화는 우리들의 영광의 시작으로 생각된다. 이 관계를 표현하기 위해 바울은 첫 열매(aparche)와 보증(arrabon)이라는 낱말을 사용하는데 전자를 통해 농작물, 소, 심지어 사람까지 첫 열매를 바치게 하는 구약성경의 원칙을 되새길 수 있다. 이것들은 우리가 가진 모든 것이 여호와께 속한다는 징표와 고백으로 하나님께 희생제물로 바쳐져야 한다. 신약성경에서 이 말은 약간 다르게 사용된다. 여기서 첫 번째 열매는 우리가 하나님께 바치는 것이 아니라 하나님이 인간에게서 만드는 것이지만 그렇다고 인간으로 하여금 하나님께 바쳐야 할 헌신을 면제해 주기 위해서 만들어진 것은 아니다. 그러나 그것은 인간이 장차 하나님의 것이 될 때가 올 것이라는 약속이다. 첫 열매라는 낱말은 그리스도, 성령, 교회 이 세 가지 실체를 위해 쓰였다. 새 사람으로서의 그리스도의 공동체로 하여금 그의 형상을 닮게 하는 능력이 새 인간의 첫 열매이다. 이와 관련하여 로마서 8:23의 낱말이 특별히 중요하다. 바울은 여기서 교회를 "우리 곧 성령의 처음 익은 열매를 받은 우리"라고 말한다. "성령의"라는 소유격은 틀림없이 설명을 위한 소유격인데, 새번역성경에서 "성령이 다가올 추수의 첫 열매로 주어질 우리"라고 적혀 있다. 회심, 용서, 하나님과의 친교, 기쁨과 같은 모든 은사를 가진 성령은 하늘나라를 예고하는 다가올 축제의 첫부분이 되신다.

　같은 생각이 더 강한 방법으로 바울의 두 번째 낱말인 보증(arrabōn)에서 표현된다. 이는 비희랍말로, 근동에 있는 셈족의 상업어에서 빌어 왔는데(고후 1 : 22, 5 : 5, 엡 1 : 14) 개역성경(RSV)에는 "보증하다"(guarantee)로, 새번역성경(NEB)에는 "서약하다"(pledge)로 번역되고 있다. 단번에 모든 비용을 지불할 수 없는 구매자가 전 비용을 기꺼이 지불하겠다는 보증으로 arrabōn을 첫 할부금으로 준다. 가장 쉽게 구할 수 있는 말은 아마 "첫 지불액"(down-payment) 일 것이다. 하나님께서 그의 나라가 정말 가까와졌고 또 오게 할 준비가 되어 있다는 징표로 그의 자녀들에게 성령을 주신다.

이런 확신과 일치되는 것은 큰 종말적 사건을 나타내는 용어, 즉 그리스도의 재림, 죽은 자들의 부활, 심판, 그리스도 안에서의 하나님의 환상, 그리고 그의 빛으로 걷는 일 등이 성령론적 사건에 역시 적용된다. 성령 안에서 그리스도의 재림은 이루어지고 우리는 죽었다가 일어나며 심판을 받고 하나님의 은총의 빛 가운데로 걸어가며 그리스도를 통해 성령을 본다.[13] 성령의 모든 역사(뿐만 아니라 그리스도의 역사)는 완성을 대망하는 것이다. 신약성경은 말세론적 종말론도 실현된 종말론도 아닌 실현되고 있는 중인 종말론을 이야기하고 있다.

3. 성령은 우리로 하여금 완성을 갈망케 한다.

얼른 보기에 이 말은 앞서 나온 이야기에 정반대되는 듯이 보일수도 있다. 또 두 가지의 생각이 서로 타당성을 줄여 가는 것으로 생각하기 쉬운데 미래의 시작을 경험하면 할수록 미래를 덜 갈망하게 된다는 것이다. 그러나 이것은 신약성경의 견해가 아니다. 미래를 경험하는 것과 그것을 갈망하는 것은 서로 잘 조화를 이루고 있다. 로마서 8 : 23을 다시 생각해 보자. 22절에서 바울은 모든 피조물이 괴로와 탄식을 한다고 말하고서 "성령의 처음 익은 열매를 받은 우리"라고 교회도 또한 탄식한다고 덧붙인다. 이 말들은 "우리가 처음 열매로 성령을 받는다는 사실에도 불구하고"라는 뜻이다. 그러나 더 좋은 설명은 "우리가 처음 열매로 성령을 받는다는 사실 때문에"이다. 가장 분명히 하기 위해 이를 일상생활에서 흔히 일어나는 일과 비교해 보자. 어떤 아픈 사람이 자신의 병이 불치라는 것을 알고 나면 그 상황을 묵인할 수 있지만, 의료기관에서 단지 혹은 장기간의 치료 후에 회복할 수 있다는 말을 들었다면 안달을 내며 기대하는 시간이 다시 시작된다. 환자가 회복의 기미를 발견하면 할수록 안달과 기대는 더 없이 커간다. 그것이 바로 세상에서 하나님의 자녀들이 처하는 역설적인 상황이다. 그들이 바라는 것은 없는 것을 깨달은 때문이 아니라 이미 약속받았기 때문이다. 성령이 허락한 희락과 화평을 통해 우리는 소망 가운데 살 수 있다(롬 15:13). 하나님의 사랑이 우리에게 이미 주어진 성령을 통해 우리 마음 가운데 가득 차기 때문에 실망시키지 않는 소망을 우리는 갖는다(롬 5:5). 믿음과 사랑은 소망을 낳는다. 하나님이 주신 것을 볼 때 세상의 현재 상황이 그리스도와 성령 안에서의 하나님의 은사와 얼마만큼 충돌을 일으키는지 알 수 있다. 그렇게 함으로써 우리에게 이미 주어졌던 은사에 따라 재창조되는 세상을 더욱더 간절히 기대하게 된다. 믿음과 소망 가운데서 우리는 현재의 상황을 거스릴 수 있다. 우리가 갖는 희락 때문에 우리가 갖지 않는 것에 대해 탄식을 불러일으킨다. 소유해 보고 부족해 본 경험을 통해 서로 보조를 맞추기도 하고 성령의 협력으로 서로 역전되기도 한다.

4. 성령은 완성의 내용이다.

이 이야기는 바로 앞절 이야기의 직접적인 결과이다. 성령이 처음 맺는 열매요 미래의 보증이라면, 미래는 지금 현재 성령 안에서 우리가 경험하는 것과 같은 성질과 조화를 이룰 것이라는 뜻이어야 한다. 지금 현재 성령의 역사는 하나님께서 우리의 역사를 조금 인정하시고 같은 정도로 우리 존재를 그리스도와 닮게 변형시킨다는 뜻이다. 이 사건의 연장으로서 완성은 하나님께서 모든 이에게 매우 소중한 것이 되어 주실 것이며, 따라서 우리의 모든 존재와 우주는 그리스도를 닮아 갈 것이라는 뜻이다. 따라서 완성은 영적인 과정의 완성이요 성령이 완전히 내재하는 것이며, 모든 피조물이 "신령화"하는 것이라고 정의내릴 수 있다. 그 결과 보스(Geerhardus Vos)처럼 성령이 완성의 주체라고 말해야 한다.[14] 바울이 다음에 우리가 받아야 할 "신령한 몸"에 대해 말할 때(고전 15:44) 그는 비육체적인 물질에서 만들어진 몸이 아닌 육체(soma), 즉 모든 인간의 존재, 영 그리고 몸을 포함해서 생각한 것인데 이것은 그리스도의 영에 의해 창조되고 지배되며 통제될 것이다. 이런 인간성을 지닌 그리스도가 영광을 받고 하나님 자신의 영광에 동참하고, 그리스도 안에서 인간이 피조물 속에 인간과 하나님 사이에 놓인 얽매임을 십자가에 매달아 버리기 때문에 성령이 완전히 안에 거하고 그리스도께 순종한다는 것을 베드로 후서 1 : 4에 따라 우리는 "신의 성품에 참여하게 될"것이라는 뜻이다. 이 세상에서 이 뜻을 잘 나타낼 낱말이나 사상이 없는데 비슷한 것 조차도 없다. 그리스도의 부활하신 능력을 지금 이 세상에서는 성령이 대신하고 있는데 우리가 요청하거나 생각한 모든 것보다 훨씬 놀랄 만하다는 사실을 알고도 남음이 있다. "사랑하는 자들아, 우리가 지금은 하나님의 자녀라. 장래에 어떻게 될 것은 아직 나타나지 아니하였으나 그가 나타내심이 되면 우리가 그와 같을 줄을 아는 것은 그의 계신 그대로 볼 것을 인함이니, 주를 향하여 이 소망을 가진 자마다 그의 깨끗하심과 같이 자기를 깨끗하게 하느니라"(요일 3 : 2-3).

우리는 지금까지 신학적 입장에서 본 성령론을 살펴 보았다. 최종적인 결론으로 다음과 같은 성령의 특징을 소개함으로 이 부분을 맺고자 한다. 신학적 성령론은 대략 다음의 특징들을 갖고 있다.[15]

1) 예수와의 일치성

성령은 무엇을 의미하는가? 우리는 다음과 같이 아주 간단하게 대답할 수 있다. "성령은 우리로 하여금 예수께 대하여 열려 있게 한다." 공동체는 먼저 예수 안에서 성령을 보았다. 그리고 부활하신 자로서 공동체에게 성령을 주신 것은 예수였음을 강조하였다. 끝으로 바울과 특히 요한은 성령의 결정적인 행위는 예수가 우리에게 살아 있도록 하는 것이라고 인식하였다. 예수의 삶과 죽음의 방법이야말로 그를 회복시키고 하나님과 다시 화해시킬 수 있음을 사람이 파악하기 시작할 때 성령은 활동하게 된다. "눈으로 본 적이 없고 귀로 들은 적이 없으며 아무도 상상조차 못할 일을… 하느님께서는… 성령을 통하여 우리에게 나타내셨고 보이셨읍니다… 그리스도가 십자가에 달렸다는 것은 유다인들에게 비위에 거슬리고 이방인에게는 어리석게 보이는 일입니다. 그러나… 부르심을 받은 사람들에게는… 하느님의 힘이요 하느님의 지혜입니다"(고전 2:9-10, 1:23-24;공동번역참조).

2) 지배될 수 없는 하나님

예수는 성령에 대해서 이야기하지 않았다. 그러나 그의 삶과 죽음의 긴장감 속에서 한 가지 일을 기다렸다. 즉 그의 선포와 삶과 죽음을 통하여 성령의 기적이 일어나고 하나님과 인간이 다시 화해되는 것을 기다리셨다. 이러한 예수를 통하여 세상 안에 계시는 하나님의 현재, 바로 성령으로부터 사는 것을 배우게 된다. 이러한 배움을 통해서 하나님이 우리에게 성령을 통하여 무엇을 주시고자 하는 것을 깨닫게 될 것이며, 우리가 계획하고 기대하였던 것에 상응하지 않을 때도 있게 된다. 성령은 그가 원하시는 곳에 불며, 그가 어디로부터 와서 어디로 가는지 아는 사람은 아무도 없다(요 3:8). 성령은 지배할 수 없는 주이시며, 하나님이시다.

3) 자유

성령은 우리가 지금까지 경험하고 들어 보지 못한 자유를 주신다. 성령은 여러 가지 상황에서 우리에게 자유를 주신다. 그러나 바울과 요한의 경우에서와 같이 보다 더 중요한 것은 "육체로부터의 자유"이다. 육체적인 욕심과 도덕적 완전성으로부터 또 율법으로부터 자유를 주시므로 우리의 생명이 하나님의 선물로 인식하게 된다. "주님의 성령이 계신 곳에는 자유가 있읍니다"(고후 3:17;공동번역참조).

4) 공동체

자유는 한 가지 한계가 있는데 성령은 사람을 그리스도의 몸에 속하게 하며, 이 몸에 속한 모든 다른 사람들과 함께 어울리게 한다. 이러한 내적인 연결성을 통해서 다른 모든 사람과 함께 살며 다른 사람을 위해 사는 것이다. 이러한 자유의 한계를 정하는 이가 성령이다. 또한 공동체를 이루기 위하여 성령의 선물로 주신 은사도 우열이 있는 것이 아니라 모두가 똑같이 중요한 것이다. 이와 같이 성령은 우리 안에 있는 여러 가지 간격을 극복하신다.

5) 인도하심

세례 요한은 불과 영을 가지고 이미 도끼가 그 뿌리에 놓여 있는 이스라엘에게 오실 미래의 심판자를 기다렸다. 제자들은 이것을 예수께서 그들에게 주신 성령과 관련시켰다. 이때에 그들은 예수께서 모든 가치를 전도시키면서 심판자로 그들 위에 오시고자 하심을 이해하게 되었다. 십자가에 달리신 그분을 통해서 마음을 열리게 하며 새로운 사실들을 보게 한 것이다. 요한은 영의 과제를 다음과 같이 설명한다. 즉 영은 세계를 올바르게 생각하도록 할 것이며, 무엇이 죄인지, 무엇이 심판인지를 완전히 새롭게 보여 준다는 것이다(요 16 : 8-11).

성령은 모든 것을 새롭게 열리게 하시며 꿰뚫어 보신다. 그러므로 성령이 역사하실 때에 사람은 감동받게 된다. 사람은 성령이 새로운 것을 그에게 보여 주도록 그리고 너무 오랫동안 견지해 온 견해들을 다시금 수정하도록 준비되어 있어야 한다. 이때에 그는 하나님께서 그에게 주시고자 하는 것이 무엇이며 하나님께서 그에게 무엇을 기대하시는가를 들을 수 있다. 이러한 성령의 인도하심과 깨달음은 여러 가지 상이한 방법으로 주신다. 빌립은 그가 한 특정한 곳으로 가야 함을 알고 있고, 바울은 그에게 내린 병을 그의 계획들을 변경시키기 위한 하나님의 교시로 체험한다(행 8 : 26, 29, 16 : 6). 요한복음 16 : 13에 의하면 영은 미래를 보여 줄 것이다. 그리하여 사람들은 오늘과 내일뿐 아니라 다음 세대에도 정말 중요한 것이 무엇인가를 듣게 된다. 디모데 전서 4 : 1에 의하면 영은 우리로 하여금 우리 자신의 환상에 붙들려 있도록 버려 두지 않는 위험을 정확하게 알고 있다. 이와 비슷한 것은 요한 일서 4 : 1~6에서도 말한다. "진리의 영이… 너희와 함께 사시며, 너희 앞에 계신다"(요 14 : 17).

6) 하나님과 그의 미래에 대한 개방성

"성령과 말씀의 결합성"은 이미 구약성경에도 나타나 있지만 신약성경에서 비로소 명백하게 나타난다. 성령은 말씀이 과거의 단순한 반복이 되지 않게 한다. 그는 오늘날 인간의 고통을 보게 하며 그리하여 과거의 말씀이 오늘날 무슨 새로운 것을 말하고자 하는가를 묻게 한다. 성령은 말씀을 새롭게 예기치 않은 방법으로 생동케 하며 미래를 향하여 나아가게 하는 창조적인 힘을 주신다.

이에 반하여 말씀은 하나님의 의지와 우리 인간의 한계를 상기시켜 주므로 위험하고 잘못된 진리에 빠지지 않도록 명확성을 성령에게 주신다. 또 신약성경에 보면 기도와 성령이 깊은 관계가 있음을 볼 수 있는데 기도란 하나님에 대한 자기 개방을 뜻한다. 그러므로 성령은 기도할 때에 역사하신다. 성령이 역사할 때 우리는 미래에 대해 하나님을 신뢰하고, 하나님께서 우리가 하는 일을 도우시고 우리가 단지 부분적으로 할 수 있는 것을 완성하신다는 것을 알게 될 것이다. 성령은 우리도 아브라함과 같이 주어진 현재를 떠나서 "희망하는 것"을 배우도록 가르친다. 왜냐하면 그는 하나님께서 모든 수수께끼를 해결하실 그 미래를 우리에게 가르쳐 주기 때문이다.

그러므로 공동체의 특별한 사명은 다음에 있다고 생각된다. 즉 일면으로 각 개인에 대한, 특히 약하고 모욕을 받은 자에 대한 하나님의 사랑을 계속 상기시켜 주고 이 사랑으로부터 인간에게 불가능한 일을 경험하는 것이다. 다른 일면으로 어떤 절대화된 보수적 혹은 진보적 프로그램도 바로 이러한 개인들과 약한 자들이 멸망하도록 하는 전체주의자가 되지 않도록 비판적으로 감시하는 일이다. 이러한 목적을 향한 기본적 장치에 있어서 통일성과, 이 목적에 이르는 구체적인 방법의 다양성이 바로 공동체 안에 필연적으로 존재한다. 신약성경에 의하면 성령은 종말의 완성을 가져다 주는 자가 아니다. 오히려 그는 이 세상의 제한된 시간 내에 있어서 하나님의 현재를 말한다. 그러나 선수금(argeld)으로서 종말의 완성을 가르치고 있다. 그러기에 바울은 로마서 8:14~28에서 하나님께서 모든 것을 완성될 때에 존재하실 바에 대한 일종의 "첫 선물"이다.

이제 다시 우리는 처음에 예수에 대하여 말한 내용으로 다시 돌아간다. 하나님의 성령을 이해하고자 시도한 구약성경의 이스라엘의 모든 역사가 예수 안에서 약동하고 있다. 이것이 이제 성취되었다. 예수의 모든 삶과 또한 무엇보다도 그의 죽음은 그가 결코 자신의 힘으로 "지배할 수 없는" 하나님과 계속하며 함께 있음을 뜻한다. 이것이 그 사회에서 세리들과 창부들에게 행복을 가져다 준, 지금까지 들어 보지 못한 자유를 그에게 준다. 이것이 예수와 그들 사이에 놓여 있던 한계를 지양시키고 성찬을 통하여 아주 정확하게 된 식탁의 "사귐"을 형성하였다. 이것은 하나님의 "인도하심"으로 증명되었으며 이 인도는 모든 인간적인 기대와 계획에 반하여 그를 십자가에 이르게 하였다. 십자가에서 그는 아무 것도 배제할 필요는 없었으며, 오히려 어찌하여 당신은 나를 버리십니까?" 하고 부를 수 있었다. 그러나 또한 그는 "나의 하나님, 나의 하나님" 하고 기도하면서 하나님을 버리지 않았다. 지상의 활동에 있어서 그는 장차 올 하나님의 나라에 대하여 많은 비유로써 희망도 없는 것처럼 보이는 그때에 그는 자기를 하나님께, 하나님의 손에 맡겼다. 그러므로 그는 미래가 그를 죽은 자들 가운데서 일으키시고 성령께서 그의 나라에로 부르실 그를 모든 사람의 주로 삼으신 이에게 속해 있다는 것을 경험한 것이다.

제 II 편
현대 신학자의 성령론

바르트의 성령론

1. 서 론

성령(Holy Spirit, Heiliger Geist, Spiritus Sanctus)은 삼위일체론에 있어서 성부, 성자와 구별되는 제3위격을 지칭하는 말이다. 그런데 교리사나 신학사에 있어서 제3위격인 성령에 관한 논의 만큼 분열되고, 또 무시되어 온 분야도 드물 것이다. 아직까지도 동방정교회는 "성령의 성자로부터의 출발"을 거부하고 있는 실정이다. 물론 이와 같은 성령경시 풍조에는 역사적인 이유가 전혀 없는 것도 아니다. 모든 시대의 열광주의적 신도들, 가령 몬타니스트와 재세례파와 퀘이커와 오순절파들과 같이 영의 현존을 강조하는 많은 운동이 있었다.

이들은 대개 성령과 그리스도, 성령과 성경, 성령과 교회생활 등과의 사이의 결합을 약화시킬 위험을 내포하고 있다고 보아 기성교회들이 경계를 계속했었기 때문이다. 그 결과 기성교회의 신학은 영적 영양부족과 설교나 교육이나 교회생활에 있어서 빈곤을 초래하게 되었다. 반면에 다른 쪽에서는 반신학적 감정을 품은 종교단체들이 자신의 감정과 혼동하여 성령을 독점하고 있었던 것처럼 과시하고 있었다. 그래서 성령의 은사에 관해 냉담한 학자들도 많이 나타나게 되었다. 심지어는 성령의 은사들 가운데 많은 부분이 "사도시대 이후에는 교회 안에서 폐지되었다"고 주장하는 사람도 상당히 있다.

최근에는 오순절운동(Pentecostal Movement)이 이지주의(理知主義)에 강력히 반대하는 초창기의 성향을 많은 부분에 있어서 발전시키고 있는 점도 간과할 수가 없다. 현재도 오순절은 학구적인 기초보다는 성령의 체험에다 기초를 두고 있는 것이 사실이다. 따라서 성령의 이해는 교리의 테두리를 벗어나 체험과 정동적(情動的) 세계로 강력히 번져 가고 있는 새로운 동향이 이미 시작되었다고 본다.

이러한 혼란한 성령의 이해 속에서 20세기에 등장한 바르트 신학의 성령은 어떻게 이해되고 있는가 하는 물음은 중요한 물음이 될 것이다. 흔히 그의 신학을 말씀의 신학 또는 삼위일체적, 기독론 중심적이라고 한다. 그렇다면 그의 신학체계 속에서 성령은 어떤 위치에 있는가?를 살피고, 그의 신학체계 속에 나타난 성령론을 고찰하기 위해서 삼위일체 하나님으로서의 성령, 계시와 성령, 교회와 성령, 인간과 성령, 바르트의 니케아—콘스탄티노플신조에 나타난 성경해석 등의 순서에 따라 살펴 보기로 한다.

2. 삼위일체 하나님으로서의 성령

1. 교의학에서 삼위일체의 위치

바르트는 1932년 그의 「교회교의학」 제1권에서 삼위일체론을 다루고 있다. 그의 방대한 「교회교의학」에 있어서 삼위일체론이 제1권에서 다루어지고 있음은 특기할 만한 일이다. 제1권에서 바르트는 교의학 서론을 기술한 다음, "교의학의 규범으로서 하나님의 말씀"에 대하여 기술하고 다음에 이어 삼위일체론을 기술한다. 제1권에 나타난 이 순서는 바르트 신학의 특성을 반영하고 있다. 즉 그의 신학은 교회 중심의 신학이며 교회의 전통에 입각한 신학이고자 하는 특성을 반영하고 있다.[1] 그러므로 바르트는 제1권의 "말씀론"에서 말하기를, 교회의 설교와 성례전을 통하여 이루어지는 하나님에 관한 전술, 곧 선포가 과연 하나님의 말씀과 일치하며 하나님의 말씀을 선포하는가를 추구하는 것이 그의 교의학의 과제라고 말한다. 그리고 교회의 가장 오래된 교리 중에 하나인 삼위일체론을 바로 그 다음에 기술한다. 그리고 삼위일체론을 그 앞에서 고찰한 하나님의 말씀에 근거시킨다.

"하나님의 말씀은 그의 계시 가운데 있는 하나님 자신이다. 왜냐하면 하나님은 그 자신을 주님으로서 계시하기 때문이며, 성경에 의하면 이것은 계시의 개념에 대하여 다음의 사실을 의미한다. 즉 하나님 자신은 파괴될 수 없는 단일성 가운데서, 또한 파괴될 수 없는 상이성 가운데서 계시자, 계시, 계시의 능력이라는 것이다."[2]

여기에서 우리는 삼위일체론이 바르트의 교의학 체계에 있어서 지배적인 위치에 있음을 발견할 수 있다. 또 교회교의학에 나타나는 바르트의 신학적 사고는 삼위일체론이라고 말할 수 있다. 바르트의 견해에 의하면 삼위일체론의 내용은 교의학의 체계에 있어서 외형적으로 특별한 위치를 가질 뿐만 아니라 "전체 교의학에 대하여 결정적이고 지배적인" 위치를 차지하고 있다.[3] 그러면 어떤 근거에서 삼위일체론은 이렇게 중요한 위치를 차지하고 있는가? 그것은 "기독교의 신론을 기독교적인 것으로… 기독교의 계시 개념을 다른 모든 가능한 신론들과 계시 개념들에 비하여 기독교적인 계시 개념으로서 근본적으로 표시하는 것"이기 때문이다. 전통적으로 교의학은 인식의 원리(principium cognoscendi)로서 성경으로부터 시작되었다. 기독교의 출발점이 되는 예수 그리스도의 계시는 다음의 질문을 제기한다. 자기를 계시하는 하나님은 누구인가? 이 계시는 어떻게 일어나는가? 이 계시는 어떤 결과를 가져오는가?[4] 계시에 대한 이러한 질문은 필연적으로 삼위일체의 문제를 야기시킨다. 그러므로 삼위일체론은 전체 교의학에 있어서 결정적이고 지배적인 위치를 갖게 된다. 바르트는 이렇게 말한다.[5] "하나님은 자신을 계시한다. 그는 자기 자신을 통하여 자기를 계시한다. 그는 자기 자신을 계시한다. 만일 우리가 계시를 정말 그의 주체로부터, 하나님으로부터 이해하고자 한다면 우리는 무엇인가 먼저 다음의 사실을 이해해야 한다. 즉 계시의 이 주체, 하나님, 곧 계시자는 계시에 있어서 그의 행동과 동일하며 또한 이 행위의 작용(wirkung)과도 동일하다는 것이다." 다시 말하여 "계시하는 하나님 그리고 계시의 사건 그리고 인간에 있어서 이 사건의 작용"은 하나이다. "파괴될 수 없는 단일성 가운데서 계시자, 계시, 계시의 능력"이신 하나님은 "또한 그 자신 속에서 파괴될 수 없는 상이성을 가지고 이 세 가지 존재방식"을 가지고 있다.[6]

성경에 있어서 계시는 하나님에 대하여 어떤 다른 것이 아니라, 바로 하나님 자신과 "같은 것, 하나님의 반복이다. 계시는 하나님의 술어이지만 그러나 이 술어는 하나님 자신과 완전히 일치한다." 또한 "하나님이 자기 자신을 인간에게 주실 때, 그는 주는 자(Geber)와는 다른 자이며 주는 것(Gabe)과도 다른 자이다. 이리하여 그리스도와 영 혹은 말씀과 영도 서로 바꿀 수 없이 존속한다." 이와 같이 하나님은 주는 자, 주는 것, 그 사이에 영, 즉 삼위일체의 존재이며, 바로 여기에 기독교의 계시 개념의 기독교의 특성이 있다고 바르트는 말한다.[7]

2. 삼위일체의 기초

바르트에 있어서 삼위일체론의 기초, 그 뿌리는 한마디로 말하여 계시에 있다.[8] 자신을 계시하는 신은 주로서 계시하신다(Gott offenbart Sich als der Herr.). 신이 주(主)라는 것은 그가 인간에 대한 계시에 있어서 가지는 관계를 말한다. 신이 주(主)로서 역사하신다는 것은 그가 인간에 대한 계시 안에서 행하시는 양태를 말한다. 따라서 계시라는 것은 언제든지 신이 주로서 나타나시는 것을 의미한다. 그리고 주권은 자유를 의미한다. "성경의 신은 주권을 가지신다"고 바르트는 말한다. 이렇게 논구(論究)를 거듭한 뒤 바르트는 삼위일체론의 기초를 강조해서 다음과 같이 말한다. "신이 스스로를 주로 계시한다는 것은 이러한 뜻으로 이해되어야 한다. 즉 이 말이 전하려고 하는 뜻과 따라서 성경이 증명하는 계시 자체를 우리는 삼위일체론의 기초라고 한다." 이러한 표현으로 만족을 느끼지 않은 바르트는 곧 이어서 다음과 같이 강조한다. "자기를 계시하신 하나님은 파괴될 수 없는 단일성 가운데서 동일한 분 (derselbe)이시며 동시에 파괴될 수 없는 상이성 가운데서 세

분은 다르게 동일한 분이다." 혹은 교회의 삼위일체 교리의 표현에 의하면, 계시에 대한 성경의 증언에 있어서 아들, 성령은 그들의 본질의 단일성 가운데서 한분 하나님이시며, 그리고 계시에 대한 성경의 증언에 있어서 한분 하나님은 그의 인격들의 상이성 가운데서 아버지, 아들, 성령이다. 이러한 의미를 가진 삼위일체론은 "계시의 해석"이요, 계시는 "삼위일체론의 근거"이다.[9] 계시에 대한 성경의 증언에 의하면 성부와 성자와 성령은 그들의 본질의 통일에 있어서는 한 신이나, 계시에 대한 성경의 증언에 의하면 한 신은 위격의 다양성에 있어서는 성부와 성자와 성령으로 계신다. 바르트는 삼위일체론의 기초를 말할 때에 특별히 두 가지를 강조한다.[10] 두 가지란 부정적 의미와 긍정적 의미를 말하는데

첫째, 그 부정적인 의미는 다음과 같다. 즉 "삼위일체론에 관한 명제나 명제들은 계시에 관한 명제 내지 계시 자체와 직접적으로 동일하다고 요구할 수 없다.[11] 삼위일체론은 계시에 관한 명제의 "한 분석"이다. 그것은 "교회의 한 사역"(work)이다. 즉 계시에 관한 명제나 계시 자체에 대한 교회의 이해를 기록한 문서(document)이며, "그의(교회) 하나님 인식의 문서 내지 오류를 거부하고 그의 선포의 내용적 일치성을 위한 투쟁의 문서"이다.[12] 달리 말하여 삼위일체론은 교회가 가진 "신앙의 문서"이며 그런 면에서 그것은 "단지 간접적으로 계시 자체의 한 문서"이다. 삼위일체론의 내용은 성경의 증언과 관계되어 있고 성경의 개념을 사용하기도 하지만 성경의 어떤 텍스트와 외적으로 완전히 일치하지 않는다. 그것은 성경의 텍스트를 반복하는 것이 아니라 그것을 해석하면서 그것과 관계한다.

둘째, 삼위일체론의 긍정적인 의미는 다음과 같다 : 삼위일체론은 단지 과거의 유물이 아니라 오늘 우리 시대에 있어서도 불가피한 "계시의 필연적이고 적절한 분석"이다. 물론 삼위일체의 교리 자체가 성경 안에 있지는 않지만 그것은 "성경의 적절한 해석"이다.[13] 이 점에 있어서 삼위일체의 교리는 그의 타당성을 가진다. 물론 자기를 계시하는 하나님에 대한 성경의 증언과 이 교리 자체가 혼동되거나 하나로 될 수 없다. 그러나 성경의 이 증언이 바르게 이해되기 위하여 삼위일체

의 교리는 불가피하다. 그러므로 "양자 사이에는 하나의 참되고 근거된 관련성"이 있다. 하나님의 계시의 사건을 오늘 우리 시대에 올바로 이해하며 그리하여 교회의 선포를 비판하고 수정하는 데 있어서 하나의 길잡이가 될 수 있는 것이 삼위일체론이다. 삼위일체론은 "성경의 해석과 또한 교의학 규범의 사용을 위한 주석"이다. 이와 같이 바르트가 계시의 성경적 개념을 분석함으로써 도달한 가장 간결한 결론은 삼중적인 유일주권, 즉 성부와 성자와 성령이 한 주권 안에 있다는 것이 삼위일체론의 기초라고 한다.[14] 계시의 사건을 분석할 때 다음과 같은 삼위일체적인 요소들을 발견할 수 있다.[15]

3. 삼위일체[16]

아버지, 아들, 성령, 이 삼위가 가진 일체성 또는 하나됨을 논한 다음에 이 일체성은 오직 삼위 안에 있음을 논한다.

1) 삼위의 일체성

그는 삼위일체론이 어떤 논리적이고 추상적인 사유의 결과로서 형성된 것이 아니라 성경의 계시 안에 그것의 근거가 있다고 주장한다. 그렇게 말할 때 그는 언제든지 신구약에서 사용하는 야웨와 큐리오스(Yahweh, Kyrios)라는 신명을 들고 나온다. 삼위일체론은 이 신명을 설명하는 것에 지나지 않는다. 이 이름은 성경이 신이라고 부르는 독특한 단일적이고 고유한 의지자와 행동자를 의미한다.[17] 하나님이 삼위로 존재한다고 하여 하나님의 일체성 내지 하나됨이 폐기되고 세 가지 신성이 있다고 생각해서는 안 된다. 삼위는 결코 하나님의 본체가 세 가지임(drei-heit des wesens)을 뜻하지 않는다. 삼위의 일체성은 "하나님은 세 번 반복 가운데서 단 한분의 하나님이시며… 그는 오직 이 반복 가운데서 단 한분의 하나님이시며… 바로 그러므로 각 반복에 있어서 단 한분의 하나님이라는 것"을 뜻한다.[18] 한마디로 말하여 삼위의 일체성의 의도는 "기독교의 일신론"을 지키는 데 있다고 바르트는 말한다. 그것은 '하나님은 한분이시다'라는 통찰에 대한 궁극적이고 결정적인 증명이다.[19]

2) 일체의 삼위성

위에서 삼위 안에 일체로 계시는 신을 언급한 후 이제는 일체성 안에 삼위로 계시는 신에 대하여 언급한다. 이렇게 신의 통일성을 강조한 바르트는 신의 삼위성을 언급한다. 계시된 신의 계시된 통일성이라는 개념은 신 안에 있는 구별성을 부인하는 것이 아니라 오히려 그것을 포함한다.[20] 신의 본질 안에 일종의 배열이 있다(dispositio 또는 oeconomia). 이것을 지금까지 교회는 삼위(drei personen)라고 부르고 있으나 오히려 신 안의 세 존재양태(der drei seinsweisen)라고 부르는 것이 더 좋겠다고 한다.[21]

이 세 가지 존재양식은 "하나님의 서로 다른 고유한 존재양식"이다. 다시 말하여 그들은 "서로 혼동하거나 혼합될 수 없다." 그러나 하나님이 세 가지 양식으로 존재한다고 하여 세 하나님이 있다고 말해서는 안 된다. "모든 세 가지 존재양식 안에서 하나님은 자기 자신 안에 계시며, 세계와 인간에 대하여 단 한분 하나님이다." 이것은 성경이 말하는 계시의 개념을 분석할 때 나타나는 것이다. 즉 계시─계시자─계시의 능력, 하나님의 거룩─자비─사랑, 성 금요일─부활절─오순절, 창조주─화해자─구원자의 삼위성은 한분 하나님의 삼위성을 암시하고 있다.

그러면 이 세 가지 존재양식의 상이성(alius─alius─alius)은 어디로부터 오는 것인가? 이 상이성은 삼위의 내용적 상이성으로부터 오는 것이 아니라, "그들의 고유한 발생학적(genetischen) 상호관계로부터" 오는 것이다. 따라서 바르트는 세 존재양식이 가진 상이성 내지 고유성(eigentümilchkeit)을 "형식적 고유성", 다시 말하여 "그들 상호간의 관계를 통하여 주어져 있는" 고유성이라고 부른다.

그러면 세 존재양식의 상호관계는 무엇인가? 신약성경에 보면 아버지, 아들, 성령이라는 이름이 나타난다. 이 세 가지 이름이 단 한분이신 하나님의 이름이라면, 이 하나님 안에 아버지의 신분(vatersschaft)과 아들의 신분(sohnschaft), 생성자(erzeuger)와 생존된 존재(erzeugtsein), 그리고 이 양자에 있어서 공통된 제 3의 것, 즉 생성자와 생성된 존재로부터 공동으로 오는 생성(hervobringung)을 생각할 수 밖에 없다. 다시 말하여 "계시의 원인성, 계시의 근거, 자기 자신의 계시자"(offenbar), "그 이전에 은폐되어 있던 것이 계시되는 사건으로서의 계시 자체", "세 번째의 것으로 이 두 가지 동인의 공통된 결과로서의 계시의 능력(offenbarsein), 즉 계시자의 의도이며 따라서 이와 동시에 계시의 의미이며 방향인 현실"을 생각할 수 밖에 없다. 이와 같이 "하나님의 은폐(verhüllung)가 있기 때문에 드러남(enthüllung)이 있을 수 있으며, 하나님의 은폐와 드러남이 있음으로써만 하나님의 자기 전달(selbstmitteilung)이 있을 수 있다." 이와 같이 근원적 상호관계가 곧 하나님의 세 가지 존재양식이요 이것을 가리켜 바르트는 "하나님 안에서의 반복", "repetitio aeternitatis in aeternitate"(영원의 영원한 반복)이라 부른다.[22]

3) 삼위일체

삼위의 일체성이나 일체의 삼위성이나 이것은 과거를 생각해 볼 때에 일방적이거나 만족스럽지가 못하다.[23] 왜냐하면 어느 한 쪽을 강조하면 다른 쪽이 경시되거나 또한 한 쪽이 경시되면 다른 쪽이 강조되기 때문이다. 그리하여 바르트는 말하기를 이 삼위일체라는 개념은 먼저 "아버지, 아들, 성령 상호간의(unter sich) 일치성"을 뜻한다. 왜냐하면 하나님의 본질은 하나이기 때문이다. 삼위의 세 가지 근원적 관계는 역시 "분리를 뜻하는 것이 아니라 … 각 존재양식의 다른 존재양식들에 의한 특수한 참여"를 뜻한다. 계시에 있어 "단 한분인 하나님은 오직 셋 안에 있고 셋은 단 한분 하나님"이다. 그러므로 셋 중 어느 하나도 다른 둘 없이는 존재할 수 없다. 다시 말하여 각 존재양식은 언제나 다른 존재양식과 함께 있다.

아버지, 아들, 성령 상호간(unter sich)의 일치성은 "밖을 향한(nach außen) 그들의 일치성", 즉 인간의 구원을 위한 하나님의 활동에 있어서의 일치성과 상응한다. 그러므로 계시에 나타나는 하나님의 모든 활동은 "그의 모든 세 가지 존재양식 안에서 동시에 그리고 공동으로 일어나는 단 하나의 행위이다." 신의 본질에 있어서의 세 가지 존재양태의 상호내재성(ineinander)과 상호공존성(miteinander)은 그의 역사에 있어서의 상호내재성과 상호공존성에 완전히 상응한다.[24] 신이 어떠한 모양으로 어느 때에 활동하시든지 예를 들면 십자가(karfreitag)에서, 부활 사건(ostern)에서, 그리고 성령강림 사건(pfingsten)에 역사하신다 해도 그것은 한 역사라는 것과, 그의 세 존재양태에 있어서 동시적으로 또한 통일적으로 일어난 사건으로 이해해야 한다. 창조 사건이나 과거에 있어서 일어났던 계시와 화해와 장차 있을 구속에 있어서도 성부와 성령이 함께 역사하신다. 삼위가 다같은 완전성에 있어서 역사하신다. 삼위 신은 지위의 본체를 자아의 것으로 만들므로써(per appropritionem) 이런 경우에는 이 속성을, 저런 경우에는 저러한 존재양태를 통해서 역사하신다.[35] 신은 언제든지 그의 모든 존재양태의 실존을 통해서 나타나신다.

4. 삼위에 대한 고찰

이제 바르트는 여기에서 구체적으로 아버지로서 하나님, 아들로서 하나님, 성령으로서 하나님에 대하여 말한다. 아버지로서 하나님은 창조자, 아들로서 하나님은 화해자, 성령으로서 하나님은 구속자로서 계신다. 이 세 분은 계시 사건 이전부터 계셨으므로 영원한 아버지, 영원한 아들, 영원한 성령이 되신다.

1) 아버지 하나님

성경에 따르면 창조주로서 자신을 계시하신 한분 하나님은 우리의 존재의 주이시다. 또한 그는 아버지 하나님이신데, 이유는 아들의 아버지 하나님으로서 그는 그 자신 속에서 선행하셨기 때문이다.[36]

① 창조주로서 하나님

성경에 나타난 계시의 사건에 있어서 하나님은 주로서 인간과 함께 활동하신다. "그는 주로서, 다시 말하여 모든 다른 기관들과는 달리 인간을 완전히 능가하는, 그러나 또한 이 절대적인 우월성 안에서 인간의 궁극적 문제가 되고 인간을 요구하는 기관으로써 활동하신다." 종합적으로 말하여 아버지 하나님은 "우리 현존의 주이시다." 그는 우리 인간의 삶의 주일 뿐만 아니라 인간이 넘어설 수 없는 죽음에 대해서도 주이시다. 그러므로 그는 "삶과 그리고 죽음에 대한 주이시다."[27]

현존의 주라는 것은 창조자를 뜻한다. 다시 말하여 그것은 "우리의 현존은 비존재의 심연을 넘어서 그에 의하여, 오직 그에 의하여 유지된다"는 것을 뜻한다. 우리가 부르는 "아버지 하나님은 우리의 창조자 하나님을 뜻한다." 그러나 아버지 하나님, 곧 창조자 하나님은 일반적인 어떤 존재가 아니라 "예수 그리스도의 아버지"이다.[28] 예수 그리스도의 아버지로서 그는 우리의 아버지, 곧 우리의 창조자이다. 따라서 하나님이 우리 아버지, 우리의 창조자라는 것은 "하등의 보편적인, 미리 알 수 있거나 점유할 수 있는 진리가 아니라 계시의 진리이다." 우리의 창조자 하나님은 "예수 그리스도의 아버지"이기 때문에 우리는 오직 예수 그리스도의 계시를 통해서만이 하나님이 우리의 창조자, 우리의 아버지임을 알 수 있다. 우리의 아버지 곧 우리의 창조자 하나님은 어떤 일반적인 존재가 아니라 예수 그리스도의 아버지로서 계시된 존재이며, 예수 그리스도 안에서 아버지로 계시된 그분이 우리의 아버지요 우리의 창조자이다.

② 영원한 아버지

"영원한 아버지"라는 것은 하나님이 예수 그리스도의 아버지이고 그러므로 우리의 아버지가 되시는 것은 계시의 사건에서 비로소 이루어지는 것이 아니라, 계시의 사건 "이전에" 그의 영원한 존재 안에서 그렇다는 것이다. "그는 자기 자신 안에서 아버지이기 때문에, 아버지 신분은 신적인 본질의 한 영원한 존재양식이기 때문에" 그렇다는 것이다.[29] 그의 아버지되심은 "예수 이전에 유효한, 예수의 아들 신분에 상응하는" 것이다. 하나님이 창조자가 되시고 우리의 아버지가 되시는 것은 하나님의 영원한 존재로부터 "밖을 향한 사역"(opusad extra)이며 이것이 예수 안에서 계시된다.[30]

아버지와 아들의 관계의 영원성에서부터, 즉 양자의 영원성의 관계에서 성령은 또한 나타난다.

아들과 성령의 원인자로 계시는 하나님의 존재양식을 뜻하는데 아들은 아버지로부터 성령은 아버지와 아들로부터 온다. 그러나 이들 사이에는 상위 질서관계나 하위 질서관계가 없이 동일한 신적 본질을 가지고 있다.[31] 이렇게 삼위 하나님은 창조자, 화해자, 구원자가 되지만 그는 아버지로서 창조자가 되시고, 아들로서는 화해자가 되며, 성령으로서는 구원자가 되신다. 삼위의 하는 일은 삼위가 함께 참여하여 이루어지고, 따라서 나누어질 수 없으나 각 인격에서 점유되어 이루어진다는 것이다. 이것을 우리는 삼위일체론에 있어서 "점유"(appropriation)라고 말한다.[32] 이러한 점유의 면에서 볼 때, 즉 다른 인격들과 구분하여 볼 때 아버지는 창조자이며 우리의 아버지가 되신다. 그러나 이것은 인간과 세계를 향하여, 즉 밖을 향하여 행하시는 하나님의 일이 세 가지 부분으로 나누어져서 독자적으로 되어 병립한다는 것을 뜻하지 않는다. 하나님의 본질은 단 하나이며 삼위일체도 나누어질 수 없는 삼위일체인 것 같이 밖을 향한 삼위일체의 사역도 나누어지지 않는다. 물론 그것은 세 가지로 구분되지만 통일된 것이다. 왜냐하면 삼위는 서로 구분되지만 동일한 본질의 것이며, 따라서 내적 통일성을 가지고 있기 때문이다. 달리 말하여 한 하나님의 세 가지 존재양식은 그들의 특성을 상실하지 않으면서 서로 내적으로 침투하여 다른 존재양식에 참여하고 그 안에 함께 존재하기 때문이다. 이것을 우리는 삼위일체론에 있어서 "순환"(perichorese)이라고 부른다.[33]

2) 아들 하나님

성경에 따르면 한분 하나님은 그를 향한 우리의 적의 가운데서도 그 자신을 화해자(reconciler)로 계시하신다. 그는 우리에게 오신 아들이며 또한 우리에게 말씀하신 말씀(Word)이신데 그는 아들로서 또는 아버지 하나님의 말씀으로서 스스로 계신다.[34]

① 화해자로서 하나님

아버지로서의 하나님이 우리의 창조자가 되신다면 아들로서의 하나님은 우리의 화해자가 되신다. 여기에서 예수 그리스도는 단지 한 인간이 아니라 하나님의 두 번째 인격 내지 존재양식으로 고백되고 있다. 이것은 어떤 근거에서 가능한가? 신약성경에 의하면 나사렛 예수는 "주"라고 불리운다. 본래 구약성경에 있어서 주(Kyrios)는 야웨 하나님에게 해당하는 이름이었으며 야웨의 이름은 인간에게 계시되는 야웨 자신이었다. 이 야웨의 이름이 예수에게 적용되고 있다. 그러므로 예수는 단지 한 인간이 아니다. 인간에게 계시되는 야웨 자신이다. 특히 요한복음은 그리스도의 신성을 그의 문서에서 밝히고 있다. 육신이 된 이 말씀은 다른 일반적인 말들과 같이 하나님에 의하여 창조된 인간의 말이 아니다. 오히려 그것은 만물이 창조되기 전 태초부터 계셨고 만물이 그로 말미암아 창조된 말씀이다.[35]

그렇다면 그리스도를 통하여 나타난 계시는 무엇이며, 아들의 사역은 무엇인가? "아들의 사역 혹은 하나님의 말씀의 사역"은 하나님의 "현재와 알림", 곧 하나님과 인간의 "화해"에 있다. 따라서 예수 그리스도의 계시는 곧 화해라고 말할 수 있다. 왜냐하면 이 계시를 통하여 우리가 파괴한, 폐지시켜 버린 하나님과 인간의 사귐이 회복되기 때문에, 하나님이 그의 계시의 사실 속에서 그의 적들을 그의 친구로 다루기 때문에, 계시의 사실 속에서 하나님의 적들은 이미 하나님의 친구들이기 때문이다.[36]

② 영원한 아들

여기에서 베드로는 그리스도 신성의 선재를 말하는데 그리스도의 신성은 하나님의 영원한 존재 안에 있었다고 본다. 그의 신성은 계시와 화해의 사건을 통하여 비로소 획득되는 것이 아니라 영원 전부터 있는 것이다. 그러므로 "계시와 화해가 그의 신성을 형성하는 것이 아니라, 그의 신성이 계시와 화해를 형성한다." 예수 그리스도가 아버지를 계시할 수 있고 우리와 아버지를 화해시킬 수 있는 것은 그가 계시와 화해의 사건 이전부터 하나님의 아들이기 때문이다.[37] 그러므로 그리스도 신성에 대한 것은 연역된 것이 아니라 기본 명제로 이해되어야 한다.

3) 성령 하나님

성령에 따르면 한분 하나님은 그 자신을 구속자(redeemer)로서, 즉 우리를 자유케 하시는 주로서 계시하신다. 이 하나님은 성령이신데 성령에 의해서 우리는 하나님의 자녀가 된다. 성령은 아버지 하나님과 아들 하나님의 사랑의 영으로서 스스로 존재하신 분이다.[38]

① 구속자로서 하나님

구약과 신약성경에 따르면 성령을 하나님 자신으로 부르고 있는데 성령의 주된 사역은 인간의 구속에 있다. 성령은 피조물에 나타나서 피조물과 관계를 맺으며 이 관계를 통하여 피조물의 생명을 회복시킨다.[39] 피조물 안에 임재하고 피조물의 생명이 되시는 자유 안에 계시는 하나님이 하나님의 영이며 성령이다. 성령의 이러한 역사는 인간의 가능성이 아니라, 오직 하나님의 현실이며 하나님 자신의 가능성에 근거한다.[40] 성령은 아버지와 아들보다 조금도 덜하지 않은 하나님이시다.

② 영원한 성령

성령도 역시 계시의 사건 속에서 성령, 하나님의 영이 된 것이 아니다.[41] 그러나 계시의 사건은 주관적인 면에서 확실성과 실제성을 가지고 있다. 이유는 이러한 주관적 요소인 성령은 본질적으로 하나님 자신이시기 때문이다. 그분이 계시 속에 계셨다는 것은 그분이 스스로 먼저 계신 것이다. 즉 계시에 나타난 성령은 그 이전 자기 자신 안에 계신 분으로서 계시 안에 계시게 된 것이다. 계시의 사건을 통하여 비로소 성령이 되신 것이 아니라, 성령의 선재성이 계시에 나타나게 된 것이다.[42] 이러한 주장은 두 가지 뜻을 가지고 있는데,

첫째, 그것은 성령을 하나의 피조물이나 피조물의 능력으로 간주하는 종속론을 거부하고자 한다.

둘째, 그것은 성령을 아들이나 로고스와 동일시하는 양태론을 거부하고자 한다. 성령은 피조물적인 존재가 아니라 아버지, 아들과 마찬가지로 영원 전부터 존재하는 한 하나님의 존재양태이며, 그러나 아들과 같은 존재가 아니라 아들과 구별되는 한 독립적 존재임을 이 견해는 말하고자 한다.

5. 예수 그리스도와 성령

이 성령은 "예수 그리스도, 하나님의 아들 혹은 하나님의 말씀과 동일하지 않다." 성령은 예수 그리스도의 죽음과 부활, 그 모든 것을 포괄하고 있다. 그것은 "십자가에 달리신 그분과 부활하신 그분의 인식의 형식 하에서, 다시 말하여 객관적 계시의 종결과 완결의 전제 하

에" 존재한다. 그러므로 요한복음 16 : 7, 13에 의하면 예수께서 그의 제자들을 떠난 다음에 성령이 오리라고 한다. 따라서 그 안에서 우리 믿는 성령과 믿음의 대상인 예수 그리스도는 하나가 아니라 둘로 구분된다. 성령은 승천한 그리스도와는 다른 계시의 요소이다.

그러나 성령은 오로지 "그리스도의 영, 하나님의 아들, 하나님의 말씀의 영일 뿐이다." 그것은 예수 그리스도로부터 독립된, 하나의 독자적 내용을 가진 계시가 아니며, 그리스도, 곧 하나님의 말씀을 넘어서는 그 이상의 그 무엇에 대하여 가르치고 깨닫게 하고 감동시키는 것이 아니라, 바로 "이 말씀을 통하여 이 말씀에 대한 인간의 가르침과 깨달음과 감동"일 뿐이다. 따라서 성령의 역사는 언제나 그리스도에 비추어 올바른 것인지 아니면 그릇된 것인지 판단되어야 하며, 거꾸로 그리스도는 오직 성령의 역사를 통하여 신앙될 수 있을 뿐이다. 또한 바르트는 니케아—콘스탄티노플신조에서 필리오케(*Filioque*)의 문제에 대해서 다음과 같이 해석하고 있다. 이 문제에 관하여 우리는 바르트가 서방 교회와 개혁교회의 전통에 서 있음을 발견하게 된다. qui ex patre filiogue procedit, 이 귀절은 우선 성령은 "피조물이 아님"을 말한다. 세계와 인간은 하나님으로부터 나온 것이 아니라 창조되었다. 그것은 신적인 본질의 유출이 아니라 하나님과 구별된 현실이 확립되었음을 뜻한다.[43] 그러나 하나님으로부터 나왔다. 그런데 하나님으로부터 나오는 것은 오직 하나님일 뿐이며, 하나님 자신의 한 존재양식일 뿐이다.[44]

또한 이 귀절에 나타난 고백은 성령이 성자 혹은 하나님의 말씀과 구별됨을 지적하고 있다. 여기서 바르트는 서방 교회의 전통인 필리오케문제를 자신의 입장에서 설명하고 있다. 필리오케가 말하고자 하는 것은 성부와 성자의 사귐을 표현하려는 것이다. 성령은 하나님의 두 가지 존재양식 사이에 있는 관계의 본질인 사랑이며, 따라서 성령은 성부와 성자의 공통된 근원을 가진다.[45] 성령이 성부와 성자에게서 나온다는 것은 성령이 두 가지 근원을 가진다는 것을 뜻하지 않는다. 성부와 성자는 구분되지만 이 양자로부터 나오는 사랑의 영 곧 성령은 공통된 것이다. 이러한 의미에서 성령은 성부와 성자에게서 나온다는 것이다. 그런데 이 사랑의 영은 단순히 성부와 성자의 관계를 뜻하는 것이 아니라, 성부와 성자에 대하여 하나의 독립된 존재양식을 의미한다. 성부와 성자는 결속되어 있을 뿐만 아니라 영 안에서 사랑 안에서도 결속되어 있다. 따라서 존재양식인 성령은 첫 번째 존재양식인 성부에서만 나올 수 없고 두 번째 존재양식인 성자에게서만 나올 수도 없다. 그렇다고 성부와 성자의 협동을 통해서도 나올 수 없다. 다만 성령은 하나님의 한 존재의 두 가지 존재양식인 성부 하나님과 성자 하나님의 한 존재로부터 나올 수 있을 뿐이다. 성부와 성자가 성령의 근원이 되신다.[46]

3. 성령의 의미와 역사[47]

신약성경에 나타난 성령의 의미와 역사는 다음과 같이 3가지로 나누어 생각해 볼 수 있다.

 1. 성령은 인간 자신의 능력으로 이룰 수 없는 계시에 대한 인격적 참여를 가능하게 한다. 계시에 대한 성령의 활동은 하나님이 하신 말씀에 순종하게 하는데 그것은 우리를 위한 것으로 우리에게 뿐만 아니라 우리 안에서도 행하신다.[48] 즉 계시의 말씀에 대한 신앙과 인식과 순종을 가능하게 한다. 이러한 순종은 신앙과 하나님의 말씀의 인식에 대한 신비이며 또한 하나님을 기쁘시게 하는 즐거운 복종의 신비이다. 위의 나타난 모든 것은 성령 안에서 사람에게 일어난다.[49]

 2. 성령은 인간 자신의 힘으로 줄 수 없는 가르침(instruction)과 인도(guidance)를 인간에게 준다.[50] 그는 오직 타자로서, 인간을 능가하는 자로서 계신다(He remains the purely other, the superior.). 그는 그가 우리의 주인이 될 수 있는 능력으로서가 아니라 우리의 교사와 인도자로서 우리 안에 계신다. 이것은 요한복음과 서신에 잘 나타나 있다. 그는 스스로 주님으로 계신다. 성령은 주로서 모든 것을 요구하고 또 그의 뜻을 행하신다.[51]

 3. 주석적으로 매우 명확하지는 않지만 그러나 실제적으로 성령에 있어서 가장 중요한 역할은 사람으로 하여금 예수 그리스도에 대하여

말할 수 있게 하는 것이다. 그들의 언어가 그리스도에 대한 증언이 되게 하며 또 그리스도 안에 있는 하나님의 계시는 그들의 말을 통하여 실제적으로 새롭게 된다.[52] 즉 하나님의 계시를 현재화시키는 능력이며 유일한 가능성이다. 성령은 예언자들과 교회를 말씀으로 무장시키며 말씀의 봉사를 위하여 교회를 부르신다.[53]

성경에서 말하는 성령의 본질과 사역의 두 가지 표현은 첫째는 그는 우리 인간을 자유롭게 하시는 주이시며, 둘째는 성령을 통하여 우리를 하나님의 자녀가 되게 하신다. 우리는 위의 두 가지가 성경으로부터 이끌어낸 성령의 두 가지 중요한 사실을 말한다. 첫째의 사실은 계시의 참된 수신자가 됨으로 가능하게 되며, 둘째의 사실은 계시의 참된 수신자가 됨으로 신앙을 갖게 된다는 데 있다.[54] 인간은 성령을 받음으로 하나님의 자녀가 되는 것이며 반대로 그가 하나님의 자녀가 됨으로 성령을 받게 되는 것이다. 그러나 이 모든 것, 성령을 받는다는 것은 스스로 되는 것이 아니라 하나님께 속한 것이다.

4. 구원받은 존재의 종말론적 성격

이와 같은 성령의 능력은 결코 인간의 것으로 소유될 수 없다. 성령의 능력은 어디까지나 성령의 것으로서 인간에게 오는 것이다. "계시 가운데서 성령이 전달되는 피조물은 이를 통하여 결코 피조물로서의 그 본질과 성격을 상실하지 않으며 따라서 스스로 성령이 될 수 없다. 성령을 받을지라도 인간은 인간으로, 죄인은 죄인으로 존속한다. 성령을 부어 준다 할지라도 하나님은 하나님으로 존속한다." 따라서 성령의 역사에 대한 모든 진술들은 하나님과 인간의 관계, 인간의 앎, 의지, 감정, 체험 등과 하나님의 "관계"에 대한 진술이지 "인간 실존에 대한 진술로" 이해될 수 없다.

물론 "우리의 존재는 하나님의 행위 안에 포함되어 있다." 즉 우리의 존재는 성령의 능력 안에 있으며 구원받은 존재이다. 그러나 "구원받았고 해방된 하나님의 자녀로서 하나님의 행위 안에 포함되어 있는 우리의 존재"는 신앙을 떠나서 추상적으로 관찰될 수 있는 대상이 아니라, 언제나 새롭게 우리에게 일어나는 것으로, 우리에게 오는 것으로 이해되어야 한다. 성령의 능력 가운데서도 "인간은 자기 자신과 다른 인간들을 속일 수 있는 인간으로" 존재하며 "하나님은 주님으로 있다." 따라서 성령의 역사로 말미암은 우리의 구원은 객관적 관찰의 대상이 아니라 "오직 미래적인 것으로"(als zukunftige, 앞에서 오는 것), 다시 말하여 하나님으로부터 우리에게 오는 것으로 이해될 수 있을 뿐이다. 우리가 신앙 가운데서 가지고 있는 구원은 우리의 완전한 소유물이 아니라 미래에 이루어질 "약속"이다. "우리는 우리의 미래의 존재를 믿는다. 우리는 죽음의 골짜기 한가운데서 한 영원한 삶을 믿고 있다. 미래성 가운데서 우리는 그것을 가지고 있고 소유하고 있다. 이 소유에 대한 우리의 앎의 확실성은 신앙의 확실성이요, 신앙의 확실성은 구체적으로 희망의 확실성을 뜻한다." 따라서 성령의 역사 안에서 구원받은 우리의 존재는 종말론적인 한 존재이다. 즉 그것은 "우리 편에서 볼 때 우리 경험과 사고에 대하여 아직 미래에 있는 것과 관계되어" 있다. [55]

4. 니케아-콘스탄티노플의 성령해석

바르트는 성령에 관한 여러 가지 내용들을 니케아-콘스탄티노플 신앙고백을 해석함으로써 기술한다. [56]

1. (Credo) "in Spiritum sanctum Dominum"(We believe in Holy Spirit, the Lord.) 우리는 "성령 곧 주님을" 믿는다 : 이 귀절은 성령도 아버지와 그리고 아들과 함께 하나의 독립된 신적 주체임을 말한다. 그것은 아버지와 아들로부터 구분되어 있는 동시에 양자와 관계되어 있다. 여기에서 성령은 다음과 같이 정의되고 있다. 즉 성령은 아버지와 아들의 "함께 있음"이요, "아버지 하나님의 존재양식과 아들 하나님의 존재양식 사이의 공통적인 것"을 뜻한다. 달리 말한다면 성령은 아버지와 아들의 "사귐"이요 아버지와 아들의 "함께 있음"의 행위이다. 그것은 그 안에서 아버지가 아들의 아버지 혹은 말씀의 말하는 자가 되고 아들은 아버지의 아들 말하는 자의 말씀이 되는 행위이다. 그러면 어떠한 이유에서 이 행위가 하나의 신적인 존재양식 곧 하나의 독립된 신적인 인격이 되는가? 그 이유는 "아버지와 그리고 아들의 공통된

존재와 활동은 아버지와 아들 각자의 존재와 활동 외의 특별한, 이것과는 다른 신적 존재양식이기 때문이다." 아버지는 아들을 사랑하고 아들은 아버지를 사랑한다. "이러한 그의 상호간의 사랑에 있어서" 아버지 그리고 아들로서의 하나님은 "자기 자신과 동일한 것"으로 존재하고 또 이것을 행할 수 있을 뿐이다. 이 사랑의 사역은 아버지 그리고 아들과 동일한 것이고 "이 동일한 것이 바로 성령이다."

2. et vivificanten(We believe in Holy Spirit, the life-creating) 우리는 "살리는" 성령을 믿는다는 이 귀절은 "성령은 아버지와 함께 … 창조의 주체임을" 말한다. 성령은 구원자, 화해자이기도 하지만, "창조에 있어서도 자기의 방법으로 함께 활동하는 자"이다. 창조자 하나님은 존재뿐만 아니라 생명도 창조한다. 그렇다면 생명을 "살리는" 성령은 아버지 그리고 아들과 함께 창조자 하나님이라고 말할 수 있다. 따라서 우리는 "계시에 있어서 (이미) 전제되어 있는, 인간과 세계 자체의 창조에 부합하는 실존과 관계된 성령의 첫 번째의 보편적인 임재와 활동에 대하여" 말할 수 밖에 없다.

3. qui ex patre Filioque procedit(We believe in the Holy Spirit, who proceedeth from the Father and the Son.). 성령은 "아버지와 그리고 아들로부터 나온다." 이 귀절은 먼저 성령은 "피조물이 아님을" 말한다. 세계와 인간의 창조는 하나님으로부터 나온 것이 아니며, 신적인 본질의 유출이 아니라 하나님과 구별된 현실이 확립되었음을 뜻한다. 이에 반하여 성령은 하나님으로부터 나오는 것이다. 그러나 하나님으로부터 나오는 것은 오직 하나님일 뿐이며, 하나님의 본질은 나누어질 수 없기 때문에 하나님으로부터 나오는 것은 "하나님 밖으로 나가는 것"이 아니라 하나님 자신의 한 존재양식일 뿐이다.

그런데 "나옴"(processio)이라는 개념은 아버지로부터 오는 아들의 근원을 표현할 수도 있다. 그렇다면 성령의 "나옴"은 아들의 "나옴"에 비하여 어떤 특질을 가지고 있는가? 이 특질을 우리는 "Spiratio"(숨쉼, Hauchung)이라고 표현할 수 있으며 아들의 "나옴"은 "Generatio"(탄생)라고 말할 수 있다. 그러나 아들의 Generatio와 성령의 Processio 내지 Spiratio가 어떻게 다른가를 아우구스티누스나 요하네스 다마스체누스가 설명할 수 없다고 말했듯이 바르트 역시 이 문제를 "하나님의 비밀"로 남겨 두고 있다.

필리오케의 의미 ; 필리오케의 문제는 서방 교회와 동방 교회의 분열을 야기한 중요한 문제이다. 동방 교회는 성령은 아버지로부터만 나온다고 주장하는 반면, 서방 교회는 아버지와 "그리고 아들로부터"(filioque) 나온다고 주장함으로써 두 교회는 1054년 콘스탄티노플회의에서 분열되고 말았다.

그러면 왜 서방 교회는 필리오케를 주장하였는가? 바르트의 견해에 의하면 성령은 계시 "그 이전 자기 자신 안에" 존재한다. 그러나 우리는 계시를 떠나서 "그 이전 자기 자신 안에 있는 하나님"에 대하여 말할 수 없다. 이 하나님은 오직 계시로부터 출발하여 이야기되어야 한다. 그러므로 서방 교회는 필리오케를 주장하였다. 이에 반하여 동방 교회는 계시로부터 출발하지 않고 이 계시를 떠나서 "그 이전 자기 자신 안에 있는 하나님"를 말하고자 하였기 때문에 필리오케를 거부하였다고 바르트는 말한다. 또한 필리오케가 말하고자 하는 것을 "아버지와 아들의 사귐" 곧 "하나님이 두 가지 존재양식 사이에 있는 관계의 본질인 사랑"이 성령이며, 따라서 성령은 아버지와 아들의 "공통된 근원"을 가진다는 것이다. 성령이 아버지 그리고 아들에게서 나온다는 것이다. 성령이 아버지 그리고 아들에게서 나온다는 것은 성령이 두 근원을 가진다는 것을 뜻하지 않는다. 아버지와 아들은 서로 구분되지만 이 양자로부터 나오는 사랑의 영, 곧 성령은 공통된 것이다. 이러한 의미에서 성령은 아버지 그리고 아들에게서 나온다는 것이며, 이 사랑의 영은 단순히 아버지와 아들의 관계를 뜻하는 것이 아니라 그들에 대하여 하나의 독립된 신적 존재양식이다. 아버지와 아들은 단 하나의 신적인 본질에 속하며 하나님의 아버지되심과 아들은 양자와 함께 있음과 관계되어 있다. 그러므로 아들을 떠난 아버지를 생각할 수 없고 아버지를 떠난 아들을 생각할 수 없다. "아버지와 아들은 결속되어 있으며 영 안에서, 사랑 안에서는 결속되어 있다. 그러므로 하나님은 사랑이며, 사랑은 하나님이다." 따라서 성령이라고 하는 "이 세 번째 존재양식은 첫 번째 존재양식으로부터 올 수도 없고 두 번째 존재양식으로부터도 나올 수 없으며 양자의 합동에서도 나올 수 없다." 오히려 자신에 대해서만 혹은 협동하는 "인격들"이 아니라 하나님의 한 존재양식의 두 가지 존재양식인 아버지 하나님과 아들 하나님으로서의 그들의 한 존재로부터 나올 수 있을 뿐이다. 즉 아버지와 아들의 단 하나의 하나님되심(Gottsein) 혹은 그들의 단 하나의 하나님되심 가운데 있는 아버지와 아들이 성령의 근본이다.

4. qui cum Patre et Filio simul adoratur et conglorificatur(We believe in Holy Spirit "who with the Father and the Son together is worshipped and glorified.") "아버지 그리고 아들과 동시에 예배되고 숭상되는 자"라는 이 귀절은 "성령의 신성"을 정의하고 있다. 즉 아버지와 아들이 단 한 분 주님으로서 예배되고 숭배되는 것 같이 성령도 단 한분 주님으로서 예배되고 숭배되어야 한다는 것이다. 여기에서 "함께"(cum)라는 전치사는 세 인격이 병행하여(nebeneinander) 예배되고 숭배되어야 함을 뜻하는 것이 아니다. 여기에서 cum은 simul(동시에)이라는 부사와 함께 생각되어야 한다. 그렇다면 성령은 아버지 그리고 아들과 "동시에 함께" 혹은 "그 안에서 함께" 예배되고 숭배되어야 한다. 그러면 이러한 예배의식의 성격을 가진 말로써 성령의 신성이 강조되는 이유는 무엇인가? 그것은 아버지와 아들이 하나님의 인격으로서 예배되고 숭배되는 것 같이, 성령도 이와 동일한 인격으로서 예배되고 숭배되어야 함을 말하고자 하기 때문이다. 즉 성령은 인간이 지배할 수 있는 중성체(neutrum), Es가 아니라 인간 위에 있으며 인간의 예배와 숭배의 대상인 인격이다. 그러므로 성령은 우리 안에 있으면서 하나님과 인간의 사귐을 가능하게 하지만 인간의 영역에 속하지 않고 언제나 그 이상이다. 성령이 우리 인간 안에 있고 우리 인간이 성령 안에 있다고 하여 하나님의 인간의 양적일 뿐만 아니라 질적인 차이가 바로 계시에 있어서도 지향되고 않고 오히려 바로 계시에 있어서 확립되어져 있다. 성령은 인간 안에, 이 세계 안에 내재하지만 인간과 이 세계를 언제나 초월한다. 예배와 숭배라는 것은 "무한한 것에 대한 유한한 것의 차거운, 수학적 거리가 아니라 창조자인 하나님의 대한 피조물인 인간, 심판자인 하나님에 대한 죄인인 인간, 자유롭고 근거없이 자비로운 자인

하나님에 대한 은혜받은 자인 인간의 거리를 전제하고 유의하는 가운데서의 전향(zuwendung)을 뜻한다." 성령과 관련하여 이 거리가 견지되지 않을 때 하나님과 인간의 존재는 쉽게 혼동될 수 있고 그리하여 하나님의 인간화와 인간의 신격화가 쉽게 일어날 수 있다. 그리고 성령의 은사, 곧 donum Spiritus Sancti는 하나님의 은사가 아니라 인간이 스스로 얻는 것 혹은 스스로 가진 것으로 이해될 수 있다. 그러나 이 거리가 확보될 때 성령의 은사를 그것을 주는 자, 곧 주체인 하나님으로부터 오는 것으로 이해될 수 있다.

5. 성령과 말씀

삼위일체이신 하나님은 계시의 주체이시다라는 말로 시작한다. 하나님은 항상 주체로만 계시지 결코 숨어나 객체가 되시지는 않는다. 그분은 항상 친히 스스로를 계시하시는 분이시다. 그러나 그분은 우리를 위해서도 자유로우시고 우리 안에서도 자유로우시다. 다시 말하면 그분의 계시가 인간에게 일어난다는 것은 그분의 자유 안에서의 현실이다. 우리를 위한 하나님의 계시의 객관적 현실은 예수 그리스도이다.[57] 즉 성육하신 말씀이다. 이러한 현실에 대하여 비로소 예수 그리스도의 객관적 가능성이라고 할 수 있다. 성령에 대하여서는 그분의 계시의 주관적 현실과 가능성이라고 할 수 있다.[58] 말씀 즉 하나님의 아들이 인간이 되셨고 나사렛 예수라 불렸다. 이것은 하나의 통일적 진술이다. 여기에서 생각되어지는 것은 말씀과 성령의 관계이다.

성령은 말씀(the Word)으로 볼 수 없다. 성령의 능력은 말씀 안에서, 말씀에 의해서 그 힘이 살아난다.[59] 한편 바르트는 하나님의 말씀이 계시될 뿐 아니라 믿어져야 한다는 점에도 주목한다. 그런데 말씀하시는 주는 말씀을 들어 신앙하게 하는 주가 되신다(the Lord of speech is also the Lord of our hearing. the Lord who gives the Word is also the Lord who gives faith.). 즉 들음의 주, 믿음을 부여하는 주, 말씀에 대하여 자신을 개방하고 준비시키는 주는 참되고 현실적이며, 같은 하나님으로서 바로 성령이시다.[60]

말씀을 듣는 사건에 관하여 말할 때 우리는 그것이 인간 존재에 가능성이 있거나 인간의 경험에 그 최종적인 가능성을 둘 수 없다고 본다. 말씀을 듣는 사건은 믿음에 관계된 문제이며, 결국 성령의 문제이다. 즉 믿음은 성령이 하시는 일이다. 이상의 문제를 좀더 구체적으로 논의해 보자.

"예수는 주님이시다." 이러한 사실을 어떻게 우리가 고백하게 되었나? 그것은 계시를 통해서 그처럼 고백하게 되었다. 우선 객관적으로 성경의 증언에 부딪침으로써 그처럼 고백할 수 있게 된다.[61] 그렇지만 우리는 계시사건의 주관적인 면으로서의 성령(the Holy Spirit as the subjective side in the event of revelation)에 대해서 이야기하지 않고서는 계시의 인식을 말할 수 없다. 인간은 계시가 필요하지만 인간 자신에게는 계시의 가능성이 없다. 계시는 하나님 자신의 실재이며, 하나님에게만 계시의 가능성이 있다. 이 가능성은 객관적인 면에서 뿐만 아니라 주관적인 면에 있어서도 마찬가지이다. "It is God's reality in that God Himself becomes present to man not just externally, not just from above, but also from within, from below, subjectively.[62]

6. 성령과 교회

성령은 계시의 주관적 현실성이요 가능성이다. 이러한 성령의 역사로 말미암아 예수 그리스도와 더불어 하나의 거룩하고 보편적인 하나님의 백성의 형태가 형성되며, 여기에 성도의 교제가 이루어지게 된다. 이 모든 것은 예수 그리스도에 의해서 터가 닦아지고 다스려진다.[63] 교회는 성령의 역사에 의해서 인류에게 인간 행위의 형태로 이루어지는 역사이다. 또한 교회는 "보이지 않는 교회" 안에 있을 수 없고, 보이는 구체적인 교회 안에 있다. 더 나아가 교회는 예수 그리스도의 지상적—역사적 존재형식으로서 그리스도의 몸이며 성령의 일깨우는 능력을 통해서 항상 새로와진다.[64] 그러나 교회는 우리 신앙의 대상이 될 수 없으며 우리의 신앙의 대상은 예수 그리스도이다. 그러므로 바르트가 말하는 교회란 성령의 임재와 역사를 통해서 항상 새로와지는 산 교회를 염두에 두었다.⁶⁵⁾ 그리스도의 교회는 결국 성령의 활동 범위에 속한다. 왜냐하면 성령은 그리스도의 영이시기 때문이다. 그러므로 바르트는 성령의 역사와 교회와의 관계를 세 가지로 대별하여 언급하고 있다.⁶⁶⁾

첫째로, 성령은 "깨우치는 능력"이다. 이 능력 안에서 예수 그리스도는 자기의 몸, 즉 자기 자신의 지상적－역사적인 존재형식, 달리 말하면 "하나의 거룩한, 보편적인, 사도적인 교회"를 만드시고 때때로 이것을 새롭게 하신다. 그리스도 교회는 그리스도의 죽음을 통해서 이루신 그리고 죽은 자로부터의 부활 가운데서 계시된 바 "하나님의 판단" 아래서의 생활을 영위하도록 되어진 사람들의 "교회의 모임"을 이름한다. 따라서 이 점은 그리스도 안에서 의롭다 함을 얻은 사람들이 사는 세계를 두고 말함은 물론이다.

둘째로, 성령은 "생명을 북돋우어 주는 능력"이다. 이러한 능력 가운데서 주님되시는 예수께서는 그리스도의 교회를 그의 몸으로서, 즉 그 자신의 지상적－역사적 존재형식으로서 이 세상에 세우시고, 자라게 하시고, 보존케 하시며 그의 성도들의 공동체로서 질서있게 하신다. 이것은 달리 말하면 모든 인류 세계가 그로 인해서 "성화"됨을 의미한다.

셋째로, 성령은 살아 계신 주 예수 그리스도의 "계발시키는 능력"이다.⁶⁷⁾ 이러한 능력 가운데서 그는 그로 말미암아 부르심을 받은 교회에 대하여, 즉 그의 몸이요 따라서 그 자신의 지상적－역사적인 존재형식인 교회에 대하여 그의 예언자적인 말씀에 대한 봉사를 의뢰하셨다는 것을 밝혀 주신다. 이것이 곧 전 인류 세계에 대해 그에게서 선언된 "소명"에 다름없는 것이다. 이로써 그리스도인은 모든 열방에 보내심을 받게 되며, 모든 사람 앞에서 그리스도의 주되심을 증거하며, 그들로 하여금 그리스도에게 나아오도록 한다. 또 그리스도로 인해서 맺어진 하나님과 인류 사이의 계약이 인류 역사의 처음이며 동시에 마지막 의미라는 것과 장차 올 계시가 인류의 큰, 아니 이제 그리고 여기서 이미 역사하시는 그리고 산 "소망"이라는 것을 알게 된다. 교회가 연결되는 것은 어떤 기구나 조직 자체로 되는 것이 아니고 성령의 임재와 역사하심으로써만 가능하다.

7. 성령과 하나님 자녀의 삶

"성령의 부르심"에 관한 바르트의 가르침은 "하나님의 자녀의 삶"에 관하여 상세하게 다룬 문헌으로 끝을 맺는다. 성령에 의해서 하나님의 계시를 믿고 인식한 사람은 하나님을 찾지 않을 수 없으며 그리고 하나님께서 그들을 발견하셨다는 증거를 멈출 수가 없다.[68] 그러므로 이제 "기독교적인 인간"이 문제된다. 다시 말하면, "인간은 그것없이는 사람이 되지 못할 자기 규정 안에서 … 신적인 사전규정(事前規定)의 대상"이 되는 인간을 문제삼는 것이다. 인간은 "그러니까 자유인이다. 하나님께서는 이 자유인에게서 그분의 자유를 보존하시고 확증하신다." 그래서 "계시의 은혜가 그의 인간성의" 제약을 받지 않지만, 그의 인간성이 "계시의 은혜로 말미암아 제약되는 것"은 아주 분명하다. 인간이 자기를 위한 하나님의 자유를 인식하고 그 자유의 규정을 받은 곳에서 자기의 자유에 도달한다는 것은 성령의 신비이다.

"기독교적인 삶, 즉 하나님의 자녀의 삶"은 이제 "하나님의 사랑과 하나님 찬양이라는 이 두 개념 속에" 있다. 이 두 가지 개념으로써 바르트가 재현하고자 하는 것은 "사랑의 이중적 계명" 안에서(막 12 : 29 -32에 의함) 기독교적 삶의 내용이 진술하는 것이다. 그러므로 "이웃 사랑"은 하나님 찬양으로 이해되어 있다.

하나님 사랑은 우리를 향하신 하나님의 사랑에 대하여, 다시 말하면 "그분의 아들 안에서 보이신 하나님의 자기 헌신"에 대하여 인간적으로 응대하는 대답밖에 될 수 없는 것이다.[69] 그 하나님의 사랑은 그 자체상 "순종의 행위"일 수 밖에 다른 도리가 없다. 그러한 한에서 하나님 사랑은 사실상 – "하나님께 속한 … 사람에게서부터" 요구될 수 있는 것이다. 더 분명히 말한다면 "사랑이란 우리가 이분(주님)에게서 사랑받는 자로서 이미 되어 있는 그것이다. 사랑이란 하나님이 우리 편이 되어 주시고 보증해 주시는 우리의 주님으로 선택하는 것을 뜻한다." 그러므로 사랑은 우리 자신 안에 있는 소질의 활동이 아니라 "하나님 찾기"이다. 사랑은 업적이 아니라 "감사"이다. 그리고 사랑은(위에 언급한 귀절에 보면) 전적인 것이다. 그것은 하나님께서 우리 편이시라는 것이 전적이기 때문이다. 여기에서 보면 인간을 향한 하나님의 사랑과 그분을 사랑하라고 우리에게 명령되어 있는 사랑 사이에 "어떤 유사점"이 있다.

하나님 사랑과 이웃 사랑은 갈라 놓을 수도 없지만, 동일한 것도 아니다. 이웃이 하나님은 아니다! 그렇지 않다면 "인간성"이 벌써 그 자체상 신적인 것이라야 하고, 이에 따라 그 자신 안에 자기의 근거를 가지고 있어야 하며 혹은 나와 이웃이 만나는 "질서"가 직접 신적인 창조로 통해야 한다. 바르트는 아니라고 말한다. 이웃이 무엇이냐는 것은 인간성의 사상이다. 질서 사상에서 확정할 필요도 없고 할 수도 없다. 도리어 그것은 성경의 입장에서 확정해야 하고 할 수 있다. 그러나 성경은 그러면서도 이웃 사랑의 계명을 어떻게든지 하나님 사랑의 계명보다 다음에나 혹은 밑에 구속시키지 말라고 금지하고 있다. 오히려 후자 "속에 그리고 함께" 전자도 주어져 있다. 하나님 사랑은 하나님께서 "세상을 사랑하셨다"는 것을 근거로 그 안에 살아 있는 것이다. 동시에 그 안에는 이 사랑의 "표적"을 "현재의 소멸해 가는 세상" 속에 세우라는 계명이 들어 있다. 어쨌든 그 세상은 하나님의 세상이다. 이 표적을 세우는 것이 이 세상에서 하나님을 찬양하는 것이다.[70]

그러나 누가 이웃이냐? 이웃의 "근원적이고 본래적인 형태"는 그가 "우리에게 대하여 신적인 자비의 담지자(擔持者)와 대표자라는 것이다. 바르트는 이것을 선한 사마리아 사람의 비유에서 해명한다. 이 사람은 강도 만난 사람의 이웃이었다. 사마리아 사람은 이 강도 만난 사람에게 자비를 베풀었고 이제 그에게—스스로 이를 받아들여—"자비로운 이웃이 되었." 이러한 입장에서 볼 때 바르트의 다음과 같은 말을 이해할 수 있다. "나의 이웃은 나의 행선자(行善者)로서 그 기능상 나에게 행하는 이웃 사람이다." 그 분이 내게 베푼 선행은 "내가 그 이웃으로 말미암아 질서 속에 들어가도록 지시받는 데 있다. 그 질서 속에서 나는 그분이 나를 먼저 사랑하셨기 때문에 하나님을 사랑하고 나의 찬양을… 그분에 적합하고 기쁘게 여기시도록 그렇게 제시해도 좋고 제시해야 하는 바이다." 그렇게 "이웃 사람이 위임받고 전적으로 등장하는 일"은 "이 세상 복판에 교회가 있는 한에서만" 존재한다.

내가 나의 이웃에 대하여 하나님을 찬양하는 데 대한 어떤 증언을 하도록 빚을 지고 있는가?[71] 바르트는 우선 이렇게 대답한다. "나는 그와 나의 곤궁에서 도움에 관하여 말씀을 부끄러워하지 않고 베푸는 데" 있다. 그 다음에 그것은 내가 이웃에게 "그에게도 약속되어 있는 하나님의 도우심의 표적으로서 구조해 주는 것이다." 세째로 나는 이웃에게 대하여 "내가 그에게 말씀과 행위를 통하여 말해야 할 것을 나의 행동을 통해서 입증하는 것"이다. 그러면 마지막으로―"나 자신과 같이 사랑하라"는 것은 무슨 뜻인가? 자기애가 우리에게는 명령된 것이 아니라, 내가 내 이웃을 "나 자신처럼" 사랑한다고 해도, 그것으로 해서 나의 자기애가 이를 테면 정당화되는 것이 아니라 심판받는 것이다. 그러니까 내가 사랑할 때 내가 죄인이라는 사실을 주목해야 하는 것이다. 그러나 내가 도대체 나를 "죄인으로 보고 내놓도록" 부르심을 받는다는 것, 내가 그러한 계명을 받을 자격을 얻고 내가 지금 있는 그대로 하나님을 찬양할 자격을 얻는다는 것은 계명을 은혜로 인식할 수 있게 만들고, 나로 하여금 이 은혜에 신뢰하도록 격려해 준다는 것이다.

8. 결 론

지금까지 바르트의 성령이해를 정리하여 보았다. 바르트의 성령이해 역시 그의 신학체계가 갖고 있는 특징을 잘 반영해 주고 있었다. 즉 그는 성령을 삼위일체론의 구조 안에서 이해하고 있으며 특별히 그리스도와 관련시켜서 해석하고 있다. 또한 그의 성령은 니케아―콘스탄티노플의 고전적 전통을 지키면서 개혁교회의 전통을 고수하고 있음을 볼 수 있다.

오늘날 성령이해에 곤란을 당하고 있는 상황에서 성경과 교회전통에 충실한 성령이해는 매우 중요한 것이다. 이러한 점에서 그의 공헌은 매우 크다. 그러나 하나님의 영으로서의 성령, 그리스도의 영으로서의 성령은 무엇보다도 인간과 세계의 현실과 직접적인 관계가 있어야 하겠으며, 역사현실 속에서 활동하시는 생을 창조(life-creating)하는 영이 되어야 할 터인데 이런 점에서 미흡한 것이 아쉽다. 더 나아가 성령의 종말론적 차원도 더 확대되었더라면 하는 바램도 갖게 된다. 우리는 바르트의 성령론의 근본적인 입장을 긍정적으로 보고 또 견지하면서도 보다 더 성령의 활력적 요소와 폭넓은 역할을 기대하게 된다.

2
틸리히의 성령론

1. 틸리히의 조직신학과 성령론

틸리히(P. Tillich)는 대답하는 신학으로 항상 모든 시대와 문화의 상황 속에서 새롭게 이해되고 해석될 것을 주장하여 상관관계의 방법을 통해서 기독교가 지닌 종교적 상징들을 현대인에게 문화양식의 빛으로 해석하려고 노력한 학자이다.[1]

양극성을 상호의존 속의 독립적 방법에서 조화를 주는 틸리히의 성령론은 여러 가지 새로운 성찰과 조명을 해줄 것이다. 여기의 논문은 그의「조직신학」3권 4부 "생명과 성령"을 중심하여 작성하였다.

틸리히는 여기에서도 역시 상관관계의 방법에 의해서 생명의 문제를 분석하고 제기되는 물음에 대한 대답으로써 성령을 제시한다. 생명과 성령의 문제를 살펴 보면, 생명의 모든 차원 속에 나타난 생명의 모호성과 계시 속에 현시된 성령을 논하고, 인간 생명의 모호성 속에 제기되는 물음에 대하여 성령의 적용, 즉 하나님과의 초월적 결합을 통한 모호성없는 생명을 논한다.

2. 생명과 그의 모호성

  틸리히가 의미하는 생명은 본질 또는 실존과는 구별된다. 고전적 전통과 체계 속에서 본질이란 사물을 사물되게 하는 것으로 정의된다. 인간에게 본질적 본성이란 인간의 창조된 근본적 본성이다. 이런 본성은 존재의 근거인 하나님과 결합된 것으로 틸리히는 이것을 무죄의 상태, 혹은 가능성의 상태라 불렀다. 실존은 인간의 타락한 상태, 하나님과 소외의 상태를 뜻한다. 그러므로 본질은 창조된 선을 지칭하고, 실존은 죄와 불의를 지칭한다. 현실적 생명은 이러한 본질과 실존의 혼합이다. 왜냐하면 생명은 생명의 실존적 소외에도 불구하고, 그의 근본적 본성을 상실하지 않기 때문이다.

  비존재의 실존적 위협에도 불구하고 존재가 실제적으로 존속하는 것은 하나님 안에 있는 존재의 힘이 비존재를 극복하고 인간에게 존재에 대한 존재론적 용기를 주는 하나님의 지속적 창조성이 있다는 것을 보여 준다. 이것은 그리스도론에서 새 존재의 보편적 치유와 구원하는 능력으로 나타난다. 새 존재의 능력이 없이는 모든 존재는 그들의 삶 속에 있는 파멸의 구조에 희생물이 된다. 그러므로 생명은 본질과 실존, 소외와 구원의 혼합이요, 이런 혼합은 생명을 모호하게 한다.

1. 생명의 다차원적 통일성

  틸리히는 생명이라는 용어는 여러 가지 의미로 쓰이나, 존재론적 개념으로 사용하면 생명은 존재의 현실성(actuality of being)이라고 정의한다. 이와 같은 개념은 생명은 본질적 요소의 실존적 요소와 혼합이라는 뜻을 나타낸 것이다. 이것은 철학적 전통, 특히 아리스토텔레스의 두 존재규정과 실존주의자들의 관점인 잠재된 가능성과 현실성의 구별에 입각한 것이다. 이와 같은 생명의 존재론적 개념은 생의 철학자에 의해서 사용된 보편적 개념의 기초가 된다. 그러므로 생명은 유기체의 영역만 아니라 보편적 적용으로 확대되어, 생명을 그 본질에 있어서 결합되어 있고 다양하다고 보는 본질주의자의 주장을 "생명의 다차원적 결합"(the multidimensional unity of life)이라고 묘사할 수 있다.[2] 이러한 생명의 여러 차원의 영역과 결합의 관계를 이해해야만 모든 생명의 과정인 실존적 모호성을 바르게 분석할 수 있고, 또 모호하지 않은 영원한 생명의 요청을 적절하게 표현할 수 있다.

존재의 다양성은 인간 정신으로 하여금 다양성의 일치를 찾도록 하는데, 인간의 의식은 어떤 통일된 원리에 의해서만 다양성을 인식할 수 있기 때문이다. 이런 목적을 위하여 사용되는 보편적 원리는 대상들에 대하여 "계층적 질서"(hierarchical order)로 파악하는 것이다.[3] 이런 관점에서 각 실재들은 그들의 존재의 힘과 가치 등급에 따라서 수직적으로 배열되는 피라밋의 형태를 취하게 된다. 이때 각 등급에 속하는 실재에 대하여 단계(level)를 사용하는데, 이것은 적합하지 못하다고 틸리히는 말한다.[4] 그러므로 단계 대신에 공간적 은유에서 나온 차원(dimension)이라는 용어를 사용하는 것이 좋다. 차원이라는 은유는 모든 차원이 한 점에서 만나므로 유기적 통일을 유지하면서도 서로 독립되어 상호 간섭하지 않기 때문이다. 또 이것은 생명현상의 다양성이 상호 관계없이 고립되어 있는 것이 아니라, 유기적 관계 속에 있음을 나타낸다.

생명의 다양성은 그 기준에 따라서 여러 가지 차원으로 구별할 수 있는데 이것은 유기적 차원(organic dimension)과 무기적 차원(inorganic dimension), 그리고 정신적 차원, 영적 차원(spiritual dimension)이다. 이와 같은 생명의 복합적 제 차원은 다양성 속에서도 통일성을 이루며 살아 있는 형태를 이루고 있다. 무기물의 잠재적 가능성이 생명의 입계점을 통과하는 다양한 복잡화 과정과 통일성을 이룰 때에 생명현상, 곧 유기물의 운동이 일어나고, 유기물이 초월하는 반성적 능력, 곧 자유를 얻을 때 정신을 낳고, 그 모두는 사람의 혼, 인격의 핵을 중심으로 온전한 인간 생태를 구성한다. 그러므로 우리는 인간 생명체 안에 세 단계의 뚜렷한 차원을 보는 바, 무기물적 차원, 유기물적 차원, 역사적 차원이다.[5] 무기물적 차원은 가능적 잠재성의 현실화 운동이 시간과 공간, 그리고 인과율의 법칙에 따라 전개되는 사물의 세계이다. 유기적 생명 차원은 자기 관계적이며, 자기 보편적, 자기 증가적, 자기 지속적 형태를 취하는 생명 형태인데, 대부분의 생물계의 생명체는

여기에 속한다. 잠재적으로만 존재하는 자의식이 현실화하는 것은 동물적 차원의 존재에서만 나타난다.[6]

특수한 조건 아래서 내적 자각의 차원, 바꾸어 말하면 심리학적 영역은 자기 자신 속에 또 다른 하나의 차원을 실현하는 것으로서, 곧 인격적-공동체적 차원 또는 영의 차원을 형성하는데, 이것은 인간 생명 안에서만 나타나는 현상이다. 이와 같은 영의 차원은 인격적 중심에서, 세계와의 관계 속에서 자신을 의식하고 행동하는 생명의 인식력과 도덕적 능력을 나타낸다. 인간의 영은 그러므로 힘과 의미의 결합이다.[7] 이와 같은 정의는 히브리어와 인도-게르만어의 삶의 숨인 힘으로서의 영과, 서구의 철학적 개념인 정신 또는 이성으로서의 영을 결합한다.[8]

영은 어느 한 쪽의 정의의 규정만으론 만족할 수 없다. 생명의 영적 힘이 지성의 보편적 구조 밖에서 작용할 수 없다 하더라도 영은 이성을 초월한다. 영은 열정(passion), 에로스, 그리고 상상력(imagination)을 포함하고 있다. 영은 외적 환경에 대하여 인격적 중심에서 자유롭고 창의적 접촉을 통하여 자신을 표출하는 힘과 의미의 결합이다.[9] 인간의 영적 차원인 자아-세계의 관계는 생명작용의 근원인데, 이와 같은 작용 속에 있는 생명의 모호성은 성령의 현존 속에서 모호성에 대한 대답을 찾게 된다. 그러나 그것은 인간의 영의 차원에서만 이와 같은 요청을 하게 되고 대답이 주어지게 된다. 틸리히는 영적 차원을 이해함에 있어서, 영을 육체와 대립시켜서 이원론적으로 파악하거나, 반대로 심리학 또는 생물학적 일원론으로 영적 차원을 해소시켜서는 안 된다고 주장한다. 왜냐하면 영적 차원은 곧 인간의 영은 선행 차원과 긴밀한 관계를 가지면서도, 본질적으로 다른 차원의 생명현상이며 자기초월의 운동이기 때문이다.[10]

2. 생명의 자아실현과 그 모호성

생명은 잠재적 존재의 실현인 바, 그 실현은 중심이 상실되지 않는 방법으로 나타난다. 틸리히는 이런 생명의 실현화를 세 가지 과정인 자아동일성(self-identity), 자아변화(self-alteration), 자아복귀(return to one's self)로 본다.[11] 즉 생명은 어떤 한 생명의 중심에서 자아를 실현시키기 위해서 앞으로 나아가서 변화한 후, 다시 자아동일성에게로 돌아오는 삼 단계 운동을 한다는 것이다. 이런 생명의 기본적 운동을 토대로 하여 생명의 세 가지 기본 기능을 볼 수 있다.

첫째는 자아통전(self-integration)의 기능이다. 여기에서 자아동일성의 중심이 확립되고, 자아변화에로 나아가며, 그 변화된 내용과 결합하여 재정립하는 회전운동으로 중심성이 실현되는 운동이다.

둘째는 자아창조(self-creation)의 기능이다. 가능성을 현실화하는 생명의 운동은 수평적 방향으로 진행하여 새로운 것을 창조해 간다. 이 기능에서 자아동일성의 요소도 역시 작용하나, 생명의 자아변화의 요소가 우세하게 작용한다.

셋째는 자아초월(self-transcendence)의 기능이다. 이 기능은 생명의 순환운동이나 수평운동과는 대조적으로 위를 지향하는 수직운동이다. 생명은 본질상 그 자체 안에서, 그리고 그 자체를 초월하여, 숭고하고 신성하며 위대한 것을 향하여 나아간다. 이와 같이 잠재적인 것의 실현인 생명은 중심성의 원리 아래의 자아통전, 성장의 원리 아래 자기창조, 승화의 원리 아래 자기 초월로 구별할 수 있다. 이런 생명의 구조와 기능들은 존재론적 요소와 연결되어, 생명의 중심성을 가지려는 자아통전은 "개체화와 참여", 생명의 성장을 위한 자아창조는 "역동성과 형식", 그리고 생명을 승화하려는 자아초월은 "자유와 운명"과 관계된다.[12]

이런 생명의 세 가지 기능들은 생명의 기본적 구조인 자아동일성과 자아변화와 자아초월의 요소들이 결합되어 있다. 그러나 이 결합은 실존적 소외의 위협을 받아 생명을 여러 방향으로 이끌어 가므로 결합을 분열시킨다.[13] 그러므로 자아통합은 분열되고, 자아창조는 파괴되며, 자아초월은 속화된다. 생명은 모든 순간에 본질적인 것도, 실존적인 것도 아닌 모호한 것이 된다. 이와 같이 틸리히는 생명의 세 가지 기능을 현상학적으로 논한 다음에, 이 기능들이 생명에 어떻게 작용하는가를 분석하고, 그 모호성에 대하여 기술한다. 이것은 그의 신학방법에서 나타난 대로 인간 실존의 상황 또는 실존적 물음을 제기하게 된

다.[14]

생명의 자아통전의 기능은 앞에서 논한 대로 생명의 중심성(centeredness)을 가지려는 운동이다. 이 중심성은 모든 존재가 개체적 존재로서 존속할 수 있도록 하는 핵으로 나누어질 수 없다. 생명의 자아통전의 기능은 중심과 또 그 중심에 끌어들이는 다양성 사이의 운동이다.

즉 생명은 자아의 중심을 지킴과 동시에 그 중심성을 폐쇄적으로 가지지 않고 끊임없이 성장운동을 하기 때문에, 외부의 다양성에 참가하여 자아가능성을 실현함으로 그 중심에 풍부한 내용을 얻게 한다.[15] 그러나 중심은 있으나 내용이 증대된 생명의 과정을 갖지 못할 때, 자아동일성의 죽음에 이르게 되고, 또 다양성의 분사하는 힘 때문에 생명의 중심성의 복귀가 불가능할 때 중심을 잃게 되므로 자아변화의 죽음에 직면하게 된다. 이와 같이 생명의 자아통전의 기능은 모든 생명의 과정에서 두 가지 극단 사이에 모호하게 분열과 혼합되어 갈등을 일으킨다. 이와 같은 갈등은 유기체의 차원에서 가장 명백하다.[16] 그렇다면 영적 차원에서 생명의 자아통전 기능은 어떤 현상으로 나타나며 그 모호성은 무엇인가? 생명의 영적 차원에서 자아통전 기능은 도덕성(morality)으로 나타난다. 인간의 본질적 중심성에 근거한 영의 첫째 기능은 도덕이다.[17]

> "인간에게는 완전한 중심성이 본질적으로 주어졌다. 그러나 이것은 인간이 자유와 운명을 통해서 실현하기까지는 현실적으로 주어지지 않는다. 여기서 인간이 그의 본질적 중심성을 실현하는 행위가 도덕적 행위이다. 도덕성은 영의 영역에 나타나는 생명의 기능으로 영의 구성적 요소이다.[18]

도덕은 영이 자아중심적 요소인 개체와 자아통전적 요소인 세계의 참여에서 그의 본질을 성취하는 것을 뜻하는데, 실존적으로 영이 그의 본질적 가능성을 성취하는 데 방해를 받고 있다.[19] 그런즉 영은 도덕적 분열의 최상의 위치를 접하게 된다.[20] 이미 살펴 본 대로 영의 구성적 요소(the constitutive function of spirit)는 의미와 힘인데, 영이 자아중심성인 개체화와 자아통전성인 참여의 요소에 규범적인 의미와 힘을 적용할 때, 영은 근본적 도덕의 영역에 있게 된다. 인간이 모든 내용을 자기 자신 안에 끌어 넣으려는 시도는 한계에 부딪친다. 그것은 타자이다. 타자는 전 세계를 동화하려는 욕망의 무조건적인 한계이며, 이 한계를 경험하는 것이 당위 곧 도덕적 명령(moral command)을 경험하는 것이다. 영적 자아의 도덕적 형성은 이 경험에서 시작된다. 이런 도덕적 명령은 인간의 본질적 성질을 나타내기 때문에 무조건적인 타당성을 가지고 있다.[21] 인격적 생명은 인격과 인격의 만남에서 발생한다.[22] 인격으로서의 인격의 자아통전은 공동체(community) 안에서만 일어난다. 보편적 인간으로서 인간의 자아통전은 공동체에서 이루어지며, 중심적인 자아간의 끊임없는 상호 만남에서 가능하게 실현된다. 그러나 실존적 인간은 이와 같은 도덕적 명령을 성취시킬 수 없는데, 실존이 상황을 왜곡시키기 때문이다. 인간은 너무 개체적일 뿐만 아니라 분리되어 있기에 본질적 본성의 길을 향하지도 못한다. 실존은 본질에 저항하고, 크든지 작든지 도덕적 명령의 완전한 성취를 저항한다. 인간의 모든 행동은 실존적으로 성취되지 못하고 부정성을 드러낸다. 개인에게 일어나는 자아통합과정의 모호성은 여러 가지 가능성 중에서 하나를 선택하고, 다른 것을 버려야 하는 희생의 문제로, 또 그 희생에 대한 가치의 문제로 갈등을 나타낸다.

그렇다면 본질과 실존의 모호한 혼합 속에서 도덕적 자아통합은 어떻게 가능한가? 틸리히는 아가페의 사랑으로 가능하다고 생각한다. 사랑은 궁극적 정의의 원리를 포함하고 구체적 상황에 대하여 끊임없이 변화하는 방법으로 작용하기 때문이라는 것이다.[23] 아가페(agape)의 원리는 도덕적 명령의 무조건적인 타당성을 표현하며, 모든 윤리적 내용에 궁극적인 규범을 준다. 그러므로 아가페는 율법을 초월함으로써 율법을 성취하는 도덕성에 이르게 하며, 율법으로서가 아니라 재결합하고 통합하는 실재로서, 인간에게 새 존재로서 주어진 아가페의 탐구로 인도한다. 즉 인간의 도덕적 모호성은 인간으로 하여금 사랑의 성령을 요청하고 탐구하게 한다.[24]

존재구조의 두 번째 양극인 역동성과 형식은 자아창조라고 불리우는 성장의 원리에서 작용한다. 이 창조는 기존의 형식을 역동적인 힘으로 깨뜨리고 새로운 형식을 형성함으로써 진행한다.[25] 생명의 자아창조는 형식의 창조로서, 형식없이는 성장도 없다. 모든 새로운 형식은 옛 형식의 한계를 뚫고 들어옴으로써만 가능하다. 바꾸어 말하면 옛 형식과 새 형식 사이에는 혼돈의 순간이 있다.[26] 이것은 이미 형식이 있는 것도 또 형식이 없는 것도 아닌 순간이다. 이와 같은 혼돈의 순간은 창조의 모호성을 나타낸다. 창조의 과정은 동시에 파괴의 과정으로 작용한다. 즉 모든 성장과정에서 생명의 조건은 동시에 죽음의 조건이 된다. 따라서 모든 생명에 있어서 자기 창조와 파괴의 모호성은 모든 생명의 근본적인 경험이다. 그럼 영적 차원에서 이 과정은 어떻게 나타나는가? 영적 차원에서 생명의 자기 창조의 기능은 문화현상으로 나타난다. 문화란 어떤 것을 돌보며 그것을 살리고 성장시키는 것이다.[27] 인간은 그가 말하는 실재를 넘어서서 기술적 기능에서는 물질적으로, 데오리아(theoria)의 기능에서는 수용적으로, 실천의 기능에서는 반응적으로 무엇인가 새로운 것을 창조한다. 틸리히에게 있어서 문화는 세 가지 표제로 요약할 수 있다. 이것은 언어론적(linguistic), 인식론적(cognitive), 심미적(aesthetic)이다. 이와 같은 세 가지 문화의 영역은 데오리아(theoria)와 프락시스(praxis)로 나타난다.[28] 데오리아란 조우하는 세계를 의미있고 구조화된 전체로서 중심적 자아 안에 포착하려는 관찰의 행위이다. 모든 심미적 형상(image) 또는 인식 개념은 이와 같은 구조를 가진 총체이다. 정신은 모든 형상을 포함한 형상과 모든 개념을 포함한 개념을 이상으로 추구하지만, 그러나 실제로는 우주라는 것이 결코 직접적 시야에 나타나지 않는다. 이것은 특수한 형상이나 개념을 통하여 빛을 비친 것에 지나지 않는다. 그러한즉 데오리아의 특수한 창조는 실재에 대한 거울이며 의미 세계의 단편이다.[29] 중심적 자아의 로고스와 객관적 세계의 로고스가 만날 때, 본질적으로 거기에는 분열과 방해없는 상호관계성만이 있다. 그러나 실존적 상황에서는 분열이 존재한다. 이유는 정신 자체(역동성)와 대상(형식)이 실존적 왜곡 속에 포함되기 때문이다.[30] 데오리아 속에서 이들은 바른 상호관계성을 배제하므로 결과적으로 영의(문화의) 언어론적, 인식론적, 심미론적 영역은 실존의 상황 하에서 왜곡되어 본질적 요소와 실존적 요소 사이에 갈등을 일으킨다. 틸리히에 있어서 문화란 데오리아에서 문화의 본질적 현시를 나타내는데, 로고스-자아와 로고스-세계의 상호관계가 서로 방해하지 않을 때에 일어난다. 실존은 문화와 데오리아를 확실하게 세우지 못한다. 같은 결론이 프락시스의 경우에는 나오고 있다. 프락시스란,

"사회적 그룹의 구성원으로서 중심성을 가진 인격이 서로가 서로에게, 그리고 상호간에 영향을 미치는 문화적 행위의 총체이다."[31]

그러므로 프락시스란 개인적, 공동체적 영역에서의 생명의 자기창조이다. 프락시스가 목표하는 것은 정의의 인간성이라 할 수 있다. 정의는 사회의 변화를 목표로 하는 모든 문화적 행위이며, 인간성은 개인과 그와 관련된 사람들의 내적 목표의 성취를 꾀하는 문화행위(cultural act)이다. 문화적 기능으로서 인격적 성장은 모든 인간이 본질적 본성으로부터 실존적 상황에서 분리되었기에, 인간이 소유하지 못한 능력 속에서 자기 결정을 하려는 위치에 있게 한다.[32] 본질과 실존의 분리 속에서 성취를 향한 자아결정은 불가능하고, 타자결정은 비인격으로 전락된다. 공동체 영역에서의 문화적 기능도 같은 모호성에 이르게 된다. 정의란 구성원들의 일체가 포함되는 것을 요구한다. 그러나 구성원들의 동일성을 유지하기 위해서는 배타적이어야 함을 요구한다. 또 정의는 평등성을 요구하지만, 사회적 역동성은 경쟁을 지향하기에 불평등은 필연적이다.[33] 모든 경우에 나타나는 모호성은 인간의 실존적 소외에 근거한 근본적인 주-객의 분리에 의한 것이다. 이와 같은 상황은 필연적인 것이며, 인간의 생명 속에서 극복될 수 없다. 이것을 극복하기 위해서는 생명은 본질과 실존, 주관과 객관의 분리를 초월해야만 한다. 그것은 존재의 본질적 결합으로 되돌아가야 한다. 이와 같은 결합은 성령의 선물이다.[34]

제 삼의 존재론적 요소인 자유와 운명은 영에 적용할 때, 종교적 영

역을 열게 한다.

"자유와 운명의 양극성은 자아초월의 가능성과 현실을 창조한다. 생명은 여러 단계에서 자기 자신으로부터, 자기 유한성의 전적인 예속으로부터 자유이다. 생명은 수직선 방향에서 궁극적이고도 무한한 존재를 추구한다. 수직적인 것은 중심성의 테두리를 초월하며 성장의 지평선을 초월한다."[35]

종교란 영의 차원 아래서의 생명의 자기 초월이다.[36] 그렇다고 그것을 생명의 분리된 기능으로 생각해서는 안 된다. 그것은 앞서 논한 도덕과 문화의 두 가지 기능의 본성이다. 왜냐하면 본질적으로 도덕과 문화는 그 자체 안에 초월적 속성을 가지고 있기 때문이다. 즉 도덕은 무조건적, 도덕적 명령을 함축하고 있으며, 문화는 문화 자신을 초월하여 지시하는 의미를 산출하는 궁극적 목적을 함축한다.[37] 그러나 현실 생명 속에서 도덕과 문화는 그의 초월적 기능을 상실하므로 실제로 종교적 기능과 분리되어 모호성이 일어나 버린다. 왜냐하면 자기 초월로서 종교도 그 자체가 모호하며, 초월해야 될 유한한 현실이 없이는 존재할 수 없기 때문이다. 그러므로 자기 초월에서는 하나님의 변증법적 문제가 있게 된다.[38] 그것은 무엇인가 초월되지만 동시에 초월되지 않는 것이다. 그것은 구체적인 실존을 가져야 한다. 그렇지 않으면 초월해야 할 아무 것도 없게 된다. 동시에 이와 같은 어떤 것들은 거기에 더이상 있지 않고 초월되어야 할 행위에서 부정되어야 한다.[39]

종교는 초월의 모호성에서 회피할 수 없다. 틸리히는 이와 같은 종교의 모호성이 두 가지로 나타난다고 말한다. 첫째는 자기 초월과 불경화(profanization)이다.[40] 불경화는 오늘의 보다 더 적합한 언어로 표현한다면 세속화(secularization)를 뜻하는데, 사물 속에서 종교적 또는 거룩한 속성을 보지 않으려는 것이다. 틸리히의 주장에 의하면 실재, 즉 모든 실재는 존재 자체의 궁극적 신비를 무한하게 나타낸다. 그러나 세속화란 비초월성을 뜻하는 바, 거룩의 차원을 상실한 것을 의미한다.[41] 불경화는 두 가지 방식으로 일어나는데, 하나는 제도적인 것이고 다른 하나는 환원적(reductive)인 것이다. 전자는 종교가 무한한 것을 향하여 유한성을 초월한 것이 아니라, 유한한 실재 자체가 되는 것을 말한다. 다시 말해서 종교가 하나의 조직체가 되므로 종교의 자기 초월이나 위대성 그리고 거룩함을 결코 볼 수 없게 되는 경우이다. 후자는 종교를 문화와 도덕으로 환원시켜 버리는 것을 뜻한다. 종교는 그 거룩성을 상실하여 종교의 형식이며 표현인 문화와 도덕으로 환원되어 버린다.[42]

종교의 두 번째 모호성은 신적인 것(the divine)과 마성적인 것(the demonic) 사이의 긴장에서 나타난 것으로 마성적이란 유한한 것을 한 가치에까지 높이는 것이다.[43] 이 현상은 거룩성의 특별한 운반체를 거룩 자체와 동일시하므로 자기 초월을 왜곡시킴으로써 나타난다. 자신을 초월하는 생명은 인간 의식 속에 위대함과 위엄과 불가침성을 주나, 실존 하에서 속화와 불경화와 신성모독과 결합되어 위대함과 비극의 모호성에 빠진다.[44] 비극은 생명의 위대함이 자고(hubris)와 결합되어 유한한 한계를 넘어가는 자기 승화로, 그 결과는 자아와 타자의 파괴이다. 이와 같이 종교적 기능에서도 생명의 모호성이 나타난다. 이런 상황에서 인간은 소외를 초극하기 위해서 인간의 본질적 존재와 하나님과 재결합을 시도하기 위해서 노력한다. 그러나 인간은 초월적 결합을 시도하기 위해서 노력한다. 그러나 인간은 초월적 결합을 초래할 수 없다. 그러므로 인간은 초월적 결합을 초래할 수 있는 것을 요청한다. 이것이 성령에 대한 탐구이다.

생명의 분석을 통해서 나타난 생명의 모호성은 모호성없는 생명을 요청하며, 생명의 차원으로서의 영의 묘사는 대답의 형식과 상황을 제시한다. 생명의 모호성은 생명 속에 있는 본질적 요소와 실존적 요소의 혼합과 분리의 결과임을 살펴 보았다. 인간은 종교적 기능으로 직접적으로 실존 속에서 본질적 결합에 도달하려고 한다. 그러나 거기에 도달할 수 없다. 그러므로 종교 자체도 모호성없는 생명의 대답이 되지 못한다.[45] 그러나 종교는 모호성없는 생명을 위해서 세 가지 중요한 상징을 제시한다. 즉 하나님의 영, 하나님의 나라, 영원한 생명이다. 하나님의 나라와 영원한 생명은 틸리히의 조직신학 마지막 권인 제 5 권에서 언급할 것이다. 여기에서 언급될 부분은 하나님의 영의 상징이다. 성령은 하나님의 현재를 뜻하는데, 하나님의 영은 분리된 존재가 아니다.[46] 그러므로 틸리히는 성령의 현존의 상징을 택한다. 그것은 직접적으로는 영의 차원 아래 나타난 생명의 모호성에 상호 관련되며, 간접적으로는 생명의 다차원적 통일 때문에 모든 영역에 적용된다. 성령의 현존은 영의 차원에서 제기된 물음에 대한 대답을 제시한다.

3. 성령의 현존과 새 존재

생명의 모호성은 앞부분에서 지적한 대로 본질과 실존의 혼합이다. 틸리히에 의하면 이 모호성은 주체와 객체, 인간과 세계, 인간의 본질적 본성과 실존적 본성 사이의 분열이라는 관점에서 설명되었다. 예를 들면, 문화의 영역에서 주체와 객체의 분열은 우리가 경험하는 대상으로부터 분리됨으로써 인식의 문제를 야기시켰다. 도덕의 영역에서 이 분열은 다른 사람과 사랑으로 결합할 수 없는 인간의 무능에서 나타났으며, 종교적 영역에서의 분열은 하나님과 결합할 수 없는 인간의 무력에서 나타난다.

이러한 인간 분열을 통한 생명의 모호성은 성령의 현존에 의해 이런 모호성을 넘어서 초월적 생명을 일으킨다. 성령은 하나님의 현재이다. 이 하나님의 현존에서 인간은 존재의 근거와 다른 인간과 그의 본질적 본성과 결합하게 된다는 것이다. 이제 좀더 구체적으로 성령의 현존, 성령의 현존과 새 존재, 성령 그리스도론, 성령공동체 안의 새 존재, 성령의 공동체와 종교, 문화, 도덕의 일치 등의 문제를 살펴 보고자 한다.

1. 성령의 현존

생명의 한 차원으로서의 영은 존재의 힘과 의미를 결합시키고 실현시킨다고 정의하였다. 그러므로 영이란 통일성 속에서 힘과 의미가 현실화된 것이라고 볼 수 있다. 틸리히는 이와 같은 생명과의 관계에서 영을 정의하는 데 두 가지 목적이 있다고 본다. 첫째 목적은 인간을 인간으로서 특징지우고, 도덕, 문화, 종교를 현실화시키는 생명의 기능에 적절한 명칭을 주려는 것이요, 둘째 목적은 그리스도교의 성령 혹은 성령의 현존에 대한 상징적 소재를 제공하기 위해서라는 것이다.[47] 이와 같은 틸리히의 성령의 이해는 영의 이해에 의해서만 성령을 이해할 수 있음을 나타낸다. 즉 성령은 인간의 영 안에 거하시고 인간의 영 안에서 역사한다는 것이다. 틸리히는 "안"(In)에 특별한 의미를 부가하여, 신적인 것과 인간적인 것의 관계, 무조건적인 것과 조건적인 것과의 관계, 창조의 근거에 대한 피조된 실존과의 관계 등의 문제를 포함한다고 주장한다.[48] 하나님께 대문자 성령(Spirit)을 사용한 것은 하나님의 영이 피조물의 생명 속에서 신적 생명으로 임재한다는 뜻과,[49] 하나님은 유한한 영을 통하여 현존하고 활동하시는 영이라는 의미이다.[50] 이 성령이 공동체와 개인에게 현존하므로 그들을 사로잡고, 그들에게 영감을 주며 그들을 변화시킨다.[51] 또 성령이 인간의 영을 뚫고 들어오실 때 성령이 인간의 영을 몰아내는 것이 아니라, 성공적인 자아초월로 이끈다.[52] 그러므로 성령과 인간의 영과의 관계는 다음과 같이 정리할 수 있다.

첫째, 성령이 인간의 영 안에 있을 때, 성령은 인간의 영을 성공적인 자아초월로 이끈다. 이와 같은 상태를 엑스타시(ecstasy)라 한다. 이때 성령은 인간 영의 본질, 즉 이성의 합리적 구조를 파괴하지 않는다.[53] 성공적 자아초월이란 인간의 본질에 상응하는 것이므로 성령과 영의 관계는 본질의 단계에서 나타난다.

둘째, 성령의 현존과 활동은 인간의 영이 스스로 할 수 없는 것을 행한다. 성령은 인간을 위하여 모호하지 않은 생명을 창조한다. 모호성없는 생명이란 본질적 생명이다. 모호성없는 생명이나 본질적 생명은 인간의 영에 의해서 스스로 얻을 수 있는 것이 아니다. 성령이 인간의 영을 사로잡을 때 성령은 모호성없는 생명을 창조하므로 모든 차원의 삶의 모호성에 함축된 물음에 대답한다.[54] 이와 같은 성령의 현존은 생명의 주관적 요소와 객관적 요소에 상응하는 말씀과 성례전을 통하여 구현된다. 말씀(Word)과 성례전(sacrament)은 실재가 대상의 말없는 현존에 의해서나, 주체의 음성적 자기 표현에 의해서 다른 주체에 전달된다는 원초적 현상을 대표한다.[55] 이와 같은 매체를 통하여 현시된 성령의 현존은 인간의 영을 모호하지 않은 생명의 초월적 결합으로 고양시키고, 하나님과 재결합하게 한다. 이 초월적 결합은 한 편으로는 "신앙"이라고 하고, 다른 한 편으로는 "사랑"이라 부르는 황홀 운동으로 인간의 영 속에 나타난다.[56] 신앙이란 궁극적 관심에 의하여 사로잡힌 상태를 의미한다. 이러한 정의를 그리스도교 신학에 적용하면 그리스도인 예수 안에 나타난 새 존재에 의하여 붙잡힌 상태이다. 또 이 정의를 성령에 적용하면 성령의 현존에 붙잡혀 모호하지 않은 생명의 초월적 결합으로 알려진 존재의 상태이다.[57] 이와 같은 신앙은 인간의 정신적 기능, 지적 과정, 믿으려는 의지의 노력, 감정적인 수용으로 생기는 것이 아니라, 성령의 현존에 의해서 붙잡히고 깨우쳐지는 것이다. 신앙에는 세 가지 요소가 있는데, 성령의 개방되는 수용적 요소, 성령과 인간의 영을 무한한 간격에도 불구하고 용납하는 역설의 요소, 모호하지 않은 생명의 초월적 결합 속에 궁극적 참여를 기대하는 요소 등이다. 이 요소들은 상호 내재적인 것으로 새 존재의 특성인 중생, 칭의, 성화를 반영한다.[58]

성령의 현존에 의해서 붙잡힌 상태가 신앙이라면, 사랑은 영적 현존에 의하여 모호하지 않은 생명의 초월적 통일성에 들어간 존재의 상태이다.[59] 그러므로 사랑이란 존재론적으로 분리된 것을 재결합하는 원동력이다.[60] 사랑은 세 가지 생명의 모든 과정에서 적용된다. 모든 것을 초월하여 생명의 근거와 목적을 향해서 나아간다.[61] 이와 같은 사랑은 황홀한 참여를 가능케 하는 정서와 분리의 벽을 꿰뚫는 의지, 그리고 재결합을 향한 지식의 요소들이 결합되어 있다. 모호성이 없는 재결합의 문제, 모호성없는 생명의 초월적 통일에 참여함으로써 타자에 참여하게 되는 사랑의 문제는 성령의 현존에 의한 아가페의 창조로 주어진다. 아가페는 모호하지 않은 사랑으로 인간 자신의 영으로서는 불가능하나, 신앙과 마찬가지로 사랑은 유일한 영이 모호하지 않은 생명의 초월적 결합에 황홀하게 참여하는 것이다. 아가페의 상태에 있는 사랑은 이 결합에 끌려 들어간다. 아가페는 성령의 현존의 황홀한 현시이며, 모든 사랑의 모호성을 극복하는 성령의 현존의 창조이다. 그러므로 틸리히는 아가페는 모호하지 않은 생명의 초월적 결합에의 참여이며, 그의 대상을 모호성없는 초월적 결합으로 나아가게 한다고 말하고 있다.⁶²⁾

2. 성령의 현존과 새 존재

성령의 현존은 신앙과 사랑을 통하여 인간을 모호하지 않은 초월적 결합으로 높이는 동시에, 본질과 실존의 간격을 넘어서서, 결과적으로는 생명의 모호성을 넘어서서 새로운 존재를 창조한다.⁶³⁾ 앞에서 인간의 영 속에 나타난 성령의 현존을 살펴 보았다. 이제 성령의 현존의 창조로서의 새로운 존재가 역사적 인류에게 현시되는 지점을 결정해야 한다. 계시, 섭리, 그리스도로서 예수의 새로운 존재라는 개념은 역사적 관련에서만 가능하다. 인간의 영에 성령의 침투는 고립된 개인에게 일어나는 것이 아니라 사회적 집단에서 발생한다. 왜냐하면 인간 영의 모든 기능ㅡ도덕적 자아통전, 문화적 자아창조, 그리고 종교적 자아초월ㅡ은 나와 당신의 만남이라는 사회적 관계에 의해서 형성되어지기 때문이다.⁶⁴⁾ 그러므로 성령의 역사가 인류 안에서 자아현실을 위한 결정적인 역사의 지점을 밝혀 두는 것이 필요하다. 성령의 현존은 모든 역사에 나타난다. 그러나 역사 그 자체는 성령의 현존의 현현은 아니다. 개인의 영에서와 같이 역사집단에서도 성령의 현존을 지시하는 특수한 표징이 있다. 첫째는 한 사회집단이 성령의 영향에 대하여 자기가 개방되어 있다는 것을 나타내는 효과적 상징이 존재하여야 하고, 둘째는 이와 같은 상징들이 비극적으로 회피할 수 없는 세속화와 악마화에 대항하여 싸우는 사람과 운동의 일어섬이다. 이와 같은 역동성이 제일 잘 알려진 본보기로는 이스라엘과 유대의 예언자들이 사막의 야웨종교의 세속화와 악마화에 대항하여 싸움으로, 그들의 사회집단이 예언자들에 의하여 전달된 성령의 현존의 영향 밑에 근본적 변혁을 이루었던 것에서 찾아 볼 수 있다.⁶⁵⁾ 이러한 성령의 현존은 모든 장소, 모든 시간, 즉 모든 역사에서 현시된다. 하나님의 영은 인간 영에 나타나며 역사에 돌입하여 계시경험을 야기시킨다. 계시경험은 구원의 성격과 개혁의 성격 양쪽을 다 가지고 있다. 인류는 결코 홀로 남겨지지 않았다. 성령의 현존은 모든 순간에 인류에게 영향을 주고, 모든 순간에 인류에게 침투하는데, 그것을 역사적 카이로이(historical kairoi)라고 한다.[66]

인류는 결코 하나님으로부터 홀로 남겨진 일이 없기 때문에, 또 인류는 끊임없이 성령의 현존의 영향 아래에 있기 때문에 역사에는 항상 "새로운 존재"가 있다. 그곳에는 언제나 모호하지 않은 생명의 초월적 결합에 참여한다. 그러나 이 참여는 시간과 공간 속에 나타날 때를 대망한다. 새로운 존재는 단편적으로 현존한다. 그러나 그것이 현존하는 한 모호하지 않다. 이와 같은 단편적인 성격에도 불구하고 집단이 성령을 받아들이는 순간에 거룩한 공동체가 되게 한다.[67] 또 신앙의 단편적 경험과 사랑의 단편적 현실이 개인의 모호성없는 생명의 초월적 결합의 참여를 창조한다. 그러므로 새로운 존재는 단편적이긴 하지만, 시간과 공간에서 생명의 모호성을 극복한다.[68]

틸리히는 어느 곳에서나 현시되는 성령의 현존은 자애(humanity)와 정의라고 한다. 자애와 정의가 없는 곳에는 악마화하고 세속화된 영적 현존이 있기 때문이다. 이와 같은 판단은 구약 예언자와 신약성경의 주장이며, 교회역사의 모든 정화운동에서 나타난다. 프로테스탄트의 종교개혁도 그 중의 하나이다. 예언자적 종교에서는 신앙과 사랑의 주체, 즉 인격과 공동체를 보존하려고 한다. 이것은 성령의 현존이 자애와 정의의 하나님의 현존이라는 사실에 근거한 것이다.[69]

4. 그리스도인 예수에 있어서의 성령의 현존 : 성령 그리스도론(Spirit Christology)

하나님의 영인 성령은 왜곡없이 그리스도이신 예수 안에 나타났다. 그 안에서 새로운 존재는 과거와 미래의 모든 성령 경험의 표준으로서 나타났다. 그의 인간정신은 개인적, 또는 사회적 여러 가지 조건에 예속되었지만 성령의 현존에 전적으로 사로잡혀 있었다. 즉 그의 영은 하나님의 영에 붙잡혀 있었다. 바꾸어 말하면, "하나님이 그 안에 계셨다"(God was in him.).[70] 이것이 그로 하여금 역사적 인류를 위한 새로운 존재의 결정적 구현인 그리스도가 되게 했다.[71] 틸리히는 이와 같은 관계를 좀더 자세히 살펴 보기 위하여 성령의 교리와 관련하여 초대 그리스도론의 진술에 몇 가지 부연하는 것이 필요하다고 주장한다. 먼저 공관복음서는 최초의 그리스도론적 전승이 성령 그리스도론에 의하여 결정되었다는 것을 나타낸다.[72] 이 전승에 따르면 예수는 세례를 받은 순간에 성령에 의해서 사로잡혔으며, 이 사건이 그를 선택된 하나님의 아들로 확증했다. 황홀의 경험은 복음서 이야기 중에 되풀이해서 나타난다. 성령의 현존이 예수를 사막으로 몰고 가서 유혹의 환상적 경험을 하게 하고, 사람들과 사건에 대하여 예언하는 힘을 받아 악마적 힘의 정복자가 되게 하고, 마음과 육체를 고치는 영적 치료자가 되게 한다. 성령은 변화산의 황홀한 경험 배후에 있었던 힘이며, 또 성령은 그가 행동하고 고난에 합당한 시간, 즉 카이로스(kairos)에 대한 확신을 주었다.[73]

그러면 어떻게 하여 하나님의 영이 자기 자신을 충분히 쏟아넣을 수 있는 그릇을 발견하였는가에 대한 물음이 생긴다. 이에 대한 대답으로 예수가 하나님의 영에 의해서 탄생했다는 것을 주장한다. 그러나 이것은 육친의 아버지를 제외하므로 예수로부터 완전한 인간성을 빼앗는 것이다. 이에 대하여 생명의 다차원적 결합의 원리는 모호성없는 성령의 담지자로서의 정신적, 육체적 근거의 물음에 대하여 대답한다. 성령의 현존의 두 가지 현시는 사랑과 신앙으로서, 이 두 요소는 그리스도이신 예수의 나타남에서 모호성 없는 초월적 연합을 이루어 일체성을 나타낸다.[74] 그리스도의 자기 희생의 사랑은 복음서의 중심이며, 동시에 복음서의 사도적 해석의 중심이다. 이 중심은 그리스도의 존재에서 구현되었고, 그리스도로부터 세계 속으로 반사된 것이 아가페의 원리이다. 예수의 신앙에 대해서는 성경에서도, 후기 신학에서도 거의 언급되지 않았다. 그 이유는 "신앙"이라는 말은 "-임에도 불구하고"라는 요소를 포함하고 있어서 아들로서 언제나 아버지와 사귐이 있었던 이에게는 적용될 수 없었던 것으로 보인다.[75] 개신교의 신앙의 의미는 "은총으로 말미암은 칭의"로 불의한 자를 의로 받아들이는 죄의 용서의 역설로 설명되었으므로, 그리스도에게 이런 역설을 적용할 수

2. 틸리히의 성령론   215

가 없었다. 왜냐하면 그리스도 자신이 역설이기 때문이다.[76] 이와 같은 그리스도 신앙의 문제는 성령의 현존을 통한 정의로 바꾸어야 하는데, 이것은 성령의 현존에 의해서 사로잡힌 상태를 통해서 모호성없는 초월적 결합이 이루어진 상태라고 봄으로써 해소된다. 이런 의미에서 신앙은 신앙을 소유한 사람들의 현실을 초월한 성령의 현실임을 말한다. 그리스도의 신앙은 성령의 현존에 의해서 모호성없이 붙잡힌 존재의 상태이다.[77] 복음서의 이야기 속에서 예수의 신앙의 단편적 모습인 투쟁, 실망, 절망 등을 본다. 그렇지만 이런 것들이 절대로 그의 신앙을 세속화와 마성화에로 나아가게 하지 못한다. 이것은 성령이 결코 그를 떠나지 않고, 모호성없는 초월적 힘이 떠받들었기 때문이다.

틸리히는 공관복음의 성령-그리스도론에는 두 가지 이상의 신학적 의미가 있다고 본다.[78] 첫째로 예수를 그리스도되게 한 것은 나사렛 인간 예수의 영이 아니고, 그의 개인적 영을 사로잡아 움직인 성령의 현존이며, 그의 안에 계신 하나님이다. 이 주장은 인간 예수를 그리스도교 신앙대상이 되게 하는 일체의 예수신학(a Jesustheology)에 대한 방어가 되게 한다. 예수를 그리스도가 되게 한 것은 인간성이나 도덕적 완전함에 있는 것이 아니라, 성령의 현존에 의해서이다. 이런 주장 때문에 그리스도교는 예수라는 한 인간에게 종속되는 타율로 전락되지 않는다.[79]

성령 그리스도론의 또 하나의 의미는 그리스도인 예수는 역사 속의 성령현시의 종석(key-stone)이라는 점이다. 예수 그리스도의 사건은 하늘에서 떨어진 고립된 사건이 아니다. 예수의 출현과 그 과거와 미래 사이의 유기적 관계를 부정한 것은 경건주의 사상과 자유주의 사상이다. 성령 그리스도론은 예수를 그리스도가 되게 한 하나님의 영이 예수의 출현 전후의 계시역사와 구원역사 전체에 창조적으로 현존한다.[80] 그리스도로서 예수의 사건은 독특하지만 고립된 것은 아니다. 이것은 과거와 미래에 의존하며 과거와 미래는 그것에 의존하고 있다. 이것은 우리가 상징적으로 역사의 처음과 끝이라고 부르는 무한의 과거로부터 무한의 미래로 계속해 나가는 과정의 질적 중심이다. 역사의 중심으로서의 그리스도에게 있어서의 영적 현존은 역사에 나타난 영의 이해를 전적으로 가능하게 한다. 일반적 주장은, 역사에 있어서의 영적 현존은 본질적으로 그리스도로서 예수의 영적 현존과 같다는 것이다. 하나님의 자기 현시는 그것이 어디서 발생하든 그리스도에게서 결정적으로 또 궁극적으로 나타난 같은 하나님이라는 것이다.[81] 그러기 때문에 하나님의 자기 현시는 어디서 발생하든, 그리스도 앞이든 뒤든 역사의 중심과의 만남과 일치하지 않으면 안 된다. 예수가 그리스도라는 주장은 예수를 그리스도되게 한 영, 그리스도의 영이 된 영으로서 예수가 역사적 사건으로 만나지기 전에도 성령의 현존에 의해서 붙잡힌 모든 사람 안에서 활동하였으며, 지금도 활동하고 있음을 뜻한다. 예수 안에 그리스도를 창조한 영은 인류를 예수 안의 "새로운 존재"와 만나게 하기 위해서 과거에 준비하였으며, 지금 또한 계속 준비하고 있는 같은 영이라는 것이다.[82] 성경시대로부터 그리스도로서의 예수의 영과 그리스도가 나타난 뒤에 영적 현존에 의하여 붙잡힌 사람들 사이에서 활동하는 영과의 정확한 관계에 대해서 진지한 신학 논쟁이 일어났다. 이 문제는 제 4복음에서 보혜사(Comforter)로서의 성령의 오심에 관한 예수의 선포의 형태에서 제기된다. 즉 성령 그리스도론(Spirit-Christology)이 로고스 그리스도론(Logos-Christology)에 의하여 대치되므로 일어나게 된 것이다.

  대답은 두 측면에서 제시되었고, 지금까지의 교회의 입장이 되어 왔다.[83] 말씀의 성육신이 아버지에게 돌아간 후 성령이 그의 위치를 대신하여 그의 현시의 의미를 계시할 것이다. 하나님의 경세 속에서 영은 아들을 따랐지만, 그러나 본질에서 아들은 영이었다. 성령은 스스로 그가 계시한 것을 창시하지 않는다. 성령의 현존의 모든 새로운 현시는 그리스도로서 예수의 현시의 표준 밑에 서는 것이다. 이것은 옛 시대나, 현 시대를 막론하고 성령의 계시활동은 질적으로 그리스도의 계시활동을 초월한다는 가르침에 대한 비판이다.[84] 이런 주장을 하는 자들은 성령의 현존에 나타난 궁극성을 파괴하고, 또한 예수의 그리스도의 특징을 파괴하므로 의식의 악마적 분열을 영속화시킨다고 틸리히는 주장한다.[85]

  같은 문제의 다른 측면은, 아버지이신 하나님과 아들이신 하나님으로부터의 영의 나오심(procession)에 대한 동방 교회와 서방 교회의 논쟁에서 나타난다. 동방 교회는 성령은 아버지에게서만 나온다(proceed)고 한다. 그것에 반하여 서방 교회는 아버지와 아들에게서(the Father and the Son filioque) 나온다고 한다. 이와 같은 논의는 깊은 의미를 가지고 있는데, 동방 교회가 그것을 주장했을 때 직접 하나님 중심적 신비주의(theocentric mysticism)의 가능성이 열리게 된다. 이에 반하여 서방 교회는 그리스도 중심적 기준(Christocentric criterion)을 모든 그리스도교의 경건에 적용할 것을 주장한 것이다. 서방 교회의 이 기준의 적용은 그리스도의 대리자로서의 교황의 특권 때문에 서방 교회는 동방 교회보다 더 경직된 율법주의에 빠지게 되었다.[86] 서방 교회에서 성령의 자유는 교회법에 의해서 제한되었다. 성령의 현존은 율법적으로 제한되었다. 이것은 예수가 성령이 임하면 너희에게 모든 진리를 가르칠 것이라는 것이 요한복음의 의도는 아니었다.

5. 성령공동체 안의 새 존재

조직신학의 그리스도론 부분에서 강조한 것처럼 그리스도는 그를 그리스도로 받아들인 사람이 없이는 그리스도일 수 없을 것이다. 그는 그에게서 그리고 그로부터 새로운 실재를 받아들인 사람이 없다면, 새로운 실재를 가져올 수 없었을 것이다. 그러기 때문에 틸리히는 인류 안의 성령의 현존은, 창조성은 삼중으로 이해해야 한다고 한다.[87] 즉 성령의 핵심적 현시를 위한 준비, 성령의 핵심적 현시 자체, 그리고 핵심적 사건의 창조적 영향 하에 있는 성령의 공동체이다. 성령의 공동체를 교회라 하지 않는 것은 종교적 모호성 때문이다. 그러기에 종교적 모호성을 극복한 새 존재에 대해서 말한 것이다. 성령의 공동체는 모호성이 없는데, 이것은 성령의 현존에 의해서 창조된 새로운 존재이기 때문이다.[88] 그러나 비록 이것이 모호하지 않은 생명의 나타남이라고 하더라도 단편적이다. 여기 단편적이라는 뜻은 유한성의 여러 조건에서 나타난 것이지만, 소외와 모호성을 극복한 것을 의미한다.[89] 이와 같은 성령의 핵심적 현시는 신앙의 눈에 나타나며, 신앙의 눈은 성령의 창조이다.

　그러면 그리스도 안의 새로운 존재와 성령의 공동체 안의 새로운 존재의 관계는 무엇인가? 예수를 그리스도로 받아들인 사람이 없다면 그리스도가 아닌 것 같이, 성령의 공동체는 그리스도 안에 나타난 새로운 존재에 근거하지 않으면 성령의 공동체가 아니다.[90] 즉 성령의 공동체의 특징을 가장 잘 드러낸 것이 오순절 사건이라고 틸리히는 말하는데, 오순절 사건은 성령의 공동체에 대한 다음과 같은 다섯 가지의 상징적 요소를 제공한다고 한다.[91]

　첫째는 성령공동체의 창조에 나타나는 황홀적 성격이다. 그러므로 황홀이 없는 성령의 공동체는 존재하지 않는다.

　둘째는 신앙의 창조인데, 신앙의 확실성없이는 성령의 공동체는 존재하지 않는다.

　셋째는 사랑의 창조인데, 자기를 포기하는 사랑없이는 성령의 공동체는 존재하지 않는다.

　넷째는 결합의 창조인데, 성령의 현존은 개인, 민족, 전통을 결합하는 능력을 가지고 있다. 인류의 모든 소외된 사람들의 궁극적 재결합이 없이는 성령공동체는 있을 수 없다.[92]

　다섯째는 보편성의 창조인데, 모든 개인, 모든 집단, 그리고 모든 사물들에 열려지고, 또 그것을 그 자체 속에 받아들이려는 충동이 없이는 성령공동체는 존재하지 않는다. 이와 같은 성령공동체의 특징들은 그리스도인 예수의 모습으로부터, 또 그리스도 안에 나타난 새로운 존재로부터 끌어낸 것이다. 상징적으로 표현하면 머리로서 그리스도와 몸으로서의 성령의 공동체이다. 심리학적 상징에서는 신랑으로서의 그리스도와 신부로서의 성령의 공동체, 윤리적 상징에서는 성령공동체의 주님으로서의 그리스도를 표현한다. 이것은 곧 하나님의 영은 그리스도인 예수의 영이며, 그리스도는 모든 성령의 요구가 복종해야 될 표준이다.[93]

　성령의 공동체는 그리스도로서 예수의 나타남에서 결정된다. 그리스도의 현시가 하나님의 영의 핵심적 현시라면 준비시대의 성령의 공동체는 수용시대의 성령공동체와 달라야 한다. 즉 잠재성 속에 있는 성령의 공동체와 현시 속에 있는 성령의 공동체의 차이다. 그러므로 잠재적 성령의 공동체란 그리스도 예수의 핵심적 현시를 만나기 이전을 말하고, 이에 비하여 현시된 성령의 공동체는 핵심적 현시를 만난 후의 공동체를 말한다.94) 여기의 "이전과 이후"(before and after)는 틸리히에게 두 가지 의미를 가지고 있는데, 첫째 의미는 일회적으로 역사의 중심을 확보한 사건, 즉 근본적 카이로스를 가리키고, 둘째 의미는 근본적 카이로스를 계속해서 반복하고 회상하는 파생적 카이로이(derivative kairoi)의 의미이다. 이 카이로이에서 특정한 종교 문화집단이 그 중심 사건과 실존적인 만남을 갖게 한다. 성령공동체의 잠재성과 현시성이 결합된 "이전"과 "이후"란 직접으로 두 번째 의미로 말하게 되고, 간접적으로만 첫째 의미와 연결된다.95) 이는 그리스도 이전의 성령의 공동체와 그리스도 사건 이후일지라도 아직 그리스도와 말씀을 경험하지 못한 성령의 공동체에는 잠재적 성령의 공동체에 속한다. 그러므로 종교의 전 역사와 문화사 전반이 잠재적 성령의 공동체에 속한다. 잠재적 성령의 공동체에도 성령의 현존인 신앙과 사랑이 나타난다. 그러나 여기에는 신앙과 사랑의 궁극적 기준, 곧 그리스도의 신앙과 사랑에 나타난 모호하지 않은 생명의 초월적 결합이 결핍되어 있다.96) 그러기에 잠재적 성령공동체는 저항할 수 있는 궁극적 원리가 없으므로 세속화와 악마화가 되기 쉽다.

반면에 교회로서 조직된 성령공동체는 자체 안에 저항의 원리를 가지고 있으며, 예언정신과 종교개혁의 운동에서와 같이 그것을 자기 비판적으로 적용할 수 있다. 잠재성 속에 있는 성령의 공동체는 궁극적 표준 곧 그리스도의 신앙과 사랑이 없으므로 자아부정과 자아변형을 시킬 수 없다.97) 그러나 이들은 목적으로 현시된 성령의 공동체에 관련되어 있으며, 무의식으로 그리스도를 향하고 있다. 때로 이들은 교회보다 더 성령의 공동체를 잘 나타낼 수 있고 교회를 비판할 수도 있다. 그리스도교 봉사를 위해서 특히 그리스도교의 문화 안팎에 있는 사람들에 대한 선교활동으로 가장 중요한 것은 이교도, 인도주의자들 그리고 유대인들을 성령공동체의 잠재적 일원으로 생각하는 것이고, 밖으로부터 초청된 완전한 이방인으로 생각하지 않는 것이다. 이와 같은 통찰은 교회와 성직자들의 오만에 대항하는 강력한 무기로서 도움이 될 것이다.[98] 잠재적이든 현시적이든 성령공동체는 새로운 존재의 공동체이다. 이것은 그리스도로서 예수의 새로운 존재에 나타난 것처럼 하나님의 영에 의하여 창조된 것이다. 이 근원이 그 성격을 결정하는데, 곧 이것은 신앙과 사랑의 공동체이다.[99] 이와 같은 성령공동체의 특성은 교회를 묘사하고 판단하는 표준을 제시한다. 교회란 성령공동체의 실현인 동시에 왜곡이기 때문이다. 새 존재의 공동체로서 성령의 공동체를 틸리히는 다음과 같이 말한다.

첫째는 신앙의 공동체(community of faith)이다. 신앙을 통해서 신적 생명의 거룩성에 참여한다.[100]

둘째는 거룩의 공동체(community of holiness)이다. 거룩은 교회의 보이지 않는 영적 본질로서 교회의 신성함을 준다.

셋째는 사랑의 공동체(community of love)이다. 사랑은 모호성없는 생명의 초월적 결합 속에서 분리된 것을 결합한다.[101]

넷째는 일체성과 보편성(unity and universality)이다. 이것은 신앙과 사랑의 공동체로서의 성격에 뒤따른 것으로서, 성, 연령, 종족, 국가, 전통, 성격 등과 관련된 무한한 다양성이 성령공동체에 참여한다.[102] 그러나 이와 같은 성령의 공동체는 궁극적인 성취에 있어서의 하나님의 나라는 아니다. 이것은 종교공동체 안에서 보이지 않는 영적 본질로서 그리고 모호한 생명의 표준으로서 현실적인 것이다. 그럼에도 불구하고 성령공동체는 그것의 보편성에서 신적 생명의 거룩함에 참여하기에 거룩한 것이다.

모호하지 않은 생명의 초월적 일치인 성령의 공동체는 영적 차원의 세 가지 기능인 종교, 문화, 도덕을 포함한다. 이 일치는 인간 본성에 앞질러 형성되었고, 실존의 여러 가지 조건 아래서 분열되었으며, 종교와 세속의 집단에서 생명의 모호성과의 투쟁으로서 성령의 현존에 의해서 재창조된 것이다.[103] 성령의 현존에 의한 재창조는 종교, 문화, 도덕의 일치를 이룬다.

6. 틸리히의 성령론에 대한 분석과 평가

  지금까지의 틸리히의 성령론에 대한 진술에서 타당성과 제기되는 문제점들을 살펴 보고자 한다. 먼저 타당성을 살펴 보면, 인간생명의 통일성을 유지하기 위해서 단계(level)를 사용하지 않고 차원(dimension)을 사용한 점과 인간 영의 중요성을 인식하게 한 것은 매우 타당한 주장이다. 또한 성령의 현존은 매체인 말씀과 성례전을 통하여 현시되고, 이와 같은 매체를 통하여 현시된 성령의 현존은 인간의 영을 모호하지 않은 생명의 초월적 결합으로 고양시켜 하나님과 재결합하게 한다는 점과, 이 초월적 결합은 신앙과 사랑으로 인간의 영에 나타나며, 신앙이란 인간의 정신적, 지적, 의지적인 수용에 의한 것이 아니라, 성령의 현존에 의한 것이며, 사랑이란 재결합의 원동력이라고 본 점, 성령은 하나님의 현존으로 인간의 모든 삶의 차원에 나타나며, 인간의 영에서만 파악되고 성령의 공동체를 구성하며, 그리스도인 예수 안에서만 왜곡됨없이 나타난다는 점 등은 매우 긍정적인 주장이다.

  그러나 문제점은 성령은 누구인가에서 비롯된다. 틸리히는 성령은 하나님의 현재라 하는데, 이것은 사실이다. 여기에서 필연적으로 제기되는 물음은 현재하는 이 하나님은 누구인가이다. 성령이 하나님의 현재라면, 그리고 하나님이 예수 그리스도 안에서 계시된다면, 우리는 예수 그리스도 이외에 어디에서 성령의 본체를 찾을 수 있는가? 그러나 틸리히는 성령이 그리스도 안에서 왜곡없이 나타났지만 예수와 분리되어 존재한다는 것을 주장한다. 이와 같은 주장은 그리스도의 신성을 부정하는 것과 하나님의 계시와 그리스도 안에서 발견된 성령을 외면한 것이 아닌가? 틸리히는 하나님에게서만 성령의 근원을 찾으려 하므로 동방 교회의 입장에 서 있다. 그의 주장은 아들에 대한 성령의 의존 때문에 하나님의 유일성이 위협받는다고 보았다. 하나님의 유일성이 이런 그의 논지에 의해서 주장된다 하더라도 계시없이 이 유일한 하나님의 유일성을 어떻게 말할 수 있으며, 또 예수 그리스도를 떠나 어디에서 자신을 계시하는가이다. 또 성령을 예수 그리스도의 영으로 생각하지 않는다면 인간의 삶 속에서 그의 구속적 그리고 성화의 사역을 어떻게 이해할 수 있는가이다. 또한 성령 그리스도론에 나타난 결정적인 위협인 에비오니즘과 양자론은 틸리히에게서 극복되었는지 혹은 위협성을 그대로 안고 있는지의 물음이다. 이에 대한 대답은 다음에서 보다 더 확실하게 제시될 것이다.

3
몰트만의 성령론

1. 서 론

몰트만(J. Moltmann)은 구체적으로 성령론에 관한 책을 쓰지 않았다. 그러나 성령론에 관한 그의 사상은 「삼위일체와 하나님의 나라」(*Trinität und Reich Gottes*)와 「성령의 능력 안에 있는 교회」(*Kirche in der Kraft des Geistes*)에 나타나 있음을 볼 수 있다. 그러므로 「삼위일체와 하나님의 나라」와 「성령의 능력 안에 있는 교회」를 중심으로 하여 그의 성령에 대한 이해를 살펴 보고자 한다. 먼저 삼위일체론에 나타난 성령이해를 살펴 보고 난 다음 성령과 교회의 관계를 살펴 보기로 한다.

2. 삼위일체에 나타난 성령이해

삼위일체에 나타난 성령이해는 장로회신학대학에서 몰트만에 의해서 직접 행한 강의를 중심한 것이다(cf. Jürgen Moltmann, 성서에 근거한 삼위일체교리, 1981).

　로마 가톨릭교회와 희랍 러시아 정통 교회와는 달리 우리 프로테스탄트 신도들과 신학자들은 삼위일체 하나님을 등한히 여긴다. 하나님은 죽었는가? 혹은 하나님은 존재하시는가?라고 묻는 현대인의 무신론적 질문에 대하여 우리가 부르는 삼위일체 하나님이 어떤 분이시고, 무엇을 하시는 분이신가를 말해야 한다. 그런데 오늘날 기독교인들은 기껏해야 기독교의 유일신 신앙을 지녔을 뿐이다.

1. 예수의 세례와 아들을 보내심

　자유주의 신학자들은 신약성경 안에서 삼위일체 하나님에 대한 증언을 찾지 못한다. 하르낙은 예수님 자신의 복음과 제자들, 사도들에 의하여 증거된 복음을 구별하면서 이미 후자는 전자를 왜곡시키기 시작했다고 말한다. 즉 바울에서 비롯하여 저 단순한 예수님 자신의 복음은 희랍화의 과정을 거치게 되었다.

　그래서 A.D. 325년 니케아에서 결정된 삼위일체 신론이나 A.D. 451년 칼케돈에서 결정된 기독론은 모두 기독교의 희랍화의 소산일 뿐이다. 먼저 공관복음서에 나타난 분명한 사실은 예수님이 공생애에 돌입하시기 직전 세례 요한에게서 세례를 받으셨다는 것이다. 이때에 예언자시대 이후 꺼졌던 성령이 종말적으로 예수님에게 내려오셨다. 여기에서 하나님은 시편 2:7에 근거하여 "이는 내 사랑하는 아들이요, 내 기뻐하는 자라"(마 3:17, 막 1:11)고 선포하셨다. 예수님은 이로써 이스라엘의 메시야의 왕으로 군림하신다.

　그런데 세례 요한은 하나님의 심판을 통한 왕국의 도래(마 3:10)를, 그리고 예수님은 하나님의 은혜를 통한 왕국의 도래를 선포한다. 예수님의 경우 은총의 왕국은 성부를 주(the Lord)로 하는 나라를 의미한다. 그래서 예수님은 하나님을 "하늘에 계신 나의 아버지"라고 불렀다. 이는 예수님께서 성부에 대하여 아들(the Son)의 관계에 있음을 나타내셨다. 따라서 우리는 하르낙처럼 하나님 아버지만을 말하지 않고 성부와 더불어 계시고 성부와 더불어 활동하시는 성자에 대해서도 말해야 한다. 예수님의 선포는 그의 성령세례로 출발한다. 그런데 바울은 바로 이 예수님의 역사적 소명을 부활 후의 관점에서 다음과 같이 보았다.

즉 성부께서 이 역사적 소명과 더불어 예수님을 하나님의 아들로 보냈다(his eternal sending)라는 사실이다. 이 보내심은 항상 "하나님의 아들"에 관련된다. 그런데 보내심을 받은 아들(the Son)은 우리 신도들을 자녀들로 삼으시기(adoption) 위하여 여자에게서 나시고 온갖 율법의 고통을 홀로 받으셨다(갈 4:4). 율법에 종된 우리가 성부의 자녀들이 되게 하기 위하여 예수님은 할례를 비롯하여 십자가상에서 죽음에 이르기까지 율법에 순종하셨다. 로마서 8:3 역시 예수 그리스도의 아들(His own son)되심과 우리의 자녀됨(Sonship)의 관계를 구속론적으로 선포한다. 성령을 받은 신도들은 성령의 증거에 힘입어 하나님은 아빠(Abba! Father!)라고 부른다. 요약하면 성부께서 성령을 통하여 성자를 보내시고, 성자는 성부에게서 나오며 성령의 힘으로 오셔서 성부와 더불어 사람들을 구속하여 성령이라는 해방의 능력으로 충만시킨다.

2. 예수의 수난사와 버림받음의 역사

겟세마네 동산에서 예수님의 마음은 죽도록 괴로웠고 외로웠다(막 14:33-36). 그래서 "아빠, 당신은 무엇이나 하실 수 있나이다. 가능하면 이 죽음의 쓴잔을 마시지 않게 하소서"라고 절규했다. 그리고 수난사의 끝부분에 보면 "나의 하나님이여, 나의 하나님이여, 왜 나를 버리셨나이까?"(막 15:34)라고 한다. 여기에서 예수님은 자기를 심판과 죽음과 저주의 십자가에 못박은 하나님을 아빠(Abba! Father!)라고 불렀다. 역시 공관복음이 말하는 예수님의 버림받으심(Paradidonai)에 대해서 말하나 십자가에 관련된 소극적 의미로서만 보지 않고, 부활 사건에 관련하여 보다 적극적인 구원론을 펼친다(갈 3:13). 우리 신도들은 십자가의 죽음과 저주와 심판에서 해방되신 바 부활하신 그리스도의 형제자매이다. 그런데 성자는 수동적으로 버림받으셨을 뿐만 아니라 능동적으로 자신을 버리셨다(갈 2:20). 성부의 의지와 성자의 의지가 여기에서 일치한다. 그리스도는 영원한 성령을 통하여(히 9:14) 자기 자신을 하나님께 희생제물로 드렸다. 성령은 성부와 성자를 연결시키고 연합시킨다. 요한복음 3 : 16 역시 마찬가지이다. 즉 성부께서 성자를 십자가상에 버리시기까지 우리를 사랑하셨다. 하나님의 전 존재가 사랑이요 그의 사랑하심은 절대적이다(요일 4 : 16). 요약하면 성부께서 우리를 위하여 성자를 버리셨고 성자는 우리를 구원하기 위하여 자기를 구원하셨다. 성령은 성부와 성자의 구속사역에 있어서 중매자(medium)로서 성부와 성자가 받으신 십자가상의 희생 사건에 개입하시고, 버림받고 저주받은 성자를 성부께 연결시킨다.

3. 예수의 부활과 성자의 계시

제한된 수의 부활의 증인들은 무엇을 보았고, 부활하신 자를 어떻게 보았는가? 즉, 이들은 그를 어떻게 인신했는가? "보여졌다"라는 희랍어의 뜻은 "그리스도께서 보였다", "그리스도께서 나타나셨다", "그리스도께서 자기를 보이게 하셨다" 혹은 "하나님이 그리스도를 계시하셨다"라는 뜻이다. 이는 특수 양태로 주어진 계시의 형식이다. 이는 또한 영광의 미래를 미리 열어 보여 주심이다(pre-vision). 이는 그리스도의 신적인 미래를 예기한다. 이 부활하신 분을 보는 사람은 하나님의 감추어진 미래를 본다. 부활하신 그리스도의 마지막 증인이었던 바울에게는 어떻게 나타나셨나? 하나님은 바울에게 예수님을 아들로 계시하셨다(갈 1 : 16). 복음의 내용에는 "예수님이 하나님의 아들"이라는 사실이 포함된다. 세상에서 예수님의 사명은 다름 아니라, 성자의 사명이다. 여기에서 아들(성자)이란 상징적 언어가 아니라 아버지(성부)와 마찬가지로 이름(name)이다. 예수님이 주님(Lord)이라고 할 때, 이는 하나님이 그리스도에게 주신 이름인 아들(성자)에게 기원한다.

따라서 그리스도의 아들되심(Sonship)이 그의 주되심(Lordship)을 구축한다. 결코 바르트처럼 후자를 전자에 기원시켜서는 안 된다. 그래서 하나님의 왕국은 주와 종의 나라가 아니라 형제자매의 나라이다. 그러면 성부는 성자를 어떻게 부활시켰는가? "창조적 성령을 통하여" (벧전 3 : 18, 롬 8 : 11), "그의 영광을 통하여"(롬 6 : 4), "그의 능력을 통하여"(고전 6 : 14)라고 한다. 여기에서 성령(Spirit), 능력, 영광은 모두 같은 의미로 사용되었다. 즉 이는 예수의 역사를 통하여 공역하시는 제3의 주체자(the Third Divine Subject) 곧 성령을 말한다. 요약하면 성부께서 성령을 통하여 성자를 부활시키고 성부는 성자를 성령 안에서 계시하신다. 그리고 성자는 성령을 통하여 하늘나라의 주님으로 군림하신다.

4. 성자를 통하여 창조적 성령을 보내심

예수님은 장차 올 하나님의 나라에로, 성부의 나라에로 그리고 성령의 신적 기원에로 부활하셨다. 부활을 통해서 하나님은 성령보내심을 미리 보이신 것이다. 예수 그리스도는 이미 지상에서 하나님의 영광을 계시하셨다. 그리스도는 삼위일체 하나님의 지상적 역사를 위한 영광의 주님이시요, 생명을 주시는 성령의 역사(the time)를 소개하는 선구자이다. 그리스도를 통하여 창조적 성령 혹은 성령의 능력이 그의 제자들과 교회들과(이들을 통하여) 온 누리에 부어졌다. 성령은 그리스도를 증언한다. 그리스도를 주로 고백하는 자는 성령의 능력을 힘입은 자이다. 이 성령 역시 구원론적으로 이해된다. 즉 "우리를 성부의 자녀되게 하는 성령"(롬 8:15), "신앙을 주시는 성령"(고후 4:13), "그리스도의 성령"이다. "주님의 영이 계신 곳마다 자유함이 있다"(고후 3:17). 요약하면, 즉 성부께서 생명을 주시는 성령을 통하여 그의 죽은 아들을 부활시키고 이 성부께서 이 아들을 그의 왕국의 주님으로 세우셨으며, 부활하신 아들은 천지를 새롭게 하기 위하여 창조의 성령을 보냈다.

5. 예수 재림과 성부의 아들 성자가 다시 오심

예수님의 재림 역시 구원론적으로 이해된다. "살아 계신 참 하나님"에로의 회심은(살전 1:9-10) 성부께서 부활시킨 성자를 하늘로부터 기대하는 능력 가운데, 곧 장차 올 하나님의 진노와 심판의 공포에서 우리를 구출하신 예수님을 기대하는 능력 중에 일어난다. 교회의 소망은 예수 그리스도의 재림이다. 곧 하나님의 아들이 재림하신다. 이때 아들은 심판을 통하여 그의 형제자매를 구출한다(고전 15:22, 2:9-11). 그런데 부활을 통하여 그리스도는 성부의 전 영광을 받았다. 그리고 만물이 그리스도에게 복종한 후에 이 성자는 자기를 성부께 굴복시킨다(고전 15:22). 즉 성자는 종말적 완성 이후 모든 영광을 성부께 돌린다.

결국 성자의 왕국은 삼위일체 하나님의 영광의 왕국이 된다. 요약하면 종말적 사건에 있어서 성부께서 모든 것을 성자에게 굴복시키고, 성자께 돌린다. 그리고 성자는 성부께 순종한다.

6. 삼위의 관계와 목표

그리스도의 주권은 곧 성자의 주권이요, 이 주권이 역사와 종말을 통하여 삼위일체 하나님의 구조를 초점지운다.

그런데 성부, 성자, 성령은 세 주체들로서 공동사역에 참여하신다. 하지만 이 세 주체들은 한 가지 유형으로 일하는 것이 아니라, 위에서 본대로 세 가지 모양으로 일하신다. 그리고 무엇보다 중요한 것은 이와 같은 다양한 삼위일체 하나님의 역사에 있어서 공통분모는 하나님의 나라이다. 모든 성경적 증언들은 하나님 나라의 역사를 말한다. 이 신국은 삼위일체 하나님의 공동사역의 전개사이다. 이 천국은 땅 위에서만 펼쳐지는 것이 아니라 어거스틴 이래로 하나님 밖에서도 펼쳐진다고 가르쳤다. 하지만 성부, 성자, 성령의 나라가 역사에 전개될 때, 삼위일체 하나님 안에서 이미 펼쳐진 것이다. 이 하나님 나라 사역에 있어서 그 신적인 세 주체들이 공역한다. 이때 삼위의 일체성의 문제가 일어나는데 이는 단자적 일체성(a monadic unity)이 아니요, 수적인 의미에서 일자도 아니다. 이는 세 주체들의 사귐의 공동체(gemeinschaft : community)로서의 일체성이다.

요한복음 10:30에 의하면 "나와 아버지가 하나"(hen)라고 하는데 이는 "나와 아버지가 한 위격"(person)이라든지 혹은 "나와 아버지가 단일자"(single=heis)라는 것을 의미하지는 않는다. 예수께서는 대제사장으로서 "아버지께서 내 안에 내가 아버지 안에 있는 것 같이 저희도 다 하나가 되어 우리 안에 있게 하사"(요 17:21)라고 기도하셨을 때 제자들로 하여금 성부와 성자의 일체성에 순응하는 일체성을 나타내셨을 뿐만 아니라 삼위일체 하나님 자신의 일체성 안에서의 일체성도 말씀하신다. 신도들의 교제는 하나님과의 교제요 하나님 안에 있는 교제이다. 아버지는 성령을 통하여 아들을 부활시킨다. 아버지는 성령을 통하여 아들을 계시하신다. 아들은 성령을 통하여 하나님의 주권을 주로 정립시킨다. 몰트만의 삼위의 관계에 대한 구체적 표현이다.

3. 성령과 교회

1960년 후반에 혜성처럼 나타난 신학혁명은 몰트만의 "희망의 신학"에서 그 시발점을 찾았다고 본다. 예수 그리스도의 부활 사건에 대한 종말론적 해석을 들고 나온 몰트만의 신학적 도전은 바르트의 그리스도 중심적 신학의 원초적 프로그램을 받아들이면서도 세속신학의 도덕적 역사이해에로 발전시켰다. 그러면서도 세속신학이나 혁명의 신학이 가지고 있지 못한 종말론, 즉 "오고 있는 하나님 나라"와 역사의 종말론적 해석이라는 새로운 시간 속에서 하나님의 구원을 이해하는 것으로 나타났다.

여기에서 몰트만은 「희망의 신학」(예수의 부활신학), 「십자가에 달리신 하나님」(십자가의 신학)에 이어 「성령의 능력 안에 있는 교회」(교회신학)에로 신학적 순례를 진행시켜 왔다. 여기에서 몰트만의 교회론은 "그리스도 사건" 속에 존재론적 근거를 두는 바르트의 교회론 그리고 "선교"에서 근거를 찾으려는 호켄다이크의 교회론의 한계들을 넘어서서 삼위일체론적 신학(아버지와 아들과 성령 사이에 오고가는 운동)과 종말론적 시간 속에서 교회를 새롭게 이해하려 한다. 바로 이 교회를 몰트만은 "송설적 동일성"(送說的 同一性)이라고 이름짓는다. 이것은 "영원한 변증"과 같지 않은 역설적 동시성으로 표현한다. 이것은 중세 가톨릭교회의 그리스도의 몸(corpus christianum), 루터의 성도의 공동체(communio sanctorum), 칼빈의 선택받은 자들의 회합(coetus electorum)이 의미하는 교회가 그 존재론적 근거와의 종말론적 관계를 상실해 온 약점들을 초극하여 새로운 관계를 설정하려는 "관계론적 교회론"(relational ecclesiology)의 근거가 된다. 그러기에 몰트만의 교회론은 아들과 성령을 보내시는 아버지, 아들의 선포와 수난과 부활 그리고 현존 속에서 오고 있는 하나님 나라, 그리고 아버지와 아들을 영화롭게 하시는 성령 안에서 그 존재의 근거를 찾으며, 동시에 그 교회는 성령의 현존과 능력 안에서 이해되는 시간과 역사 속에 오신 자 그리고 또 올 것을 현재화한다는 것이다.

1. 역사 속에 있는 교회

이 표제가 뜻하는 것은 과거 속의 교회의 역사가 아니라, 그것을 덮고 있는 역사 속의 교회이다. 교회 자체를 스스로 이해할 수 없다. 교회는 자체의 사명, 의미, 역할들 그리고 자체의 기능들을 다른 것과의 관계에서만 바르게 이해할 수 있다. 여기에서 교회의 개념은 관계론적 교회 개념인데 4가지 차원이 있다.

1) 각 사람이 만나는 관계는 그가 속하고 있는 교회의 경험과 그리고 교회에서 고백하는 교회에 대한 신앙고백 사이의 관계

2) 교회와 그리스도 역사와의 관계로, 이 역사에서부터 교회가 나오고 이 역사 안에서 교회가 살고, 교회가 항상 그리스도의 이름을 부를 때 이 역사의 완성을 희망한다.

3) 때의 징조를 해석하려고 할 때에 세계사의 상황과의 관계이다.

4) 포괄적인 관계로서 하나님의 삼위일체의 역사에 대한 교회의 관계이다.

이 마지막 우주적 지평에서 비로소 교회는 개별주의적으로 자기를 주장하거나 사이비 보편주의로 자기 자신을 폐기하지 않고 교회의 특수한 실존적 의미를 부여할 수 있다.

교회의 첫째 말은 "교회"가 아니고 그리스도이다. 교회의 마지막 말은 "교회"가 아니고 자유의 영 안에 있는 아버지와 아들의 영광이다. 그러기에 교회는 교회가 목적이 될 수 없고 또 자기 자신의 발로 서 있을 수 없다. 교회에 대한 가르침은 자연히 그리스도론과 종말론으로부터 세계에 대한 삼위일체 하나님의 역사에 대한 통찰로부터 발전되지 않으면 안 된다. 또한 교회란 신앙과 경험의 동시적 대상으로서 역설적 동일성 속에 존재하는데, 역설적 동일성으로 설명되는 교회는 신앙과 경험의 동시적 대상이 되며, 예수의 역사적 십자가를 선언하는 선

포는 동시에 종말론적 미래의 선포이며, 예수 그리스도의 "주"되심의 고백은 동시에 새 창조의 미래를 고백하는 교회라는 의미이다. 그러기에 교회는 예수 그리스도의 역사와 성령의 역사 안에서 역사의 미래적 약속(promissio)을 동시적인 구원의 사건으로 경험하는 것이다.

몰트만은 성령의 역사를 강조하기 위해 개신교적인 그리스도 일원론(Christo-monismus)을 거부하는 정통교회의 성령 일원론(pneumato-monismus)이나, 그리스도의 역사를 더 강조하기 위한 전통교회적인 성령 일원론을 거부하는 개신교의 그리스도 일원론의 문제는 세상에 대한 삼위일체적인 하나님의 역사의 포괄적 영역에서 극복되어야 한다는 신학적 입장을 제시하고 있다.

그러기에 몰트만에게 있어서 교회는 역사 속에 존재하는 실존이 기는 하나, 그 실존의 역설적 동일성은 하나님의 삼위일체적 역사 속에서 그 모습을 이해한다. 삼위일체적 역사란 아버지와 아들과 성령의 관계이고 움직임이다. 그리고 그것은 동시에 역사와 역사의 경험을 위한 계시이다. 아들은 복종으로 아버지를 영화롭게 하며, 아버지는 부활을 통하여 아들을 높이 드셨으며, 성령은 모두 인간들 속에 기쁨과 감사를 심어 주고, 그들이 아버지와 아들과 교제토록 자유케 함으로 아버지와 아들을 영화롭게 하는 움직임인 것이다. 또한 교회란 창조 전체의 자유, 감사의 노래, 사람과 사람, 사람과 하나님 사이의 연합을 통하여 아버지와 아들과 성령을 영화롭게 하는 일에 참여할 때 참 교회가 된다.

그러므로 교회는 전적으로 그리스도를 바라보며 성령 안에 존재한다. 이러한 점에서 교회는 새로운 창조의 미래의 시작과 보증이다. 교회가 그리스도만을 선포한다고 할 때에 벌써 말씀 안에 있는 하나님의 미래의 도래이다. 그리스도 안에서 몸의 구원의 육체적 선취가 일어난다. 이와 같이 일어나는 것과 일어난다는 사실 사이의 관계는 성령론적으로만 이해될 수 있다. 교회라는 그리스도의 공동체는 "성령 안에서" 일어난다. 영은 이 친교이다. 신앙은 그리스도 안에서 하나님을 인식한다. 그러나 이 인식 자체가 영의 능력이다. 그렇기 때문에 교회는 역사적 그리스도의 공동체로서 종말론적인 영의 창조이다.

이런 의미에서 역사는 종말론으로 바뀌어지고 종말론은 역사로 바뀌어진다. 이 변화는 성령의 역사라 불리어진다. 그리스도의 역사에 대한 목적론적 해석은 이 역사의 의미가 성취되는 것에 대한 성령론적 해석과 일치된다. 그러기에 죄로부터, 무신론적 세계로부터의 자유는 성령의 능력으로 표시되며, 새로운 삶은 "영 안의 삶이요" 새로운 복종은 "영 안에서 행하는 것"이다. 그러므로 종말론적 관점에서 "영"은 미래의 권세로 표시된다. 왜냐하면 영은 "종말론적 은사"의 미래의 시작과 보증이기 때문이다. 성령론적 관점에서 종말론은 성령의 일이다. 그러므로 모든 "그리스도의 역사의 종말론"은 또한 "영의 역사"로서, 즉 영의 활동과 내재의 결과로 기술되어질 수 있다.

그러나 교회에서의 아버지와 아들과 성령의 관계의 역사는 삼위일체적인 하나님의 포괄적 영역에서 이해되어야 한다. 하나님의 삼위일체적 역사의 운동에서 교회는 자기 자신을 발견하고, 그것의 생의 포괄적인 생의 관에서 자신을 발견한다. 교회는 세계에 관계하는 하나님의 이 역사의 길 위에서 자신을 발견한다. 그리고 교회는 자신을 하나님의 보내심과 모우심, 그리고 경험의 운동 속에 있는 한 요소로서 발견한다. 교회가 세상에 대한 구원의 사명을 성취해야 하는 것은 아니다. 그것은 교회를 포함하며 또한 그러한 길을 가고 교회를 창조하는 아버지를 통한 아들과 영의 사명이다. 영은 말씀과 신앙, 성례전과 은총, 직책들과 전통들의 사건으로 "교회를 관리"한다. 그러므로 영은 교회보다 더 크고 영의 계시가 일어나는 곳에 교회가 존재하며 참된 교회는 영 안에 있는 기쁨이다.

2. 성령의 현재 안에 있는 교회

교회는 역사 안에 살아간다. 역사는 곧 십자가에 못박힌 그리스도의 부활에 기초해 있으며 그 미래는 포괄적 자유의 나라이다. 그리스도에 대해 살아 있는 "회상"이 교회의 "희망"을 이 나라로 향하게 하며 이 나라에 대해 살아 있는 희망은 그리스도에 대해 지칠 줄 모르는 회상에로 소급한다. 이 회상과 희망의 현재적 능력이 성령의 능력이라고 일컬어진다. 왜냐하면 사람들이 예수 그리스도를 믿고 미래를 하나님의 미래로 희망하는 것은 자신의 능력, 이성이 우리로부터 발생하지 않기 때문이다. 그리스도에 대한 신앙과 그 나라에 대한 희망은 성령 안에 있는 하나님의 현재에 힘입고 산다. 교회는 신앙과 희망 사이의 긴장을 새롭게 창조하는 성령의 역사로 이해한다. 교회의 그리스도와의 친교는 성령—그리스도를 계시하여 주시고 그리스도와 결합시켜 주며, 그리스도를 사람들 사이에 영화롭게 하는—의 체험에 근거한다. 하나님 나라 안에서의 교회의 친교는 교회를 진리와 자유로 인도하는 성령의 능력 안에 기초하고 있다. 그러므로 현재와 미래, 교회와 하나님의 나라는 성령에 의한 믿음에 의하여 포괄된다.

그러기에 앞에서 주장한 대로 역사와 종말론은 성령론의 일부이다. 이것은 거꾸로 성령론은 역사적이고 종말론적으로 전개된다는 것을 뜻하고, 또한 교회, 성도들의 친교, 죄인의 용서의 역사가 "미래의 역사"로서 이해되어야 하고, 몸과 영생의 부활의 종말론이 "역사의 미래"로서 이해되어야 한다는 의미에서 그렇다. 때문에 우리는 종말론과 역사의 이 중재를 성령의 현재로서 파악한다. 성령에 관한 교리는 특히 그 과정들과 경험들—이것들 안에서 그리고 이것들을 통해서 교회가 세계 안에서 그리고 세계 자체를 위해서 "메시야적 친교"로서 이해될 수 있는—을 서술한다. 이것들은 한 편으로는 구원의 방편들(heilsmittel)—말씀의 선포, 세례, 주의 만찬, 예배, 기도, 축복의 행위들 그리고 개인과 공동체의 생활양식—이다. 이것들은 또 한 편으로 이 친교 안에서 그리고 사회를 위한 이 친교 안에서 교회의 교역(amter)이라고 불리우는 은사들, 봉사들, 재능들, 과제들이다. 이 구원의 방편들과 교회의 교역들이 이 세상 안에서 메시야적 친교의 매개들과 봉사들로서 이해되어진다면 이것은 교권적 의미로 이해될 수 없고, 또한 그리스도와 교회 또는 교회와 그리스도 사이의 내적 상호 관련성에서만 이해될 수 없다. 성령의 매개와 능력들로서 그것들은 교회로 하여금 자신을 넘어서 세상의 고난과 하나님의 미래 안으로 들어가게 한다. 말씀과 성례전 안의 친교로서 또 은사적 친교로서 교회는 하나님의 나라를 위한 메시야적 봉사의 공동체로서 이해된다. 왜냐하면 성령의 매개들과 능력들은 그것이 매개하고 야기시키려는 바를 위하여 열려 있고 각성시키는 믿음과 새로운 창조의 미래에 대한 새로운 희망을 통해서 사람을 개방시켜 주기 때문이다. 구원의 수단과 봉사 안에서의 교회의 역사적 현실성에 대한 종말론적 이해와 그 안에 기초된 그 나라의 종말론과 세상 안에서의 하나님에 대한 찬미의 역사적 이해는 "하나님의 삼위일체론적 역사"의 포괄적 틀 안에서 전개되어야 한다. 앞에서 말한 구원의 매개는 복음선포, 세례, 성만찬, 예배 그리고 메시야의 삶의 길로 서술된다. 여기에서 몰트만은 이 모두를 "성례전적"으로 범주화한다. 그러나 "성례전"에 대한 몰트만의 해석은 "교회 그 자체를 구원의 성례전"이라고 보는 라너(Karl Rahner)나 "그리스도 자신이 신적인 성례전"이라고 선언한 바르트의 입장을 거부하면서 오히려 "성령의 종말론적 선물로서의 성례전"(삼위일체적인 이해에서 오는)을 제시한다.

성례전에 대한 종말론적이고도 삼위일체론인 이해 안에서 몰트만은 복음선포란 "실존과 결단"(불트만)도 "우주사"에 관한 선포도(판넨베르크) 아니라, 역사 위에 던져지는 메시야적이고도 종말론적인 미래의 현재화라고 본다. 세례론에서 몰트만은 그 어느 다른 해석의 영역에서보다 날카롭게 비판한다. 유아세례는 성경의 왜곡이라는 것이다. 성경의 세례는 회개와 "믿는 행위"가 전개된 후에 세례의 의미를 부여했다고 해석한다. 더우기 신약에서 세례는 예수의 부활 이후 성령의 종말론적 은사로 이해되었다고 믿는다. 그러나 유아세례는 민족교회의 유지수단으로 발상되었으며, 성경적 근거가 없으므로 믿고 고백하는 성령세례만이 인정되어야 한다는 것이다. "성만찬"에서의 "떡"과 "포도주"는 위대한 미래의 삼롬의 상징이며, 하나님 나라의 우주적 잔치의 시작이며 동시에 "미리 맛보는" 행위라고 이해한다. "예배"는 모인 공동체의 메시야적 잔치라고 정의한다.

몰트만은 메시야적 삶은 곧 성례전적이라는 새로운 해석을 던진다. 교회가 메시야적 복음선포를 경청하며, 세례와 성만찬에서 미래의 소망을 축하하는 때 교회는 자신이 성령의 현존 안에 있어서 오고 있는 하나님 나라를 위해 존재하는 메시야적 공동체라는 사실을 깨닫게 된다.

3. 성령의 능력

성령의 현재 안에 있는 교회란 교회의 성례전에 대한 서술이며 또한 종말론적인 해석이었다. 성령의 능력 안에 있는 교회란 교회의 직능에 관한 해석이다. 교회는 성령의 능력 안에서 세계 속에 오고 있는 하나님의 나라를 섬기는 메시야 공동체라는 경험에 이르게 된다. 이것은 교회가 위임받은 교역과 직능의 교역이다. 그러기에「성령의 능력 안에 있는 교회」에서는 교회의 직무와 기능 그리고 그것에 부여된 은사와 의무에 이르게 한다. 우리가 앞장에서 성례전 안에 있는 성령을 이해할 것이 아니라 성령의 현존과 활동 안에 있는 성례전을 이해한 것과 같이 여기에서도 성령을 교회의 직무 안에서 이해할 것이 아니라 그 다양한 직무와 책임을 지닌 교회를 성령의 현존과 활동 안에서 이해해야 한다. 성례전의 성령이나 직무의 성령은 존재하지 않는다. 다만 성령의 성례전과 성령의 직무들이 존재할 뿐이다. 이와 관련해서 우리는 교회를 공동체(gemeinde)라고 부른다. 왜냐하면 우리는 이 세상 속에서 교회의 모임과 사명의 구체적인 사건을 직면하기 때문이다. 교회의 공동체는 성령의 과정 속에 있는 공동체인데

1) 공동체는 하나님의 평화에 부합하여 평화를 선취한다. 왜냐하면 공동체는 그리스도의 주권을 통하여 하나님의 평화로부터 살기 때문이다.

2) 공동체는 자유한 자들의 친교이다(갈 5:1). 종말론적 자유는 공동체의 질서 안에 거점을 획득해야 한다.

3) 교회가 그리스도 통치의 개시, 수단, 표징이라면 그것의 삶과 활동은 이러한 것들을 지향해야 할 것이다. 교회 안의 모든 통치는 그리스도의 통치와 상응할 때만 정당화된다.

4) 바울에 있어서 교회란 영의 능력들의 한없는 충만함을 성령께서 스스로 나타내는 장소이다. 메시야 때에 이르러 선택된 예언자들과 왕들 뿐만 아니라 하나님의 모든 백성들은 하나님의 생명의 능력과 새롭게 창조하는 권능으로 충만하게 될 것이다. 이것은 하나님 자신이 성령 안에 현생(現生)하기 때문이다. 성령으로 말미암아 하나님은 그의 피조물 안에 거하신다. 성령은 백성을 생에로 부르시며, 선교의 전권

을 맡기시며, 활력을 일으키며, 적합한 임무를 위탁하여 정돈하고 보존한다. 그러므로 교회는 그 자신을 또는 그것의 능력과 의무들을 성령의 종말론적 역사로부터 그리고 그 역사 안에서 이해한다. 여기에서 교회는 그 자신이 무엇이라는 것 뿐만 아니라 자신이 어디에 속해 있는가를 경험한다. 교회는 성령의 장악하는 역사에서 세상의 해방하는 미래를 발견한다.

그러기에 신약성경에서 말하는 교회의 직무는 "은사들"과 연결되고 있는데 이것들은 새로운 삶의 힘을, 성령의 능력들을 의미하고 있다. 은사들은 하나님의 창조적 은총으로부터 솟아나오는 은총의 선물이다. 이러한 창조적인 은총은 새로운 복종으로 인도하는데, 즉 친절한 봉사로 인도한다. 자기의 요구나 특징들은 그러한 은사로부터 나올 수가 없다. 성령의 능력을 통해서 성령은 새로운 창조의 과정 속에서 개개인에게 그의 특정한 몫을 그리고 그의 육신에 적합한 소명을 부여한다. 성령은 부활의 능력과 신적 능력으로서 하나님 자신이다. 따라서 교회의 영적 능력들은 창조적인 생명의 능력들로 이해되어야 하며 부활의 권능으로서 성령은 죽음의 역사 가운데서 영원한 삶의 미래를 일깨워 주는 현재이며, 이 세상의 죽어 가는 비존재 가운데서의 새로운 창조의, 미래의 현재로서 종말론적 새로움을 가져온다. 종말론적 새로움은 역사 안의 새로움인데 창조의 전 영역에 이르게 되며, 은사의 다양성이 나타나게 된다. 여기에 나타난 바울의 은사론에서 다음과 같은 결론에 이르게 된다.

첫째는, 카리스마적 교회질서에 관한 바울의 구상은 신약성경 안에서 유일한 것이 아니었다.

둘째로, 바울의 구상은 그리스도의 통치에 대한 인식에 근거해 있고 성령의 능력 등에 대한 체험으로부터 전개되어졌으며, 하나님의 종말론적 역사의 전망 안에서 발전되었다. 교회가 이런 근거와 이 체험과 이 전망을 잃어버릴 때 은사의 다양성과 카리스마적 공동체의 통일성은 상실된다.

세째로, 바울의 은사론을 열광주의적이라고 불러 왔는데 물론 영에 대한 열광주의와 성령의 은사에 대한 확신이 있다. 그러나 바울은 형식에 있어서는 열광주의를 반대했다. 성령에의 확신은 피안적인 꿈나라로 인도하지 않고 그리스도의 고난의 땅 위에서 그의 고난을 따르도록 더욱더 깊게 인도한다.

지금까지의 기술은 공동체 안에서의 특별한 소명들을 규정짓는데 있어서 "전체 공동체의 소명"에서부터 출발해야 한다는 것이었다. 교회 안에 있는 다양한 직무들은 그것들의 전제와 기초로서 교회의 "하나의 그리고 공동의 직무"를 가지고 있다. 그러면 공동적인 임무가 전체 공동체에게 또는 그 구성원 개개인에게 위탁되었을 때에 위탁된 임무는 무엇인가? 공동체에 위탁된 임무는 성령의 능력을 힘입어 그리스도를 통해서 믿는 자들을 하나님의 나라에로 부름에 있다. 좀더 자세히 살펴 보면 교회의 위임받은 사명은 예언자적이며(미래와 약속의 선포), 제사장적이며(고통을 짊어지는 것), 왕권적(신의 통치에 참여하는 것)이지만 모든 메시야적 백성은(그리스도의 제사장됨에 근거한 모든 백성의 제사장직) 케리그마(선포), 코이노니아(교제), 디아코니아(섬김)의 본질적인 교역에 참여하는 공동체의 교역이었다. 그러므로 성령의 능력 안에 있는 교회는 종말론적 형태를 취함으로 주어진 기능을 다하게 된다. 그리스도 안에 있는 교회의 근거로부터, 그리고 하나님 나라의 미래 때문에 교회는 참으로 성령의 현재와 능력 안에 존재하고 또 존재하게 된다. 성령은 그리스도와 교제에 의해서 교회를 새롭게 한다. 영의 새로운 창조, 그것의 자유 그리고 그것의 평화의 능력으로 교회를 채운다. 그러기에 하나님의 운동, 즉 모든 육체 위에 오는 성령의 운동 속에 있는 교회의 능력, 가능성, 삶의 형태들을 서술할 수 있게 된다.

4. 결 론

지금까지 삼위일체를 중심으로 한 성령이해와 성령의 능력 안에 있는 교회를 중심으로 하여 몰트만의 성령론의 자취를 더듬어 보았다. 여기에 나타난 여러 가지 주장들은 「희망의 신학」(1964), 「십자가에 달리신 하나님」(1972)과 서로 중복되고 반복되는 내용들임을 발견하게 된다.

몰트만 자신의 말처럼 희망의 신학에서 십자가에 달린 자의 부활을,

십자가에 달리신 하나님으로부터 부활하신 자의 십자가로 바뀌므로 위의 두 가지 성령의 보내심을 통하여 그의 메시야적 역사와 그의 교회의 카리스마적 능력이 부과되지 않았다면 불완전하게 주장되었을 것이다. 그러므로 위의 두 책이 보완이라고 볼 수 있는 것이「성령의 능력 안에 있는 교회」이다.

전체적으로 종합해 볼 때 그의 사상의 핵인 종말론에서부터 삼위일체론과 교회론, 그리고 성령론이 시작되고 근거해 있음을 볼 수 있다. 그러기에 역사는 종말론으로 바뀌어지고 종말론은 역사로 바뀌어지면서 이 변화를 가져온 것이 성령의 역사임을 주장하고 있다. 그러기에 그리스도의 역사에 대한 목적론적 해석은 이 역사의 의미가 선취되는 것에 대한 성령론적 해석으로 대치하고 있다. 즉 종말론적인 관점에서 성령은 이해되고 있으며 성령론적 관점에서 종말론은 성령의 일이라고 말한다. 모든 그리스도의 역사의 종말론은 종말론적 은사의 미래의 시작과 보증이신 성령의 역사로서 기술되어지고 있다. 또한 삼위일체론에 나타난 성령론을 보면 전통적 삼위일체론을 주장하고 있음을 알 수 있다. 전통적 서구의 삼위일체론(아우구스티누스의 사상의 흐름)에 근거함으로써 제3의 주체인 성령을 주장하면서도 성부와 성자를 연합시키는 중매자로서의 사랑의 영이신 성령을 말하고 있다. 물론 이러한 그의 주장이 삼위의 개체성과 일체성을 주장하려는 근본적인 의도가 나타나 있지만, 성령을 약화시킬 수 있는 위험이 있음을 알 수 있다. 즉 서구적, 전통적 삼위일체론의 허약점이 그에게도 나타나 있음을 볼 수 있다. 더 나아가「삼위일체와 하나님의 나라」와「성령의 능력 안에 있는 교회」를 볼 때에 현대신학의 영향 하에서 기독론으로부터 출발하고 있음이 명백하다. 즉 그리스도의 십자가와 부활이라는 대전제에서 신학이 출발하고 있으며 또한 이러한 대전제에서 성령론이 이해되고 있다는 것이다. 그는 본문 자체에서 그리스도론적 일원론 사상이나 성령론적 일원론 사상을 거부하고 삼위일체 하나님을 말하지만 내용 자체상에는 그리스도 중심적인 성령인식에 치우쳐 있음을 발견하게 되는 것이다. 한 가지 아쉬운 점은「성령의 능력 안에 있는 교회」라 했지만 성령의 구체적 언급이 빈약한 것이다.

제 III 편
성령의 은사에 관한 신학적 고찰

1
성령과 교회에 주신 은사

1. 들어가는 말

지금까지 현대신학의 조류는 신 중심적 신학에서 그리스도 중심 신학에로 발전되어 왔다. 그러나 앞으로의 신학은 성령론을 중심으로 하여 발전하리라 본다. 따라서 현대의 중요한 신학적 방향은 성령론(pneumatology)에 입각한 교회론(ecclesiology)의 정립이다. 이러한 관점에서 볼 때 성령과 교회의 관계는 매우 중요하다.

교회는 교회의 본질, 사명, 위임 그리고 교회의 미래에 대한 분명한 정체성(identity)을 확립함과 동시에 방향설정(orientirung)을 하여야 한다. 교회의 정체성과 방향설정은 현재의 수많은 교회들 속에서 참된 교회에 대한 근원적인 물음을 제기하고, 더 나아가서 하나님의 백성으로서 나가야 할 길을 묻는 것이다. 교회란 "그리스도에 속한 이" 또는 "그리스도의 공동체"라는 뜻으로 교회의 주는 그리스도이다.[1] 예수 그리스도에 속한 공동체로서의 교회는 근원적으로 예수 그리스도에 속하여 그의 뜻을 이 땅 위에 이루는 것이다. 즉 교회란 그리스도에 속하여 그리스도를 일깨우고 전적으로 그 자신을 그리스도에 종속시켜 그리스도가 교회에 맡긴 사명과 위탁을 이루는 것이다. 그러므로 예수 그리스도는 교회의 기초요, 힘이요, 희망이다. 그런데 이것을 교회에 깨닫게 하는 이는 성령이며, 그리스도의 공동체로 하여금 예수 그리스도가 우리의 구주요, 희망이요, 생명이라는 사실을 깨닫게 하여 그리스도와 관계를 맺게 하는 이는 성령이시다.[2] 교회의 주이신 그리스도와의 친교는 성령―그리스도를 계시하여 주시고 그리스도와 결합시켜 주시므로 그리스도를 사람들 사이에 영화롭게 하는―에 근거한다.[3] 즉 성령은 예수 그리스도의 객관적 사실을 교회로 하여금 주관적 사실로 받아들이게 한다. 이것은 예수 그리스도 자신이 성령 안에서 현생(現生)됨을 뜻한다. 성령으로 말미암아 그리스도는 교회 안에 현존한다. 성령은 하나님의 백성들을 부르시고 선교케 하며, 활력을 일으키며, 적합한 임무를 위탁하고 정돈하고 보존한다. 그러므로 그리스도의 교회는 그 자신을 또는 그의 능력과 임무를 성령의 장악하는 역사 속에서 깨닫게 되는 것이다. 여기에서 교회는 그 자신이 무엇이라는 것 뿐만 아니라 그 자신이 어디에 속해 있는가를 경험한다.[4] 때문에 교회는 성령의 현재와 능력 안에 존재하며 성장한다. 성령은 그리스도 교회를 새롭게 하며, 인도하며, 본래의 목적에로 인도한다. 성경적 표현을 따르자면 교회는 성령이 채워져 있고 활동하는 집이요, 전이다. 요컨대 성령의 집이다. 개별적 교회도 성령의 집이며[5] 전체 교회도 성령의 집이다.[6] 다시 말해서 하나님의 영인 성령은 교회 존재의 근거요, 생명의 원리이며 활동의 능력 그 자체인 것이다. 이러한 의미에서 교회는 성령의 피조물이다. 지금까지의 논의를 생각해 볼 때 교회론은 그리스도론과 성령론에 긴밀하게 관련되어 있음을 볼 수 있다. 여기에서 우리는 "창조주 성령이여, 오시옵소서"(Veni Creator Spiritus)라고 기도했던 초대교회 성도의 기도가 오늘 우리에게도 중요한 기도임을 깨닫게 된다. 이제 좀더 구체적으로 성령과 교회의 관계를 살펴 보고자 한다.

2. 교회에 대한 정의

교회에 대한 개혁파의 개념은 그리스도께서 성령의 사역에 의해서 사람들을 그 자신과 연합시키며, 그들에게 참된 신앙을 주시며, 자신의 몸인 교회, 즉 신자 또는 성도공동체(communio fidelium or sanctorum)를 이루시는 것이라고 한다.[7] 성령의 사역을 통하여 구성된 것이 교회라는 점에서 성령이 교회의 창시자라는 것이다. 즉 성령이 교회에 우선한다는 주장이다. 이러한 점에서 로마 가톨릭 교회관을 반대할 수 밖에 없다. 로마 가톨릭은 교회가 무엇보다 우선하기 때문에 심지어 신론이나 신의 계시론, 성경보다 앞서며, 모든 초자연적 은혜의 분배자로서의 교회론을 주장한다.[8] 또한 로마 가톨릭이 주장한 교회관은 성도의 공동체로서의 교회가 아니라 신자의 어머니(mater fidelium)로서의 가견적 교회를 주장한 것이다. 즉 세례를 받아 동일한 신앙을 고백하며 동일한 성례전에 참여하며 또한 가견적 지상의 머리인 교황 아래 그들의 합법적인 목자들에 의해서 통치되는 모든 신실한 자들의 모임이라는 것을 인정하지 못한다.[9] 종교개혁은 이러한 로마 가톨릭의 교회지상주의(churchism)를 깨뜨리고 영적 유기체(spiritual organism)로서의 교회에 주의를 집중하였다. 즉 종교개혁은 그리스도의 구속적 사역과 성령의 새롭게 하시는 사역을 떠난 교회란 있을 수 없음을 강조하였다.

그러므로 그리스도와 성령의 논의는 논리적으로 교회론의 논의보다 선행해야 한다는 것이다. 이같이 종교개혁은 로마 교회의 형식주의, 외형주의에 반대하여 교회의 참된 본질은 그리스도와 연합된 성도의 공동체에 있다는 것이다. 이와 같은 사상에서 제정된 벨직 신앙고백서(Belgic Confession)는 교회란 예수 그리스도 안에서 자신의 구원을 기대하여 그의 피로 씻음을 받고 성령에 의하여 성화되고 인침받은 참된 기독교 신앙의 거룩한 공동체(holy congregation) 라고 하며, 제 2 헬베틱스 신앙고백서(the Helvetic Second Confession)에서도 교회란 세상으로부터 불리어지고 모여진 신실한 자들의 모임체요, 모든 성도들, 즉 성령의 말씀에 의해서 구세주 예수 그리스도 안에서 참이신 하나님을 참으로 알고 올바르게 예배하며 섬기는 자들과, 신앙에 의해 그리스도를 통해서 값없이 주어진 선한 은혜에 참여한 모든 성도들의 공동체(communion of all saints)라는 것이다.

종교개혁자들과 16세기 신앙고백서에서는 성령의 역사에 의한 교회 형성을 주장했다. 교회의 존립은 성령에 의한 것이라는 주장이다. 그러므로 교회의 본질은 교회 자체에서 찾을 것이 아니라 성령에 의하여 그 본질을 찾아야 함을 말하고 있다. 교회를 존재케 한 성령이 교회 안에 거할 때 성령의 전(엡 2：21-22)임을 말한다.

즉 성령의 내주(the indwelling of Holy Spirit)가 교회에게 고귀한 특성을 부여하고 교회의 본뜻을 이루게 한다. 이러한 관점에서 볼 때 성령의 끈으로 연합된 신자들의 공동체인 유기체로서의 교회(Church as an organism)가 제도적인 형식과 기능 속에 존재한 제도로서 교회(Church as an instituition)에 앞서며 보다 본질적이다. 완전하게 구분할 수는 없으나 신자들의 어머니로서 구원의 방편, 죄인들의 회심과 성도들의 완성을 위한 대행자인 제도와 조직체로서의 교회에 비하여 유기체로서의 교회는 카리스마적으로 존재하며 각종 은사와 재능이 현현되어 주의 사역에 이용된다.[10] 즉 교회란 성령에 의해서 세워진 그리스도를 주로 고백하는 신앙공동체이다.

3. 성령에 대한 교회의 견해

성령의 끈에 의해서 결합되고 연합되어 성도의 공동체를 이룬 유기체로서의 교회를 생각하면서 다음 몇 가지 성령에 대한 교회의 견해를 살펴 보고자 한다.

1. 로마 가톨릭의 견해

로마 가톨릭의 견해는 공적 규정(official formula) 속에 성령은 교회의 영(the soul of the Church)이라고[11] 명료하게 표현되어 있다. 이것은 레오 13세에 의해서 선포되었고, 최근에는 피우스(Pius) 12세에 의해서도 확인되었다. 이 개념은 로마 가톨릭에서 주장하는 그리스도와 교회의 관계에 관한 기본적 입장에 잘 맞는다. 로마 교회의 입장은 교회가 그리스도의 일차적 계승자이며 성령의 임재와 능력은 교회가 그 초자연적 역할을 수행할 수 있도록 힘을 주시기 위해서 그리스도께서 교회에

남긴 증여물(endowment)로 생각한다. 이 개념에 관하여 두 가지 사실이 언급된다.

첫째, 제자들을 전적으로 그리스도의 계승자로 생각한다. 그리스도가 떠날 때 미해결된 그의 소임을 그들(제자들)에게 위임하였다. 그러므로 선생, 왕, 제사장으로서 그리스도의 교황적 지위가 계속되는 것은 신성한 구세주 그분 자신의 위탁에 의하여 바로 제자들을 통하여 이루어진다. 또 이러한 목적을 위해서 그들은 권세(authority)를 부여받았으며, 이 권세는 사도들이 그리스도로부터 받아 로마 성직자들에게 준 것인 바, 가르치고(munus doctrinale), 다스리고(munus regale), 희생하는(munus sacerdotale) 권세이다. 이것은 전 교회의 근본법이라고 말한다.[12] 이러한 신학적 배경에서 성령의 임재와 능력은 초자연적 역할을 수행하도록 그리스도께서 교회에 주신 것으로 교회의 소유(the possession of the Church)로 생각한다. 이는 신약성경의 주장과는 근본적으로 다르다. 신약성경에서의 교회의 권세는 교회가 성령에 종속적으로 존재하는 권세이다. 이것은 교회의 순종의 원리(the principles of Church's obedience)이다. 왜냐하면 신약의 교회가 체험했던 성령은 주님의 권세를 상속하게 해주는 내재적 원리로서가 아니라, 살아 계신 주님 자신이 권세를 계속 행사하시게 하는 임재 형태였기 때문이다. 성령의 현존은 예수의 주되심(Lordship)의 고백에 의해서 표징되는 것이지, 교회의 관할(the magisterium of the Church)에 있는 것이 아니다.

둘째, 그리스도의 임무가 그분의 제자들에게 위임되었다는 가정 속에서, 그리스도 사역의 완결성과 궁극성에 대한 잠재적 부정이 존재하며 그리스도의 사역은 복음적 성격을 상실케 된다는 것이다. 그 까닭은 복음으로 하여금 참으로 복음되게 하는 것은 그것이 완성되었다는 사실 때문이다. 로마 교회의 이론에서는 복음적 측면이 부득불 상실되어 그리스도의 사역은 율법적 성격을 띠게 된다. 로마 가톨릭이 말하는 교회의 진정한 근거는 그리스도의 가르침과 다스림이라는 직책을 계속해야 한다는 필요성에 있다. 그러므로 교회는 복음과 본질적으로 무관하다. 로마 교회는 복음이 없다. 교회의 기본적 구성요소는 가르치는 권세와 다스리는 권세로서 이 사명을 성취하도록 받은 권세는 성령에서 비롯된 것이고, 성령은 교리적이고 권위적인 그리스도로부터 나오며, 성령은 하나의 권세의 영이다. 그래서 로마 교회의 입장은 성령은 그리스도와 교회 사이의 직접적 연속성을 확립시켜 주는 데 있어서 일종의 도구적인 역할을 수행한다. 교회가 성령을 주님으로서, 즉 교회에 그리스도의 주되심을 증거하는 분으로 대면할 수 있는 여지가 로마 교회의 체계 안에는 전혀 없다.[13] 교회의 영으로서의 성령은 교회가 자신의 권위적 주장을 팽배하게 된 근원이 되며, 더 나아가 주되시는 분과의 대면에서 오는 체험에 뿌리를 둔 성령의 인격성(personality of the Holy Spirit)을 상실케 한다.

로마 교회에서 가장 관심을 두는 것은 언제나 성령의 효력들, 즉 그분의 내주하심에 의해서 오는 은사와 은총들이다. 그러므로 성령은 주님이나 한 인격(person)으로 여기기보다는 하나의 비인격적 원리, 즉 초자연적 공급의 근원이나 통로로 여긴다.[14] 이러한 로마 교회의 견해는 또 다른 하나의 결과에 이르게 한다. 즉 교회 안에서 권세를 행사하는 사람과 그 행사에 복종하는 사람들의 구별이다. 이것은 결국 로마 교회는 하나의 계층적 조직(hierarchical society)임을 강조한다. 로마 교회는 성령의 은사나 성령의 사역이 열등한 교인들의 경우보다 월등한 이들(감독)의 교역을 통해서 보다 크게 활동하는 것으로 본다. 그러나 신약성경에서는 교회의 모든 지체들이 함께 성령에 참여함을 강조한다. 그들이 한몸이 되도록 세례받은 것은 성령의 공동의 참여에 의해서이다. 이와 같은 일치성 속에는 이 일치성을 근거로 하여 기능(function)상의 상당한 다양성(diversity)이 있다. 몸의 연합 속에서 각 개인에게 나타나는 성령의 현현은 은사의 폭넓은 다양성 가운데 나타난다. 은사의 다양성은 은사의 본질(bene esse)이다. 그런데 로마 교회는 은사의 다양성에 속하는 한 직책을 택하여 그것을 교회의 존재본질(esse)로 삼고 있다. 그래서 성직자와 평신도 사이에 근본적 간격을 만들므로써 교회의 일치성을 파괴하고 있다.[15] 지금까지 로마 교회의 성령과 교회의 관계를 살펴 볼 때 이미 앞에서 지적한 바, 몇 가지 문제점이 제기된다.

첫째, 로마 교회는 성령을 교회의 영이라 강조한다. 성경 어느 곳에서도 성령을 교회의 영이라 부른 곳이 없다. 성경에서는 성령을 예수의 영, 하나님의 영이라 지칭하고 있다. 이 영의 발현(proceed)은 교회도 신자도 아닌 하나님 자신이다. 그러기에 이 영은 교회가 적용하고 부여하는 능력과 권능이 아니요 하나님 그분이다.[16] 그러므로 성령은 오히려 교회를 통찰하시고 다스리신다. 성령의 계시가 교회의 신앙 의식의 근원과 규범이다. 성령과 교회의 명확한 구별이 필요하다. 이렇게 구별된 교회는 자신의 용서와 해방을 위하여 기도할 수 있다. 성령은 교회의 소속된 영이 아니라 자유하신 영으로 언제나 모든 곳에서 그의 뜻대로 활동하신다.

둘째, 성령의 역사성을 강조하는 데서 비롯된 성령의 도구적 역할(in strumental role)의 문제점이다. 이와 같은 성령의 이해는 주로서의 성령의 이해가 아니다. 성령은 성령의 역사성(the work of the Holy Spirit)만을 말하지 않고 인격적 존재(the personality of Holy Spirit)임도 말한다.

셋째, 성경의 견해는 교회에 속한 모든 사람들이 성령에 참여함을 강조한다. 그러나 로마 교회는 사도들의 계승자인 감독들을 통하여 역사함을 강조하는 데 문제가 있다. 감독의 직책은 교회의 본질이라기보다는 성령의 은사의 다양성 속에 나타난 한 은사이다. 그러므로 우리 모두는 성령의 참여자로서 그리스도의 몸인 교회의 한 지체이다. 이와 같은 문제들은 성령에 대한 로마 교회의 잘못된 견해이다.[17]

2. 열광주의자들의 견해

성령과 교회의 바른 관계를 정립하기 위해서는 열광주의자들의 견해를 살펴 보는 것도 도움이 되리라 본다. 이들의 견해는 영숭배론(spiritualist), 열광주의, 광신주의(enthusiasm) 등의 여러 이름으로 나타난다. 이는 종교개혁시 재세례주의자(anabaptist)들에 의해서 가장 극단적으로 표현되고 있다. 종교개혁시 프로테스탄트나 재세례파는 똑같이 로마 교회에 반대하였지만 성령에 관한 그들의 이해는 커다란 차이가 있었다. 열광주의자들은 성령을 교회 안에 거하게 하고 교회에 자리잡게 한 로마 교회의 경향에 반대하여 성령의 주권적 자유(the sovereign freedom of the Spirit)를 강조하였다. 이는 성령의 임무와 역사적 그리스도의 임무 사이의 관계를 단절시킨 것이었다.[18] 성육신하신 그리스도의 삶의 사역에서 그리스도에 의해서 지불된 구속을 전용(appropriation)하기보다 개인에 있어서 직접적이며 주관적인 성령체험을 강조한 것이다. 열광주의의 참 모습은(이것은 몬타니즘〈Montanism〉과 요아키미즘〈Joachimism〉과 같은 터무니없는 형태를 띠고 공공연하게 선언되었다.) 성령의 지배(dispensation)가 예수의 역사적 계시를 폐기했다는 것이다. 그리스도의 역사적 계시는 개인에게 있어서 주관적인 영적 체험의 자극으로 취급되지 그 자체, 즉 그러한 체험의 내용으로써 취급되지 않는다. 영숭배론자들(spiritualists)은 예수 그리스도 또는 십자가에 죽으신 그분보다 자기 자신의 회심과 그에 따른 영적 뜨거움을 체험한다. 그래서 그들은 예수가 그리스도시며 주시라는 것을 고백하기보다는 그가 새로 발견된 행복과 평화를 말한다.[19] 필리오케(filioque)의 목적 가운데 하나는 성령의 임무와 성육하신 그리스도의 활동 사이의 지워질 수 없는 관계를 확립시키자는 것으로, 이는 그리스도인의 영속성(continuity)의 독특한 성격을 규정하려는 것이다. 이러한 관계를 단절시키므로 열광주의는 영들을 시험해 볼 수 있는(try the Spirits) 객관적 기준을 스스로 상실해 버리며 스스로 통제되지 않는 영성의 위험에 노출되고 만다. 이는 그리스도 안에 있는 하나님의 구원에 관한 지식보다 다양한 종교적 체험(varieties of religious experience)으로 귀결되는 경향이 있다. 열광주의자들의 견해는 성령은 수평적(horizontal)으로가 아니고 수직적(vertical)으로 온다는 것이다. 즉 역사라는 수평적 차원의 매개체를 통해서 오지 않는다는 것이다. 또한 어떤 종류의 매개체도 존재하지 않는다.[20] 그래서 모든 사람이 직접 성령에 접근할 수 있으며 교황, 교회, 성경 혹은 성례전이라는 매개에 의존하지 않는다. 이와 같은 열광주의자들의 견해는 오늘날도 비슷한 현상으로 많이 나타나고 있는데, 이들에게는 다음과 같은 몇 가지 문제점이 제기된다.

첫째, 성령은 주님의 영으로서 예수 그리스도가 주되심을 깨닫게 하여 그리스도가 주되심의 내적 이해를 가져온다. 성령과 그리스도와의 관계를 연속성(continuity)의 관점에서 본다. 그리스도를 떠난 영의 어떤 작용도 생각할 수 없으며 성령은 전적으로 그리스도의 영이다. 이와 같은 관계를 상실한 열광주의자들의 견해는 용납되지 않는다. 성령의 활동이란 그리스도 중심이고 또 신약성경은 역사적 예수의 현현과 관계없는 성령의 역사는 알지 못한다.

둘째, 성령의 역사적 차원이나 매체를 상실함으로 진정한 성령운동과 일반적 현상으로 나타난 종교체험과의 구별을 상실케 한다. 즉 종교체험이 지나치게 주관화되어 객관적 기준을 상실하게 된다는 것이다. 이것이 일반 종교현상에서 나타난 종교체험과 성령의 역사와의 구별에 혼란을 야기시킨다.

세째, 성령에 관한 이해를 개인적 관계에 국한시킴으로 성령을 통하여 나타난 도덕성, 인격성, 역사성, 윤리성을 상실하게 되고, 더 나아가 이러한 열광주의운동은 반역사적, 반사회적, 반지성적 경향에 이르게 된다.[21] 지금까지 성령의 수직적 차원을 강조한 열광주의자들의 견해를 살펴 보았다. 이제 개신교의 견해에 대해서 살펴 보고자 한다.

3. 개신교의 견해

로마 가톨릭에 대한 개신교의 근본적 반대는 로마 교회가 복음과 교회 가르침 사이의 구별을 없이하여 복음을 파괴하였다는 점이다. 그 결과 복음은 교회에 의하여 선포된 것과 전적으로 동일시되며, 복음이 교회에 선포되어질 수 있는 여지라곤 존재하지 않는다. 그러므로 교회의 믿고 가르침은 여전히 존재하지만 교회가 처음부터 의존하며 살아가는 말씀의 선포(kerygma)가 없다.[22] 로마 교회에서 주장하는 교회에 대한 그리스도의 위임은 필요하지 않다. 왜냐하면 그리스도가 이룩하신 일은 완전하시기 때문이다. 그분이 성취하신 것은 한 번으로(once for all) 충분하다. 그것은 단지 사람에게 전달되기만 하면 된다. 이것이 사도들에게 부과된 책임이다. 그들은 그리스도의 계승자로 임명받은 것이 아니라 그분에 대한 증인으로서 임명받은 것 뿐이다. 그들의 사명은 그분의 사역 중 드러난 것을 회상(recalling, 고전 11:24)하고, 선포(proclaiming, 고전 2:4)하고, 전달(transmitting, 고전 15:3)하고 증거(testifying, 고전 1:6)하는 것에 의하여 그리스도께 향하게 하는 것이다.

그러므로 사도의 임무가 그리스도 임무의 연속이라는 것은 잘못이며, 그들의 위치는 종속적이며 도구적인 것으로 존재한다. 이것은 고린도후서 4：5에 잘 나타나 있다. 그러나 로마 교회의 해석은 그리스도와 열두 제자 사이에 존재했던 구별을 하나의 동일성으로 변화시킴으로써 성령의 오심에 대한 요한복음 속의 그리스도의 가르침을 배제했다. 그리스도는 자기 제자들에게 그가 떠난 후에 그의 위치를 제자들이 차지할 것이 아니라 성령(Parekletos)에 의해서 취해질 것을 약속했다.[23] 성령에 대해서는 그리스도가 제자들과 더불어 육체로 계실 동안 유지했던 구별된 관계와 동일한 관계를 유지하게 했다. 성령만이 그리스도의 진정한 대리자(true vicar of Christ)이며, 그리스도의 또 다른 자아(alter ego)이며, 그리스도 자신이 그러했던 것처럼 동일한 주님이라는 역할에서 교회에 알려지게 했다. 그러나 로마 교회에서는 그리스도의 주님 되심은 사도들에게 양도되고 성령은 그들의 주님이라는 역할을 완수하도록 조력함으로(as assistance in filling their lordly role) 약속되어진다.[24] 그러나 성경에 따르면 성령은 본질적으로 주이시다. 사도들의 역할 수행은 성령의 역사와 상관되는 것으로 성령의 증거없이는 인간들 속에서 그들의 사역을 이룰 수 없다.

프로테스탄트 교리를 구별지어 주는 것은 성령의 주되심(the Lordship of Spirit)과 성령과 교회의 관계 속에 존재하는 영속적인 구별성(the abiding polarity)이다. 그러므로 프로테스탄트는 성령이 주로써 그리스도를 증거한 것을 말한다. 그러나 로마 교회는 성령이 예수가 주시라는 것을 증거하기보다는 내주하신 성령은 교회를 증거한다. 프로테스탄트의 견해는 성령은 교회에 내주하시지만 이것은 교회가 지닌 특권과 힘을 느끼게 하기 위해서가 아니라, 교회로 하여금 살아 계시고 존귀하신 주님을 주목하도록 하기 위해서 또한 교회에 그분의 은혜를 드러내기 위해서이다. 때문에 이것이 교회 안에서의 성령이 보다 특별하게 은혜의 방편(말씀, 성례전, 기도)으로서 정의되는 이유이며, 이를 보다 더 정확하게 말하면 교회가 그 자신을 떠나 그리스도를 바라보게 하는 교회의 역할을 뜻한다.

우리가 성령의 교제에 의해서 가지게 되는 것은 주 예수 그리스도의 은혜, 즉 복음이며 구속하는 임재로서의 그의 현존인데 이는 그리스도와 교회의 구별에서 비롯된 것이다. 만일 그리스도와 교회의 연합이 유기적 본성에 의한 것이라면 성령의 임무는 잉여적(redundant)인 것이다. 성령의 임무는 그리스도와 교회 사이의 연합에 영향을 미치지만 그들 사이에 지울 수 없는 구별을 입증한다.[25] 로마 교회가 성령을 교회의 영이라 하여 그리스도와 교회 사이의 구별을 흐리게 한 반면, 프로테스탄트는 성령을 그리스도의 영으로, 즉 그리스도 영 안에서 그리스도가 자신과 동일하게 남아 계시면서 구속주와 주님으로서 그의 교회에 임재하심을 성령으로 인식된다.

지금까지 살펴 본 프로테스탄트의 견해는 참과 오류가 섞여 있는 로마 교회나 열광주의자들의 견해와는 다르다. 역사적으로 연속적인 제도 속에서 성령의 흐름을 파악하려는 로마 교회의 시도를 반대한다는 입장에서는 열광주의자들과 같지만 모든 역사적 매체를 부정하는 열광주의를 비판하는 점에서는 로마 교회와 같다. 프로테스탄트의 사상은 역사적 연속성에 관한 로마 교회의 주장에서 한 가닥 진리를 인정하며, 성령의 주권적 독립성에 관한 열광주의자들의 주장에서도 한 가닥 진리를 인정한다. 성령은 성령의 역사의 매체인 말씀, 성례전, 교역을 통해서 역사하신다. 그러기에 제도로서의 교회의 역할은 대단히 중요하다. 그러나 성령은 자유하신 영으로 이 모든 매체나 도구를 넘어서서 역사할 수 있는 자유의 영이다.[26] 제도로서의 교회의 목적은 자기 자신이 아니라 그리스도를 나타내는 것이며, 자유의 영이신 성령의 목적은 인류 전체를 통해 성령공동체를 이루는 것이다.

4. 성령과 교회

앞에서 고찰한 교회의 정의와 성령에 대한 교회의 몇 가지 견해들을 통해서 성령과 교회의 관계를 종합적으로 정리하고자 한다.

첫째, 성령은 주로서 예수 그리스도의 지상적—역사적 실존 형식인 교회를 세운다.[27] 모든 사람이 교회에 들어오려면 성령으로 거듭나야 한다. 또 교회에 소속된 사람들은 예수 그리스도를 주로서 고백한 사람들로 이는 성령의 역사에 의함을 말한다.[28] 성령은 예수 그리스도의 성육시 육체의 몸을 형성한 것 같이 예수의 신비적인 몸인 교회도 형성한다.

둘째, 성령은 깨우치는 능력(awakening power)으로서[29] 예수 그리스도의 몸의 지상적-역사적 존재 형식인 교회, 달리 말하면 하나의 거룩하고 보편적인 사도적 교회를 계속적으로 새롭게 하신다. 성령은 교회를 세우실 뿐만 아니라 존재한 교회를 새롭게 하시는 영이시다. 우리가 성령을 창조적 영이라 할 때 이것은 새 것을 창조한다는 미래적 차원에서 뿐만 아니라 존재하는 것을 새롭게 한다는 뜻에서도 말하고 있다. 교회갱신(renewal of Church)의 주체, 개혁교회(Reformed Church)의 주체도 성령의 역사에 의한 것이다. 성령은 깨우치는 능력을 통해서 교회의 본래적 목적과 사명에 이르게 한다. 성령은 예수 그리스도의 영으로서 교회로 하여금 그리스도를 증거케 하며 그리스도의 객관적 사실을 주관적으로 깨닫게 하시는 분이시다.

세째, 성령은 교회의 유기체(organism)를 이루게 한다. 우리는 교회를 이루고 있는 한 지체들이다. 이 지체들은 한 몸을 이루는데, 지체들을 통한 몸의 형성은 성령을 통해서이다. 지체들의 결합은 인위적인 노력이나 조직이나 제도에 의해서 이루어지는 것이 아니고, 지체와 지체 사이를 결합시켜 주는 성령에 의해서이다. 이는 성령의 교제(koinonia)에 의해서인 바 성령의 교제, 교통은 하나님과 지체인 성도 서로간의 교통함과 교제함을 말한다.[30] 성령의 교제란 성령 안에서의 참여(paticipation)를 뜻하는데,[31] 이는 개인들 사이에서 상호 공동의 이익과 공동목표에 참여하는 것을 뜻한다.[32] 이는 사도행전의 역사에서 찾아볼 수 있다.[33] 성령에 동참한 사람들은 성령에 동참한 사람들이 속해 있는 공동체에 동시에 참여한다.[34] 성령이 이루는 역사는 매우 구체적이고 현실적 역사로서, 십자가에 못박히셨다가 다시 사신 그리스도의 몸에 우리를 이식시킴으로, 우리로 하여금 그리스도의 몸이 되게 하는 연합역사이다. 이 연합역사는 우리 모두를 유기체인 공동체에 이르게 한다. 이와 같은 유기체는 생명의 결합인 바 한 지점에 정체하며 머무는 것이 아니라 생명의 특징인 자라나는 역사가 이루어진다.[35]

"그에게서 온 몸이 각 마디를 통하여 도움을 입음으로 연락하고 화합하여 각 지체의 분량대로 역사하여 그 몸을 자라게 하며…"에서 볼 수 있다. 성령은 각 지체로 하여금 그리스도의 몸을 이루게 하고 이 몸은 역사 속에서 더욱더 자라게 하신다.

네째, 성령은 교회를 인도하시고 가르치는 진리의 영이다. 예수께서는 떠나시게 될 때 보혜사 성령을 약속하셨다. 보혜사 성령의 특징은 진리의 영이시다. "그가 너희를 모든 것을 가르치시고…진리의 영이 오시면 그가 너희들 모든 진리 가운데 인도하시리니…"라는[36] 말씀이다. 교회는 언제나 진리의 영이신 성령을 통해서 인도함과 가르침을 받아야 한다. 지상의 교회란 성경에서 보듯이 또 역사에서 보듯이 오류를 범할 수 있는 가능성이 있는 불완전한 것이다. 그러므로 진리의 영이 교회에 거하여 현존할 때 그리스도의 몸인 교회는 진리의 충만함에 이르게 된다.[37] 교회는 그 자체 속에 스스로 진리성도 성성도 소유하지 못한다. 단지 성령의 인도하시고 가르치시고 이끄심에 의해서 진리에 이르게 된다. 그러므로 교회는 진리의 영이신 성령에게 가르침을 받아야 한다. 성령은 교회로 하여금 완전하고도 전체적인 진리에 이르게 하여 오늘의 교회뿐만 아니라 내일을 향한 미래 교회의 방향도 제시할 것이다.

다섯째, 성령은 교회에 은사를 주심으로 몸된 교회를 완전하게 한다. 성령의 은사란 하나님의 은혜의 구체화로 성령의 현존의 능력(the power of Holy Spirit's presence)을 나타낸다. 성령이 나타난 곳에는 성령의 은사를 통한 성령의 능력이 나타난다. 이는 세상에서, 역사 속에서 교회의 사명을 수행하기 위해서이다. 지금까지 성령에 대한 이해가 주로 의미(meaning)에 관한 것이었다면, 은사로서의 성령은 힘, 능력(power)으로서의 성령이다. 성령은 교회로 하여금 교회의 사명을 세상 속에서 이루기 위하여 힘과 능력을 은사를 통해서 베풀어 주신다. 교회로 하여금 능력으로 준비케 하셔서 교회에 맡겨진 사명을 성취케 하신다. "각 사람에게 성령이 나타나 주신 것은 모든 사람의 유익을 위한 것이다."[38] 성령의 나타나심 혹은 카리스마라 부른 것은 하나님의 나라를 이루기 위한 성령의 은사이다. 성령의 은사는 다양한 형태로 교회에 나타나는데 이는 봉사케 함으로 그리스도의 몸을 완전케 하기 위해서이다. 은사에 대하여는 다음에서 좀더 자세하게 다루게 될 것이다.

그리스도 성령, 교회와의 관계는 기독교에 있어서 필연적인 관계를 형성하고 있으며, 이는 상호관계 속성에 있다. 성령은 그리스도의 객관적 사실을 주관적으로 받아들이는 교회를 세우심으로 교회의 주로서 계신다. 성령의 역사에 의하지 않고는 교회에 관하여 생각할 수 없고 또 교회에 본뜻도 성취시킬 수 없다.[39] 성령을 믿는다는 것(credo in Spiritum sanctum)과 교회를 믿는다는 것(credo sanctam ecclesiam)은 다른 것이다.[40] 교회는 성령의 임재를 위하여 오소서(Veni)라고 기도해야 할 것이고, "성령이여, 머무소서"(mane sancte Spiritus)라고 기도해야 할 것이다.[41] 성령은 창조의 영(Spiritus creator)으로서 그리스도 안에서 시작한 하나님의 새로운 창조를 교회에서, 세계 속에서, 역사 속에서 수행할 것이다. 무엇보다도 교회는 성령께 귀를 기울이는 교회가 되어야 한다.

5. 교회에 나타난 성령의 은사

와그너(Peter Wagner)는 「성령의 은사와 교회성장」(*Your Spiritual gifts can help your Church Grow*)이라는 책에서 그가 이 책을 집필시 성령의 은사에 관한 책 32권을 참고했는데 그 중 약 80%에 해당하는 26권의 책이 1970년 이후에 기록되었음을 발견했다. 때문에 1970년 이전의 신학교 졸업자들은 성령의 은사에 대하여 깊이 알지 못한 채 졸업한 것으로 본다고 말하고 있다.[42] 이러한 상황은 미국 뿐만 아니라 우리 한국장로교도 같은 상황이라고 볼 수 있다. 일부 교파에서 성경적 기준과 표준을 상실한 채 지나친 은사운동이나 성령체험운동을 극단적으로 주장하는가 하면, 지나치게 신앙을 이지적으로나 주지적으로 해결하려는 경향이 있는 것이 사실이다. 이와 같은 극단을 피하기 위해서 은사와 성령운동에 대한 고찰이 더욱 절실하다고 본다.

성령을 통하여 교회에 나타난 은사의 재발견은 교회의 재발견으로서 사도 바울의 교회론의 재발견이라고 본다.[43] 바울에 의하면 카리스마는 특별한 것이 아니라 일상적인 것이며, 형태가 단일한 것이 아니라 다양하며, 특정인에게 한정된 것이 아니라 일반적 현상이라고 본다. 또 카리스마는 단순히 초대교회에서만 발생할 수 있었던 일이 아니고 현실적으로 현재의 일이며, 이는 교회의 부수적 현상이 아니라 극히 본질적인 교회 중심의 현상이다. 이러한 의미에서 교회의 카리스마적 구조는 교회의 임무를 포괄하고 더 나아가 이를 능가하는 것으로 마땅히 논의되어야 한다.[44]

1. 은사의 정의

은사라는 말은 신약성경의 "charisma"를 번역한 것이다. 이는 $\chi \alpha \rho i \zeta o \mu \alpha \iota$(선물한다)에서 파생되었다. 따라서 은사라는 말은 하나님이 값없이 주시는 선물, 곧 은혜의 선물 혹은 선사를 뜻한다. 이것은 줄여서 은사라 한다.[45] 이 단어는 베드로 전서 4:10을 제외하고는 오직 사도 바울에 의해서만 16번 사용된다. 특별히 사도 바울은 고린도 전서 13장에서 은사에 대하여 말하고 있는데 은사의 몇 가지 본질을 말하고 있다.

첫째, 1절의 프뉴마티코이(Pneumatikoi)이다. 보통 이 말은 "영적인 것들"이라는 뜻이다.[46] 이는 자연적인 능력의 견지에서 설명될 수 없는 것으로 하나님의 주도 속에서 일어남을 뜻한다. 이 영역에서 특별히 역사하시는 분은 성령이시기 때문에 그 결과로 주어진 것이 프뉴마티코이라고 한 것이다. 모든 은사는 "같은 한 성령이 행하는" 것이라고 말한다.[47]

둘째, 4절의 카리스마타(Charismata)이다. 이는 위에서 살펴 본 대로 "은혜의 선물"이라는 뜻을 보다 명확하게 한 것이다. 이 뜻은 하나님의 은혜, 사랑, 자비에서 은사가 비롯된 것이지 자기 자신의 어떤 것에서 비롯된 것이 아님을 뜻한다. 은사란 하나님의 은혜의 구체화라고 말할 수 있는 것으로 그리스도인에게 특별한 목적으로 내려 주심으로 자신의 주권과 은혜를 나타내시고, 하나님께서 여전히 역사하고 계심을 보이시는 것이다.

세째, 5절의 디아코니아(Diakonia)이다. 직임 또는 봉사로 번역된 이 말은 신약성경에서 집사의 직무나 일을 묘사하기 위해서 쓰여진 말이며, 또는 교회 안에서 각각 봉사할 때에 쓰여진 말이다. 이를 은사에 사용한 것은 은사란 자기 자신의 목적이나 유익을 위하여 준 것이 아니라 봉사하고 섬기기 위하여 준 것임을 나타낸 것이다.[48] 디아코니아의 동사형인 디아코네오(Diakoneo)는 마가복음 10 : 45에 잘 나타나 있다. "인자의 온 것은 섬김을 받으러 함이 아니라…"

네째, 6절의 에네르게마(Energema)이다. 이는 역사(役事)라는 말로 번역된다. 이 말은 동사형인 에네르게오(energeo)에서 유래된 것으로 수동형에서 작용하여 효력을 세운다는 것으로 신약성경에서는 작용하는 어떤 원리나 능력에 대하여 늘 사용되었다.[49] 이는 성령의 은사가 하나님의 능력을 나타내는, 역사하는 힘으로 나타난 것을 말한다.

다섯째, 7절의 파네로시스(Phanerosis)이다. 에네르게마와 같이 고린도 후서 4 : 2에서 단 한번 사용되었다. 이 말은 복음을 선포하는데 열린 상태를 묘사한 것이다. 이것은 눈에 보이도록 하는 또는 분명히 알게 한다는 뜻이다. 은사란 성령의 나타남인데 이 은사들이 행해질 때 모든 사람을 다루시는 하나님의 본성과 방법이 전에는 무지와 혼란이 었던 곳에 명백하게 드러난다는 뜻이다.[50]

지금까지 살펴 본 은사의 정의와 본질을 살펴 볼 때에 다음과 같이 정리할 수 있다. "은사란 성령의 주체적 결정에서 비롯된 것으로 이는 각자에게 공동체 내의 특정한 섬김을 부과하기 위하여 섬김의 활동에 필요한 수행능력을 부여하시는 하나님의 부르심(calling)이다"라고 할 수 있다. 여기에서 카리스마와 봉사와 소명은 서로 의존관계에 있는 것으로 봉사가 전제된 것이 카리스마요 소명이다.[51] 모든 카리스마는 성령을 통하여 부여되는 하나님의 은총과 능력의 표현이다.

2. 은사에 대한 고찰

은사는 단수와 복수로 구분해야 한다. 단수의 경우는 그리스도를 주로 모신 모든 자에게 주어진 보편적 은사를 말하는 것으로, 일반적이고 대중적이며 포괄적인 뜻을 가지고 있다. 반면에 복수의 경우는 개개인에게 특별하게 주어진 것을 말한다.[52] 그러므로 우리 모든 신자들은 성령을 통하여 은사를 받았음이 사실이다. 그러나 우리에게 주어진 은사를 발견하지 못하여 그리스도의 몸된 공동체와 그리스도께서 창조하신 세계에서 봉사와 섬김의 사명을 다하지 못하는 것이다.

이제 좀더 자세하게 은사의 종류에 대하여 고찰하고자 한다. 보통 은사를 말할 때 고린도 전서 12 : 8~10에 나타난 9가지 은사를 말하는 것이 상례로 되어 있다. 그러나 그것은 잘못이다. 고린도 전서 12 : 8~10은 은사의 고정된 목록을 제시한 것이 아니라 은사의 몇 가지 예를 제시한 것 뿐이다. 신약성경은 고린도 전서 12 : 8~10뿐만 아니라 고린도 전서 12 : 28~30, 로마서 12장, 에베소서 4장, 고린도 전서 7장(독신의 은사), 고린도 전서 13장(순교의 은사), 베드로 전서 4 : 9(대접하는 은사), 이렇게 다양하게 구분하고 있다. 와그너의 경우는 이외에도 선교사, 남을 위한 기도, 귀신을 쫓아내는 일 등을 합쳐서 27가지 은사를 말하고 있다.[53] 이들 은사에는 기적적인 것, 자연적인 것(가르침, 섬김), 언어적인 것, 영적인 것, 다스리는 것, 직분에 관한 것 등이다. 은사에 대한 분류를 좀더 고찰한 호킹(David Hocking)은 말하는 은사, 봉사의 은사, 초자연적 은사로 분류하고, 개혁신학자들 가운데 어떤 이는 보통은사와 특수은사로, 케네드 킹혼은 능력의 은사, 봉사의 은사, 방언의 은사로, 버드(William Baird)는 교사의 은사들, 초자연적인 은사들, 특별한 교통의 은사들로 구분하였다.[54] 이외에도 프리드리히(G. Friedrich)는 가르치는 은사, 서로 돕는 은사, 다스리는 은사, 특별한 능력의 은사, 기도의 은사 등 다섯 가지로 분류하는[55] 분류방법은 다양하다. 이러한 분류방법을 대별해 볼 때 말씀사역에 필요한 은사와 실제적 생활에 봉사하는 은사로 나누어 봄직하다.[56] 우리는 이와 같은 은사의 종류의 다양성에서 어떤 은사의 우열을 가릴 것이 아니라, 다양성을 다양성으로 인정해야 할 것이며 더 나아가 은사의 목적을 찾는 것이다. 모든 은사들은 한 성령으로부터 온 것이기에 여기에서 피차의 존립됨을 인정하고 연결되어야 한다. 그러면 어떻게 다양한 카리스마의 세계에서, 즉 다양성 속에서 일치와 질서를 이룰 수 있는가를 생각해 보아야 한다.

첫째, 각자 자기의 카리스마를 가지는 것이다.[57] 이것이 카리스마의 제 1 원리이다. 카리스마를 받은 사람들에게는 다양성이 평준화됨으로써 일치와 질서가 이루어지는 것이 아니다. 모든 사람은 각자에게 주어진 카리스마가 있다. 이것을 발견하여 자기에게 향하신 하나님의 뜻과 목적이 무엇인지 깨닫는 것이다.

둘째, 서로가 서로를 위하여 은사를 사용하는 것이다. 이것이 카리스마의 제 2 의 원리이다. 카리스마는 자신을 위하라고 주어진 것이 아니라 다른 사람을 위하여, 공동체를 위하여 주어진 것이다.[58] 성령의 열매들이(갈 5 : 22) 개인의 성화와 관계되는 것이라면 카리스마는 그리스도의 몸된 교회를 세우기 위한 것이다.[59] 그러므로 성도는 자기 카리스마를 교회 안에서 자기의 지위나 권리를 얻기 위해서 사용하지 않고 다른 사람과 전체에 봉사하기 위한 은혜로 삼아야 한다. 따라서 사랑이 성령의 첫 열매요, 최고의 카리스마이다. 카리스마는 십자가와 봉사와 사랑의 길을 호소한다.

여기에서 성령의 은사는 과제(aufgabe)로 나타난다. 하나님이 우리에게 성령의 은사를 주신 것은 단순히 우리 신앙의 내적 확신, 평화, 위로만을 위한 것이 아니라, 그리스도의 구원을 선포하며 그리스도의 뒤를 따라 그의 고난에 참여하며 하나님의 영광을 나타내기 위한 것이다. 성령의 은사는 하나님의 새 하늘과 새 땅을 앞당겨야 할 그리스도인의 사명으로서 주어진 하나님의 은혜의 선물이다. 그리하여 우리의 현재가 하나님의 미래를 향하여 개방되고 변화되도록 하기 위하여 하나님이 우리에게 주신 과제이다.[60]

세째, 주님께 대한 순종이다. 이것이 카리스마의 세 번째 원리이다. 이것은 한 영 안에서 각자 카리스마를 가지고 한 주님께 봉사하는 것이다. 즉 각자가 한 영 안에서 각자의 카리스마를 가지고 한 주님께 순종함으로 하나님의 뜻을 성취하는 것을 뜻한다. 카리스마를 부여한 성령의 뜻은 분명하다. 이것은 이 세계에서의 하나님의 뜻의 성취이다. 하나님의 나라와 그의 의를 이루는 것이다. 그리스도 신자 모두가 각자의 카리스마를 인정하고 개발·촉진·발전시킨다면, 그러한 공동체나 그러한 교회는 얼마나 활력(vitality)과 생명이 넘치겠는가?[61] "성령을 소멸치 말며 예언을 멸시치 말고"(살전 5:19-20)라는 말씀을 되새겨야 한다.

3. 은사의 표준
성령의 다양한 은사는 우리에게 다음과 같은 기준을 제시한다.

1) 절대적 규범이 되는 표준은 예수 그리스도에 대한 올바른 신앙이다(고전 12:3, 요일 4:1). 성령의 모든 은사는 "예수가 주님이시다"라고 고백되어야 한다. 기독교가 믿는 성령은 그리스도의 영(롬 8:9, 빌 1:19), 주의 영(고후 3:17), 하나님의 영(갈 4:6)이기 때문에 성령을 받은 사람은 예수가 주님이시고 세계의 구원자라고 고백하게 된다.

2) 그리스도의 공동체를 세운다. 은사를 받은 사람들은 공동체의 발전과 사명을 위하여 도움을 주고 공동체에 봉사한다. 모든 지체는 몸되신 그리스도의 공동체를 이룬다. 모든 지체는 공동 목표를 가지고 서로 협력하고 협동하여 그리스도 안에서 통일성과 일체성을 갖는다. 공동체를 파괴하거나 분리하는 것은 성령의 역사가 아니다.

3) 교회에 덕을 세우고 질서와 평화를 가져온다. 하나님은 어지러움의 하나님이 아니고 오직 화평의 하나님이시기에 성령의 은사는 화평을 가져오고 질서를 가져온다.[62] 또 질서를 이루는 덕, 조화를 이루는 덕, 전체를 위하여 자기 자신을 희생할 줄 아는 덕을 가져온다. 무질서와 부덕한 것은 성령의 역사가 아니다. 성령은 생명의 근원으로서 인간의 생명을 풍성하게 한다.

4) 이웃을 돕고 섬기게 한다. 하나님이 주신 성령의 은사는 개인을 위하여 쓰지 않는다. 또 이 은사는 세계와 이웃의 현실을 간과한 열광주의나 맹목주의에 빠진 것이 아니라, 이웃과 형제들 속에서 이들의 아픔에 동참하고 섬김으로 봉사한다. 그러므로 성령의 주관적 결정에 의해서 받은 은사를 돈이나 물질적인 것으로 매도하는 것은 성령의 역사가 아니다. 이는 사단의 짓이다.[63] 성령의 은사는 섬김과 봉사에서 나타난다.

5) 성령의 은사는 서로 비교하지 않고 맡은 직분에 충실케 한다. 은사에는 차이가 있으나 이 은사는 독립된 것도 분리된 것도 아닐 뿐만

아니라 성령이 각자에게 주신 것이기에 감사한 마음으로 주어진 은사에 충실해야 하는 것이다. 여기에서 우월감이나 열등감을 갖지 않는다.

6) 모든 은사는 겸손하게 한다. 모든 은사들에 있어서 삼위일체되신 하나님이 영광을 받아야 하며 은사를 받은 사람은 겸손하게 물러서서 하나님의 영광을 드러내고 그리스도만을 증거하는 것이다. 이것은 자기의 공로, 노력, 수고에 의해서 얻은 것이 아니라 하나님이 값없이 주셨기 때문이다. 그러므로 하나님의 영광을 대상으로 삼지 않고, 자기를 영광의 대상으로 삼고 자기 중심과 자기 교만을 드러낸다면 이는 은사의 진실성을 의심하게 된다. 성령의 은사는 공동체의 머리되신 그리스도를 나타내기 위한 것이며 하나님께 영광을 돌리기 위한 것이다.

7) 모든 은사는 사랑에서 통합되고 통일된다. 사랑은 하나님의 것이며 하나님의 성령은 사랑이다.[64] 그러므로 모든 은사의 궁극적 기준은, 궁극적 표현은 사랑으로 나타난다. 사랑없는 은사는 아무 뜻이 없다. 이는 고린도 전서 13장을 상기해 보면 가장 확실하다. 이외에도 "소망이 부끄럽게 아니함은 우리에게 주신 성령으로 말미암아 하나님의 사랑이 우리 마음에 부은 바 됨이니"(롬 5:5), "형제들아, 내가 우리 주 예수 그리스도로 말미암고 성령의 사랑으로 말미암아 너희를 권하노니…"(롬 15:30). 이와 같이 성령의 은사는 사랑으로 표현된다. 이것은 성령의 은사의 결과로 나타난 성령의 열매에서도 볼 수 있다. 성령의 은사도, 성령의 열매도 사랑으로 나타난다. 그러므로 사랑이 없는 성령의 은사, 사랑이 없는 성령의 열매는 없다. 사랑이 없는 성령의 은사는 그 진실성을 의심할 수 있다.[65]

6. 한국교회 성령운동의 현상과 방향

성령의 은사가 각 개인에게 나타날 때 그것을 받은 사람의 인격적 미성숙과 인간적인 제한성과 아직도 남아 있는 죄의 세력 때문에 나쁜 결과를 가져올 수도 있다. 그러므로 우리는 성령운동에 대해서 참과 거짓을 구별할 수 있어야 한다. 이것은 개인에게서 뿐만 아니라 각 개체들로 구성된 교회의 경우도 마찬가지이다. 이제 다음에서 어떤 점에서는 한국교회의 발전과 성장의 모체가 되기도 하고 또 어떤 점에서는 한국교회를 혼란하게도 한다. 따라서 한국교회 성령운동의 현상을 살펴 보고 바람직한 방향을 설정해 보고자 한다. 최근 이에 대하여 신학자들 사이에 연구논문이 발표되고 저서와 번역서들이 나옴으로써 큰 관심을 표명하고 있다.[66]

1. 성령운동의 공헌

그동안 성령운동이 교회에 긍정적인 측면에서 공헌하였고 앞으로도 공헌할 수 있는 점을 들어 보면 다음과 같다.

첫째, 교회의 율법주의나 형식주의로부터 탈피시킨다. 교회는 그 자신의 목적과 뜻을 성취시키기 위해서 기구나 조직, 제도를 필요로 한다. 그러나 일정한 시간이 지나면 그 목적과 뜻은 잃어버리기 쉽고, 제도화되거나 조직화되어 경직화되므로 생명력을 상실하게 되는 경우가 있다. 은사 체험은 이렇게 경직화된 조직이나 제도에서 벗어나게 한다. 내면의 세계에서 하나님의 은혜를 체험함으로 열정적인 신앙에 이르게 한다. 제도나 조직, 교리에 얽매이지 않고 보다 살아 있는 새로운 신앙의 세계에 이르게 한다.[67] 그러므로 율법주의나 형식주의 교리에서 벗어나게 한다.

둘째, 성령운동은 공동체에 헌신적으로 봉사하도록 한다. 카리스마란 하나님의 능력에 의해서 가능해진 사건이요, 행동이다. 즉 카리스마는 개체를 통해서 특별한 결과를 성취한 하나님의 에너지(divine energy)이며, 이 하나님의 힘은 공동체를 형성한다.[68] 은사는 인간의 여러 가지 이해관계를 떠나 삶 속에 나타난 성령의 임재를 강조하므로 다른 모든 차이점은 무시할 수 있다. 그러기 때문에 공동체를 형성한다.[69] 더 나아가 자기 자신을 희생하고 헌신하여 시간과 재산과 재능을 바침으로 살아 있는 공동체 형성에 이바지한다.

셋째, 기독교 신앙에 확신을 주며 활동적인 신앙이 되게 한다. 우리는 때때로 신앙을 지나치게 지적으로나 합리적으로 생각하여 이것이 신앙에 절대적인 것으로 생각할 때가 있다. 그래서 신앙생활은 냉정하고 차분하게 사리에 맞게 하는 것이 전부라고 생각한다. 특히 이러한 경향은 장로교인들에게 자주 나타나는 현상으로 체험적이며 활력적인 신앙에 이르지 못하게 된다. 그러나 성령운동은 체험을 통해서 활력적인 신앙으로 변화시키며 말씀을 듣기만 하는 신앙에서 말씀을 증거하는 신앙으로 변화를 가져온다.[70]

넷째, 성령운동은 개인에게 삶의 의미를 발견케 하며 기쁨과 평안을 가져온다. 인간은 기본적 욕구(의, 식, 주와 성적 욕구) 충족만으로는 만족하지 못한다. 이같은 기본적 욕구와 함께 정신의 만족을 얻게 될 때 충족된 삶의 경지에 이르게 된다. 가장 근본적인 길은 은사 체험을 통한 신앙과 회개에 있다. 여기에서 그들은 하나님을 만나고 그리스도의 구원을 체험할 때, 하나님의 영광을 위하여 살아야 한다는 삶의 의미와 목적을 발견하게 되고 더 나아가 그의 삶은 기쁨과 평안을 얻게 된다.[71]

다섯째, 성령운동은 교회를 활성화시키고 확대시킬 수 있는 지름길이다. 성령운동을 통하여 교인들의 신앙이 활력화되고 적극적으로 될 때 교회를 봉사하고 섬기게 되며 교회는 성장하게 된다. 그러므로 은사를 통한 교회성장은 대단히 중요한 요건이 된다.[72] 각각 받은 은사를 잘 활용할 때 교회는 다양성을 유지하게 되며 보다 단단하고 왕성한 교회로 자라게 된다.

2. 성령운동의 위험

성령운동은 교회공헌을 가져올 수 있는 긍정적 측면과 아울러 위험 요소도 내포하고 있다. 다음에서는 성령운동의 위험 요소들을 살펴 보고자 한다.

첫째 위험은 은사를 받은 자들의 자기 우월성이다. 은사를 받은 자는 다른 신자와 비교할 때 기독교 체험에서 더 높은 경지에 도달하였다고 우월성을 갖게 되며, 이 우월성으로 인하여 분열을 가져오는 경우를 들 수 있다. 이들은 자신들의 체험을 다른 사람들에게 확신시키기 위하여 강요하고 억압하므로 심리적 갈등에 이르게 된다.[73] 또한 이들의 우월성은 당회나 목사의 권위를 약화시키므로 교회의 일치와 화평을 깨뜨린다.

둘째 위험은 은사운동은 은사의 다양성을 인정하기보다는 시대에 적용할 수 있는 몇 가지 은사만을 주장함으로써 은사의 광범위한 개념을 협소화한다. 이미 앞에서 고찰한 대로 은사의 종류는 다양성이 있음에도 불구하고 방언, 신유, 귀신쫓는 은사만이 대표적인 은사로 가르쳐 은사의 본래적인 뜻을 상실하게 한 것이다(한국교회 은사운동의 현실에 나타난 현상).

세째 위험은 반지성적이며 반이성주의적 경향이다. 은사운동은 이성과 지성을 희생시키면서 감정, 체험을 너무 강조하는 경우가 있다. 이는 인간의 지성과 이성과 판단을 흐리게 하여 신앙의 내용, 방향, 목적에 대한 모든 지적 반성을 경원시한다.[74]

네째 위험은 성경의 편향적 해석으로 지나치게 성경을 주관적으로 해석하는 것이다. 이들은 성경해석에 있어서 그 전체 정신에 따라 해석하거나 이해하는 것이 아니라, 자기 자신의 관심과 목적에 따라 성경을 해석하고 이것을 뒷받침하는 성경귀절만을 강조한다.

다섯째 위험은 성령운동은 성령의 은사를 개인화하고 내면화하여 역사와 사회에 대하여 무관심하고 무책임한 태도를 갖게 하는 경우이다. 이들의 목적은 하나님의 내적 연합이 신앙의 목적이기 때문에 정치, 사회, 문화, 역사에 대하여 관심을 갖지 않는다. 즉 이들은 수직적 회복의 관계만을 강조하므로 신앙의 수평적 차원을 약화시킬 뿐만 아니라 상실하게도 한다. 하나님과 인간의 올바른 관계에서 비롯된 인간과 인간의 관계, 인간사회, 역사, 문화, 자연의 관계에서의 바른 관계를 정립하지 못한다.

여섯째 위험은 성령의 은사가 성공적 은사로 바뀌어져 현실지향적 경향으로 되는 점이다.[75] 성령의 은사와 성령에 대한 희열과 감사는 다름아닌 자본주의 소비문화 체계에 있어서 성공의 은사이며, 이에 대한 희열과 만족과 감사인 것이다. 무속적 성령운동의 힘은 가난하고 무기력한 민중들에게 성공의 꿈을 키워 준다. 그리고 그 성공의 기준을 기존체계에 일치시킴으로서 순응적 인간이 되게 한다. 그리고 자유와 해방감은 무한대의 물질적 욕구의 확장과 팽창으로 치닫게 된다. 결국 성령운동은 물질적 세속주의와 결탁하는 결과를 초래하게 된다는 것이다.

일곱째 위험은 비기독교화이다. 성령의 인격성보다는 성령의 역사성을 강조함으로 우리 인간에게 본질적으로 중요한 인격의 변화를 나타내지 못하고 종교현상에 지나치게 치우치므로 무속신앙과 구별하기 힘들게 된다. 그리고 예수없는 성령운동, 하나님없는 성령운동으로 탈바꿈되어 기독교의 본질에서 떠나는 것이다.[76]

3. 바람직한 방향

성령운동의 바람직한 방향은 이미 위에서 언급한 여러 조항에 암시되었다. 우리는 무엇보다 성령의 은사의 다양성을 인정하고 이들을 너무 제한하려고 해서는 안 될 것이다. 반면에 의도적으로 성령운동의 방향으로 인도해서도 안 된다. 왜냐하면 이미 살펴 본 대로 성령의 은사의 주체는 성령께서 주시는 것이지 인간의 노력에 의한 것이 아니기 때문이다. 여러 가지 성령운동(Charismatic Movement)의 경향성을 가진 한국교회는 이들을 잘 교육함으로 효과적으로 하나님의 뜻을 성취시키고 그의 나라를 이루도록 해야 할 것이다. 이제 좀더 세분하여 개인, 교회, 이웃과 사회, 역사와 세계로 구분하여 논하고자 한다.

1) 개 인

그리스도를 신앙하는 모든 개인은 성령의 역사에 의한 것으로 깨닫도록 하고 성령의 역사를 통해서 베푸시는 자기 은사를 발견하도록 해야 한다. 여기에서 자기 신앙의 목적과 의미, 뜻을 발견하게 되며, 더 나아가 이 신앙이 자기 자신에 머무르지 않고 예수 그리스도에 대한 절대적 신뢰에 이르게 한다. 성령의 역할은 그리스도에 대한 주관적 확신을 줌으로 그리스도와 밀접하고도 돈독한 관계에 이르게 된다는 것을 강조하고 가르칠 필요가 있다.

2) 교 회

성령은 자유의 영[77]으로서 주권적 자유를 가지고 계시지만 역사적 차원인 수평적 차원을 통해서 역사하심을 알게 해야 한다. 특별히 성령은 교회의 주로서 교회를 세우시고 인도하시고 통치하시는 분이기에 교회를 통하여 역사한다. 이는 교회를 통하여 선포한 말씀과 예수 그리스도를 가르치기 위하여 성령에 의하여 쓰여진 기록된 말씀인 성경과 그리스도에 의해서 세워진 성례전(세례와 성찬)을 통하여 역사한다.[78] 그러므로 열광주의자처럼 성령의 역사의 수평적 차원을 상실할 수 없다. 교회란 성령이 역사하는 도구이며 기구이다. 교회를 통하여 역사하신 성령의 깨달음으로 교회를 발전·성장·성숙시키는 것은 중요한 것이다. 성령운동은 교회를 위하여 보다 더 헌신적으로, 희생적으로 봉사하게 함으로써 교회의 발전에 기여하게 한다.

3) 공동체

성령의 은사는 자기 자신을 위하여 또는 맹목적, 광신적, 열광적 신앙을 위해서 준 것이 아니라, 그리스도인으로 하여금 준비시켜 능력있는 삶을 살게 하기 위한 것이다. 성령이 그리스도인을 준비시켜 능력있게 살게 하는 근본 모체는 사랑의 정신이다. 이는 이웃과 사회에 대한 사랑을 통해 하나님의 사랑을 성취시키려는 것이다. 그러므로 성령운동은 자기 소유를 나누는 일과 자기 희생으로 나타난다. 이웃공동체, 사회공동체에 사랑으로 헌신하고 그들의 삶을 대리하는 예수 그리스도의 생애의 자취를 따른다. 여기에서 십자가없는 성령운동은 극복되고 그리스도의 정신을 구현하는 성령운동이 된다. 공동체에 대한 사랑의 봉사, 이것이 바로 성령운동이다.

4) 역사와 세계

성령은 그리스도의 주변에 보다 넓은 영역을 차지한다.[79] 성령은 역사와 세계에 관심을 갖는다. 그러므로 탈역사적, 탈세계적인 성령의 역사는 있을 수 없다. 성령은 예수 그리스도 안에서 태동한 하나님의 나라를 이룩한다. 물론 예수 그리스도는 첫 열매(first fruit, aparch)이지만 약속의 성령을 통해서 완성되고 성취된 세계를 희망한다.[80] 참으로 하나님의 영을 체험한 사람은 하나님의 의와 사랑과 평화와 기쁨이 넘치는 하나님의 새로운 세계를 함께 바라보고 신음하며 그의 성취를 추구하지 않을 수 없다. 즉 현실 세계와 역사를 무가치하고 무의미한 것으로 여긴다면 이것은 올바른 성경적 신앙은 아니다.[81] 그러므로 성령체험을 통하여 하나님과 가까와지면 가까와질수록 세계에 대한 관심, 역사에 대한 관심을 가져야 한다. 그들은 성경에 나타난 하나님의 관심을 자기 관심으로 가져야 한다. 약속의 성령을 통해서 이루어진 완성될 종말로 미래를 희망하면서도 이 희망을 단순히 기다릴 뿐만 아니라, 예수 그리스도를 통하여 성취된 현실을 이 땅 위에서 이루어야 하는 것이다. 이제 성령운동은 하나님의 피조물로서 하나님의 관심과 은혜와 사랑의 대상인 이 세계와 역사에 대하여 관심을 가짐으로써 구원의 장이 이루어지도록 해야 한다.

7. 맺는 말

우리는 지금까지 성령과 교회의 관계와 교회에 나타난 성령의 은사에 대하여 고찰해 보았다. 이는 성령에 대한 이해의 혼란을 막기 위한 것이며, 성령을 통한 바른 교회관을 정립하기 위함이었다. 성령이 주관하지 아니한 교회는 하나의 제도와 조직에 불과한 것이기 때문에, 교회는 계속적으로 성령의 새롭게 하심을 받아야 한다. 이렇게 될 때 교회의 목적은 성취된다. 또한 자유하신 성령께서 교회에 주신 말씀과 성례전을 통하여 역사하심으로써 교회에 베풀어 주신 은혜를 기억하고 그리스도의 몸된 교회의 중요성을 다시 강조해야 할 것이다. 성령의 역사는 제도적인 측면과 공동체적인 측면을 동시에 갖고 있다. 이제 우리는 성령의 바른 이해를 통해서 성령의 영역에 대한 올바른 견해를 가져야 한다. 하나님의 주권은 세우시고 하나님의 현존(the presence of God)을 가져오신 성령은 개인적인 회개, 신앙, 성화를 통하여 개인을 죄에서 해방시키시고 치유하는 능력임과 동시에 사회, 정치, 역사의 영역에 있어서 해방시키고 변화시키는 치유의 능력임을 깨달아야 한다. 그러므로 성령은 그리스도의 구원의 역사를 개인적 차원에서 뿐만 아니라 인류사, 세계사의 차원에서 이루시는 초월적인 하나님의 힘이

기도 하다. 이는 종말에 성취될 약속의 성령으로서 창조의 능력으로 새 하늘과 새 땅을 이루는 힘이다. 이제 우리는 이와 같은 성령의 새로운 이해에 이르러야 하며, 나아가 성령에 의해 주어진 은사의 본래 목적을 깨달아 교회, 이웃, 사회, 역사, 세계에 대한 책임을 다하며, 섬김으로써 그리스도의 대리적인 삶을 살아야 한다.

2
성령에 관한 성경적, 개혁주의적 견해

1. 들어가는 말

① 이 보고서가 작성된 배경은 무엇인가?
　아틀란타노회 내의 몇몇 교회에서 성령운동에 몰두하게 된 교인들과 지도자들이 생기게 되자, 이런 교회에서는 종종 충돌이 발생하여 화평과 일치 속에서 일하려는 노력들이 헛되게 되고 분열까지 발생하게 되었다. 이런 문제에 당면한 교회의 지도자들이 이렇게 제기된 신학적, 실천적인 문제들을 해결하기 위해 필요한 자료들을 찾으려 했으나 찾을 길이 없었을 뿐만 아니라, 다른 교회들도 이내 같은 논쟁에 휘말리게 되면서 노회에 도움을 청하게 되었다. 아틀란타노회는 이 문제를 다룰 임시 협의회의 임명안을 인준했다.
② 이 보고서의 목적은 무엇인가?
　이 보고서는 성령에 관한 체험과 가르침 때문에 발생할 수 있는 문제에 말려든 당회, 지도자와 교인을 위한 신학적이면서도 실천적인 지침을 마련하고자 한다.

2. 성령에 관한 성경과 개혁주의적 견해

1) 성 령
③ 성령은 어떤 분인가?

성령은 세상과 교회, 그리고 기독교인 개개인의 삶 속에서 활력을 주고 새롭게 하며 변화시키시는 분으로서 창조주 아버지 하나님과, 화목자이시며 구세주이신 성자 하나님의 영이시다. 성령은 아버지 하나님과 그의 아들이 하시는 것에 덧붙이거나 혹은 그와 전혀 다른 일을 하시는 세 번째 하나님이 아니라 바로 지금 창조적이고 구속의 역사를 이루시는 삼위 중 실천적인 하나님으로서 아버지 하나님과 그의 아들을 항상 증거한다(요 15:26, 16:13-14).

④ 성령은 어떤 일을 하시는가?

a. 성령은 인간 삶의 모든 면에서 활력을 주고 새롭게 하시며 변화시키는 하나님의 임재이며 역사이시다.

(1) 성령은 모든 인류의 육체적인 삶 속에서 창조적이고 회복시키는 근원이 되신다(창 2:7, 시 104:30, 욥 33:4, 눅 4:18-19, 고전 12:9).

(2) 성령은 마음을 밝히시며 인간으로 하여금 하나님을 알고 하나님의 진리를 깨닫게 하신다(요 14:17, 26, 16:12-13, 고전 2:10-13).

(3) 성령은 사랑과 화평과 희락과 하나님의 임재를 경험케 하며, 믿음과 소망과 사랑이 넘치게 하신다(롬 15:13, 갈 5:22-23).

(4) 성령은 사람들이 뜻을 새롭게 해서 하나님께 순종하고 하나님과 모든 인간들을 섬기게 하신다(롬 12:1-2, 빌 2:1-12, 갈 5:16-25).

(5) 성령은 교인을 부르셔서 교회를 계속 유지시키시며 일치와 사랑 안에서 함께 사는 일치된 사회를 창조하신다. 교회는 하나님을 섬기시면서 세상에 이바지하는 이중 임무를 위해 능력을 부여받았다(행 1:8, 고전 12:4, 14:12, 엡 2:11-12, 4:11-16).

(6) 성령은 가난한 자와 억압받는 자들에게 정치적, 경제적 정의를 부여하기 위해 세상에서 역사하고 계신다(사 11:10, 42:1-9, 61:1, 눅 4:18-19). 성령은 "모든 인간을 위한 공익을 위해" 세속적인 질서를 통해서도 역시 역사하신다(칼빈, 기독교 강요 Ⅱ. 2, 15, 16).

b. 성령이 역사하시는 방법은 다른 어떤 것을 희생시켜 가면서 강조되어서는 안 된다. 성령의 역사에 관한 전체적인 성경의 가르침을 눈여겨보면

(1) 반지적(反知的)이거나 온전히 지적인 기독교는 있을 수 없고
(2) 온전히 감정적인 기독교나 감정이 결여된 기독교도 있을 수 없으며,
(3) 율법주의적 기독교나 개인적인 많은 축복과 은혜는 주지만 기독교인이 개인과 사회·정치관계를 떠나서 생활하도록 요구하는 기독교도 없고,
(4) 기독교공동체 속에서 성령의 임재를 희생해 가면서 개인적인 신앙 경험 속에서의 임재를 강조하거나, 기독교인의 개인적인 경험을 희생해 가면서 설교, 가르침, 성찬 그리고 교회의 목회만을 강조할 수도 없으며,
(5) 세속적인 세상에서도 성령이 역사하신다는 것을 기쁘고 고맙게 받아들이지 않고, 기독교공동체와 기독교인 개개인의 삶 속에서만 성령이 역사하신다는 이기적이고 자기 중심적인 점을 강조하거나, 성령은 어느 곳에서나 자유롭게 역사하신다는 점을 들어 성령은 예수 그리스도 속에 계시는 하나님을 교회와 기독교인 개개인 속에서 알려지게 하시며, 인식하게 하시며, 자유롭게 섬김을 받게 하신다는 사실을 잊을 만큼 너무 세상적으로만 강조되어서도 안 된다.

2) 성령충만
⑤ 성령충만이란 무슨 뜻인가?
성경에서 성령충만이란 부여받은 임무를 행하고 그것을 할 수 있는 능력을 부여받는다는 뜻이다. 그런 의미는 자기를 희생하면서 순종하시는 예수님의 생애에서 특별히 찾아 볼 수 있는데, 그분은 성령이 충만한 최초의, 최상의 모범이 되셨으며 하나님의 나라를 선포하시고 실현시키기 위해 오셨다. 사도행전 1:8에서 부활하신 그리스도께서는 "땅끝까지 이르러" 그의 증인이 되라고 명령하시면서 성령을 그의 제자들에게 약속하셨다. 성경을 보면 많은 부분에서 성령이 우리로 하여

금 할 수 있도록 하시는 일들에 관해서 언급하고 있다. 성령충만이란 (a) 개인적인 삶, 교회 그리고 세상에서 하나님을 찬양하고 순종하며 섬기는 믿음과 소망과 사랑을 부여받는 것이고, (b) 모든 기독교인을 사랑하고 돌보는 것이며, (c) 세상에서 하나님의 구원하시는 정의와 사랑의 도구가 되는 것이다. 성령이 임하는 사람들은(자신의 구원을 포함해서) 많은 개인적인 축복과 은혜를 받지만 신약성경 속에서 이것들은 결코 본래의 목적이 아니다. 성령의 능력은 그리스도 제자직의 임무를 수행하게 한다. 예수님과 신약성경 저자들은 성령충만이 매우 값비싼 것이라고 주의시키고 있다. 성령이 능력있게 임재한다고 반드시 개인적인 위안, 안심, 그리고 성공을 얻게 되는 것은 아니고 예수 그리스도와 그의 나라를 위해 자기를 부인하고 자기의 십자가를 지며 역경과 핍박조차도 기꺼이 이겨내는 능력을 갖게 된다.

⑥ 언제 그리고 어떻게 성령충만하게 되는가?

하나님이 원하시면 언제, 어디서나 그리고 어떤 방법으로든지 성령은 자유스럽게 역사하신다. 신약성경과 개혁주의 전통에 따르면, 성령은 특별히 교회에 약속되었다. 교회가 예수 그리스도를 선포하고 기꺼이 따르며, 성경에 있는 하나님의 말씀에서 나오는 설교와 가르침을 충실히 듣고, 세례와 성만찬에서 있었던 하나님의 은총의 약속을 바라며, 사람들을 인도하며 기독교공동체 내에서 친교와 세상에서의 임무를 함께 할 때에 성령은 기대될 것이다. 예수님은 성령을 그의 모든 제자들에게 약속하셨고(요 14:15-27, 16:7-14, 행 1:1-14), "그들이 한 곳에 모였더니" 성령이 오순절에 임하셨다. 사도행전을 보면 성령이 임하시는 것은 사람들이 교회가 복음을 전파하는 것을 듣고서 받아들이는 것과 또 기독교공동체에의 입문식(式)인 세례와도 관련이 있다. 사도행전에서 성령은 가끔 세례전에 임하시기도 하고(행 19장), 때로는 세례와 동시에, 때로는 세례 후에 임하시기도 하지만(행 8장) 항상 세례와 관계가 있다. 바울은 성령이 자기 자신의 교화(edification)와 축복만을 위해 주신 것이 아니라, 교회를 세우시기 위한 직임과 "공익"을 위해서도 기독교인 각자에게 임하신다고 계속해서 강조한다(고전 12:7-13, 14:13, 엡 4:11-16).

성령충만이란 기독교인에게 일단 성령이 임하시므로 하나님을 마음대로 할 수 있는 한 때의 체험이 아니다. 성령의 임재는 우리가 항상 계속해서 새롭게 받아야 할 살아 계신 하나님의 인격적인 임재이다. 초대교회의 기도의 서두는 "오시옵소서! 성령이여"였는데 이는 기독교인들이 단 한번만 드리는 기도가 아니고 일생을 통해 드리는 기도였다. 성만찬에서의 성찬은 봉사를 위해 위안과 힘과 능력을 새롭게 하는 것이 우리에게 항상 필요하다는 사실을 강조하는 것인데, 성령이 살아 계신 그리스도로 하여금 항상 우리에게 임하게 하실 때에 그런 봉사가 있게 된다.

⑦ 모든 기독교인은 "성령충만"한가?

"성령이 모든 믿는 자에게 살아 계시고 다양한 방법으로 성령충만케 할 수도 있다"(문제 50번을 보라). 기독교인이라는 정의는 성령에 의해서 하나님의 은총과 명령에 신앙과 순종으로 응답하는 사람이다. 기독교인은 때때로 믿음이 약해지기도 하고 불순종하기도 하지만 믿음없음과 불순종을 극복하는 데 도움을 얻기 위해 그들 삶 속에서 성령의 임재에 의지하게 된다. 기독교인이 되는 것은 완전하게 되는 것이 아니고 성령의 능력으로 "그리스도의 장성한 분량"이 충만한 데 이르는 것이다(엡 4:13). (웨스트민스터 신앙고백의 12:－20:에서 기독교인이 된다는 것이 무엇을 의미하는 것인지의 설명과, 성령의 역사에 관한 장 속에서 반복, 강조하는 것을 참조하라.)

⑧ 성령으로 세례받는 것과 성령충만한 것과는 어떤 차이점이 있는가?

장로교의 개혁주의 전통은 사도 바울의 가르침에 따라 이 두 가지 체험을 굳이 구분지으려 하지 않는다. 사도행전은 성령으로 세례받는다고 말하지만 우리의 전통에 의하면 세례란, 모든 기독교인들의 삶을 통해 발생하는 성령의 새롭게 하시고 변화시키는 역사를 계속 경험케 하는 첫걸음이라고 생각된다. 사도행전에서 이런 체험은 우열이 있는 기독인이 아니라 그리스도 안에서 형제자매인 공동체로 세례받는 것이다.

3) 성령의 은사

⑨ **성령의 열매와 성령의 은사의 차이는 무엇인가?**

갈라디아서 5 : 22~23에서 언급된 성령의 열매(사랑, 희락, 화평, 오래 참음, 자비, 양선, 충성, 온유 그리고 절제)는 모든 기독교인들의 삶 속에서 성령이 이루시는 것들이다. 성령의 은사는 각각의 기독교인에게 특별히 주어지는 능력과 임무로서 신약성경에는 이런 은사가 여섯 곳에 적혀 있는데 그외에 다른 신령한 은사도 있다.

⑩ **성령의 은사나 신령한 은사는 무엇인가?**

신약의 여섯 곳에서 언급된 성령의 은사 덕목은 다음과 같다. 첫째로 말씀, 지식의 말씀, 믿음, 병고침, 능력행함, 예언, 영들의 분별력, 각종 방언(고전 12 : 8-10)이고, 둘째로 사도, 선지자, 교사, 능력 있는 자, 병고치는 자, 다스리는 자, 각종 방언하는 일(고전 12 : 28)이며, 세째로 방언, 계시, 지식, 예언, 가르치는 일(고전 14 : 6)이다. 네째로 예언, 섬기는 일, 가르치는 일, 권위하는 일, 성실함, 부지런함, 긍휼을 베푸는 일(롬 12 : 6-8)이고, 다섯째는 사도, 선지자, 복음전하는 자, 목사, 교사이며, 마지막으로 예언과 섬김(벧전 4 : 10-11)이다.

이 덕목들은 각기 다르기도 하고 중복되기도 하지만 그것이 전부는 아니다. 또 어떤 은사는 교회의 직무와 관련이 있지만 어떤 것들은 성령께서 하나님을 섬기는 데 사용되도록 선천적으로 주신 특별한 재능도 있다.

⑪ **성령충만한 기독교인이 되기 위해 반드시 필요한 특별한 은사가 있는가?**

아니다. 바울은 기독교인들은 각각 다른 은사를 가지며 다만 중요한 것은 각자가 특별한 은사에 충실히 실천하는 일이라고 말한다(롬 12 : 6-8). 그는 우리에게 각기 다른 은사를 갖게 되는 사람들을 질투하지 말고, 다른 사람들이 갖지 못하는 은사를 자기가 갖게 되었다고 자랑하지 말며, 다양한 은사를 모든 기독교인이 다같이 기뻐해야 한다고 했다. 예를 들면 모든 기독교인들이 교회를 기쁨으로 서로 돕고 각자의 은사를 보완하는 풍요롭고 완전한 공동체로 만들려는 노력 같은 것이다(고전 12장).

⑫ 은사는 서로간에 우열이 있는가?

신약성경에 나타난 은사간에는 어떤 계급도 없다. 사도행전에서 누가 방언하는 것을 강조하지만(행 2:1-13, 10:44-48, 19:6) 성령이 임한다고 해서 반드시 방언을 해야 한다는 것은 아니라고 했다(행 8:14-17). 고린도 전서에서 바울은 방언을 인정하지만 예언의 은사(구약 예언자들처럼 하나님이 세상에서 말씀하시고 행하시는 것을 해석할 수 있는 능력)가 더 중요하다고 주장한다(고전 14장). 아마 누가와 바울간의 차이점이라고는 누가는 초대교회 당시 성령이 임하시는 것에 대해 열광적으로 응답하는 것으로 이야기했고, 바울은 방언하는 자들이 자기들이 우월하거나 자기들만이 진짜 기독교인이라고 생각해서 이미 성립된 교회의 일치, 화평 그리고 질서를 혼란시키고 있던 그후의 상황에서 이야기했던 점이다.

사도행전에서조차 방언하는 것이 가장 중요한 은사라고 말하지 않는다. 바울은 방언에 통역이 뒤따르지 못할 경우 방언 위에 예언을 둘 수 있지만 어떤 특별한 은사도 가장 중요하다고 생각하지 않았으며, 다양한 은사를 우열순서로 나열하지도 않았다. 고린도 전서 13장에서 바울은 방언, 예언, 지식, 믿음 그리고 어떠한 구제보다도 사랑을 더 중요하게 여기고 있다.

⑬ 신령한 은사의 목적은 무엇인가?

바울에 의하면 그것을 받은 자들이 자신만을 위해 즐기거나 다른 기독교인보다 우월성을 나타내기 위해서 받는 것이 아니라, 세상에서 교회와 그 사역을 위해 주어진다고 했다. "각 사람에게 성령의 나타남을 주심은 유익하게 하려 하심이라"(고전 12:7). 예언이(통역이 없는) 방언보다 더 나은데 "방언을 말하는 자는 자기의 덕을 세우고 예언하는 자는 교회의 덕을 세우기" 때문이다(고전 14:4). "너희도 신령한 것을 사모하는 자인즉 교회의 덕 세우기를 위하여 풍성하기를 구하라"(고전 14:12). 은사는 "성도를 온전케 하며 봉사의 일을 하게 하며 그리스도의 몸을 세우려 하심"(엡 4:12)이기 때문이다.

방언이 대단히 강조되는 사도행전에서조차 사도행전의 주 목적은 교회의 성장과 선교라고 말하고 있다. 성령이 임하시는 것을 설명할 때

2. 성령에 관한 성경적, 개혁주의적 견해

마다, 제자들이 예루살렘(행 2장)과 사마리아(행 8:17)와 땅끝까지 향하여 가이사랴(행 10:44-48)와 에베소(행 19:6)에까지 그의 증인이 될 수 있도록 성령을 약속한 부활 후 예수님의 약속을 실현시키는 새로운 모습을 매번 보여 준다. 신약 중 성령의 책인 사도행전은 세상에서 교회의 임무를 실현하는 모습을 보여 주는 위대한 사명의 책이다.

⑭ 성령의 은사는 획득되어질 수 있는가?

그럴 수는 없다. 결코 획득될 수는 없다. 은사란 선물로서 교회의 사명이 충족되는 것을 보증하기 위해 하나님의 뜻대로 각 사람에게 나눠 주시는 것이다(고전 12:11).

⑮ 신앙생활에는 반드시 성령의 은사를 받아야 하는가?

신앙 자체는 성령이 가능케 하는 것이므로 우리가 스스로 갖게 되는 능력도 아니고 우리가 원하는 것을 성령으로 하여금 우리를 위해 이뤄 주게 하는 수단도 아니다. 신앙은 그것을 통해 하나님이 우리에게 주신 능력과 임무를 인정하고 받아들일 수 있도록 성령이 역사하시는 수단이다.

⑯ 기독교인은 특별한 신령한 은사를 구해야 하는가?

하나님은 성령이 선택하신 모든 기독교인에게 신령한 은사를 주신다. 모든 기독교인은 하나님이 각자에게 주신 모든 은사를 찾아야 되며, 주신 은사가 세상에서 하나님의 사랑과 정의에 증인이 되고 교회를 위해 신실하게 쓰여지기를 기도해야 한다.

특별한 은사를 원하여 그것을 위해 기도할 수도 있으나(예를 들면 설교, 가르치는 일, 병고치는 일, 다스리는 일, 방언, 혹은 궁휼을 베푸는 은사 등) 하나님이 주신 특별한 은사에 먼저 감사해야 하고 원하는 은사를 주시지 않더라도 불평해서는 안 된다. 모든 이들은 기독교인 각자와 교회가 그리스도의 제자로서의 임무를 완수하기 위해 필요한 것이 무엇인지를 하나님이 가장 잘 안다는 사실을 확신할 수 있어야 한다. 고린도 전서 12:31에서 바울은 "더욱 큰 은사를 사모하라" 하고서 곧장 이 은사나 저 은사를 말하지 말고 사랑을 말하라고 했다.

⑰ 신령한 은사나 성령의 임재가 하나님께로부터인지의 여부를 우리는 어떻게 알 수 있는가?

이 질문에 답할 수 있는 몇 가지의 기준이 이미 언급된 질문에 대한 답에서 찾아 볼 수 있다. 성령의 은사나 임재는 다음의 경우에 분명히 하나님이 주신 것으로 적절히 사용되어진다.

  a. 은사가 그리스도의 제자로서의 값비싼 임무를 성취하기 위해 주어진다는 조건 하에서 쓰여질 때, 뿐만 아니라 하나님의 은총 아래 주어진 은혜와 축복을 자기를 위해서만 사용되어지지 않을 때

  b. 전체 기독교공동체를 교화하고 세우기 위해 쓰여질 때, 그리고 기독교인 개개인의 개인적인 필요와 욕구를 만족시키기 위해서 사용되지 않을 때

  c. 교회 내에서 다른 기독교인들을 서로 사랑하고 돕기 위해 쓰여질 뿐만 아니라 교회를 우열이 있는 교인으로 분리하기 위해 쓰여지지 않을 때

  d. 다양한 하나님의 은사를 인정하면서 쓰여질 때 뿐만 아니라 진정한 기독교인들은 모두 똑같은 은사를 받아야 한다는 주장 하에서 쓰여지지 않을 때

  e. 예수 그리스도와 그분의 위대성을 나타내기 위해 쓰여질 때와 은사를 받은 사람과 자기들의 위대성을 나타내기 위해서 쓰여지지 않을 때

  f. 세상에서 인간의 모든 면,즉 정치, 사회, 경제와 각 개인의 모든 면에서 하나님 나라의 정의와 사랑을 위해 쓰여질 때, 또는 각기 그리스도인의 행복과 구원 혹은 교회 자체만을 위해 쓰여지지 않을 때

3. 현대에 있어서의 성령은사운동

1) 성령은사운동과 개혁주의 신학
⑱ 성령은사운동이란 무엇인가? (Charismatic Movement)

신교든 구교든 간에 오늘날 모든 종파에 널리 알려진 성령은사 운동은 믿는 자의 삶 속에서 성령의 임재와 능력을 강조한다. 카리스마틱(charismatic)이라는 말은 희랍어로 은사(gifts)라는 말의 복수(charismata)에 해당되는데, 이 운동은 성령의 은사에 대해 큰 관심을 두고 있는

2. 성령에 관한 성경적, 개혁주의적 견해   277

것으로 특징지어질 수 있다.

성령은사운동은 다른 말로 전 교회사를 통해 존재해 오고 있으면서 특히 지난 약 25년 사이에 중요한 운동으로 변하고 있다. 1900년대 이후 이 운동은 오순절주의(Pentecostalism)로 불리었고 현대 성령운동은 때때로 신오순절주의(Neo-Pentecostalism)로 불리우지만, 이 운동에 열심인 많은 사람들이 이런 명칭을 인정하려 들지 않는다. 역사상의 오순절주의는 기독교로 개종(중생 혹은 기독교인이 되는 것)하는 것과 성령을 받는 일을 별개의 일로 여기면서 후자가 더 상위의 체험이라고 주장한다. 이 후자의 체험은 그것 없이는 하나님을 섬길 수 없다고 믿기 때문에 더욱 열심히 구해지는 것이다. 역사상의 오순절주의에 반해 성령은사 운동주의자들은 성령이 모든 믿는 자에게 계신다는 사실을 때때로 인정한다.

역사상의 오순절주의는 하나님의 교회(Church of God), 하나님의 성회(Assembly of God), 오순절 신성교회(Pentecostal Holiness Church) 등으로 알려진 중요한 그룹 속에서 보여지지만, 성령운동은 주요 종파 속에서 이미 생존해 오고 있다. 이 운동을 신봉하는 사람들은 각기 신학 중 오순절이 중요 위치를 차지하는 유사 교회집단, 즉 Full Gospel Business Men's Fellowship이나 Women's Aglow Fellowship 등이 참여한다.

⑲ 개혁주의와 장로교 신학이란 무엇인가?

개혁주의 신학은 16세기 칼빈과 그 후계자의 가르침에 그 기원을 두고 있는데 그 중 어떤 이들은 자신을 개혁주의자라고 했고 또 다른 이들은 스스로 장로교인이라고 불렀다. 이 신학은 다양한 개혁주의와 장로교회의 고백과 교회의 보편적인 신조와 함께 성경 전체를 하나님의 말씀으로 해석하는데 그 기초를 두고 있다. 특히 개혁주의 신학은 창조주이시며 구세주인 하나님이 세상에서의 모든 인간사를 다스린다는 (개인적, 사회적 그리고 정치적) 하나님의 주권과 인간이 타락해서 구세주가 필요하다는 것, 그리스도를 믿음으로써 용서함과 영생을 값없이 선물로 받는다는 것, 그리스도를 나타내고 그리스도의 제자로서 살 수 있는 힘을 주시기 위해서 믿는 자의 모든 삶 속에 성령이 임재한다는 사실, 주로서 구세주로서 그리스도를 믿는 계약 백성으로서의 교회, 역사에서 하나님의 확실한 최후의 승리를 강조한다.

개혁주의 전통은 교회의 신조, 고백과 교리문답에 충실하기 위해 목회자와 관리자들을 요구한다. 그러나 이러한 교회신앙 진술이 신앙의 최후 목표가 되지는 못한다. 이유는 예수 그리스도가 주님이시고 성경이 그리스도께서 위임하신 것을 인도하는 최상의 지식의 근원이기 때문이다. 그러므로 교회가 성령에 의해 인도받을 때 항상 재음미되고 수정될 수 있게 항상 열려져 있어야 한다. 개혁주의란 곧 "항상 개혁하고 있는 중"이라는 말이기 때문이다.

⑳ 성령은사운동이 성령에 관한 한 개혁주의 신학과 일치하고 있는가?

성령은사운동은 개혁주의 신학과 다음과 같은 점에서 일치하고 있다.

  a. 모든 기독교인은 성령의 이끄심을 통해서만 그리스도께 다가설 수 있다.

  b. 모든 기독교인은 기독교인들이 삶 속에서 힘을 얻기 위해 성령의 임재와 능력에 의존해야 한다.

  c. 모든 기독교인은 언행에서 하나님의 사랑에 증인이 되기 위해 세상에 보내졌다. 성령은사운동은 개혁주의와 비교해 볼 때 다음과 같은 면에서 성경의 가르침과 일치하지 않는다.

(1) 성령은사운동은 교회의 고백과 신조의 지도를 소홀히 하거나 무시한다.

(2) 성령은사운동은 하나님께서(사회, 정치와 개인의) 삶 전체를 요구한다는 사실을 무시한다.

(3) 성령은사운동은 더욱더 개인적이거나 배타적인 기독교 편을 들어 하나님의 백성들이 보다 더 큰 공동체를 이루는 것을 무시한다.

(4) 성령은사운동은 각기 다른 기독교인들 속에서 성령이 임하고 역사하신다는 것을 무시한다.

(4) 교회의 가르침, 설교와 성찬을 무시한다.

(5) 성경 전체를 통해 기독교의 신앙과 삶이 수정될 수 없다는 점에

서 더욱 그러하다.

2) 세 례
㉑ 성령은사운동에서 "세례"라고 부르는 체험이란 무엇을 말하는가? (여기에서 말하는 세례란 성령세례를 말함 : 역자주)

신약성경에서 "세례"란 교회에서 성령이 인도하시는 삶으로 입문하는 것으로 기독교인이 된다는 것과 같은 말로 쓰이지만(고전 12 : 12-13) 성령은사운동에서 이 말은 그리스도인이 되기 위해 반드시 더불어 일어나는 성령의 임재와 능력을 특별히 체험한다는 말이다. 성령운동에서 "세례"라는 말은 그리스도인이 가질 수 있는 충만한 체험 중 하나인 성령충만이라는 말로 쓰인다(6번 질문을 참조하라.)

㉒ 자기 자신이나 타인의 삶 속에서 성령의 임재를 어떻게 인정하는가?

성령의 임재는 갈라디아서 5 : 22~23에서 언급된 성령의 열매(사랑, 희락, 화평, 오래 참음, 자비, 양선, 충성, 온유, 절제)를 그리스도인들이 그들의 삶 속에서 드러낼 때 성령의 임재는 인정받을 수 있다(17번 질문을 참조하라.)

㉓ 어떤 체험, 믿음 혹은 업적을 통해 믿는 자가 그 우월성을 인정받을 수 있는가?

사상과 행위에서 그리스도에 가장 가까운 위대한 성자들은 자기들이 아직도 하나님의 은총이 필요한 죄인이며, 하나님께서 그리스도인에게 원하시는 바대로 되기 위해 갈길이 멀다고 가장 먼저 응답한 사람들이었다.

3) 하나님의 인도하심
㉔ 하나님은 어떻게 그의 백성을 인도하는가?

장로교인은 하나님의 인도하심이 다음과 같은 네 가지 면에서 나타난다고 믿는다.

(1) 예수 그리스도 : 하나님의 인도하심이 예수 그리스도 속에서 나타나는데 예수님은 구주로서 그리스도인의 주이시며 모범이시다. 하나

님의 뜻은 사랑하고 불쌍히 여기며 섬기고 아버지 하나님께 충실하게 순종하는 예수님의 삶 속에서 분명히 나타난다. 모든 믿는 자에게 하나님의 부르심은 바로 "와서 나를 따르라"이다.

(2) 성경 : 그리스도 안의 하나님의 뜻은 성경을 기도하는 마음으로 읽고 성경의 의미에 대하여 성령의 비췸을 구하고 현대적인 상황에 성경을 적용하는 사람에게 나타난다.

(3) 교회 : 하나님의 인도하심은 과거와 현재의 교회에서 다른 기독교인들에 의해 성경을 해석하고 적용하던 중에도 나타난다. 그러나 교회는 성경에서 살아 계신 하나님의 뜻을 분별하지 못할 수도 있다. 그러므로 그리스도는 교회에 계셔서 성령에 의해 교회를 인도하실 것이라고 약속했다. 하나님이 성경을 통해 기독교인들이 말하고 행하도록 인도할 것에 관하여 하나님의 백성들의 과거와 현재의 일치를 무엇보다도 신뢰할 때에 성경을 개인적인 편견이나 소원으로 곡해하는 일을 쉽게 피할 수 있을 뿐만 아니라 성령의 인도하심도 더 쉽게 이해할 수 있을 것이다.

(4) 환경과 사건 : 하나님의 섭리에 의해 기독교인의 결정과 행동을 요구하는 개인적, 정치-사회적 환경과 사건이 발생할 때와, 기독교인들이 이러한 사건과 상황에서 당면한 문제들과 도전에 대한 해결의 도구로써 부르셨다는 것을 인식할 때, 하나님의 인도하심을 깨달을 수 있다.

㉕ **하나님께서는 독특한 정보로 각기 개인에게 직접 이야기하실까?**

성경에 의하면 때때로 개인들은 하나님과 직접 교제를 나누면서 독특한 정보를 얻었다. 이러한 형태의 계시는 오늘날도 그 가능성을 배제할 수는 없다. 그러나 이런 형태로는 성경 속에 나타나 있는 하나님의 백성들을 위한 규범이 나타나지 않기 때문에 현대 그리스도인들은 일상생활 속에서 그것이 규범이 되리라고 기대해서는 안 된다.

우리는 성경에서 하나님의 목소리를 들을 것을 기대해야만 한다. 때때로 각자가 기도할 때 하나님께서 그들에게 말씀하실 수도 있지만 분명한 말이 전해지지 않을 때 기독교인들은 기꺼이 그들의 최상의 판단

기준에서 행동해야 한다. 그리스도는 인간의 마음을 역사하시는 주님이시기 때문에 때때로 하나님이 주신 우리의 상식은 성령이 우리 각자에게 말씀하시는 가장 분명한 방법일 수도 있다.

기독교인들은 서로를 위해 기도하고 "짐을 서로 져야"(갈 6 : 2) 하지만 하나님이 다른 사람들에게 말씀하고 계신 것을 자기가 안다고 생각해서는 안 될 뿐만 아니라, "하나님께서 당신이…와 같이 해야 한다고 나에게 말씀하셨어요"라고 주장하면서 신령한 충고를 할 권한이 있다고 생각해서도 안 된다.

특히 각자의 삶 속에서 큰 위기에 빠져 있을 때 그리스도인은 하나님이 하시는 일과 그 일을 하시는 이유를 자기가 안다고 생각해서는 안 된다. 고통에 직면하였을 때 견딜 힘을 달라고 간구하면서 하나님의 뜻을 알 수 없다고 고백했던 수많은 위대한 성도들과 같은 태도를 취해야 한다.

㉖ 하나님의 인도하심이라고 주장할 수 있는 근거를 어떻게 알 수 있을까?

기독교인들이 은총 아래서 믿음으로 살기 때문에 인도하심을 항상 알 수 있는 것만은 아니다. 믿는 자들이 자기들이 알고 있다고 매우 확신할 때조차도 잘못될 수 있다. 우리 주님이 성경을 통해 증거되고 교회를 통해 알려지기 때문에 어떤 경우든 하나님의 뜻을 우리 인간에게 나타낸 예수 그리스도 안에서의 하나님의 뜻과는 결코 상반되지 않는다(24번 질문과 믿음의 선언⟨A Declaration of Faith⟩의 제 6 장 세 번째 절을 참조하라).

4) 방언의 은사

㉗ 방언이란 무엇인가?

방언이란 통상적으로 glossais(혀)와 lalon(말하기)을 해석한 말로 때때로 "glossolalia"로 음역된다. 사도행전 2장에 따르면 유대인의 오순절 때와 예수님이 십자가에 못박히셨던 유월절 후 50일, 그리고 예수님이 승천하신 후 10일 동안에 예수님의 제자들 사이에서 이런 현상이 나타났다.

사도행전 2장에서 누가는 이런 경험이 어떤 것인지 두 가지의 다른 경향을 설명하고 있다. 한 편으로는 방언하는 사람은 모르지만 로마제국의 각 지방에서 예루살렘을 방문한 사람들에 의해 자기 고향 언어라고 인정받은 조리있는 언어를 제자들이 말하고 있다고 했다. 또 한 편으로는 제자들이 "새 술에 취한"(행 2 : 13) 것처럼 일관성없는 말을 하는 것으로 이야기하고 있다.

사도행전과 고린도 전서에 나타난 다른 언급들을 보면 두 번째 의미를 나타내고 있는데, 하나님의 임재를 과도하게 느낀 나머지 큰 감동에 쫓겨서 말을 하는 것 같다. 바울은 하나님의 영을 인식했다는 사실을 표현하는 것으로 그 자체를 인정하면서도 방언으로 말미암아 발생할 수 있을 분열된 결과에 대해 언급하면서(고전 14 : 26-33) 방언은 누군가에게 통역케 할 필요가 있다고 적고 있다.

방언은 말하는 사람에게 특별한 의미는 없을지 모르지만 말하는 사람에게 그의 삶 속에 하나님이 함께 하신다는 사실을 정확히 나타내 주는 표징이며 "하나님의 큰 일"을 말하고자 하는 욕구이다(행 2 : 11, 10 : 46).

㉘ 하나님은 오늘날도 방언의 은사를 주시는가?

어떤 그리스도인은 방언의 은사가 "하나님이 자기의 뜻을 나타내는 방법이지만 이제는 사라져 버린 옛날 방법"에 속한다고 믿지만(웨스트민스터 신앙고백 1장 1절과 8장 3절을 보라.) 이 보고서 작성자들은 이 은사가 오늘날도 주어진다고 믿는다.

㉙ 충만한 믿음을 가진 모든 그리스도인에게 이 방언의 은사는 가능한가?

그렇지 않다. 다른 신령한 은사처럼 방언의 은사는 하나님이 주시기로 작성한 사람에게만 가능하다.

㉚ 모든 기독교인이 이 은사를 구해야만 하는가?

모든 기독교인은 하나님의 영을 통해 삶을 새롭게 하고 살아가도록 끊임없이 열린 마음을 지녀야 하지만, 모든 기독교인들이 이 특별한 방법으로만 신앙을 새롭게 하려고 할 필요는 없다.

㉛ 방언이 성령이 아닌 다른 근원에서 생길 수 있는가?

황홀경에서 말하는 현상은 다른 종교에서 찾아 볼 수 있기 때문에 기독교인의 독점물만은 아니다. 감정적 체험으로서의 방언은 반드시 하나님의 성령에 의해서만 생기는 것은 아니다.

5) 병고치는 은사
㉜ 병고치는 신령한 은사란 무엇인가?
병고침은 병에서 나아 온전한 건강상태로 회복되는 것을 말한다. 병고침이란
  a. 신체적, 정신적 혹은 정치적 문제를 다루는 데 특별한 기술과 훈련을 받은 사람을 통해
  b. 약이나 보철(補綴)처럼 구체적으로 알 수 있는 사물의 형태로
  c. 직접 하나님의 역사로 이루어질 수 있다. 이런 병고침이 언제나 또는 어떤 방법으로 일어나는지 그것은 하나님으로부터 받은 은사이다.

㉝ 병고치는 은사가 언제나 마음대로 베풀 수 있도록 사람들에게 주어지는가?
아니다. 병고침은 항상 하나님의 뜻에 달려 있다. 하나님께서 그를 통해 병고침을 효과적으로 사용하시므로 그 은사를 언제나 마음대로 사용할 수 없다.

㉞ 병과 고통은 죄로 말미암은 것인가?
구약성경의 많은 부분에서 계속되는 입장을 보면 사람이 하나님께 순종하고 선을 행하면 그는 번성하고, 만일 하나님께 불순종하고 악을 행하면 벌을 받았다. 이런 생각은 어느 정도 진실도 있지만 완전하지 않다. 욥기를 통해 이런 교훈을 쉽게 비판할 수 있는데 욥은 자기에게 떨어진 무서운 재앙을 받을 만한 일을 한 적이 없다는 것을 알았기 때문이다. 제자들이 어떤 이가 태어나면서부터 소경된 것이 누구 탓이냐고 물었을 때 예수께서는 소경 자신이나 그의 부모 탓이 아니라 "그에게서 하나님의 하시는 일을 나타내고자 하심이니라"(요 9 : 3)고 말씀하셨다. 병이나 고통이 항상 죄 때문이라 할 수는 없지만 주어진 상황에서 하나님은 하나님의 은총을 나타내실지도 모른다.

그러나 인간은 그 몸과 마음과 영혼이 서로 밀접하게 연관되어 지음을 받았기 때문에 죄와 그로 말미암은 죄책감은 각자의 생리학적 기능에 영향을 미칠 수도 있다. 우리가 병들었든 건강하든 간에 우리 모두는 우리 죄에 대한 하나님의 용서가 필요한 죄인이다.

㉟ **병고침과 믿음은 어떤 관계를 갖고 있는가?**

병고침 같은 것은 우리의 믿음 때문이 아니라 하나님의 은총 때문이다. 예수님의 병고침의 역사에 대한 마가의 설명에 의하면 병고침에는 믿음이 중요하다고 했지만(막 2:5, 5:34, 9:23-24, 10:52, 그리고 믿음이 없어 예수님의 권능이 제한을 받은 6:5-6 등을 보라.) 다른 귀절에서는 예수께서 믿음을 언급하지도 않고서 병을 고치신다(눅 13:10-13). 어떤 곳에서는 믿음이 병고침 후에 생기기도 했고(행 8:6-7), 때때로는 믿음이 있는 곳에서조차 하나님은 병을 고치시지 않았는데 그 대표적인 예로 바울의 육체의 가시가 그의 끊임없는 기도 후에도 사라지지 않았다(고후 12:7).

불치의 병이나 장애를 가진 사람은 자신이 그렇게 된 것이 자기에게 그런 일이 생기지 않도록 할 수 있으신 하나님에 대한 자신의 믿음이 부족했기 때문이라고 느낄 때 비극적일 뿐만 아니라 죄스럽게도 된다. 이 세상에서 생길 수 있는 가장 중요하고 의미깊은 고침은 하나님과 다른 사람들과 자신이 화해하는 것이다.

㊱ **병고침과 기도와는 어떤 관계가 있는가?**

병고침과 기도와의 관계는 병고침과 믿음과의 관계와 같은 것인데 하나님은 모든 생명의 근원이시기 때문에 우리의 믿음이나 기도를 통해서 또는 믿음과 기도와 상관없이 역사하신다. 한편 신약성경을 보면 예수께서는 병고침을 받은 자나 그들을 대신한 다른 사람의 요청과 상관없이 병을 고치시기도 했고(막 1:29-31, 3:1-5, 눅 7:11-25), 다른 한편 예수께서는 생명을 주시는 일, 그리고 병고치시는 일이 요청에 의해 일어난 적도 있었다(막 1:40, 42, 5:23-34, 마 9:27-31). 하나님께서 생명을 주시고 병고치는 일을 하시기 위해 우리의 기도가 필요하지는 않지만 우리들에게 기도할 것을 요청하시면서 우리의 기도가 영향이 있는 것이라고 약속하신다. 야고보서 5:15에 "믿음의 기도는 병든 자를 구원하리니"라고 했다.

　우리들은 이런 말들을 통해 기도가 병고침의 근원이나 원인은 아니지만(하나님의 은총만이 근원이 될 수 있다.)병고치는 도구나 수단은 될 수 있음을 알 수 있다. 예수 그리스도를 믿는 자는 기도에 대한 믿음은 없지만 하나님에 대한 믿음은 있다. 그들은 기도 자체가 병고치는 능력이 있다고 믿지는 않지만 그들은 기도하는 대상인 하나님의 병고치시는 능력을 믿기 때문이다. 병고침은 우리의 기도 때문이 아니라 우리의 기도를 들어 주신다고 약속하신 하나님의 은총으로 이루어진다.

　기독교인이라면 하나님께서 그들의 기도를 들으시고 믿지 않을 때라도 그들에게 그것이 정말 필요하다면, 허락해 주신다는 사실을 알고 있기 때문에(고후 12:1-10) 예수님의 모범을 따라 "내 원대로 마옵시고 아버지의 원대로 되기를 원하나이다"(눅 22:42)를 덧붙여 가면서 자신이나 남을 위해 그들이 원하는 바를 열심히 하나님께 기도한다.

6) 귀신을 쫓아내는 것(exorcism)
㊲ 귀신을 쫓아내는 것이란 무엇인가?

　Exocism이란 특별한 방법에 의해 악령이나 귀신을 쫓아내는 것을 말한다. 1세기에 어떤 사람들은 귀신이나 부정한 영(벙어리와 귀머거리)에 의해서 사로잡혔다고 하는데 예를 들면 우리들이 경련, 간질, 정신병이라 부르는 것들이 생긴 것은 밖으로부터 사람에게 붙은 적대적인 힘 때문이었다는 것이다. 가버나움 회당에 있던 사람(막 5:1-3), 간질병 소년(막 9:14-27) 등이 예수님으로부터 병고침을 받았는데 그들 속에 귀신이 거하고 있었다. 예수님이 그들을 향해 권위있게 말하자 사로잡혀 있었던 사람들은 바로 나음을 받았다. 마귀에 사로잡힘에 관한 문제를 다루면서 두 가지 극단적인 의견을 피해야 하는데 그 하나가 마귀의 신성을 인정함으로써 유일신론을 양보하면서 하나님의 범주에 귀신을 놓고서 그 지위를 인정하는 것이고, 다른 하나는 귀신의 존재를 부정하는 것이다. 모든 기독교인들이 귀신의 존재를 믿지만 모든 기독교인들이 귀신의 인격화를 믿지 않는다(예; 악령, 귀신 등).

㊳ 마귀와 악령은 어떤 병의 근원이 되는가?

성령운동의 어떤 회원들은 이 사역에 참여하고 있는데 병고침의 사역은 신체적, 정서적, 영혼에 생기는 대부분의 병이 악령이 내재함으로 생긴다고 생각하고 있다. 병을 악령의 결과라고 생각하기도 하고 또는 탐욕, 미움, 질투와 두려움 같은 것이 악 때문에 생긴다고 생각하는 기독교인들도 있지만 병이 생기는 또 다른 요인으로는 육체의 연약함과 한계성, 병균 그리고 하나님께서 인간들에게 자기 스스로를 돌보고 또한 남들을 돌보도록 하신 일을 소홀히 하여 병을 얻는 것 등이다.

하나님은 우리에게 병을 치료할 많은 방책을 허락하셨다. 의학적 치료, 건강관리, 곤궁에 처한 다른 사람을 위한 공정하고 정성어린 돌봄과 기도 등이다.

7) 안수(laying on of hands)

㊴ 성령운동에서 강조되는 안수의 중요성은 무엇인가?

다른 사람의 머리 위에 안수하는 것은 은사나 축복을 전해 주는 것으로 오래 전부터 전해져 오고 있다. 신약성경에서 축복(마 19:15), 병고침(막 1:41), 신령한 은사를 받음(딤전 4:14) 그리고 교회에서 특별한 임무를 받을 때(행 13:3, 6:6)에 각각 안수를 했다.

안수란 개혁주의 전통에서도 특히 목회자의 안수식에서 귀중히 여기는 풍습인데, 이 관습을 통해 저절로 은총이 주어지는 것은 아니지만 하나님이 하나님의 은총을 안수를 통하여 주실 수는 있다. 이는 또한 하나님을 섬기는 기쁨에 대한 공통된 책임과 공동체의 유대를 나타낸다.

8) 성령은사운동의 공헌과 위험

㊵ 성령은사운동이 교회에 공헌한 바는 무엇인가?

성령은사운동에 참여한 자들이 새로운 헌신, 복음주의적 열정을 보이고 예배에 충실하며 그리스도에 대해 헌신하면서 시간과 재능과 재산을 상당할 정도로 바친다. 장로교인들은 때때로 차분하고 알맞게 매우 지적이고 냉정하다고 생각해 오고 있기 때문에, 이런 열정을 통해 교회의 예배와 일에 새로운 열심을 가져올 수 있었다.

성령은사운동은 이 운동이 존재한 지역 형편에 맞게 실질적이고 현저한 초교파주의의 역할을 다하면서 종파간의 유대와 의식도 상관치 않으며 삶 속에 성령의 임재만을 강조하면서 나머지 다른 차이점은 무시할 수 있는 것 같이 보였기 때문이다.

여러 지역에서 이러한 참신한 헌신으로 말미암아 보다 나은 기독교적 봉사가 생기게 되었다.

㊶ 성령은사운동이 강한 지역의 교회 내에서 어떤 위험이 있는가?

(1) 첫 번째 위험으로는 이런 고차원적인 기독교의 체험에 아직도 이르지 못한 신도와 비교할 때 그 경지에 이르렀다고 생각하는 사람들은 세례(여기에서 말하는 세례란 성령세례를 말함 : 역자주) 받았기 때문에 자기들이 우월하다고 생각함으로써 발생하는 분열을 들 수 있는데, 이런 위험과 함께 모든 사람들에게 그들이 이렇게 고차원의 체험이 필요하다고 확신시키려는 노력도 들 수 있다.

(2) 두 번째 위험으로는 대중 앞에서 방언을 함으로써 예절과 질서가 문란하게 되거나 그것을 잃어버릴 수도 있고 성령운동이 당회의 감독 밖에서 계속되므로 회중에게 당회나 목사의 권위를 약화시킬 수 있으며, 비개혁주의 그룹이나 교사로부터 중요한 성경과 신학적 교훈을 받아, 성령은사운동에 참여한 사람에게 영향을 미칠 수 있으므로 교회의 일치와 화평이 무시당할 수 있다는 점이다.

(3) 세 번째 위험으로 의학적인 도움이 더이상 필요치 않고 믿음으로 치료하는 방법만이 있을 뿐이라고 조장될 수 있다. 치료를 보장받은 사람들이 그런 충만한 믿음을 가진 자들에게 때때로 물품을 바치기도 한다. 자신이 살면서 개인적인 잘못 때문에 병이 들거나 고통받는다고 단순하게 설명하는 위험은 이미 언급했다.

(4) 네 번째 위험으로는 몇몇 성령은사 운동자들이 하나님과의 관계에 대해 자기가 더 잘 이해하고 있다는 근거 하에 모든 영적인 일들의 "이유"에 관해 자신이 다 알고 있다고 주장하는 점이다.

(5) 다섯 번째 예로는 때로는 너무 일방적이어서 잘못되어 있을지도 모르는 새로운 체험을 너무 열심히 선전하는 점이다.
 (6) 성경을 너무 문자적으로 한 쪽면만으로 해석하는 점도 있다.
 (7) 지식을 희생하면서 감정과 체험을 너무 강조한다.
 (8) 성령은사운동에 참여하지 않는 사람들이 교회에 나타난 성령은사운동의 어떤 표적에 대해 정보부족과 과잉반응으로 말미암아 더 심각한 위험이 생긴다.

4. 교회생활

㊷ **목사와 당회는 성령운동에 어떻게 대처해야 하는가?**

장로교회는 개혁주의 교회라는 사실을 기억함으로 보다 넓은 마음과 신실한 마음을 가지고 성령운동에 대처해 나갈 필요가 있다. 아무리 납득할 수 없는 성령의 어떤 특이한 현상에도 열린 마음을 가져야 한다. 성령운동을 하는 사람들에게 성경의 바른 이해를 통해 성령께서 말씀하시고 행하시는 뜻을 그들의 수준에서 깨닫도록 납득시켜야 한다.

㊸ **성령운동은 모두 같은가?**

아니다. 어떤 자들은 역사상 장로교회와 양립할 수 없는 오순절식 신학을 옹호하지만, 반면에 어떤 사람들은 신학적으로는 장로교인이면서도 풍성한 영적 체험을 통해 풍요롭게 사는 사람들도 있다.

목사와 당회는 그들이 다루어야 할 집단이 어떤 형태인지에 대해 관심을 두어야 한다(17, 19, 20번 질문을 참조하라.)

㊹ **교회학교 반에서나 교회에서 주선한 연구반에서 비개혁주의이면서 오순절식 교리를 가르치려 하는 교인들을 당회는 간섭해야 하는가?**

장로교회는 개혁주의 신학이 기독교적 믿음으로써 가치가 있다고 믿고 있고 교회 내에서 배우는 모든 것들이 장로교 교리와 의식과 일관성이 있어야 한다고 당회는 사랑을 가지고서 분명히 말할 필요가 있다. 만일 당회의 권면에도 불구하고 비개혁주의 가르침과 의식을 고집

하면 당회는 교인들에게 당회로서는 그런 가르침이나 의식을 인정하지 않을 것이라고 명백히 해야 하며, 만일 필요하다면 당회는 적절한 징계 조치를 취해야 한다.

㊺ 공적인 예배 중에 방언을 하거나 다른 특별한 은사를 행하는 것은 적절한가?

장로교의 전통과 일치시키면서 교회의 화평과 일치를 위해서 이런 특별한 은사는 교회의 중요한 예배시에는 행해져서는 안 된다. 당회는 이런 은사를 행할 만한 적절한 때와 장소를 마련할 수도 있다.

㊻ 당회는 성령운동을 하는 자들에 대해 어떤 충고를 할 수 있는가?

당회는 그들이 강조하는 성경귀절도 중요하지만 그런 귀절이 전체적인 복음이 아니므로 전체적인 기독교의 가르침에 비추어 해석되어야 한다는 점을 인식시킬 필요가 있다.

당회는 자기들과 일치하지 않거나 이해하려 들지 않는 자들에게 인내와 사랑과 이해를 가지고 임하겠다고 말함과 동시에 다른 이들에게 같은 체험이나 같은 믿음을 가져야 한다고 고집해서는 안된다고 말해야 한다.

㊼ 교리로는 장로교인이면서 새로운 체험으로 풍요로움을 느끼는 성령운동자들의 행위를 비판하거나 불평하는 교인들에게 당회는 어떤 충고를 할 수 있는가?

당회는 그런 교인들에게 성령운동이 근거를 이루는 성경귀절이 있다는 사실을 인식시켜 줄 필요가 있으며, 그런 교인들에게 성령운동에 대해 인내와 사랑과 이해를 베풀어야 한다고 말해야 하고, 특히 성령운동자들이 갖는 것과 똑같은 체험이나 믿음을 가질 필요는 없다고 확신시켜 주어야 한다.

㊽ 당회는 교회 내에서 병고치는 능력을 가진 교인들을 어떻게 다룰 것인가?

교회는 모든 종류의 병을 고치도록 기도하는 사역에 항상 동참해야 하고, 당회는 병고침을 위해 특별 예배를 준비할 수도 있지만 과장된 요구와 허망된 기대는 피하는 등 매우 조심스럽게 행해져야 한다.

야고보서 5 : 13~16에 보면 장로들은 병고침을 위해 기도에 동참할 것과 교인들은 그런 기도를 하는 그들을 돌보라고 권면하고 있기 때문에, 장로들은 역시 과장된 요구나 허망된 기대를 피하면서 원하는 자들에게 기도시간이나 공중 예배시간에 병고침을 위한 기도를 할 수도 있다.

무엇보다도 하나님의 영이 절대적이기 때문에 우리의 소원을 들어 줄 수도 있고 허락하지 않을 수도 있다는 사실을 기억해야 한다.

㊾ 당회는 특별한 은사를 가져야 한다고 주장하는 교인을 어떻게 지도해야 하는가 ?

특별한 은사를 주장하는 이들은 그들이 잘못에 빠져 죄를 범할 수가 있고 그들의 은사를 실천함에 있어 겸손함이 필요하며 다른 교인들도 교회가 필요로 하는 다른 은사를 갖게 된다는 사실을 인식시킬 필요가 있다. 그들은 그 은사들이 중요하지만 그들이 실천하는 태도가 매우 중요하다는 사실을 인식하고서 그리스도의 마음을 품으려고 항상 노력할 필요가 있다. 이는 그리스도께서 그의 제자들 사이에 가장 뛰어난 표적으로 사랑을 들었기 때문이다(요 13 : 35). (17번 질문을 보라.)

㊿ 만일 교인들이 생각하기에 교회지도층(목사 또는 당회)이 교회를 성령운동으로 지향하게 하고 있다고 생각하면 어떻게 해야 하는가 ?

만일 교인이 생각하기에 교회지도층이 오순절적이거나 비개혁주의 교리를 가르치거나 기독교적 삶의 원칙으로 특별한 체험에 관심을 쏟는다고 생각하면 다음과 같은 일을 해야 한다.

(1) 당회와 함께 모임을 가져서 그 문제에 관해 지도자들이 명백히 밝혀 줄 것을 요청하되

(2) 만일 그것이 만족스럽지 않으면 노회지도자들과 연락해서 충고와 도움을 얻으라.

㊶ 성령운동자들과 비성령운동자들이 교회 내에서 충돌이 생길 때 교회의 일치와 화평을 얻기 위해 어떤 일반적인 지침이 있겠는가 ?

중요한 실질적인 지침은 성령에 관한 교회연구 중에서도 pp. 45~49

pp. 85~87, pp. 123~127을 보라. 이 책은 미국, 캐나다, 스코틀랜드 내에 있는 장로교와 개혁주의 교회의 총회 또는 노회로부터 성령의 인격과 역사에 관한 보고서를 집대성한 책이다(이 책의 내용은 여기에 소개하지 못함 : 역자주).

각편에 대한 주

제Ⅰ편 신학적 성령론

1장에 대한 주

1. Otto Weber, *Foundations of Dogmatics*(II)(Michigan : William B. Eerdmans, 1983), p. 240. Otto Weber는 이에 대한 예로서 사도신조 속에 신론과 그리스도론에 대해서는 길게 언급하고(좀더 구체적으로 말하면 그리스도의 10항에 비하여 성령은 한 항에서만 언급하고 있다.) 있으면서도 성령에 관해서는 짧게 언급하고 있다.
2. 성령이 이처럼 경시되어 온 이유에 대해서 김균진 교수는 다음과 같이 말한다. 성령론은 신론과 그리스도론에 비하여 본질적으로 새로운 것을 말하지 않음에 있고, 다음으로는 광신주의와 열광주의로 발전함으로써 기독교 사상을 변질시킴에 있다고 한다. Cf. 김균진, 「기독교 조직신학」(III)(서울 : 연세대학교출판사, 1987), p. 10.
3. Otto Weber, *op. cit.*, p. 240.
4. 이종성, 「성령론」(서울 : 대한기독교서회, 1984), pp. 13-52 ; 김균진, *op. cit.*, pp. 7-8. 초대교회는 그리스도의 위격과 전통에 더 많은 관심을 갖게 되어 성령에 대해서는 무관심의 시대라 할 수 있다. 단지 성령론은 삼위일체의 틀 속에서는 논의되었다. 중세 교회는 성령의

출원문제에 있어서 동서교회가 분리될 만큼 심각했지만 전체적인 특징으로 볼 때에 의식, 제도, 전통에 얽매인 정적 특성을 벗어나지 못했다. 그러므로 성령론은 약화되었다. 종교개혁시대는 그 당시에 나타난 열광주의운동 때문에 성령론에 대하여 매우 회의적인 태도를 취하였으며, 열광주의운동의 맹목적이고 주관적인 태도를 견지하려고 성령과 말씀의 결합을 강조하였다. 어떤 신앙적, 신학적 견해는 성령에 근거하였다 하여 타당성을 가진 것이 아니라 말씀에 의하여 검증되어야 한다는 것이다. 개신교 정통주의 시대는 복음적 신학을 교의화하는 작업을 추진하는 시대로서 불규칙적이고, 비정상적이고, 비자연적 사역자로서의 성령의 활동과 개입과 간섭을 원치 않으므로 성령이 활동할 장소가 없어졌다(예 : 웨스트민스터 신앙고백서에 성령론이 빠져 있음). 이에 반하여 경건주의는 성령의 중요성을 강조하여 소명, 칭의, 성화를 강조하였으나 성령론을 체계있게 발전시키지 못했다. 현대에 들어와 19세기에 신정통주의 신학은 성령론을 망각하지는 않았지만 큰 관심을 나타내지 않으므로 성령의 위치는 약화되었다. 이에 비하여 종말론의 신학에서의 성령론은 종말론의 틀 안에서 중요시되고 있다.

5. 김균진, *op. cit.*, pp. 11 – 12.
6. F. W. Dillistone, *The Holy Spirit in the Life of Today*(Philadelphia : The Westminster Press, 1947), p. 25.
7. Alan Richardson, *An Introduction to the Theology of the New Testament*(New York : Harper & Row, 1958), pp. 104 – 105.
8. Henry Barclay Swete은 *The Holy Spirit in the New Testament*에서 성령을 다음과 같이 말하고 있다. "하나님 영인 성령은 신적 존재에 속하는 생명력으로, 이 세상과 인간 속에서 역사하는 바 모든 생명의 기원이 되는 신적 에너지이다. 그러므로 인간 존재의 근원이며 인간 속 성의 모든 재능이다."
9. R. A. Torrey, *The Holy Spirit*, 심재원 역, 「성령론」(서울 : 대한기독교서회, 1956), p. 9.
10. 행 8 : 14–24
11. 요 15 : 26, Heinrich Heppe는 성령의 인격성과 신성을 이렇게 설명하고 있다.
    1) 인격적인 면에서
        ① 인격적 행위에서(요 14 : 16, 15 : 26)
        ② 성부, 성자와의 구별에서(요 14 : 16, 15 : 26, 16 : 13)
        ③ 성부, 성자와의 동등한 능력에서(마 28 : 19, 고후 13 : 13, 요일

5 : 7)
　　④ 성령이 보이는 모습으로 나타남에서 : 오순절 사건
　　⑤ 성령에 대한 죄를 말함에서
　　⑥ 성령이 그의 은사와 구별됨에서(고전 12 : 4)
　2) 신성에 대해서
　　① 이름에서(행 5 : 3-4)
　　② 속성에서 : 영원성(창 1 : 2), 전재성(시 139 : 7), 전지성과 전능성(고전 2 : 10)
　　③ 사역에서 : 창조와 보존(창 1 : 2), 기적과 은사들(고전 12 : 4)
　　④ 신적 영광 : 세례(마 28 : 19), 기도(고전 12 : 13, 계 1 : 4), 신앙고백
12. 창 1 : 2
13. 시 104 : 30
14. 눅 1 : 35
15. Heinrich Heppe, *Reformed Dogmatics* (Michigan : Baker, 1978), p. 130.
16. *Ibid.*, p. 131.
17. 요 16 : 7
18. 갈 4 : 6
19. 제 3 장 성령과 하나님 부분을 참고할 것.
20. 제 2 장 성령과 그리스도 부분을 자세히 보면 이에 대하여 구체적으로 언급하고 있다.
21. 이종성, *op. cit.*, pp. 64 - 73.

2장에 대한 주

1. A. R. Vidler, *Christian Belief*, pp. 55 f. Charles Scribner's Sons, 1950.
2. 최근 몇 년 동안 성령에 관한 서적 중 가장 널리 읽힌 것은 구약학자 H. Wheeler Robinson의 저서인 *The Christian Experience of the Holy Spirit* (James Nisbet & Co., Ltd., London, 1928)이었다.
3. Cf. A. E. J. Rawlison, *The New Testament Doctrine of the Christ*, p. 115. Longmans, London, 1926.
4. Büchsel, *Der Geist Gottes im Neuen Testament*, p. 409. Gütersloh, Bertelsmann, 1926.
5. Cf. H. B. Swete, *The Holy Spirit in the New Testament*, p. 388. The Macmillan Company, London, 1909.
6. Cf. C. H. Dodd, *According to the Scriptures*, Charles Scribner's Sons, 1953.

3장에 대한 주

1. Cf. 이 귀절 및 요 1 : 51에 관한 Hoskyns의 주석(Faber and Faber, London, 1947)과 Edward Schweizer, Geist und Gemeinde im Neuen Testament und Heute (Theologische Existenz heute, N. F. 32), pp. 27 f. Kaiser, München, 1952.
2. Feine, Theologie des Neuen Testaments, p. 261. Seventh edition, Hinrichs, Leipzig, 1936.
3. "니케아—콘스탄티노플 신조"의 기원을 둘러싼 역사적인 신비는 여기서 관계하지 않겠다. 그것에 대하여 잘 논의하고 있는 것으로는 다음을 참조하라. J. N. D. Kelly, *Early Christian Creeds*, pp. 296 ff. Longmans, London, 1950.
4. Kelly, *op. cit.*, p. 298에서 번역
5. Cf. Kelly, *op. cit.*, pp. 342 f.
6. Kelly, *op. cit.*, p. 296.
7. 서방측의 어구삽입의 역사에 대해서는 다음을 참조하라. Kelly, *op. cit.*, pp. 358 — 367.
8. 필자는 다음 글에서 그것을 평가해 보려고 시도했다. "From the Father and the Son : The Filioque After Nine Hundred Years," in Theology Today, XI, 4, pp. 449 — 459.
9. Martin Kähler, "Das Schriftmässige Bekenntnis zum Geiste Christi," in Dogmatische Zeitfragen, I, pp. 137 — 176. Deichertsche Verlagsbuchhandlung, Leipzig, 1908.
10. Karl Barth, *Kirchliche Dogmatik*, I, 1, pp. 500 — 511 ; Claude Welch, "The Holy Spirit and the Trinity," in Theology Today, VIII 1 (1951), pp. 29 — 40 ; Carl Michalson, "The Holy Spirit and the Church," ibid., pp. 41 — 54 ; Claude Welch, *In This Name*, Index, s. v, Filioque. Charles Scribner's Sons, 1952.
11. Barth, *op. cit.*, p. 503.
12. Welch, *In This Name*, p. 184.
13. *Ibid.*, p. 285.
14. Welch의 책 속에는 그것에 관한 충분한 논의가 있다.
15. Augustine, *De Trinitate*, 5, 12.
 "하나님은 영이시다"라고 한 요 4 : 24에 관하여 Origen은 "pneuma는 말하자면 그의 ousia라고 여기서는 이야기되고 있다"(Comm. in Jo., XII, 21 — 23, ed., Brooke, I, pp. 267 — 270)라고 주를 달았다.
16. Theology Today, VIII, 1, p. 29.

17. The naïve way is by a simple "both…and." Cf. Calvin, *Inst.*, III, 1, 2.
18. The Christian Understanding of God, p. 44. Harper & Brothers, 1951.
19. *Ibid.*, p. 197.
20. 모든 인용문은 Tillich, *Systematic Theology*, I, pp. 250 f. University of Chicago Press, 1951에서 따왔음. Boulgakof가 취하는 매우 흡사한 입장과 비교해 보라 : "하나님은 그분의 삼위적인 존재 속에서 영이시다. … 동시에 하나님 안에 있는 영성은 성령께로부터 기인한다는 것이 명백하다. 왜냐하면 삼위일체의 영성을 드러내는 분은 성령이시기 때문이다. …이와 비슷하게 성령은 그 본체들(hypostases) 각각에게 속해 있는 영성을 실현시키신다. …이렇게 해서 성령은 단일한 본체이자 삼중의 한 본체이시다"(Le Paraclet, pp. 145 ff. Aubier, Paris, 1946).
21. Barth, *Kirchliche Dogmatik*, III, 1, pp. 51 – 59.
22. *Ibid.*, p. 44(Leitsatz).
23. *Ibid.*, pp. 59 – 63.
24. *Ibid.*, III, 2, p. 431.
25. *Ibid.*, 1, 2, p. 269.
26. *Ibid.*, III, 2, pp. 428 ff.
27. *Ibid.*, p. 458.

4장에 대한 주

1. A. R. Vidler, *Christian Belief*, p. 73. Charles Scribner's Sons, 1950.
2. The Church : Report of a Theological Commission or Faith and Order, 1951, p. 58. SCM Press, London, 1951.
3. Faith and Order : The Report of the Third World Conference at Lund, Sweden, August 15 – 28, 1952, p. 11. SCM Press, 1952.
4. The Gospel and the Catholic Church, Longmans, London, 1936.
5. Divinum illud, June 20, 1896.
6. Mystici corporis, June 29, 1943.
7. Cf. Congar, *Divided Christendom*, p. 57(Geoffrey Bles, Ltd., London, 1939), and Mystici corporis (edition of National Catholic Welfare Conference), pp. 21 f.
8. Satis cognitum, June 20, 1896, cited from The Great Encyclicals of Leo XII, pp. 351 ff. Benziger Brothers, New York, 1903.
9. Cf. Divinum illud, *op. cit.*, supra, p. 422.

10. Mystici corporis, p. 9.
11. *Ibid.*, p. 15.
12. Leo XII, *op. cit.*, p. 355.
13. Mystici corporis, p. 30.
14. Congar, *op. cit.*, p. 26.
15. Mystici corporis, p. 9.
16. *Ibid.*, p. 22.
17. A. M. Ramsey, *The Gospel and the Catholic Church*, p. 69, Longmans, London, 1936.
18. *Ibid.*, p. 77.
19. The Apostolic Ministry, Hodder & Stoughton, Ltd., London, 1946.
20. *Ibid.*, pp. 82 f.
21. Cf. Newbigin, The Reunion of the Chtrch, pp. 163 f. SCM Press, London, 1948.
22. *Ibid.*, p. 183.
23. *Ibid.*, p. 61. Cf. Hermann Diem도 이와 비슷하게 생각하고 있다 : "교회는 복음을 자신의 관리 아래 두고 있다. 그래서 그것과 하나님의 말씀 사이에는 아무런 진정한 대면도 없다. 그리고 그것이 행하는 말씀선포는 자신과의 단순한 담화로 변해 가고 있다." Theologie als kirchliche Wissenschaft, p. 19. Kaiser, München, 1951.
24. Cf. Barth, *Kirchliche Dogmatik*, IV, 1, p. 803.
25. *Ibid.*, pp. 351 f. cf. pp. 361 f., 여기서 우리는 "기독교 제도"에 대한 교황의 생각을 보여 주는 훨씬 더 적나라한 표현을 접하게 된다 : "그리스도는 이적들을 행하심으로써 자기의 사명의 신적 기원과 자기 자신의 신성을 증명하신다. 그는 입에서 나오는 말로써 대중들에게 천국의 교리를 가르치신다. 그리고 그는 믿는 자들에게는 영원한 상을 약속해 주고 믿지 않는 자들에게는 영원한 형벌을 약속하면서 자신의 가르침에 대하여 믿음으로 동의하라고 절대적으로 명령하신다(요 10 : 37, 15 : 24, 10 : 38을 교황은 인용하고 있다).…하늘로 올라가시려고 할 무렵에 그는 자신이 아버지께로부터 보냄받은 것과 동일한 권능으로 자기 사도들을 보내신다. 그는 그들에게 흩어져서 자신의 가르침을 전파하라고 분부하신다(마 28 : 18—20).…만일 위대하고도 중요한 사명을 제대로 수행할 수 있도록 수단들이 갖추어져 있지 못한다면 아무도 그런 사람에게 그 사명을 위탁하지 않을 것이라는 점은 분명 하나님의 섭리와도 잘 조화가 된다. 즉 이러한 이유 때문에 그리스도는 자기 제자들에게 진리의 영을 보내서 영원히 그들과 함께

머물러 계시게 하겠다고 약속하셨다."
26. *Ibid.*, p. 91. cf. p. 69: "그래서 땅 위의 교회는 성육신에 관한 이러한 법을 따른다."
27. Cf. Augsburg Confession, 제5조: "이러한 믿음[그것으로 인해 의롭다고 인정받는다]을 우리가 얻게 하기 위해서 복음을 전파하고 성례전을 베푸는 목회가 제도화되어 있다. 왜냐하면 복음을 듣는 자들 안에 하나님께서 보시기에 선하다고 여겨지는 때에, 믿음을 만들어내시는 분이신 성령이 주어지는 것은 바로 방편들로서의 말씀과 성례전을 통해서이기 때문이다."
28. Mystici corporis, p. 21.
29. *Inst.*, III, 2, 6.
30. 성만찬에서 최초로 사용되었던 이 귀절은 성공회의 성찬식에서 보다 빈번히 교회에 적용되었다. 지금껏 그것의 기원을 추적하려던 노력은 다 성공하지 못한 것으로 밝혀졌다(성공회의 저널인 Theology, July, 1952에 실려 있는 글을 참조하라).
31. Congar, *op. cit.*, p. 69. Congar는 성육신의 법을 교회의 신인 (divine-human)적인 성격의 근거로서 인용하고 있다. 그는 역사적 연속성의 원리에다 그것을 분명하게 관련시키고 있지는 않다. 그러나 이런 것은 로마 교회 신학에서는 흔히 있는 일이다.
32. 우리가 아마도 예상하는 것처럼 위로부터 수직적으로가 아니라, 아래로부터이다. 영(Spirit)은 영혼의 심층으로부터 발생한다. 이것은 Münzer와 Denck의 가르침이다.

5장에 대한 주

1. Conf. Aug., Art. V, De Ministerio Ecclesiastico. Ut hane fidem consequamur, institutumest ministerium docendi evcendi evangelii et porrigendi sacramenta. Nam per verbum, et sacramenta tamquam per instrumenta donatur Spiritus Sanctus, qui fidem efficit, ubi et quando visum est Deo, iniis qui audiunt evangelium.
2. Cat. Genev., pp. 301 — 307(Bekenntnisschriften) der reformierten Kirche, ed. Niesel, p. 34). Kaiser, Munchen, 1938.
3. *Ibid.*, p. 223.
4. Westminster Confession, I. 89.
5. *Inst.*, I, 9, 3.
6. *Inst.*, I, 7, 4 f.
7. *Inst.*, I, 7, 2.

8. Westminster Confession, I, 5.
9. Ego vero evangelio non crederem, nisi me catholicae ecclesiae commoveret auctoritas, Contra ep. Manich., 5, 6.
10. *Inst.*, I, 7, 3. 칼빈이 말하고 있는 것을 어거스틴이 의미했다고 한다면, 분명히 그는 자신의 말을 다른 식으로 표현했을 것이다 : "…내가 감화를 받지 않았었더라면… 나는 믿지 않았을 것이다.…" 즉 그는 다음과 같이 썼을 것이다 : Credidissem…commovisset.
    이것을 위해 나는 다음을 참조했다. Dogmengeschichte (4th ed.), p. 369. Niemeyer, Halle, 1906.
11. 이 문맥 속에서 칼빈이 약간 마지못한 듯이 교회에게 이용해 주고 있는 역할과 그가 *Inst.*, IV, 1, 1에서 교회론을 확장해서 다루면서 교회에게 부여하고 있는 역할을 비교해 보면 흥미있다. "거기서는 교회가 어머니로서 나타난다. 그녀의 품 속에 하나님의 아들들이 모아져야 한다는 것이 하나님의 뜻이다. 그들이 아직 어린 아이와 어린이들일 동안에는 그녀의 수고와 사역(ministry)에 의해 양육받아야 한다. 그럴 뿐만 아니라 또한 그들이 자라나서 마침내 자신들의 신앙의 목표에 도달하기까지 그녀의 모성적인 돌봄에 의해 다스림 받아야 한다." 여기서는 오히려 교회가 신부를 신랑에게 넘겨 주고는 신중하게 뒷전으로 물러나가는 신부의 아버지의 역할을 하는 것처럼 보인다.
12. *Inst.*, I, 7, 5.
13. 요 11 : 49에 관한 주석에서 칼빈은 가야바의 예언이 "기계적인" 영감에서 기인한 것이라는 견해를 배격하고 있다 : "그는 몽환이나 황홀경에 빠진 사람처럼 알아 들을 수 없는 말을 한 것이 아니다(tamquam arrepticus et fanaticus). 그는 자기 자신이 이해한 바에 따라서 이야기 했다. 그러나 그 복음주의자는 그때 가야바의 마음 속에 있던 것보다도 더 고차원적인 것이 그의 입술을 통하여 증거되어야 한다고, 하나님께서 뜻을 정하셨기 때문에 가야바의 혀는 보다 고차원적인 지시를 받고 있었다고 생각한다. 말하자면 그 순간에 가야바는 두 가지 말을 동시에 하고 있었다."
14. Obsoiescence of Oracles, 432. Reprinted by permission of the publishers from Loeb Classical Library.
15. Phaedrus, 244 A. 플라톤은 mantike(예언)이라는 말이 mania(광기)로부터 나왔다고 생각했다. Reprinted by permission of the publishers from Loeb Classical Library.
16. Ion, 533 Df. Reprinted by permission of the publishers from Loeb Classical Library.

17. Philo, Who Is the Heir? 250. cf. Special Laws, IV 49 : "선지자의 어떤 선언도 결코 자기 자신의 것이 아니다. 그는 자신의 모든 발언에 있어서 다른 존재가 막후에서 들려 주는 말을 해석하는 자이다. 새로운 방문객, 그리고 거주자, 즉 발성기관에 작용해서 그 예언적인 메시지를 또렷하게 나타내 주는 말들을 구술하시는 성령에게 이성이 영혼의 마지막 거점을 넘겨 주고 철수함에 따라서, 자신이 무엇을 하고 있는지도 알지 못하는 사이에 그는 영감으로 충만해지게 된다. 플라톤이 그런 영감을 시인들에게 적용하고 있는 반면에, 필로는 산문 작가로서 자신의 경험에 비추어 그것이 자주 일어나는 것이라고 생각했다. 많은 작가들이 필로의 다음 설명에서 하나의 친숙한 경험을 발견할 것이다. 영혼 자체가 겪는 해산의 고통을 통하여 나온 자식은 대개가 불행한 유산들, 즉 제때에 태어나지 못한 것들이다. 그러나 하늘의 백설을 가지고 하나님이 수분을 공급해 주시는 자들은 완전하고 온전하며 비할 데 없이 훌륭하게 태어나게 된다. 나는 나 자신의 체험, 즉 그것이 나에게 한 수백번 일어났었기 때문에 내가 알고 있는 한 가지 일을 기록하는 데에 조금도 부끄럽게 느끼지 않는다. 이따금 철학적인 주장들에 관하여 평상시대로 글을 써가기로 마음을 작정한 다음에, 내가 적어 두어야 할 것의 내용을 명확히 알고 있음에도 불구하고 나는 나의 이해가 한 가지 개념도 산출해 낼 수 없다는 것을 알게 되고, 아무 것도 성취하지 못한 채 그것을 포기해 버린다. 그리고는 나의 이해에 대하여 그것의 자기 기만을 욕하다가 실존하시는 그리고 영혼의 자궁들을 열기도 하시고 닫기도 하시는 그분의 위력에 대한 놀라움으로 가득 차게 된다. 이와 다른 경우로서는 내가 내 일에 텅 빈 마음으로 접근했다가 갑자기 충만해지는 적이 이따금 있다. 생각들이 위로부터 소나기처럼 내려와서 보이지 않게 마구 뿌리지기 때문이다. 그 결과로 신성한 강박관념의 영향력 아래 놓인 채 나는 코리반트(Corybant)적인 열광에 가득 차게 되며 장소, 옆에 있는 사람들, 내 자신, 방금 한 말, 금시 썼던 글, 모두 까맣게 의식하지 못하게 된다. 왜냐하면 가장 또렷하게 전시된 것처럼 두 눈을 통하여 지각될 정도로 그렇게 나는 언어, 개념들, 그리고 경쾌하고 예리한 환상, 즉 사물들의 명료한 특성을 파악하기 때문이었다."(Migration of Abraham, 33 ff.). Reprinted by permission of the publishers from Loeb Classical Library.

18. Cf. Volz, *Der Geist Gottes*, p. 168. Mohr, Tübingen, 1910.

그 변화는 계시 내용의 지성화(intellectuation)와 그 해석자로서 "지적인 사람"의 지위를(서기관의 형태로) 높여 주는 것이 수반되었다. 그런 경향은 구약 속의 지혜문학 속에 이미 나타나 있다. 거기에는 축복과 저주, 선과 악, 생명과 사망 등의 위대한 양자택일이 지혜와 어리석음이라는 말로 제시되어 있으며, 인생의 길은 지식과 교훈과 이해와 배움으로 포장되어 있다. 그것은 동일한 유형에 속하는 외경 (the apocryphal literature) 속에 더 잘 나타나 있다. 집회서는 인간의 다양한 직업들을 살펴 보고는 사물들의 조직 속에서 그것들이 차지하는 상대적인 중요성을 매기고 있다. 외과의사는 그 병고치는 수완이 지극히 높은 곳에서 왔기 때문에 존경받아야 한다. 농부는 그 마음이 자기 논밭과 자기 짐승들에게 온통 쏠려 있으며 "그 대화는 황소들의 혈통에 대한 것이다." 대장장이는 자신의 용광로 앞에서 귀에 끊임없이 망치소리를 들으며 땀을 흘린다. 옹기장이는 자신의 녹로에 붙어서 줄곧 페달을 밟는다. 이 모든 것들이 "세상의 구조를 이룬다." 그러나 그들의 지위는 열등하다. 가장 높은 지위는 서기관의 것이다. 그는 "한적한 기회를 틈타서" 율법과 예언과 옛 사람들의 지혜를 연구하는 데에 몰두하며, 그것들을 해석하는 데에 있어서 공인받은 권위자가 된다. 그가 충만함을 받게 될 성령은 바로 그런 일을 위한 것이다(집회서 38, 38장).

19. Philo, *Life of Moses*, II, 37.
20. Cf. Calvin, *Inst.*, I, 7, 2.
21. Cf. Theo Preiss, *Das innere Zeugnis des heiligen Geistes*, p. 11. Evangelische Verlag, Zurich, 1947.
22. Art., 4 : Nous cognoissons ces liures estre Canoniques, et la reigle trescertaine de nostre foy (Pseau, 19, 8 et 9) : non tant par le commun accord et consentement de L'Eglise, que par le tesmoignage et persuasion interieure du sainct Esprit, qui les nous fait discerner d'avec les authres liveres Ecclesiastiques, sur lesquels, encorequ'ils soyent utiles, on ne peut fonder aucun article de foy(Niesel, *op. cit.*, p. 67).
23. Cf. Westminster Confession, I, 3.
24. Cited in H. Cunliffe-Jones, *The Authority of the Biblical Revelation*, p. 68. James Clarke, Ltd., London, 1945.
25. 루터교회의 정통 교리의 고전적인 대표자인 Quenstedt는 성경의 영감과 그와 같은 이교도적 개념들 사이의 차이를 강조하려고 한다. 그러나 그것은 속기사와 타이프라이터 사이의 차이에 지나지 않는다 (Schmid, Dogmatik der ev.-luth. Kirche, p. 21. Bertelsmann, Gutersloh, 1893).
26. Cf. Theo Preiss, *op. cit.*, p. 26.

27. Confessions of an Inquiring Spirit, Letter I. Bell, London, 1913.
28. Milligan, *The New Testament Documents*, pp. 227 f (quoted in II. Wheeler Robinson, *The Christian Experience of the Holy Spirit*, p. 179).
29. Cf. H. Cunliffe-Jones, *op. cit.*, p. 94.
30. 성경이 코울리지에게 준 호소력의 낭만적인 특성은 그가 그 속에서 발견한 것에 관한 그의 묘사—즉 "진리의 풍족한 근원들, 그리고 위력과 성결케 하는 충동들"(loc, cit.)—에서 분명하게 나타난다. 그 매력은 또한 문학적이며 미학적인 체계에 관한 것일 수도 있다. 그래서 참으로, 흠정역성경에 쓰인 품위있는 엘리자베스시대 영어와 긴밀히 관련해서 성경의 매력을 느낀 사람들의 숫자는 상상보다도 십중팔구 훨씬 많을 것이다.
31. Kierkegaard, *Philosophical Fragments*, p. 87. Princeton University Press, 1936.

6장에 대한 주

1. 칼빈, 앞에서 인용한 책, 2권, II, 7, p. 264.
2. 도르트신조, III/IV, par 11과 12.
3. 바울이 동사를 전치사 sun과 같이 썼는데 그 전치사는 문자 그대로 해석하자면 함께 십자가에 못박히다, 함께 묻히다 등과 같이 해석되기 때문에 희랍어에서의 의미들이 우리가 표현할 수 있는 것보다 훨씬 강하다. 롬 6:11, 엡 2:6, 골 2:12-13, 3:1을 참고하라.
4. 루터의 입장으로는 *Apologia*, XII, 46을 보고, 개혁주의의 입장으로는 칼빈의 앞에서 인용한 책 3권, III, 8-9. pp. 632-634를 보라.
5. 칼빈의 입장으로는 그의 앞에서 인용한 책 3권, III, 8, p. 600을 보고 보통으로는 Heppe, *Die Dogmatik der evangelisch-reformierten Kirche* (Neukirchen ; Neukirchener Verlag, 1970, 성화에 관한 장(章)에서 특히 pp. 149-150과 pp. 455-456을 보라.
6. 롬 6:6, 엡 4:22, 골 3:9을 보라. 본문에서 언급된 이유로 "old nature"와 "new nature"라고 번역하는 것은 옳지 않다. 그것은 그리스도론적 의미를 애매하게 한다. 바울은 "man"과 "nature"를 구별할 줄 안다. 롬 6:6에서 "our old self"(RSV)와 "the man we once were"(NEB)는 양호하다.
7. 고후 4:7-17, 6:4-10, 1:8-10, 11:23-12:10, 롬 8:35-39를 보라.
8. 두 인용문 모두가 헤르만 프리드리히 콜브르게의 하이델베르크 교리문답을 분명히 하기 위한 문답에서 인용되었는데 첫 번째 것은 질문

75-79번에서, 두 번째 것은 질문 60번에서 인용함.
9. 칼빈의 앞에서 인용한 책 3권, XIV, 14, 18 – 20 pp. 784 – 787과 빌헬름 니젤, 「칼빈신학」(뮨헨 : Chr. Kaiser Verlag, 1938), pp. 162 – 173 과 S. van der Linde, *De Leer van den Heiligen Geest bij Calvijn* (Wageningen : *H. Veenman* en Zonen, 1943), pp. 148 – 149와 Krusche의 앞에서 인용한 책, pp. 245 – 254 등을 보라.
10. 이 문제를 다르게 설명하기 위해「하이델베르크 교리문답에 관한 글」(필라델피아—보스턴 : 연합교회출판사, 1963), pp. 115 – 116을 보라.
11. 자본주의가 일어날 때에 *Syllogismus Practicus*로 고취되었던 것처럼 칼빈식 산업화 노력이 결정적인 역할을 했다고 막스 베버가 증명하려고 할 때 그가 옳지 않았다면, 그러나 이 논문은 매우 의심스럽다.
12. 믿음과 체험간의 관계를 가장 잘 설명한 것은 *Consensus Bremensis*(1595), VII, 5와 6에서이다.
13. 누가에게서 이와 비슷한 표현을 자주 쓰기 위해서는 이제까지 쓰이지 않았던 특별한 연구가 필요하다. 다음의 성경귀절을 보라. 눅 1 : 15, 41, 2 : 26-27, 4 : 1, 14-15, 행 1 : 8, 2 : 4, 17-18, 4 : 8, 31, 6 : 3, 5, 7 : 55, 8 : 16-17, 9 : 17, 10 : 44-46, 13 : 9, 52, 19 : 6
14. 다음 성경귀절을 참고하라. 행 11 : 28, 13 : 1, 딤전 1 : 18, 4 : 14, 행 21 : 14, 살전 5 : 20

7장에 대한 주

1. Cf. Eisler, *Worterbuch der philosophischen Begriffe*, I, p. 485 (E. S. Mittler, Berlin, 1927-1930), and Wili, "Die Geschichte des Geistes in der Antike," Eranos Jahrbuch, 1945, p. 58. RheinVerlag, Zurich, 1945.
2. Conf., I, 1.
3. De civ. dei, VIII, 4.
4. Cont gent., III, 25, etc.
5. 현대의 로마 가톨릭 신학에서의 좋은 예로는 다음을 참조하라. Michael Schmaus, *Katholische Dogmatik*, III, pp. 277 ff. Hochschulverlag Hueber, München, 1949.
6. WA, 7, p. 550.
7. Symbolische Bücher der ev.-luth. Kirche, ed., J. T. Müller, p. 358. Bertelsmann, Gütersloh, 1898.
8. WA, 7, p. 551.
9. Symbolische Bücher der ev.-luth. Kirche, p. 593.
10. Inst., I, 15, 6.

11. Cf. Comm. on John 14:1.
12. *Inst.*, II, 4, 1.
13. Cf. West. Conf., X, 2 and IX, 3.
14. Cf. West. Conf., X, 2.
15. VI, p. 599, quoted by H. Barth in "Die Geistfrage im deutschen Idealismus," in Zur Lehre vom Heiligen Geist, p. 7. Kaiser, München, 1930.
16. Scheler, *Die Stellung des Menschen im Kosmos*, p. 48. Nymphenburger Verlagshandlung, München, 1947.
17. Cf. George F. Thomas, *Spirit and Its Freedom*, University of North Carolina Press, 1939.
18. Nature and Destiny of Man, I, pp. 3 f. Charles Scribner's Sons, 1943.
19. H. H. Farmer, *Towards Belief in God*, pp. 74 f. SCM Press, London, 1942.
20. Niebuhr, *op. cit.*, p. 14. Scheler는 시공의 공허를 지각할 수 있는 인간의 능력과 시공의 세계와의 교통에서 오는 공허의 체험 사이의 연결을 추적하고 있다. "공허란 우리의 충동적인 기대들을 성취하지 못한 상태에다 원래 우리가 부여한 명칭이다—말하자면 첫째 공허는 우리 자신들의 공허이다." *op. cit.*, p. 46.
21. Brunner, *Man in Revolt*, p. 238. The Westminster Press, 1947.
22. *Ibid.*, p. 49.
23. Niebuhr, *op. cit.*, I, p. 162.
24. Eichrodt, *Theologie der Alten Testaments*, 2, p. 19, 7. 10. Heinrichs, Leipzig, 1935.
25. Bultmann, *Theologie des Neuen Testaments*, p. 203. Mohr, Tübingen, 1948.
26. *Ibid.*, p. 20.
27. Cf. Barth, KD, III, 1, pp. 267 ff. Schmaus가 보기로는, 인간의 영이란 하나님의 형상의 초점이다: "인간이 하나님의 형상인 것, 인간이 하나님의 윤곽들을 지니고 있는 것, 인간이 하나님과 동족인 것은 바로 인간의 영 안에서이다"(*Katholische Dogmatik*, 2, p. 332).
28. Bultmann, *op. cit.*, pp. 205 f.
29. Cf. Scheler, *op. cit.*, p. 87.
30. KD, I, 1, p. 40.
31. KD, III, 2, pp. 1 ff.
32. KD, III, 2, pp. 414 — 440.
33. KD, I, 2, p. 330.

34. KD, I, 1, p. 179.
35. KD, I, 1, pp. 130 ff.
36. KD, III, 2, p. 43.
37. 그러나 그것이 유일한 것은 아니다. 진리(요 1 : 17), 믿음(갈 3 : 25), 사랑(롬 8 : 39), 생명(요일 1 : 2)과 같은 용어들도 그와 비슷하게 사용하면 어떤 한 용어를 지나치게 강조하는 것에 대한 하나의 경계가 될 것이다.
38. KD, II, 1, p. 398.
39. Nicene Creed.
40. 어거스틴의 생각에는 은혜는 주 예수 그리스도의 은혜이기보다는 전능하신 하나님 아버지의 은혜이다. Cf. Harnack, DG, III, p. 217 (Mohr, Tübingen, 1910) : "Dass die Gnade gratia per Christum sei, hat Augustin Keineswegs so sicher festgehalten, wie dass sie aus dem verborgenen wirken Gottes stamme."
41. Cf. Schmaus, Katholische Dogmatik, 2, pp. 277 ff.
42. 프로테스탄트 신학에서의 은혜의 개념에 대한 수정의 필요가 최초로 촉구된 것은 John Oman, *Grace and Personality* (Cambridge University Press, London, 1917)에서였다. 1917년에 초판을 본 이 책은 6년 뒤 Martin Buber의 손으로 그 고전적인 해석을 얻게 되는, 나—너와 나—그것의 관계 사이의 구별을 의미하고 있으며, 그것을 신학적으로 고찰하고 있었다.
43. 니버는 인간의 본성과 그것에 순응하는 미덕을 서로 구별하는 일이 중요하다고 지적한다 : "인간은 이러한 미덕을 상실하고서 자기 본성의 고유한 기능을 파괴할지도 모른다. 그러나 그는 그 본성 안에 있는 한 가지 요소, 즉 이 자유를 스스로 이용함으로써만 그렇게 할 수 있다"(Nature and Destiny of Man, I. p. 286). 피조된 영의 존재와 그것의 자유가 인정받지 못하는 신학적인 생각 속에서 이러한 구별이 지어내는 곤란한 문제들에 관한 예로는 Barth, *Zur Lehre vom Heiligen Geist*, p. 45, 7. 19를 참조하라. 이것은 인간 속에 있는 하나님의 형상을 남녀 사이의 관계와 동일시하는 바르트의 생각을(KD, III, 1, pp. 204 – 231) 거부할 수 있는 결정적인 근거가 될 것이다. 왜냐하면 후자의 관계가 인간과 또 다른 종류의 동물에게도 흔히 존재한다는 사실에 관해서는 말하지 않는다고 하더라도, 그것이 인간의 생리학적인 구조 속에 본래부터 존재하며 그래서 하나의 필요관계(relation of necessity)이기 때문이다. 그러나 남녀 사이의 관계는 자유롭고 영적인 관계가 그 구조적 관계 위에 부과될 때만이 독특하게 인간적인 수

준에 도달하기 때문에, 그것은 인간 속에 있는 하나님의 형상의 형상 또는 상사(analogy)라고 간주되어야 좋을 것이다.

44. 이분법과 삼분법을 논의하면서 Delitzsh는 다음과 같이 이야기한다. "성경은 피조된 영에 관해서 이분법에 따라서는 전혀 알지 못한다.··· 이분법은 성경의 USUS loquendi를 지배하는 가정, 즉 인간의 피조된 영은 하나님께로부터 나오는 하나의 영(spirit)이라고 하는 가정에 의해 형성된 강한 인상에 대한 실제적인 증거이다"(Biblical Psychology, p. 107. Clark, Edinburgh, 1869).

45. Adv. Hear., v. 6, 1.

46. Cf. Delitzsch, *op. cit.*, p. 114 : "인간 본성인 영혼(psyche)과 인간의 사고하는 영 사이에 존재한다는 본질적인 차이는 성경 및 경험에 역행하는 허구적인 산물이다. psyche와 pneuma라고 하는 이원론은 윤리적으로 고려해 볼 때 인간을 짓눌러서 신음하게 한다. 그것은 죄의 결과이다. 그 이원론은 인간이 하나님께로부터 직접 받은 생명원리를 본질적으로 해체시켜 버린다."

47. 그 귀절들은 다음에서 인용되었다. Niebuhr, *op. cit.*, pp. 163 f.

48. Thomas, *op. cit.*, p. 49.

49. Brunner, *op. cit.*, p. 238.

8장에 대한 주

1. 다르게 번역하면 "폭풍의 하나님이 수면 위를 휩쓸고 계셨다"라고 할 수 있다(그 예로 마틴 부버를 들 수 있다). 그 경우에 이 말들은 2절을 긍정하는 것으로 2절에서 세상의 혼돈한 상태를 말하고 있다. 세번째 번역이 내 마음에 드는데 그것은 "그러나 하나님의 바람이 수면 위에 분다"이다. 이 경우에 하나님께서 바람으로 혼돈을 말리신다.
   참조 : 출 14 : 21-22, 시 18 : 12-15, 104 : 7 등

2. 시 104 : 30, 비교 ; 전 3 : 19-21

3. 욥 33 : 4, 비교 ; 욥 32 : 8, 창 2 : 7, 6 : 3, 사 42 : 5

4. 욥 27 : 3

5. 욥 34 : 14-15, 비교 ; 욥 4 : 9, 시 139 : 7, 전 3 : 19-21, 사 31 : 3, 40 : 7

6. 농사-사 28 : 26, 건축-출 31 : 3, 35 : 31, 법-민 11 : 17, 정치-사 45 : 1-5, 지혜-욥 32 : 8, 단 1 : 17, 5 : 11

7. 칼빈의 경우 S. van der Linde, *De Leer Van den Heiligen Geest bij Calvin*, pp. 34-57을 보고, Kuyper의 경우에는 「성령의 역사」 1권 2장을 보라.

8. 비교 Gösta Lindeskog, *Studien zum neutestamentlichen Schöpfungsgedanken*, I(Uppsala-Wiesbaden, 1952)와 바르트의 앞에서 인용한 책 III, 1, pp. 60 – 63(영역본은 pp. 57 – 59).
9. *Cantate Domino* 속에서 나의 영역은(대부분의 해석본이 실패했듯이) 이 글에서 뜻하는 바를 표현하지 않았다. 나는 문자 그대로 다음과 같이 번역했다. "당신이 창조하신 가슴을 당신의 거룩한 은총으로 채우소서" 또는 "우리들의 약한 몸을 당신의 능력으로 영원히 강하게 하소서."
10. J. H. Scheepers, *op. cit.*, 특히 pp. 312 – 315에 있는 영어로 된 요약 속에 있는 목록에 따른 것이다.
11. 이 문제를 보다 깊이 생각하기 위해 내 책 독일판인 *Der Sinn der Geschichte-Christus*(괴팅겐 : Vanden-hoeck und Ruprecht, 1962), 특히 5장과 거기에 언급된 문헌을 참고하라.
12. 프린스톤신학교 교직원에 의해 발행되는 *Biblical and Theological Studies*(New York : Charles Scribner's Sons, 1912)에서 Greerhardus Vos, pp. 228.
13. 예를 들면 요 5 : 25, 16 : 16—22, 고전 11 : 31—32, 엡 1 : 18, 2 : 1— 6, 5 : 15을 보라.
14. Vos, *op. cit.*, pp. 225 – 235. 보스는 그리스도의 부활(롬 1 : 14, 고전 6 : 14)의 주체로서 성령의 역할과 롬 8 : 11, 갈 6 : 8을 지적한다.
15. Eduard Schweitzer의 Heiliger Geist 중 결론 부분이라고 할 수 있는 성령의 특징을 요약한 것이다. 이 부분을 인용한 것은 신학적 성령론의 내용과 일치하기 때문이다.

제Ⅱ편 현대 신학자의 성령론

1장에 대한 주

1. 김균진, 「헤겔과 바르트」(서울 : 대한기독교서회, 1983), p. 237.
2. K. Barth, *Church Dogmatics*(CD라 칭함), (Edinburg : T. & T. Clark, 1963), I/I, p. 339.
3. *Ibid.*
4. K. Barth, *CD*, I/I, p. 34.
5. *Ibid.*
6. *Ibid.*, p 344.
7. 김균진, *op. cit.*, p. 241.

8. K. Barth, *op. cit.*, I/I, p. 349.
9. *Ibid.*, p. 353.
10. *Ibid.*
11. *Ibid.*, p. 354.
12. *Ibid.*
13. *Ibid.*, p. 356.
14. 이종성, 「칼 바르트의 삼위일체론」 한국바르트학회편, 바르트 신학연구(서울 : 대한기독교서회, 1970), p. 58.
15. 김균진, *op. cit.*, pp. 246.
16. K. Barth, *CD*, I/I, p. 400.
17. *Ibid.*
18. *Ibid.*, p. 402.
19. *Ibid.*, p. 403.
20. *Ibid.*, p. 406.
21. *Ibid.*, p. 413.
22. 김균진, *op. cit.*, pp. 250 — 251.
23. K. Barth, *CD*, I/I, p. 423.
24. *Ibid.*, p. 430.
25. *Ibid.*
26. *Ibid.*, p. 441.
27. *Ibid.*
28. *Ibid.*, p. 447.
29. *Ibid.*, p. 448.
30. *Ibid.*, p. 449.
31. *Ibid.*, p. 453.
32. *Ibid.*, p. 454.
33. *Ibid.*
34. *Ibid.*, p. 457.
35. *Ibid.*, p. 459.
36. *Ibid.*, p. 468.
37. *Ibid.*, p. 474.
38. *Ibid.*, p. 513.
39. *Ibid.*, p. 516.
40. *Ibid.*, p. 517.
41. *Ibid.*, p. 533.
42. *Ibid.*, p. 534.

43. *Ibid.*, p. 473.
44. *Ibid.*, p. 474.
45. *Ibid.*, p. 484.
46. *Ibid.*, p. 487.
47. *Ibid.*, pp. 518 – 533 참조.
48. K. Barth, *op. cit.*, p. 518.
49. *Ibid.*, p. 519.
50. *Ibid.*
51. *Ibid.*, p. 520.
52. *Ibid.*
53. *Ibid.*, p. 521.
54. *Ibid.*, p. 523.
55. 김균진, *op. cit.*, pp. 267 – 268.
56. *Ibid.*, pp. 262 – 265.(K. Barth의 *CD* I/I, pp. 560 이하에 나타난 사상을 해석한 것이다.)
57. Otto Weber, *Karl Barth's Kirche Dogmatik*, 김광식 역, 「칼 바르트의 교회교의학」(서울 : 대한기독교서회, 1975), p. 41.
58. *Ibid.*
59. K. Barth., *CD, op. cit.*, p. 150.
60. *Ibid.*, p. 182.
61. *Ibid.*, p. 448.
62. *Ibid.*, p. 451.
63. 윤성범, 「칼 바르트」(서울 : 대한기독교서회, 1966), p. 176.
64. *Ibid.*
65. *Ibid.*, p. 178.
66. *Ibid.*, p. 180.
67. *Ibid.*
68. K. Barth., *CD*, I/Ⅱ, p. 362.
69. *Ibid.*, p. 372.
70. Otto Weber, *op. cit.*, p. 57.
71. *Ibid.*, p. 58.

2장에 대한 주

1. Paul Tillich, *Systematic Theology*(ST라 칭함). Vol 1. (Chicago University Press, 1951), p. 4.
2. 틸리히는 존재론적 개념에서 생명을 논하고 있음을 솔직히 시인한다.

cf. Kenan B. Osborne, *New Being*, p. 125.
3. *ST*, III., p. 13.
4. 단계가 적합하지 못함은 각 영역의 실재에 대하여 독립성을 강조하므로 유기적 관계가 상실되기 때문이다. 그래서 각 단계들은 서로 운동도 관계도 없고, 있다면 지배와 간섭뿐이다. 또한 이 은유는 정신과 육체의 이원론적 갈등, 종교와 문화의 갈등으로 하나님과 인간의 관계도 종교적 이원론이나 초자연주의로 표현하게 된다. cf. *ibid.*, pp. 14 — 15.
5. Walter Eisenbeis, *The Key Ideas of Paul Tillich's Systematic Theology* (Washington : Univ. of American, 1983), pp. 225 — 229.
6. *ST*. III., p. 20.
7. 인간의 영(man's spirit, 소문자 s)과 하나님의 영(God's Spirit, 대문자 S)을 구별한다.
8. 틸리히는 말하기를, 히브리어와 인도—게르만어에서 영이란 숨을 의미했는데, 여기서의 숨이란 생명을 유지시켜 주는 힘을 뜻했다. 이것이 서구 전통에서는 영과 육을 분리함으로 정신의 의미로 바꾸어졌는데, 여기에서 정신이란 지성을 뜻하였다. 그러므로 힘의 요소가 상실되었다고 한다.
9. Alexander J. Mckelway, *The Systematic Theology of Paul Tillich* (Richmond : John Knox Press, 1964), p. 192.
10. *ST*. III., p. 28.
11. *Ibid.*, p. 30.
12. *Ibid.*, p. 32.
13. *Ibid.*, "Self — integration is countered by disintegration, self-creation is countered by destruction, self-transcendence is countered by profanization."
14. 틸리히의 신학방법론이 생명과 성령이라는 제 4 권에서도 그대로 적용하고 있다.
15. 생명의 자아통전과 분열은 유기적 차원에서 제일 잘 나타나 있는데, 특별히 인간에게 잘 나타나 있다.
16. 생명의 자아통전의 기능은 생명을 위해서 본질적 요소이지만 분열의 계속적 갈등 속에 있다. 통전과 분열은 혼합되어 있는데, 동화되어야 할 이질적 요소가 독립하려는 경향이 있다. 많은 질병들, 특히 감염성 질병은 유기체가 자기 동일성으로 돌아올 수 없는 경우의 상태이다. cf. *ST*. III., p. 36.
17. Kenan B. Osborne, *op. cit.*, p. 129.

18. *ST.* III., p. 38.
19. 여기에서 또 다시 틸리히의 본질과 실존의 구별을 볼 수 있는데, 본질이란 규범적인 것을 뜻한다.
20. Tillich, *"Das Dämonische," Gesammelte Werke* 6, p. 48. cited by Kenan B. Osborne, *op. cit.*, p. 129. "Das Dämonische kommt zur Erfüllung im Geist."
21. 틸리히의 도덕적 명령에 대한 이해는 칸트적 입장에 서 있음을 볼 수 있다. 모든 도덕적 명령은 그 자신과 타인과 세계에 대한 인간의 본질적 관계의 표현이다. 이것은 거의 언제나 의무적이 되게 하고, 부정적 자아파괴에 이르게 한다.
22. *ST.* III., p. 40.
23. Paul Tillich, *Love, Power, and Justice* (New York : Oxford Univ. Press, 1960), p. 33. 아가페는 사랑의 깊이 혹은 생명의 근거와 관련된 사랑이다. 아가페를 통해서 궁극적 존재가 그 자체를 나타낼 뿐만 아니라 생명과 사랑을 변화시킨다. 아가페는 사랑을 깨치고 사랑 속으로 돌아가는 사랑을 말한다. 이같은 사랑은 소외된 것을 재결합(reunion)한다.
24. John P. Newport, *Makers of the Modern Theological Mind : Paul Tillich* (Texas : Word Books, 1984), p. 129.
25. *ST.* III., p. 50.
26. *Ibid.*
27. *Ibid.*, p. 57.
28. Kenan B. Osborne, *op. cit.*, p. 130.
29. *ST.* III., p. 62.
30. John P. Newport, *op. cit.*, p. 130.
31. *ST.* III., p. 65.
32. Alexander J. Mckelway, *op. cit.*, p. 195.
33. *Ibid.*
34. *Ibid.*
35. *ST.* III., p. 96.
36. 틸리히는 종교의 정의를 궁극적 관심에 붙잡힌 상태로 정의한다. cf. Paul Tillich, *Ultimate Concern*(New York : Harper & Row, 1965), p. 4.
37. *ST.* III., p. 96.
38. 종교에서도 유한과 무한의 상호관계를 논하고 있다. 이것은 틸리히의 로망주의의 영향에서 비롯된 사상이다.
39. *ST.* III., pp. 97 − 98.

40. *Ibid.*
41. *Ibid.* 틸리히는 secularization보다는 profanization이라는 용어를 더 좋아했는데, 이는 점차 공허해지고 물질화되어 감을 뜻한다.
42. *ST.* III., pp. 99 – 100.
43. *Ibid.*, p. 102.
44. *Ibid.*, pp. 88 – 106 : Osborne, *op. cit.*, p. 132.
45. Alexander J. McKelway, *op. cit.*, p. 197.
46. *ST.* III., p. 107.
47. *Ibid.*, p. 111.
48. *Ibid.*, pp. 111 – 112.
49. *Ibid.*, p. 114.
50. Paul Tillich, *Perspectives on 19th and 20th Century Protestant Theology* (New York : Harper & Row, 1967), p. 119.
51. *Ibid.*, pp. 120 – 123. 인간의 영은 신적 영의 자기 구현이다. 신은 모든 유한한 정신을 통해서 현존하고 활동하는 절대정신이다. 온갖 삶의 과정은 신적인 삶의 구현이며, 이런 삶의 과정은 신에게 있어서는 본질, 본성으로 존재하지만 다만 시간과 공간에서 나타난다. 신은 자기 자신의 잠재성을 시간과 공간, 자연, 역사를 통해서 구현한다. 이들 모두는 시간과 공간에서 나타나는 신적 생명의 구현이다.
52. Paul Tillich, *The New Being* (New York : Charles Scribner's Son's, 1955), p. 86.
53. *ST.* III., p. 112. 성령의 임재는 황홀을 창조하는데, 황홀은 이성, 즉 인간 정신의 합리적 구조를 파괴하지 않을 뿐만 아니라, 통전된 자아 중심성을 파괴하지도 않는다. 이것을 파괴한다면 성령의 임재가 아니라 귀신들림이다.
54. *Ibid.*, p. 120.
55. *Ibid.*
56. *Ibid.*, p. 129.
57. Paul Tillich, *Dynamics of Faith* (New York : Harper & Row, 1953), pp. 1 – 16. 신앙이란 궁극적인 것에 관심을 갖는 상태로서, 전 인격의 행위이다. 그러므로 신앙은 인간 정신의 가장 구심적 행위이다.
58. *ST.* III., p. 134
59. Paul Tillich, *Dynamics of Faith*, pp. 112 – 113. 신앙이 궁극적 관심으로 이해될 경우에 사랑은 신앙의 한 요소이다. 개혁자들은 이 사실을 깨닫지 못했고, 가톨릭 신학자들은 어렴풋이 깨달았다. 신앙은 사랑을 포함하며, 사랑은 선행으로 이어진다. 이런 의미에서 신앙은 선행

으로 현실적이 된다. 궁극적 관심이 있는 곳에는 그 관심의 내용을 실현하고 싶은 열정적인 욕망이 있다. 관심은 엄밀한 의미에서 행위하고자 하는 욕망을 포함한다. 존재론적 형태의 신앙은 존재와 존재와의 분리를 초월한 높은 곳을 지향한다. 이것이 틸리히의 신앙, 사랑, 행위와의 상호관계이다.

60. Paul Tillich, *Love, Power, and Justice* (London : Oxford Univ. Press, 1954), p. 25. 생명은 현실 속에 있는 존재이며, 사랑은 생명의 원동력이다.

61. *ST.* III., p. 137 — 138. 아가페의 특성은 첫째 사랑의 대상을 받아들이는 것이며, 둘째 소외, 세속화, 악마화에도 불구하고 받아들인 대상을 굳건히 잡는 것이며, 세째 수용을 통해서 사랑의 대상의 거룩함, 위대함, 존엄성을 재확립하기를 대망한다.

62. Paul Tillich, *Dynamics of Faith*, pp. 112 — 114.

63. *ST.* III., pp. 138 — 139.

64. *Ibid.*

65. 틸리히는 여기에서 성령과 인간, 역사의 상호 관련성을 논하고 있는데, 역사문제는 두 가지 관점에서 볼 수 있다. 하나는 신학적 여러 가지 문제를 역사적 의미에서 보려는 것과 역사 자체를 신학적 문제로 취급하는 것이다. 여기에서는 전자의 방법으로 다루고, 후자는 그의 조직신학 마지막 권인 제 5 권에서 다루고 있다.

66. 구체적 상황에서 역사가 하나님의 나라의 중심적 현시의 침투에 대하여 받아들일 수 있는 시점에 이르는 성숙된 순간을 신약은 시간의 성취(fullfillment of time)로 보았고, 이것을 희랍어로 Kairos라 불렀다. 그 원뜻은 적당한 때(the right time)라는 뜻으로, 시간의 양적 개념인 크로노스(chronos)와 구별되는 질적 시간으로 영어의 "timing"이다. 세례 요한과 예수는 하나님의 나라가 가까이 왔다(at hand)의 의미로 사용하였고, 바울은 하나님께서 이들을 보내신 시간의 순간으로 생각하였다. 이 순간을 위대한 카이로스(great kairos)라 부른다. 시간의 성취는 구체적으로 종교적, 문화적 발달 속에서 성숙의 순간으로 시간의 성취이다. 그런데 역사의 중심인 위대한 카이로스는 상대적 카이로이(kairoi)에 의하여 재경험된다. 상대적 카이로이는 하나님의 왕국이 구체적 침투 속에서 스스로 현시되는 것이다. 카이로스와 카이로이의 관계는 표준과 표준이 적용되는 관계이다. 그런데 카이로이가 없던 때는 없었다. 카이로이의 인식은 분석과 계산의 문제가 아니라 통찰의 문제이다. 영적인 것이라고 주장하는 모든 순간은 위대한 카이로스의 표준 하에 있다. 카이로이는 역사적으로 왜곡되고 잘못될

수 있다. 카이로이는 희랍어 카이로스의 복수형이다. cf. Paul Tillich, *Ultimate Concern*, pp. 125 — 141 ; *ST*. III., pp. 369 — 372.
67. *ST*. III., p. 140.
68. *Ibid*., p. 141.
69. 구약종교에서는 하나님의 영이 중심성을 가진 자아, 그리고 그들과의 만남에서 그들을 제거하지 않았을 뿐만 아니라 그들을 승화시켜 주고 일상적 가능성을 초월하여, 인간의 노력이나 선한 의지로는 이룩할 수 없는 정신의 상태로 높여 주었다. 하나님의 영은 인간을 붙잡아 예언자의 능력의 높이까지 이르게 하였다. 틸리히는 이것이 구약종교에서의 성령의 역할이라고 말한다.
70. *ST*. III., p. 144.
71. 이와 같은 근거 때문에 그리스도론의 문제가 조직신학 제 3 편의 중심적 과제라 한다.
72. 이종성, 「성령론」(서울 : 대한기독교서회, 1984), pp. 48 — 50. 최근에 이르러 학자들이 발견한 하나의 표본이 그리스도의 존재와 사역에 대한 영 그리스도론이다. 서구 신학을 지배해 온 말씀 그리스도론에 대하여, 학자들은 이때까지 예수의 영적 차원을 이해하지 못한 채 발전시킨 신학을 재검토하게 되었다. 첫째로, 이런 접근방법은 예수를 야웨 성령에 의하여 전적으로 기름부음을 받았다고 하는 공관복음과 요한복음에 충실한 방법이다. 둘째로, 이 표본은 말씀 그리스도론의 중심적 의미를 부인하지 않으면서 성령에 의한 인성의 성장과정을 나타낸다. 셋째로, 성령은 말씀의 영향을 그가 택한 육체 위에 주게 한다. 야웨 신의 재창조적 의도가 예수 그리스도 안에서 인간에게 결정적으로 나타난다. 따라서 야웨 신은 증여자가 되고 말씀은 선물이 되고, 성령은 증여행위가 된다. 성령 안에서 야웨 신은 말씀을 사람에게 준다. 성령 안에서 인간은 그의 수용을 야웨 신의 말씀에 둔다. 그렇게 함으로써 성령은 나사렛 예수가 그러한 사람이 되도록 허락한다. 그러나 영 그리스도론은 잘못하면 에비온주의나 양자론에 빠지기 쉽다. 말씀 그리스도론이 부자(Father-Son)신학이 될 위험이 있는 반면에, 영 그리스도론은 부령(Father-Spirit)신학이 될 위험이 있다.
73. 성령—그리스도론은 신적인 영이신 하나님의 선재적 아들이 역사적 예수 그리스도 안에서 친히 인간의 본성과 연합되었다는 견해를 뜻한다. 이 견해는 두 가지로 나타나는데, 그리스도—성령이 인간 예수 속에 내주한다는 것과 실제로 사람이 되었다는 뜻이다.
74. *ST*. III., p. 145.
75. Paul Tillich, *The New Being*, p. 8.

76. Paul Tillich, *A History of Christian Thought*, p. 308.
77. *ST*. III., p. 146.
78. *Ibid*.
79. 성령-그리스도론은 그리스도를 역사적 실존(육체)에 따라서 알려고 하지 않는다. 살아서 현존하는 영으로서만 알기를 원하는데, "주는 영이시다"라는 바울의 성령-그리스도론에 잘 나타나 있다고 한다.
80. *ST*. III., p. 147.
81. *Ibid*.
82. 틸리히가 말하는 성령 그리스도론은 역사적 예수에게 성령이 결정적으로 현존하셨다는 그리스도교의 신앙고백을 하면서도 그 영이 시대와 장소를 초월하는 보편적 성격을 띠게 한다.
83. *ST*. III., p. 148.
84. 틸리히는 이와 같은 본보기로 몬타너스파, 극단적인 프랜시스파, 재세례파 등을 든다.
85. *ST*. III., p. 148.
86. *Ibid*.
87. *Ibid*., p. 149.
88. Paul Tillich, *The Shaking of the Foundations*, p. 132.
89. *ST*. III., p. 150.
90. *Ibid*.
91. *Ibid*., p. 151.
92. Paul Tillich, *The Shaking of the Foundations*, p. 138.
93. *ST*. III., p. 152.
94. *Ibid*., p. 153.
95. *Ibid*.
96. *Ibid*., p. 154.
97. Paul Tillich, *Theology of Culture* (New York : Oxford Univ. Press, 1959). pp. 67-68.
98. *ST*. III., p. 155.
99. *Ibid*.
100. Paul Tillich, *Dynamics of Faith*, pp. 12-13. 신앙의 세계에 들어간 사람은 생명의 지성소에 들어간 것이다. 신앙이 있는 곳에 거룩함의 인식이 있다.
101. 틸리히는 다양한 형태의 사랑이 아가페와 긴장을 초래하지만, 결합을 방해하지는 않는다고 한다.
102. *ST*. III., p. 157.
103. *Ibid*.

제Ⅲ편 성령의 은사에 관한 신학적 고찰

1장에 대한 주

1. Hans küng, *Was ist Kirche?* 이홍근 역 「교회란 무엇인가?」(왜관 : 분도출판사, 1978), p. 84. 독일어 Kirche라는 말은 비잔틴 희랍어의 형인 "Kyrike"에서 온 것으로 "주께 속한 사람"이라는 뜻이다.
2. 고전 12 : 3 "그러므로 내가 너희에게 알게 하노니 하나님의 영으로… 또 성령으로 아니하고는 누구든지 예수를 주시라 할 수 없느니라."
3. 황승룡, 「개혁교회와 성령」(서울 : 성광문화사, 1984), p. 217.
4. *Ibid.*, p. 221.
5. 고전 3 : 16-17
6. 엡 2 : 17-22
7. L. Berkhof, *Systematic Theology*(Michigan : WM. B. Eerdmans, 1965), p. 553.
8. *Ibid.*
9. *Ibid.*, p. 562.
10. *Ibid.*, p. 567.
11. George S. Hendry, *The Holy Spirit in Christian Theology*(Philadelphia, Westminster Press, 1955), p. 55.
12. *Ibid.*, p. 56.
13. *Ibid.*, p. 58.
14. *Ibid.*
15. *Ibid.*, p. 16.
16. Hans Küng, *op. cit.*, p. 129.
17. 성령과 교회의 관계는 위에서 인용한 Hans Küng의 책 pp. 128-144에 잘 나타나 있다.
18. George S. Hendry, *op. cit.*, p. 68.
19. *Ibid.*, p. 69.
20. *Ibid.*, p. 70.
21. 유동식 외 4인, 「한국교회 성령운동의 현상과 구조」(서울 : 대화출판사, 1981), p. 24.
22. George S. Hendry, *op. cit.*, p. 64.
23. *Ibid.*, p. 65.
24. *Ibid.*
25. *Ibid.*, p. 67.
26. Hendrius Berkhof, *The Doctrine of the Holy Spirit*(M. E. Bratcher, 1964),

p. 53.
27. Karl Barth, *Church Dogmatics*(Edinburgh : T. & T. Clark, 1980), IV/1 p. 643.
28. 고전 12 : 3, 13
29. Karl Barth, *op. cit.*, p. 643.
30. 고전 13 : 13
31. Hendricus Berkhof, *op. cit.*, p. 57.
32. *Ibid.*, p. 58.
33. 행 2 : 42, 4 : 32
34. Hendricus Berkhof, *op. cit.*, p. 58.
35. 엡 4 : 6
36. 요 14 : 26, 16 : 13
37. H. Barclay Swete, *The Holy Spirit in the New Testament*, 권호덕 역, 「신약 속의 성령」(서울 : 은성출판사, 1986), p. 334.
38. 고전 12 : 7
39. 심일섭, "성령이해의 혼란 속에 있는 교회," 「기독교사상」제 300 호 (1983. 6), p. 49.
40. Hans Küng, *op. cit.*, p. 132.
41. *Ibid.*, p. 138.
42. C. Peter Wagner, *Your Spiritual Gifts an help Your Church Grow*, 권달호 역, 「성령의 은사와 교회의 성장」(서울 : 생명의 말씀사, 1986), pp. 17 - 18.
43. Hans Küng, *op. cit.*, p. 139.
44. *Ibid.*
45. 카리스마는 바울이 사용한 독특한 개념으로 구약의 율법과 의식종교로부터 새로운 은혜 체험을 구별하기 위하여 사용한 것이다. 이같이 카리스마는 거의 전적으로 사도 바울에 의해서 사용되었는데 이도 하나님과 인간의 관계에 제한해서 사용한 것이다. 그러므로 카리스마를 사용한 바울은 그 자신의 창조적 경험에서 비롯한 것이다.〔Cf. James D. G. Dunn, *Jesus and the Spirit* (Philadelphia : Westminster Press, 1975), pp. 205 - 206.〕
46. *Ibid.*, p. 208.
47. Pneumatikoi는 Charisma와 같이 바울이 사용한 독특한 것인데(고전 2 : 13 이하, 14 : 37, 15 : 44 이하) 이 용어가 중요한 것은 "영에 속한 것", "영의 본질과 본성"에 속한 것을 표현하기 때문이다. 아래와 같이 몇 가지로 사용되는데 부사적으로는 영적인 어떤 일, 남성명사로

서는 영적인 사람, 중성복수명사로서는 영적인 사람, 영적인 일들을 말한다.
48. 황승룡, *op. cit.*, p. 75.
49. Donald Bridge and David Phyper, *op. cit.*, p. 27.
50. *Ibid.*
51. Hans Küng, *op. cit.*, p. 139.
52. 황승룡, *op. cit.*, p. 73.
53. 피터 와그너는 성령의 은사를 새롭게 발견함으로 교회를 활성화시킬 수 있고 교회성장을 가져올 수 있다고 주장한다. 그가 말한 은사는 27가지로 다음과 같다. (1) 예언 (2) 섬김 (3) 가르침 (4) 권면 (5) 헌금 (6) 지도력 (7) 긍휼 (8) 지혜 (9) 지식 (10) 믿음 (11) 신유 (12) 기적 (13) 영분별 (14) 방언 (15) 방언통역 (16) 사도 (17) 서로 돕는 것 (18) 행정 (19) 복음전함 (20) 목사 (21) 독신 (22) 자원하여 궁핍하게 됨 (23) 순교 (24) 대접 (25) 선교 (26) 남을 위한 기도 (27) 귀신을 쫓아내는 일.
54. C. Peter Wagner, *op. cit.*, p. 83.
55. Arnold Bittlinger, *Gifts and Grace*, 정인찬, 조원길 역 「은사와 은혜」 (서울 : 지혜출판사, 1982), p. 87.
56. 황승룡, *op. cit.*, p. 76.
57. Hans Küng, *op. cit.*, p. 140 − 142.
58. 고전 12 : 4, 7
59. 고전 14 : 2, 엡 4 : 12−13
60. 김균진, *op. cit.*, p. 106 − 107.
61. Hans Küng, *op. cit.*, p. 143.
62. 고전 14 : 33, 14 : 40
63. 행 8 : 14−24
64. 황승룡, *op. cit.*, p. 39.
65. *Ibid.*
66. 서광선 교수 외 4인이 서술한 「한국교회 성령운동의 현상과 구조」라는 저서와 유동식 교수의 「한국신학의 광맥」, 김균진 교수의 「기독교신학」, 본인의 졸저인 「개혁교회와 성령」 이외에도 많은 서적과 번역서들이 많이 출판되고 있다.
67. 서광선 외 4인, 「한국교회 성령운동의 현상과 구조」(서울 : 대화출판사, 1981), p. 14.
68. James D. G. Dunn, *op. cit.*, p. 209.
69. 황승룡, *op. cit.*, p. 134.

70. 김균진, 「기독교 신학(III)」(서울 : 연세대학출판사, 1923), p. 131.
71. *Ibid.*, p. 134.
72. 이에 대하여 자세히 연구하고자 하면 Peter Wagner의 책을 참고하라.
73. 황승룡, *op. cit.*, p. 135. 여기에서 제시된 것은 미국 장로교 아틀란타 노회에서 미국 교회를 위하여 연구한 Charismatic Movement의 자료에서 발췌한 것이다.
74. 김균진, *op. cit.*, p. 124.
75. 서광선, *op. cit.*, p. 96.
76. *Ibid.*, p. 95.
77. 고후 3 : 17
78. George S. Hendry, *op. cit.*, p. 77.
79. Hendricus Berkhof, *op. cit.*, p. 65.
80. Otto Weber, *Foundations of Dogmatic*, (II) (Michigan : William B. Eerdmans, 1962), p. 239.
81. 김균진, *op. cit.*, p. 141.

참고문헌

제 II 편 현대신학자의 성령론

1. 바르트의 성령론

Barth, Karl. *Church Dogmatics.* Edinburgh : T. & T. Clark, 1975.
　　Evangelical, Theology. Grand Rapids : W. B. Eerdmans, 1963.
Berkhof, Hendrikus. *The Doctrine of the Holy Spirit.* Richmond : John Knox Press, 1964.
Come, Arnold B. *Human Spirit and Holy Spirit.* Philadelphia : Westminster Press, 1959.
Hendry, George S. *The Holy Spirit in Christian Theology.* London : SCM Press, 1957.
Heppe, Heinrich. *Reformed Dogmatics.* Grand Rapids : Baker Book House, 1978.
Jungel, Eberhard. *The Doctrine of the Trinity.* Grand Rapids : W. B. Eerdmans, 1976.
Kuyper, A. *The Work of the Holy Spirit.* Grand Rapids : WM.

B. Eerdmans, 1979.
Macquarrie, J. *God-Talk*. London : SCM Press, 1967.
Moltmann, J. 「정치신학」 진경연 역. 서울 : 종로서적, 1980.
Pannenberg, W. *Grundzuge der Christologie*, trans. by L. Wilkins and D. A. priebe *Jesus-God and Man*. London : SCM Press, 1973.
Schweizer, Edward. 「성령」 김균진 역. 서울 : 대한기독교서회, 1982.
Van Dusen H. P. *Spirit Son and Father*. New York : Chark : Charles Scribne's Sons, 1958.
Walvoord, John F. 「성령」 이동원 역, 서울 : 생명의 말씀사, 1982.
Weber, Otto. 「칼 바르트 교회교의학」 김광식 역. 서울 : 대한기독교서회, 1976.
김균진. 「헤겔과 바르트」 서울 : 대한기독교서회, 1982.
윤성범. 「칼 바르트」 서울 : 대한기독교서회, 1966.
한국바르트학회 편. 「바르트 신학연구」 서울 : 대한기독교서회, 1970.

2. 틸리히의 성령론
1. Writings by Paul Tillich
Tillich, Paul. *Biblical Religion and the Search for the Ultimate Reality*. Chicago : Univ. of Chicago Press, 1955.
_____. *Christianity and the Encounter of World Religion*. New York : Columbia Univ. Press, 1963.
_____. *The Construction of the History of Religion in Schelling's Positive Philosophy : Its presuppositions and Principles*, translated with and introd. and noted by Victory Nuove. Lewisburg : Bucknell Univ. Press, 1974.
_____. *The Courage to Be*. New Haven : Yale Univ. Press, 1953.
_____. *The Dynamics of Faith*. New York : Harper & Row, 1957.
_____. *Eternal Now*. New York : Charles Scribner's Sons, 1963.

_____. *The Future of Religions*, edited by Jerald C. Brauer: New York : Harper & Row, 1966.

_____. *Gesammelte Werke*. Stuttgart : Evangelische Verlagswerk, 1959.

_____. *Glaube und geschichtliche Verantwortlichkeit. Die Geschichtlichkeit des Menschlichen Denkens als theologische Problem von den Position Karl Barth und Paul Tillich der Beleuchtet*. Lund : CWK Gleerup, 1976.

_____. *A History of Christian Thought*,(2nd ed.,) rev. and edited by Carl E. Braaten. New York : Harper & Row, 1968.

_____. *The Interpretation of Histoy*. New York : Charles Scribner's Sons, 1936.

_____. *Love, Power, and Justice*. New York : Oxford Univ. Press, 1954.

_____. *Morality and Beyond*. New York : Harper & Row, 1963.

_____. *My Search for Absolute*. New York : Simmon and Schusten, 1967.

_____. *Mysticism and Guilt–consciousness in Schelling's Philosophical Development*, translated with an intro. and notes by Nuovo. Lewisburg : Bucknell Press, 1974.

_____. *New Being*. New York : Charles Scribner's Sons, 1955.

_____. *On the Boundary : An Autobiographical Sketch*, New York : Charles Scribner's Sons, 1966.

_____. *Perspectives on 19th and 20th Century Protestant Theology*, edited and with introd. by Carl E. Braaten. New York : Harper & Row, 1967.

_____. *Political Expectation*. New York : Harper & Row, 1971.

_____. *Protestant Era*, trans. with a concluding essay by James Luther Adams. Chicago : Univ. of Chicago Press, 1948.

_____. *Reinhold Niebuhr : A prophetic Voice in our Time*. Greenwich : Conn. Seabury Press, 1962.

_____. *The Religious Situation*. New York : Meridian Books,

1956.

_____. *The Shaking of Foundations*. New York : Charles Scribner's Sons, 1948.

_____. *The Social Decision*. New York : Harper & Row, 1977.

_____. *Systematic Theology* Vol. I. Chicago : Univ. of Chicago, 1963.

_____. *Systematic Theology* Vol. II. Chicago : Univ. of Chicago, 1963.

_____. *Systematic Theology* Vol. III. Chicago : Univ. of Chicago, 1963.

_____. *Theology of Culture*. New York : Oxford Univ. Press, 1959.

_____. *Ultimate Concern : Tillich in Dialougue*, edited by D. Mackenzie Brown, New York : Harper & Row, 1965.

_____. *What is Religion?* edited by James Luther Adams. New York : Harper & Row, 1969.

_____. *The World Situation*. Philadelphia : Fortress Press, 1965.

2. Writings about and related to Paul Tillich

Adams, James Luther. *Paul Tillich's Philosophy of Culture, Science, and Religion*. New York : Harper & Row, 1965.

_____,ed. *The Thought of Paul Tillich*. New York : Harper & Row, 1985.

Armbruster, Carl J. *The Vision of Paul Tillich*. New York : Sheed and Ward, 1967.

Barth, Karl. *Church Dogmatics* I/1, I/2, trans. by Thompson and Harold Knight. Edinburgh : T. & T. Clark, 1963.

Berkhof, L. *Systematic Theology*. Grand Rapids : WM. B. Eerdmans, 1965.

Carey, John J. *Kairos and Logos*. Cambridge : The North American Paul Tillich Society, 1978.

Clayton, John Powell. *The Conception of Correlation*. New York

: W. de Gruyter, 1980.

Cushman, Robert E. and Grislis Egil., ed. *The Heritage of the Christian Thought*. New York : Harper & Row, 1966.

Eisenbeis, Walter. *The Key Ideas of Paul Tillich's Systematic Theology*. Washington, D. C. : Univ. of Press of America, 1983.

Ferre, Nels F. S. and others. *Retrospect and Future*. Nashville : Abingdon Press, 1966.

Freemann, David Hugh. *Tillich*. Grand Rapids : Baker Bookhouse, 1962.

Grosh, Gerald Russel. *The Notion of Anxity in Theology of Paul Tillich*. Mich : Univ. Microfilms, 1973.

Guyton, Hammond B. *The Power of Self-Transcendence*. St. Louis : Bethany Press, 1966.

Hamilton, Kenneth. *The System and the Gospel*. London : SCM Press, 1963.

Henry, Stuart C., ed. *A Miscellany of American Christianity*. North Carolina : Duke Univ. Press, 1963.

Hopper, David. *Tillich ; A Theological Portrait*. Philadelphia : Lippincatt, 1968.

James, R. Lyons. *The Intellectual Legacy of P. Tillich*. Detroit : Wayne State Univ. Press, 1969.

Kraemer, Hendrick. *Religion and the Christian Fatih*. London : Lutter Worth Press, 1953.

Kegley, Charles W. & Robert W. Bretall., ed. *A Theology of Paul Tillich*. New York : Macmillan, 1952.

Kelsey, David H. *The Fabric of Paul Tillich's Theology*. New Haven : Yale Univ. Press, 1967.

Lawrence, Bryan D. *The Thought of Paul Tillich*. Garrett : Theological Seminary, 1973.

Leibrecht, Walter. *Religion and Culture*. New York : Harper & Row, 1959.

Mackintosh, Hugh Ross. *Types of Modern Theology*. London : Nisbet & Co, 1962.

Macquarrie, J. *Twentieth-Century Religious Thought*. London : SCM Press, 1980.

Mahan, Wayne W. *Tillich's System*. Texas : Trinity Univ. Press, 1974.

Martin, Bernard. *The Existentialist Theology of Paul Tillich*. New York : Bookman Associates, 1963.

Mckelway, Alexander J. *The Systematic Theology of Paul Tillich*. Richmond : John Knox Press, 1964.

Modras, Ronald E. *Paul Tillich's Theology of Church*. Detroit : Wayne State Univ. Press, 1976.

Murphy, Carol R. *A deeper Faith : The Thought of Paul Tillich*. Wallingford : Pendle Hill, 1958.

O'Meara, Thomas A. *Paul Tillich in Catholic Thought*. Iowa : Priory Press, 1964.

Osborne, Kenan B. *New Being*. The Hague : Martinus Nijhoff, 1969.

Patterson, Bob E., ed. *Paul Tillich : Maker of the Modern Theological Mind*. Texas : Word Book, 1984.

Pauk, Wilhelm. *From Luther to Tillich*. New York : Harper & Row, 1984.

_____. *Paul Tillich, His Life & Thought*. New York : Harper & Row, 1976.

Raymond, Bulman. *A Blueprint for Humanity : Paul Tillich's Theology of Culture*. Lewisburg : Bucknell Univ. Press, 1981.

Ross, Robert R. N. *The Non-Existence of God*. New York : Mellen Press, 1979.

Rowe, William L. *Religious Symbol and God*. Chicago : Univ. of Chicago, 1968.

Scharleman, Robert P. *Reflection and Doubt in the Thought of Paul Tillich*. New Haven : Yale Univ. Press, 1969.

Schrader, Robert William. *The Nature of Theological Argument*. Missoula : Scholar Press for Harvard Theological Reviews, 1975.

Schweitzer, Albert. *The Quest of Historical Jesus*, trans. by W. Montogomery. London : Adam & Charles Black, 1954.

Tavard, George Henri. *Paul Tillich and Christian Message*. New York : Scribner's Son, 1962.

Thatcher, A. *The Ontology of Paul Tillich*. London : Oxford Univ. Press, 1978.

Thomas, John Haywood. *Paul Tillich : An Appraisal*. Philadelphia : Westminster Press, 1963.

_____. *Paul Tillich*. Atlanta : John Knox Press, 1966.

Tillich, Hannah. *From Time To Time*. New York : Stein and Bay, 1973.

Van Dusen, Henry Pitney., ed. *The Christian Answer*. New York : Charles Scribner's Sons, 1945.

Zahnt, H. *The Question of God*, trans. by R. A. Wilson, New York : Harcourt Brace & World, 1966.

김경재. 「폴 틸리히 생애와 사상」 서울 : 대한기독교서회, 1978.

박봉랑. 「신의 세속화」 서울 : 대한기독교서회, 1983.

_____. 「기독교의 비종교화」 서울 : 범문사, 1975.

이종성. 「신앙과 신학」 서울 : 대한기독교서회, 1977.

_____. 「그리스도론」 서울 : 대한기독교서회, 1984.

_____. 「성령론」 서울 : 대한기독교서회, 1984.

3. Articles by, about and related to Paul Tillich

Burnaby, John. "Towards Understanding Paul Tillich." *Journal of Theological Studies* 5(1954).

Chiles, E. Robert., ed. "A Glossary of Tillich's Term." *Theology Today* 17(1960).

Ferre, Nels. F. S. "Tillich and the Nature of Transcendence." *Religion in life* (July 1969).

Homans, Peter. "Transference and Transcendence : Freud and Tillich on the Nature of Personal Relatedness." *Journal of Religion* 46 (1966).

Im, Chang Bock. "*A Critical Analysis of A Korean Adult Christian Education Curriculum in the Light of Paul Tillich's Thought.*" Ph. D. Dissertation, University of Pittsburg, 1983.

Keck, Leander E. "The Two Types of Christology." *Journal of Religion* 49 (Oct. 1969).

Macdonald, H.D. "The Symbolic Theology of Paul Tillich." *Scottish Journal of Theology* 18 (1964).

Peters, Eugene. "Tillich's Doctrine of Essence, Existence, and the Christ." *Journal of Religion* 43 (1963).

Smith, D. Moody. "The Historical Jesus in Paul Tillich's Christology." *Journal of Religion* 46 (1966).

Stenger, Mary Ann. "Paul Tillich's Theory of Theological Norms and the Problem of Relativism and Subjectivism." *Journal of Religion* 62 (Oct. 1982).

Sulzbach, Maria Fuerth, "The Place of Christology in Contemporary Protestantism." *Religion in life* (1953–1954).

Tillich, Paul. "A Reinterpretation of the Doctrine of the Incarnation." *Church Quarterly Review* 147 (Jan–March 1949).

_____. "Die Staatslehre Augustinus nach Die Civitate Dei." *Theologische Blätter* No 4 (April 1925).

_____. "The Conception of man in existential Philosophy." *Journal of Religion* 19(1959).

_____. "What is Wrong with Dialectical Theology?" *Journal of Religion* 15 (April 1935).

Weigel, Gustave. "Contemporaneous Protestantism and Paul Tillich." *Theological Studies* (June 1950).

Williams, Day Daniel. "Review of Tillich's Systematic Theology." *Christian Century*(August 1, 1951).

3. 몰트만의 성령론

Moltmann, Jürgen. *Theologie der Hoffnung. Untersuchungen zur Begründung uid zu den Konsequenzen einer Christlichen Theologie*, Chr. Kaiser Verlag. München, 1973. 9. Auflage, 「희망의 신학」 전경연, 박봉랑 역, 현대사상사.

_____. *Der gekreuzigte Gott, Das Kreuz Christi als Grund und Kritik christlicher Theologie*, Chr. Kaiser Verlag, München 3. Auflage, 1976, 「십자가에 달리신 하나님」 김균진 역, 한국신학연구소.

Moltmann, Jürgen. *Kirche in der Kraft des Geistes, Eine Beitrag zur messianischen Ekklesiologie*, Chr. Kaiser Verlag, München, 1975, 「성령의 능력 안에 있는 교회」 박봉랑 역, 한국신학연구소.

_____. *Das Experiment Hoffnung. Einführungen*, Chr. Kaiser Verlag, München, 1974, 「희망의 실험과 정치」 전경연 역, 복음주의 신학총서 13.

_____. *Perspektiven der Theologie, Gesammelte Aufsätze*, Chr. Kaiser Verlag, München, 1968, 「신학의 미래 I」 전경연 역, 복음주의 신학총서 7.

_____. *Perspektiven der Theologie, Gesammelte Aufsätze*, Chr. Kaiser Verlag, 「신학의 미래 II」 전경연, 김균진 역, 복음주의 신학총서 8.

_____. Exegese und Eschatologie der Geschichte ; in : *Ev. Theol.*, 22. Jg.(1962).

_____. *Die Sprache der Befreiung, Predigten und Besinnungen*. 「해방의 언어」 전경연 역, 서울 : 대한기독교출판사.

_____. *Probleme der neueren evangelischen Eschatologie, Verkündigung und Forschung*, Heft 2/1966. Zur systematischen Theologie 3. Aufl. 1968.

_____. Gott und Auferstehung, Auferstehungsglaube im Forum der Theodizeefrage, in : *Perspektiven der Theologie Gesammelte Aufsätze*, 1968.

김균진. 「헤겔철학과 현대신학」 서울 : 대한기독교서회, 1980.

김영한. 「바르트에서 몰트만까지」 서울 : 대한기독교서회, 1982.
심일섭. "성령이해의 혼란 속에 있는 교회", 「기독교사상」 제 299 권 (1983. 5).
_____. "성령이해의 혼란 속에 있는 교회", 「기독교사상」 제 300 권 (1983, 6).
은준관. "새로운 교회론 등장", 「신학사상」 제 31 권(1980, 겨울) pp. 791-799.

제Ⅲ편 성령의 은사에 관한 신학적 고찰

1. 성령과 교회에 주신 은사

Barth, Karl. *Church Dogmatics*, I/1. Edinburgh : T. & T. Clark, 1980.
_____. *Church Dogmatics*, I/2. Edinburgh : T. & T. Clark, 1980.
_____. *Church Dogmatics*, IV/1. Edinburgh : T. & T. Clark, 1980.
Barrett, C. K. *The Holy Spirit and the Gospel Tradition*, London : S. P. C. K., 1970.
Berkhof, Hendricus, *The Doctrine of the Holy Spirit*. Atlanta : John Knox Press, 1976.
Berkhof, L. *Systematic Theology*. Grand Rapid : Wm. B. Eerdmans Publishing Co., 1972.
Berkouwer, G. C. *Faith and Sanctification*. Grand Rapids : Wm. B. Eerdmans Publishing Co., 1972.
Bloesch, Donald G. *The Crisis of Piety*. Grand Rapids : Wm. B. Eerdmans Publishing Co., 1968.
Bruner, Frederick Dale. *A Theology of the Holy Spirit*. Grand Rapids : Wm. B. Eerdmans Publishing Co., 1976.
Buchanan, James. *The Office and Work of the Holy Spirit*. London : The Banner of Truth Trust, 1966.
Chafer, L. Sperry. *Systematic Theology*. Dallas Seminary Press,

1973.

Clarke, W. Newton. *An Outline of Christian Theology.* Edinburgh : T. & T. Clark, 1898.

Criswell, W. A. *The Holy Spirit in Today's World.* Grand Rapids : Zondervan Publishing House, 1973.

Dunn James, D. G. *Jesus and the Spirit.* London : SCM Press, 1975.

Dunn James, D. G. *Baptism in the Holy Spirit.* London : SCM Press, 1974.

Finney, Charles. *Systematic Theology.* Minneapolis : Bethany Fellowship Inc., 1976.

_____. *Sanctification*, Fort Washington : Christian Literature Crusade, 1949.

Graham, Billy. *The Holy Spirit.* West Waco Drive : Word Books Publishers, 1978.

Green, Michael. *I Believe in the Holy Spirit*, Grand Rapids : Wm. B. Eerdmans Publishing Co., 1977.

Hodge, Charles. *Systematic Theology*, Vol. I. Grand Rapids : Wm. B. Eerdmans Publishing Co., 1968.

Hulme, William E. *The Dynamics of Sanctification*, Minneapolis : Augsburg Publishing House, 1966.

Kuyper, Abraham. *The Work of the Holy Spirit.* Grand Rapids : Wm. B. Eerdmans Publishing Co., 1975.

Kraft, William. *The Search For the Holy.* Philadelphia : The Westminster Press, 1971.

Nichol, J. Thomas. *Pentecostalism.* New York : Harper & Row, Publisher 1966.

Otto, Rudolf. *The Idea of the Holy.* London : Oxford University Press, 1976.

Owen, John. *The Holy Spirit.* Grand Rapids : Kregel Publications, 1967.

Pache, Rene. *The Person and Work of the Holy Spirit.* Chicago :

Moody Press, 1977.

Palmer, Edwin H. *The Person and Ministry of the Holy Spirit.* Grand Rapids : Baker Book House, 1974.

Pink, Arthur W. *The Holy Spirit.* Grand Rapids : Baker Book House, 1974.

Sanders, J. Oswald. *The Holy Spirit and His Gifts.* Grand Rapids : Zondervan Publishing House, 1979.

Spittler, Russell P. *Perspectives On the New Pentecostalism.* Grand Rapids : Baker Book House, 1976.

Strong, Augustus H. *Systematic Theology.* Valley Forge : Judson Press, 1976.

Torrey, R. A. *The Holy Spirit.* Old Tappan : Fleming H. Revell Tappan : Fleming H. Revell Co., 1972.

Torrey, R. A. *The Person & Work of the Holy Spirit.* Grand Rapids : Zondervan Publishing House, 1974.

Walvoord, John F. *The Holy Spirit.* Grand Rapids : Zondervan Publishing House, 1976.

Weber, Otto. *Foundations of Dogmatics.* Vol. II. Michigan : William B. Eerdmans, 1983.

Wood, Leon J. *The Holy Spirit in the Old Testament.* Grand Rapids : Zondervan Publishing House, 1976.

Barclay, William. *The Promise of the Spirit.* 서기산 역, 「성령의 약속」 서울 : 기독교문사, 1977.

Bittlinger, Arnold. *Gifts and Grace.* 정인찬, 조원길 역, 「은사와 은혜」 서울 : 기독지혜사, 1982.

Bridge, Donald and Phyper, David. *Spiritual Gifts the Church.* 문석호 역, 「성령의 은사와 교회의 위치」 서울 : 아가페, 1979.

George, S. Hendry. *The Holy Spirit in Christian Theology.* 황승룡 역, 「기독교 신학과 성령」 광주 : 복음출판사, 1982.

Hans, Küng. *Was ist Kirche?* 이홍근 역, 「교회란 무엇인가?」 왜관 : 분도출판사, 1978.

Moltmann, Jürgen. *Kirche in der Kraft des Geists,* 박봉랑 외 4인

역, 「성령의 능력 안에 있는 교회」 서울 : 한국신학연구소, 1980.
Schweizer, Eduard. *Heiliger Geist*. 김균진 역, 「성령」 서울 : 대한기독교서회, 1982.
Wagner, C. Peter. *Your Spiritual Gifts can help your Church Grow*, 권달천 역, 「성령의 은사와 교회성장」 서울 : 생명의 말씀사, 1982.
Swete, Henry Barclay. *The Holy Spirit in the New Testament*. 권호덕 역, 「신약 속의 성령」 서울 : 은성, 1986.
김균진. 「기독교 조직신학」(III) 서울 : 연세대학교, 1987.
서광선 외 4인, 「한국교회 성령운동의 현상과 구조」 서울 : 대화출판사, 1981.
이종성. 「성령론」 서울 : 대한기독교서회, 1985.
황승룡. 「개혁교회와 성령」 서울 : 성광문화사, 1984.
송길섭. "한국교회의 성령이해", 「신학사상」 제31권 (1980, 겨울) pp. 721 - 735.
심일섭. "성령이해의 혼란 속에 있는 성령," 「기독교사상」 1983. 5, pp. 120 - 132.
_____. "성령이해의 혼란 속에 있는 성령," 「기독교사상」 1983. 6 pp. 147 - 162.

신학적 성령론

초판발행 · 1989년 4월 10일
3쇄발행 · 2006년 3월 10일

저　　자 · 황 승 룡
발 행 인 · 박 노 원
발 행 소 · **한국장로교출판사**
주　　소 · 110-470 │ 서울특별시 종로구 연지동 135
전　　화 · (02)741-4381~2 │ (F)741-7886
등록번호 · No. 1-84(1951. 8. 3.)
I S B N · 89-398-0146-6

값 10,000원